"十三五"高职高专护理专业立体教材

外 科 护 理

主编　尹跃兵　王文生

河南科学技术出版社

·郑州·

图书在版编目（CIP）数据

外科护理／尹跃兵，王文生主编．—郑州：河南科学技术出版社，2016.8（2017.8 重印）

“十三五”高职高专护理专业立体教材

ISBN 978-7-5349-8143-2

Ⅰ.①外…　Ⅱ.①尹…②王…　Ⅲ.①外科学-护理学-高等职业教育-教材　Ⅳ.①R473.6

中国版本图书馆 CIP 数据核字（2016）第 187554 号

出版发行：河南科学技术出版社

地址：郑州市经五路 66 号　　邮编：450002

电话：（0371）65788001　65788110

网址：www.hnstp.cn

总 策 划：李喜婷　马艳茹

策划编辑：范广红　马晓薇

责任编辑：马晓薇

责任校对：柯　姣

封面设计：张　伟

版式设计：张金霞

责任印制：朱　飞

印　　刷：新乡市天润印务有限公司

经　　销：全国新华书店

幅面尺寸：185 mm×260 mm　　印张：21　　字数：504 千字

版　　次：2016 年 8 月第 1 版　　2017 年 8 月第 2 次印刷

定　　价：56.00 元

“十三五”高职高专护理专业立体教材编审委员会名单

《外科护理》编写人员

主　编　尹跃兵　王文生
副主编　邓雪冰　常风云　郭　林
编　委　（以姓氏笔画为序）
王文生　鹤壁职业技术学院
王学锋　湖南中医药高等专科学校
尹跃兵　湖南中医药高等专科学校
邓雪冰　湖南中医药高等专科学校
阳海华　湖南中医药高等专科学校
赵桂花　青海卫生职业技术学院
高　茹　雅安职业技术学院
郭　林　乐山职业技术学院
黄　蕾　雅安职业技术学院
常风云　鹤壁职业技术学院
彭麒燕　乐山职业技术学院
熊　炜　湖南中医药高等专科学校

前 言

近年来，由于国家对职业教育的越来越重视，高职高专教育进入了蓬勃发展的新阶段，这对高职高专教育提出了新的要求，也是我国护理教育改革和实践的迫切需要。为了适应现代社会对于护理人才岗位能力和职业素质的需要，并充分体现具有基础理论知识适度、技术应用能力强、知识面较宽、素质高等教育体色，我们编写了这本《外科护理》。

外科护理是护理、助产等专业的核心课程，对专业学科知识体系的形成至关重要，掌握外科护理学相关的理论及实践，是一名合格护士的必备条件。

本教材以患者健康为中心，以整体护理为方向，遵循" 以教材为载体，以学生为中心，贴近临床，贴近护考" 的原则，突出高职护理专业特征和职业岗位需求，强化外科护理基本知识和实用技能，并注意渗透护理人文精神，培养学生综合职业素质。

在保证学科内容体系的系统性和完整性的基础上，本书注重体现以下特色：

1. 突出实用性。一是以护士职业岗位必备的外科护理知识和技能需求为目标，制作相应的多媒体资源，减轻教师的负担；二是与护士执业资格考试大纲紧密衔接，涵盖护士执业资格考试的全部内容。

2. 文字精炼。教材只是教学内容的载体，有别于阅读和科普书籍。因此，此次编写力求文字精炼，平均每学时尽量不超过 3 000 字，以减轻学生的负担；同时也为教师的教学拓展留下了较好的空间。

3. 避免重复。与各科相互协商，避免不必要的重复内容，适当增加一些临床常见内容的章节，如微创手术患者的护理。

4. 接近临床：教材及时反映外科护理新进展，如更新外科手术消毒内容，引入伤口、造口护理新知识等。

5. 强调护理程序，但不机械照搬。在编写体例上，首先介绍疾病的临床特点，然后着重介绍疾病的护理评估、护理诊断、护理措施及健康教育，淡化护理目标和护理评价。

6. 为强化实践教学，书后附实训指导和临床见习大纲，力求做到流程科学、重点突出、易学易做。

本书在编写过程中得到河南科学技术出版社、各参编专家及一些医疗机构同仁的大力支持，在此表示衷心的感谢！

由于编者水平有限，书中的不足之处，恳请各院校的老师和学生给予批评指正。

尹跃兵

2016 年 6 月

目 录

扫码下载护考 APP

扫码看精彩图片

扫码看精彩图片

第一篇

外科护理总论

第一章

绪 论

第一节 外科护理学的范畴及发展

扫码看微课

（一） 外科护理学的范畴

外科护理学是研究如何对外科患者进行整体护理的一门临床护理学科，是护理学的一个重要组成部分，包含基础医学理论、护理学基础理论和技术操作、外科学理论，以及护理心理学、护理伦理学、社会学等人文科学知识。

外科护理学的研究对象是患有创伤、感染、肿瘤、畸形、梗阻、结石、功能障碍等外科患者。在现代医学模式和现代护理观的指导下，外科护士与外科医生在门诊、病房、手术室根据患者的身心健康要求、社会家庭文化需求，以人的健康为中心，应用护理程序，向外科患者提供整体护理，以达到去除病灶、预防残障、促进康复的目的。

需要指出的是，手术是外科最重要的工作内容，但并不是外科的全部。外科的工作范围随着整个医学科学的发展而不断变化，诊治手段不断推陈出新，使其在内容上与其他学科彼此交叉、重叠，大大丰富了外科学和外科护理学的内容。医院日益向网络化、微机化、智能化发展，对外科护士提出了更高的要求。

（二）外科护理学的发展简史

外科护理学的发展是与外科学的发展紧密相连的。最早的外科主要进行排脓、清创、拔除箭头异物等体表的一些操作。外科护理也仅限于器材、敷料的准备，协助包扎、生活护理等。在早期的外科实践中，手术疼痛、伤口感染、手术出血是妨碍外科学发展的主要因素。直到 19 世纪中叶，随着解剖学、病理学、实验外科学的建立及发展，麻醉镇痛技术、无菌术、抗生素抗感染、止血输血技术相继问世，破解了外科学中的难题，使得外科学进入了新的发展阶段。同一时期，弗洛伦斯・南丁格尔在克里米亚战争中的护理工作，使战伤的英国士兵的病死率从 42%以上下降至 2%左右，显示了护理在外科中的重要作用。以此为契点，南丁格尔创建了护理专业。

现代护理学的发展经历了以疾病护理为中心、以患者护理为中心和以人的健康护理为中心的三个发展阶段。17 世纪以后，随着人类对自然现象的揭示，医学科学逐渐摆脱了宗教和神学的影响，形成了以疾病为中心的医学指导思想，护理对象是患者，护理场所是医院，护理方式是执行医嘱并完成护理操作。20 世纪 50～70 年代，世界卫生组织（WHO）提出："2000 年人人享有卫生保健"，使人们对健康的认识发生了根本性的改变，护理工作的重点也从疾病护理转向以患者为中心的护理。护理除了各项技术性操作外，充实了许多有关"人"的研究，护士承担着多种角色，既是护理者，同时也是教育者、研究者和管理者。医护和护患关系发生了改变，护理从医疗的从属地位转为合作关系。20 世纪 70 年代后期，基于疾病谱和健康观的改变，世界卫生组织（WHO）提出的"健康不仅是没有身体上的疾病和缺陷，还要有完整的心理状态和良好的社会适应能力"的战略目标极大地推动了护理事业的发展。以人的健康为中心的护理理念使护理对象从患者扩展到亚健康群，工作场所从医院延伸到家庭和社区，护理方式是以护理程序为框架的整体护理，护士的职能更趋多样化和全面。

随着社会的进步，人类对健康需求的不断提高，许多现代护理学的概念和理论、外科医学研究和实践的进展都不断地引导外科护理学进入新的领域，从而促进了外科护理学的发展，同时也提高了外科护士对护理的认识和实践水平。

第二节 外科护士应具备的素质

外科疾病具有发展快、抢救多、风险大、病情复杂、并发症多、涉及操作仪器多等特点，因此，外科护理人员不仅工作强度大，而且对其技能操作也提出更高的要求。外科护理的工作特点，对外科护理人员的综合素质提出了新的时代要求。

（一）高度的责任心

护理人员的职责是治病救人，维护生命，促进健康。如果护士在工作中疏忽大意、掉以轻心，就会增加患者的痛苦，甚至丧失抢救治疗患者的时限。人的生命是宝贵的，每个外科护士都应认识到护理工作的重要性，树立爱岗敬业的精神，具备高度的责任心，视患者为亲人，全心全意地为人民服务。

（二）精湛的技能及敏锐的观察力

外科护士必须刻苦学习外科护理学知识，具备丰富的理论知识、熟练的操作技能以及敏锐的观察能力和判断能力。通过临床实践，使理论知识不断得以升华。学会应用护理程序提供整体护理。通过对患者的正确评估，能发现患者现有或潜在的生理、病理、心理问题，并协助医生进行有效的处理。

（三）良好的身体素质

节奏快、突击性强是外科工作的特点之一。当发生工伤、交通事故等突发事件时，短时间内可能有大批伤员送达并需立即治疗和护理。此种情况下，工作负荷骤然加大，护士若不具备健康的体魄、开朗的性格和饱满的精神状态，就不能保证及时、有效地参与抢救工作。

（四）良好的心理素质

外科护士除了要具有丰富的知识和娴熟的技能外，还应具有良好的心理素质。护士良好的心理素质，表现在应以积极、有效的心理活动，平稳、正常的心理状态去适应、满足事业对自己的要求。外科护士通过不断地加强自我修养，不断地自我磨砺，将积极向上、乐观自信的内心情感传达给同事与患者，取得多方面的积极配合。

第三节　如何学习外科护理学

（一）用整体护理观指导学习

现代护理学把患者这一服务对象，看成生理、心理和社会、精神、文化等多方面因素构成的统一整体，护理的宗旨就是帮助患者适应和改造内外环境的压力，达到最佳的健康状态。整体护理要求护士要以现代护理观为指导，以护理程序为手段针对人们不同的身心需要、社会文化需要提供最佳护理。护理服务的对象不仅针对医院患者，还应包括亚健康人群，从个人发展到家庭和社区。护理服务的期限从胎儿、新生儿、小儿、儿童、青年、中年、老年直至临终，囊括了人的生命的全过程。护士的角色是照顾者、管理者、支持者、教育者和保护者。新的医学模式和护理模式要求护士要有爱心、诚心、同情心，有积极奉献的价值观，有灵活的沟通技巧，能建立良好的护患关系。要运用所学的外科学知识和护理学理论，随时对患者实施健康指导，鼓励患者从被动地接受护理到主动地参与护理。帮助即将出院的患者，做好出院准备，学会健康自护，回归家庭与社会。

（二）掌握外科患者护理发展的趋势

生物-心理-社会的医学模式要求每一位外科护士注重患者的心理，注意到社会、文化层面的不同，提供身心两方面的护理。要能换位思考问题，给予患者个性化的协助，满足其心理需要。随着社会的发展和不断进步，人类寿命延长以及受社会文明和环境污染的影响，老年人和慢性病及癌症的罹患人数大量增加，这一人群将得到大量的医疗资源。外科护士应加强对这些患者的护理服务，以提供更完善、更舒适的护理照顾。

（三）学习要理论联系实际

外科患者的病情特点常伴随着身体的整体反应，微小的病情变化也不能忽视。因此外科护士必须要掌握好理论知识，能透过细微之处看到本质，用心观察，早发现，早处理。外科病房的特点是外科医生去手术室手术的时间长，在病房的时间相对较短；而外科护士每天工作在患者身边，能随时观察到患者的症状及体征。因此要求外科护士针对不同的疾病、不同的患者可能发生的病情仔细观察，发现问题后独立思考、当机立断，及时反映并做简单处理，预防并发症发生。外科患者住院期间大多有不同程度的心理负担，难以适应角色的转变。因此外科护士要学会沟通与交流技巧，学会观察了解他们的心理问题，到患者身边，利用理论知识结合病情做好心理护理，引导患者正视现实，增强信心，努力配合治疗与护理，学会自我照顾与康复训练。整体护理要求给予患者精神、文化、社会的全方位护理。这就需要外科护士做到理论联系实际，同时也要学习与护理有关的自然科学和人文科学知识，如伦理学、社会学、经济学等，以更好地贯彻整体护理的观念。

（尹跃兵）

第二章

体液平衡及失调患者的护理

学习目标

掌握：等渗性缺水、低渗性缺水、高渗性缺水、低钾血症、高钾血症的概念，静脉补钾原则、体液疗法及静脉补钾的护理措施。

熟悉：等渗性缺水、低渗性缺水、高渗性缺水、低钾血症、高钾血症、代谢性酸中毒、呼吸性酸中毒的临床表现和处理原则。

了解：体液平衡、酸碱平衡及调节，了解代谢性酸中毒、呼吸性碱中毒的临床表现和处理原则。

第一节 体液平衡

扫码看微课

一、体液组成及分布

人体内体液的主要成分是水和电解质。体液总量因性别、年龄和胖瘦而不同。肌肉组织含水较多，为75%～80%；脂肪组织含水量较少，只有10%～30%，故成年男性体液含量较多，约占体重的60%，而女性体液含量约占体重的50%，两者均有±15%的变化幅度。小儿的脂肪组织较少，故体液量所占体重的比例较高，新生儿可占体重的80%。随其年龄增长，体内脂肪组织也逐渐增多，体液量将有所下降，14岁以后体液量占体重的比例与成年人所占比例相似，而老年人体液量占体重的比例约为50%。

体液可分为细胞内液和细胞外液，其基本成分是水和电解质，水是人体内含量最多的物质，此外，还有一些溶解于其中的低分子有机化合物、蛋白质等。

细胞内液大部分存在于骨骼肌中，男性骨骼肌较发达，成年男性的细胞内液约占体重的40%，女性约占35%。细胞外液包括血浆和组织液，分别占体重的5%和15%。绝大部分组织液能迅速与血浆或细胞内液进行交换并取得平衡，这在维持机体的水、电解质代谢平衡有重要的意义，称之为功能性细胞外液，但有一小部分组织液具有各自的功能，但对维持体液代谢平衡的作用很小，如脑脊液、胸腔液、关节液、消化液等，故称之为无功能性细胞外液。

细胞外液中主要的阳离子为 Na^+，主要的阴离子为 Cl^-、HCO_3^- 和蛋白质。细胞内液中的主要阳离子为 K^+ 和 Mg^{2+}，主要阴离子为 HPO_4^{2-} 和蛋白质。细胞外液和细胞内液的渗透压基本相等，正常血浆渗透压为 290～310 mmol/L。渗透压的相对稳定对维持细胞内、外液平衡具有非常重要的意义。

水、电解质及酸碱失衡并非独立疾病，可伴随于临床各科疾病，尤其多见于外科。因此，及时识别并积极纠正这些异常是治疗疾病的首要任务。另外，临床上发生水、电解质及酸碱失衡的表现形式也是多种多样的，因而本章知识是外科患者治疗和护理中的重要内容。

二、体液平衡及调节

（一） 水平衡

人体内环境的相对稳定有赖于体内水分的恒定，正常情况下，人体每日水分的摄入量与排出量保持着相对的平衡，即摄入量等于排出量，为 2 500 mL 左右（表 2-1）。

表 2-1 正常成人每日水分摄入量和排出量

摄入量 （mL）		排出量 （mL）	
饮水	1 500	尿	1 500
食物	700	粪便	150
物质代谢（内生水）	300	呼吸道呼出	350
		皮肤蒸发	500
总量	2 500	总量	2 500

（1）正常人每日水的生理需要量为 2 500 mL 左右，且摄入量与排出量是相等的。

（2）呼吸道呼出与皮肤蒸发的水分称“无形失水”或“非显性失水”，每日约 850 mL。

（3）物质代谢内生水是食物在体内氧化过程中产生的，也称代谢水，每日约 300 mL。

（4）肾脏是调节人体水分的最主要器官。正常成人每日尿量需要维持在 1 000～1 500 mL。

（5）消化道的腺体每日分泌消化液约 8 200 mL。正常情况下，只有 150 mL 左右随粪便排出，其余均被肠道所吸收。若出现严重呕吐、腹泻或幽门梗阻时，大量消化液丢失，造成水、电解质和酸碱失衡紊乱。

（二） 电解质平衡

正常情况下，随饮食摄入的电解质经消化道吸收并参与体内代谢，维持体液电解质平衡的主要电解质为 Na^+ 和 K^+。

1. Na^+ 平衡　钠主要随饮食摄入体内，正常成人日需要量为 6～10 g，过剩的钠主要经尿液和汗液排出体外，血清钠的正常值为 135～145 mmol/L。

2. K^+ 平衡　钾主要随饮食摄入体内，正常成人日需要量 2～3 g，维持血清钾的正常值为 3.5～5.5 mmol/L。85%的钾由肾脏排出体外，肾脏的“保钾能力”比较弱，特点为摄入多、排出多，摄入少、排出少，不摄入也有一定量的钾排出。若体内钾不足，肾脏的排钾却不能随之减少，故引起机体缺钾。

（三）体液平衡的调节

体液平衡的调节主要是通过神经-内分泌系统和肾脏进行。体液失衡时，多先通过下丘脑-垂体后叶-抗利尿激素系统恢复和维持体液的正常渗透压，然后通过肾素-血管紧张素-醛固酮系统恢复和维持血容量，此时两个系统共同作用于肾脏，调节水和钠等电解质的吸收与排泄，从而达到体液平衡的目的。

体内丧失水分时，细胞外液的渗透压增高，刺激下丘脑-垂体后叶-抗利尿激素系统，使口渴中枢兴奋，产生口渴感，而主动增加饮水。同时抗利尿激素增加，使肾远曲小管和集合管上皮细胞对水分的重吸收增加，尿量减少，使水分保留于体内，从而达到降低细胞外液渗透压的效果；反之，体内水分增多时，细胞外液渗透压降低，口渴反应被抑制，抗利尿激素分泌减少，致使渗透压得以恢复。

（四）酸碱平衡及调节

酸碱度适宜的体液环境是机体进行正常生理活动和代谢过程的保证。通常人的体液内维持一定的 H^+浓度，使动脉血浆 pH 保持在 7.40±0.05，以维持人体正常的生理活动和代谢过程。但是人体在新陈代谢的过程中，不断产生酸性和碱性物质，使体液中的 H^+浓度经常发生改变。为了使血液中的 H^+浓度在小范围内变动，人体主要通过体液中的缓冲系统、肺的呼吸和肾脏的排泄来维持体液的酸碱平衡。

1. 缓冲系统　由弱酸及碱性盐配对成的缓冲对所组成。血浆中最重要的缓冲对是 HCO_3^-/H_2CO_3。血浆中 HCO_3^- 的正常值平均为 24 mmol/L，H_2CO_3 的正常值平均为 1.2 mmol/L，两者的比值为 20∶1，只要这个比值保持稳定，血浆 pH 仍然可维持于 7.40。

2. 肺　肺是调节酸碱平衡的重要器官。主要通过 CO_2 的排出量来调节酸碱平衡。延髓的中央化学感受器对脑脊液中 CO_2 和 pH 变化非常敏感。如果机体的呼吸功能失常，当 CO_2 的排出受阻，血中 $PaCO_2$ 升高时，刺激呼吸中枢兴奋，使呼吸加深加快，促进肺排出 CO_2 以缓解酸中毒，使血中的 H_2CO_3 下降；反之，体内 CO_2 排出过多，使血中 $PaCO_2$ 降低时，呼吸中枢受抑制，呼吸变浅变慢，使 CO_2 的排出量减少，导致血中 H_2CO_3 升高从而缓解碱中毒。

3. 肾　肾在酸碱平衡的调节中起重要作用。主要通过 Na^+-H^+交换、HCO_3^- 重吸收、分泌 NH_4^+ 和排泄有机酸 4 种方式维持正常的血浆 H_2CO_3 浓度，保持 pH 稳定。

第二节　水、钠平衡失调患者的护理

患者女性，40 岁。体重 52 kg，反复大量呕吐 3 d，尿少、色深，恶心、乏力、不口渴，舌干燥，皮肤松弛干燥，四肢厥冷。脉搏 110 次/min，血压 80/50 mmHg，唇干燥，眼窝下陷，皮肤弹性差，血清钠 140 mmol/L。

问题导向：

（1）请考虑患者应为哪种水钠代谢失衡。

（2）安排补液顺序时应最先输注哪种液体？

一、等渗性脱水

等渗性脱水（isotonic dehydration）以水和钠成比例缺失、血清钠仍在正常范围、细胞外液渗透压亦无明显改变为特点，是外科最常见的脱水类型。由于同时有失水和失钠，亦被称为混合性脱水。又因常发生于一些急性体液丧失情况，还被称为急性脱水。

【病因与病理】 等渗性脱水常发生于急性水、钠流失或异常积聚，以及严重摄取不足，无论何种原因引起体液大量丢失，短期内往往均表现为等渗性缺水。评估中首先应仔细询问病史，寻找脱水的原因。外科等渗性脱水常见于以下情况：

（1）剧烈呕吐、严重腹泻、持续胃肠减压及肠瘘等导致消化液急性丧失。

（2）广泛软组织损伤或大面积烧伤后炎症反应使大量液体积聚于损伤区。

（3）肠梗阻、急性腹膜炎等引起多量体液积存于第三组织间隙。

（4）因厌食、恶心、无能力摄食或限制饮食使水钠摄入不足而又没有及时补充。

（5）其他：过度利尿、高热、环境高温、大量胸腔积液等。

等渗性脱水时，细胞外液量的迅速减少主要引起肾素-血管紧张素-醛固酮系统兴奋，使醛固酮的分泌增加，肾远曲小管对钠、水的重吸收增加，以代偿血容量的不足。因细胞内外渗透压一致，最初并无明显细胞内液向细胞外转移，细胞内液量早期不发生变化。但若这种体液的缺失持续存在，细胞内液也将逐渐外移，最终出现细胞缺水现象。当短期内体液丧失量达体重的5%时，临床有血容量不足表现；若体液继续丧失达到体重的6%～7%，可出现休克。

【护理评估】

（一）健康史

评估患者的年龄、体重、生活习惯、既往史等。了解是否存在导致等渗性缺水的各种因素，如呕吐、失血、腹泻、肠瘘管、急性腹膜炎、肠梗阻及大面积烧伤等；容易诱发等渗性缺水的治疗，如长期胃肠减压、应用利尿剂或强效泻剂等。

（二）身体状况

1. 症状　厌食、恶心、乏力等，因体液渗透压无改变故口渴不明显。大量体液丧失时将以血容量不足为主要表现，出现脉搏细速、血压不稳定或下降、脉压小、尿少、末梢循环不良，甚至并发休克及代谢性酸中毒。

2. 体征　脱水体征：唇舌干燥、眼窝凹陷、皮肤干燥及弹性减弱。

（三）辅助检查

1. 血液检查　血 Na^+ 及渗透压在正常范围，因血液浓缩常有红细胞计数、血红蛋白量和红细胞压积增高。尿量减少、尿相对密度增高。

2. 中心静脉压　中心静脉压的正常值为5～10 cmH_2O。

（四）处理措施

等渗性脱水的处理主要从两方面着手：其一是寻找并消除原发病因，防止或减少水、钠的继续丧失；其二要针对性补液，以补充体液量的不足，维持有效循环血容量。此外，严重脱水的患者还需积极防治休克及酸碱平衡失调。

对于液体的补充，一般多选用平衡盐溶液0.9%氯化钠溶液静脉滴注，补液的同时维持电解质的平衡。应避免输注不含钠的葡萄糖溶液，防止引起血钠下降，也不可大量使用生理盐水，因其中 Cl^- 含量过高可致高氯性酸中毒。对于失血较多者还应适当补充胶体溶液或输入血制品，防止休克的发生。平衡盐溶液的电解质含量与血浆内电解质相近，在等渗性脱水的治疗中是较好的选择。

【护理问题】

1. 体液不足　与急性体液丧失或摄入不足等原发病因有关。
2. 有受伤的危险　与脱水致血容量不足可引起体位性低血压有关。
3. 皮肤完整性受损　与微循环灌注量不足和水肿有关。
4. 营养失调（低于机体需要量）　与营养摄入不足、丢失过多有关。
5. 潜在并发症　休克。

【护理措施】

1. 维持正常体液容积及电解质平衡　遵医嘱补充 0.9%氯化钠溶液或平衡盐溶液，因丢失大量体液而补液时，要注意同时补充水分和钠盐，避免单纯补充水分而引起低渗性缺水。

2. 防止意外伤害　脱水的患者由于血容量不足，可引起头晕、乏力及体位性低血压。护理中需注意血压不稳定或偏低的患者，应指导其在坐起、下床或下蹲时动作缓慢，避免突然改变体位而发生眩晕不适，甚至跌倒损伤。应评估患者的肌张力和活动形态，根据具体情况制订相应活动计划，并随病情的好转而调整，积极预防并发症及促进体力恢复。

3. 密切观察病情变化　观察记录生命体征、体重、出入水量、尿量及尿相对密度，尤其注意脉搏和血压变化，监测体循环是否负荷过重，如颈静脉怒张、呼吸困难、呼吸水泡音、皮肤弹性等，以此为体液补充的依据。大量和快速补液时最好监测中心静脉压或肺动脉压。

4. 心理护理　关心患者，多与患者及其家属沟通交流，了解他们的心理反应，给予支持和鼓励，帮助树立战胜疾病的信心，指导采取积极的应对技巧，保持情绪稳定，以乐观的心态配合治疗。

5. 改善营养状况　患者可因身体过度疲倦而食欲降低，因原发病而出现呕吐、腹泻、便秘等，从而影响营养的摄入，故在纠正水、电解质失衡的同时，应注意患者的摄食情况，鼓励可经口进食者口服补液，加强营养，避免饮用大量白开水或摄入过多钠盐。

二、高渗性脱水

高渗性缺水（hypertonic dehydration）又称原发性缺水。水和钠同时缺失，但缺水比例多于缺钠，故血清钠高于正常范围，细胞外液呈高渗状态。

【病因与病理】

1. 摄入水分不足　如食管癌致吞咽困难，危重患者给水不足或经静脉注射大量高渗液体，在高温环境劳动而饮水不足或遭水源断绝者。

2. 水分丧失过多　如高热大量出汗、大量应用渗透性利尿剂、大面积烧伤暴露疗法致创面蒸发大量水分、糖尿病患者因血糖未控制致高渗性利尿等。

高渗性缺水时，由于体内失水量大于失钠量，细胞外液呈高渗状态，可使细胞内液体移向细胞外间隙，导致形成以细胞内液减少为主的体液量的变化，严重时，脑细胞可因缺水导致脑功能障碍。机体对高渗性缺水的代偿通过刺激口渴中枢，患者感到口渴而饮水，使体内水分增加而降低细胞外液渗透压。另外，细胞外液的高渗状态可以引起抗利尿激素分泌增加，使肾小管对水的重吸收增加，导致尿量减少，使细胞外液的渗透压降低和恢复其容量。

【护理评估】

（一） 健康史

了解是否存在水分丢失过多、摄入不足及高渗溶质摄入过多等导致高渗性缺水的各种危险因素。

（二） 身体状况

其临床表现依缺水程度不同而异，一般将高渗性缺水分为轻度缺水、中度缺水、重度缺水三类 。

（三） 辅助检查

实验室检查可见红细胞计数、血红蛋白量和血细胞压积均升高的血液浓缩现象，血清钠浓度高于 150 mmol/L，尿液检查相对密度升高。

（四） 处理措施

应尽早去除病因，防止体液的继续丢失。轻度缺水者可鼓励患者经口摄取水分，中度、重度缺水者可经静脉补充已丧失的液体，静脉滴注 5%葡萄糖溶液、0. 9%或 0. 45%氯化钠溶液。

【护理问题】

1. 体液不足　与高热、大汗等导致的体液丢失过多或水分摄入不足有关。

2. 有受伤的危险　与意识障碍有关。

【护理措施】 高渗性缺水以补充 5%葡萄糖溶液为主，待缺水情况基本改善后，再补适量 0. 9%氯化钠溶液，葡萄糖溶液与氯化钠溶液的比例可按 2：1 供给。

三、低渗性脱水

低渗性缺水（hypotonic dehydration）又称慢性缺水或继发性缺水。水和钠同时缺失，但缺水少于缺钠，故血清钠低于正常，细胞外液呈低渗状态。水分由细胞外向细胞内转移，引起细胞水肿，而使细胞外液缺水更严重。

【病因与病理】 凡是引起水分过多或细胞外液溶质过少的疾病或情况均可引起低渗性缺水。常见病因：

（1）胃肠道消化液持续性丢失，以致大量钠随消化液排出。如反复呕吐、长期胃肠减压引流或慢性肠梗阻等。

（2）大面积创面的慢性渗液或大面积烧伤等。

（3）长期使用排钠利尿药如氯噻酮、依他尼酸等未注意补给适量的钠盐，造成体内缺钠多于缺水。

（4）摄入水分过多如清水灌肠、等渗性缺水治疗时补充水分过多等。

由于体内失钠多于失水，细胞外液呈低渗状态，机体主要通过减少抗利尿激素分泌，使水在肾小管内的重吸收减少，尿量排出增多，以提高细胞外液的渗透压，使细胞外液的总量减少，于是组织液进入血液循环，以补偿血容量。血容量下降又会刺激垂体后叶，使抗利尿素分泌增多，水再吸收增加，出现少尿。如血容量继续减少至超过机体的代偿能力时，将出现休克。因大量失钠而导致的休克又称低钠型休克。

【护理评估】

（一）健康史

了解患者是否存在导致低渗性缺水的各种因素，如反复呕吐、长期引流、慢性肠梗阻、大面积烧伤慢性渗液等。

（二）身体状况

低渗性脱水患者一般无口渴，缺钠的症状和体征出现最早，且往往是最主要的临床表现，早期尿量增多、尿相对密度降低。随着病情进一步加重，血容量下降的表现亦较突出，甚至发生低钠性休克。后期尿量减少，并可出现神经功能改变和意识障碍。

临床上常根据缺钠的程度将低渗性脱水分为三度：

1. 轻度缺钠　每千克体重缺失氯化钠约 0.5 g，血清 Na^+浓度在 135 mmol/L 以下。临床主要表现为缺钠症状和体征，如厌食、头晕、疲乏、手足麻木，尿量正常或增多、尿相对密度降低。

2. 中度缺钠　每千克体重缺失氯化钠 0.5~0.75 g，血清 Na^+浓度在 130 mmol/L 以下。缺钠征象加重，并有血容量下降表现，患者常有恶心、呕吐，脉搏细速、血压下降、脉压变小、浅静脉萎陷，可出现视力模糊、直立性晕厥，尿量减少，尿中几乎不含 Na^+、Cl^-。

3. 重度缺钠　每千克体重缺失氯化钠约 0.75~1.25 g，血清 Na^+浓度在 120 mmol/L 以下。缺钠表现更甚，周围循环衰竭，发生低血容量性休克。患者肌痉挛性抽痛、肌腱反射减弱或消失，表情淡漠、木僵、进行性意识障碍，常处于休克状态。

（三）辅助检查

1. 血液检查　血清 Na^+<135 mmol/L，血浆渗透压<280 mmol/L。红细胞计数、血红蛋白量、红细胞压积、血尿素氮均有增高。

2. 尿液检查　早期尿量可增加，后期尿量减少，尿相对密度≤1.010，尿 Na^+、Cl^-测定常有明显减少。

（四）处理措施

低渗性脱水时应静脉输注含钠注射液或高渗氯化钠注射液，以纠正体液的低渗状态和补充血容量。对于轻、中度缺钠患者，一般补充5%的葡萄糖氯化钠溶液；重度缺钠的患者先输注晶体溶液，如复方乳酸氯化钠溶液、等渗盐水，后输注胶体溶液，如羟乙基淀粉注射液、右旋糖酐注射液和血浆等以补足血容量，再静脉滴注高渗氯化钠注射液，以进一步恢复细胞外液的渗透压。

【护理问题】

1. 体液不足　与长期大量呕吐、胃肠减压等导致体液慢性丧失有关。

2. 有受伤的危险　与意识障碍、低血压有关。

3. 潜在并发症　休克。

【护理措施】

（1）能口服者尽量饮用含电解质的液体，如果汁、肉汁、菜汤等，以补充流失的钠及水分。

（2）静脉输液时注意液体的选用及其浓度、补液量和补液顺序，输注高渗盐水时严格控制滴速，每小时不应超过 100~150 mL，避免输入过速或过多导致血钠短时间内猛然增高及渗透压突增。

（3）低渗性脱水患者的缺钠征象出现早且突出，重症患者神经功能改变和循环血容量不足亦较严重，护理中需加强相关观察，积极预防、及时发现，并配合有效处理。

（4）此型脱水患者若需灌肠或鼻胃管灌洗，应采用0.9%氯化钠溶液为佳，避免使用大量清水或低渗溶液，防止多量水分吸收入血而使血钠进一步下降。

（5）加强心理护理和营养支持，全面改善患者身心状况，促进早日康复。

第三节　钾平衡失调患者的护理

正常血清钾浓度为3.5~5.5 mmol/L。钾具有很多重要的生理功能：参与和维持细胞的正常代谢，维持细胞内液的酸碱平衡、渗透压、神经肌肉组织的兴奋性及心肌的生理功能。钾的平衡失调有低钾血症和高钾血症两类，临床上以低钾血症为常见。

一、低钾血症患者的护理

血清钾浓度低于3.5 mmol/L时即称低钾血症（hypokalemia）。

【病因与病理】

1. 钾的摄入量不足　如长期禁食、吞咽困难、少食或静脉补充钾盐不足。

2. 钾丢失过多　如呕吐、腹泻、肠胃道引流、消化道瘘、醛固酮增多症、急性肾衰竭多尿期、应用排钾利尿剂等。

3. 钾由细胞外向细胞内转移　如大量输注葡萄糖、胰岛素及大量碳酸氢钠输入，代谢性、呼吸性碱中毒等。

【护理评估】

（一）　健康史

血清钾丢失或摄入减少的疾病或情况均可引起低钾血症。评估有无钾摄入不足、钾丢失过多、钾的分布异常等。

（二）　身体评估

1. 局部　有无神经、肌肉兴奋性降低的表现，有无肌肉的改变，如四肢肌无力或软瘫，并评估肌肉的级别。

2. 全身　有无消化道功能障碍，如腹胀、肠蠕动消失等肠麻痹表现。有无心功能的异常，如房室传导阻滞和节律异常等心律失常表现。

（三）　辅助检查

1. 血液检查　血清 K^+浓度<3.5 mmol/L，pH上升。

2. 尿液检查　肾浓缩功能障碍可引起尿量增加、尿相对密度下降。

3. 心电图检查　典型心电图改变如上述（T波低平、U波增高、ST段下降、QRS波群增宽、心率增快和异位心律），有助于临床诊断，但并非每个患者都会出现。

（四）　处理措施

1. 病因治疗　积极控制原发病因，减少或终止钾继续丢失。

2. 纠正低钾血症　最安全、最可靠的途径是口服补钾，常用的口服药是10%氯化钾。

对不能进食的患者，采取静脉补钾。

【护理问题】

1. 有受伤的危险　与骨骼肌软弱无力、眩晕及意识改变有关。

2. 活动无耐力　与低血钾和骨骼肌无力有关。

3. 知识缺乏　缺乏低钾血症的相关知识。

【护理措施】

1. 预防低钾血症的发生　对于存在发生低钾血症危险因素的患者，应动态观察患者的临床表现，若发现可能为低钾血症的征象，应立即通知医生并配合处理。如病情许可，指导患者选择含钾量高的食物来补充钾。

2. 防止意外伤害　根据患者的全身状况、活动能力和自理程度，给予必要的护理上的帮助和指导，满足患者日常清洁、饮食、排泄及活动等方面的需要。对于病情轻、全身情况较好，可部分自理的患者，应指导其在进食、饮水、下床行走、如厕等活动时注意安全，并在需要时给予帮助。如注意食物和饮水的温度不宜过高，上肢无力时由他人协助，避免食物或饮水泼洒、掉落而致损伤；下床行走及如厕时动作缓慢，最好有他人陪伴或辅助以免意外。如果病情严重，不能自理，日常生活需要应完全由护理人员完成。

3. 防治并发症　观察并记录患者心律不齐及心排出量减少的相关症状，如低血压、苍白、眩晕、盗汗及呼吸困难等。观察患者的呼吸频率、节律、深浅以及有无呼吸困难和缺氧征象。协助卧床患者应经常翻身、叩击背部，指导其有效咳嗽，促进呼吸道分泌物排出，必要时吸痰以保持呼吸道通畅。

二、高钾血症患者的护理

血清钾浓度大于5.5 mmol/L时即为高钾血症（hyperkalemia）。

【病因与病理】

1. 钾的摄入过多　如口服或静脉输入氯化钾注射液，使用含钾药物，大量输入保存期较久的库血等。

2. 肾排钾功能减退　如急性、慢性肾衰竭，应用保钾利尿剂如螺内酯（安体舒通）、氨苯蝶啶或盐皮质激素不足等。

3. 钾由细胞内向细胞外转移　如溶血、严重挤压伤、大面积烧伤、酸中毒等。

【护理评估】

（一）　健康史

评估是否有高钾血症原因，如钾的摄入量过多、钾排除障碍和钾由细胞内向细胞外转移因素。有无周期性钾代谢失调的发作史、既往史和家族史。

（二）　身体评估

评估患者神经、肌肉系统、肠胃道和心血管系统的情况，心功能正常与否，血清钾浓度及心电图检查是否正常等。

（三）　辅助检查

1. 实验室检查　血清 K^+浓度>5.5 mmol/L。

2. 心电图检查　典型的心电图改变为T波高而尖、Q-T间期延长、QRS波群增宽、P-R间期延长。

（四） 处理措施

高钾血症可致患者心搏骤停，严重心律失常而危及生命，一旦发现，除立即控制病因、停用含钾药物和改善肾功能以外，还应积极采取有效措施降低血钾水平，并对抗心律失常。

（1）立即停止使用一切含钾的药物或溶液，并限制食入含钾量较高的食物，以免血钾进一步增高。

（2）促使钾转移入细胞内：①静脉滴注5%碳酸氢钠溶液60~100 mL，然后继续静脉滴注100~200 mL碳酸氢钠溶液。②联合使用葡萄糖和胰岛素静脉滴注，常用25%葡萄糖溶液100~200 mL，按每5 g糖加入正规胰岛素1u，可以每3~4 h重复给药。③对于需要限制输液量的患者，可用10%葡萄糖酸钙100 mL、11.2%乳酸钠溶液50 mL、25%葡萄糖溶液400 mL，加入胰岛素20 u，6滴/min，24 h缓慢持续静脉滴注。

（3）增加钾的排出：肾功能良好的情况下可使用呋塞米（速尿）40 mg静脉推注，通过利尿作用使肾排钾增多。还可应用阳离子交换树脂口服或保留灌肠，以促进消化道排钾。

（4）对抗心律失常：钙和钾有对抗作用，故静脉注射10%葡萄糖酸钙溶液20 mL，能拮抗钾对心肌的毒性作用。此法可重复使用。也可将10%葡萄糖酸钙溶液30~40 mL加入静脉补液内滴注。但应注意钙剂不能与碱性液同时输入，以免出现沉淀。

（5）严重高钾血症采取上述处理后效果不理想时，可以应用阳离子交换树脂口服，每日4次，每次15 g，可从消化道带走较多的钾离子，为了防止便秘、粪块堵塞，可同时口服山梨醇或甘露醇以导泻。也可以通过腹膜透析或血液透析降低血钾。

【护理问题】

1. 心输入量减少　与心律失常及心肌功能改变有关。
2. 有受伤的危险　与四肢软弱无力、意识恍惚有关。
3. 潜在并发症　心律失常、心搏骤停。
4. 知识缺乏　缺乏对高钾血症病情及防治知识的了解。

【护理措施】

1. 预防高钾血症的发生　积极配合医院处理原发病因，改善和保护肾功能。保证患者足够的热量摄入，避免体内蛋白质、糖原的大量分解而释放钾离子。大量输血时，避免输入久存的库血。低钾血症患者应严格遵守静脉补钾的原则，及时监测血清钾浓度，以免发生高钾血症。

2. 纠正高钾血症　一旦确诊高钾血症，立即停止一切含钾药物和食物的摄入，遵医嘱采取各种措施加速钾的排泄，促使钾离子向细胞内转移，降低血清钾离子浓度，对抗心律失常的发生。必要时采取血液透析和腹膜透析，并做好相关的护理工作。治疗期间，严密观察生命体征、尿量，连续动态监测心电变化，及时做血清钾测定和心电图的检查。

3. 预防并发症　严密观察病情，加强对患者血钾浓度及心电图的监测，做好相应抢救物品、药品的准备。患者一旦出现心律失常应立即通知医生，积极配合抢救；若出现心脏骤停，应做好心肺复苏的急救和复苏后的护理。加强陪护，避免意外伤害的发生。

第四节　酸碱平衡失调患者的护理

正常人的 pH 为 7. 35~7. 45，略偏碱性。若外来的或内生的酸碱物质超过机体对酸碱平衡的代偿能力或调解功能障碍，平衡状态即被破坏，将出现不同类型的酸碱平衡紊乱。常见为代谢性酸中毒、代谢性碱中毒、呼吸性酸中毒和呼吸性碱中毒四种类型，可单独存在，也可两种或两种以上并存，则称为混合型酸碱平衡紊乱。

一、代谢性酸中毒患者的护理

代谢性酸中毒（metabolic acidosis）是指由各种原因引起体内酸性物质积聚或产生过多，或 HCO_3^- 丢失过多而致的酸中毒，是外科临床常见的酸碱平衡紊乱。

【病因与病理】

1. 酸性物质产生过多　严重创伤、高热、失血性及感染性休克致急性循环衰竭，分解代谢增加，产生大量的酸性物质，如丙酮酸等，发生乳酸性酸中毒，这种情况在外科很常见。

2. 碱性物质丢失过多　如严重腹泻、胆瘘、肠瘘或胰瘘等致大量碱性消化液丧失。

3. 氢离子排出减少　肾功能不全时，肾小管功能障碍，内生 H^+ 不能排除体外，或 HCO_3^- 吸收减少，导致酸中毒。

各种原因引起的代谢性酸中毒均直接或间接使体内 HCO_3^- 减少，血浆中的 HCO_3^- 相对增加，机体通过肺和肾的调解到达平衡。体内高浓度的 H^+ 刺激呼吸中枢，使呼吸加深加快，排出过多的 CO_2，降低 $PaCO_2$，并使 HCO_3^-/H_2CO_3 的比值接近 20∶1，维持血 pH 在正常范围内，此时为代偿性代谢性酸中毒。同时，肾小管上皮细胞中的碳酸酐酶和谷氨酰酶活性升高，增加 H^+ 和 NH_3 的生成，两者形成 NH_4^+ 排出体外，导致 H^+ 排出增加。

【护理评估】

（一）健康史

患者有无引起代谢性酸中毒的主要致病因素如输入酸性药物，严重损伤、腹膜炎、高热或休克等，有无腹泻、胆瘘、肠瘘和肾功能不全。

（二）身体状况

评估患者有无呼吸节律和频率的改变，呼出气体是否带有酮味。观察心率和心律有无异常，判断有无疲乏、眩晕、嗜睡、感觉迟钝或烦躁不安等情况。有无体液不足症状和代偿表现。评估动脉血气分析及尿液检查结果来判断病情。

（三）辅助检查

1. 血气分析　血液 pH 和 HCO_3^- 明显下降，$PaCO_2$ 正常。

2. 其他　常合并高钾血症，尿液呈强酸性。

（四）处理原则

积极消除引起代谢性酸中毒的原发疾病并去除诱因，逐步纠正代谢性酸中毒。症状较轻时机体可经过自身调节，只要去除诱因，补充液体、纠正缺水，常可自行纠正，不必应用碱性药物治疗。对血浆 HCO_3^- 低于 10 mmol/L 的重症患者，应立即补液和碱性药物治疗。

临床上常用的碱性药物为5%碳酸氢钠溶液，但应遵循“宁酸勿碱”的补碱原则。根据酸中毒的严重程度，首次补给5%碳酸氢钠溶液100~250 mL不等。用后2~4 h复查动脉血气和电解质，根据检验结果决定是否继续输注及输注量。边治疗边观察，逐步纠正酸中毒，是治疗的原则。需要注意的是：酸中毒纠正后，患者可能出现手足抽搐，应静脉注射葡萄糖酸钙注射液控制症状。同时应监测血钾，防止低钾血症的发生。

【护理问题】

1. 低效性呼吸型态　与呼吸代偿或呼吸困难有关。
2. 皮肤完整性受损　与酸中毒致皮肤干燥、潮红有关。
3. 知识缺乏　由于对本病的认识不足，缺乏药物治疗和疾病预防的知识有关。
4. 潜在并发症　高钾血症、心律失常。

【护理措施】

（1）配合治疗计划，消除致病因素。积极纠正高热、腹泻、休克和肾功能不全等。保证充足热量供给，减少分解代谢而生成过多的酮体，加重酸中毒。

（2）密切观察病情变化，观察呼吸频率与深度的变化，心电监护监测心率和心律的变化，并及时报告医生。注意水、电解质、酸碱失衡的动态变化，遵医嘱及时血气分析，根据丢失情况补充碱性溶液和电解质。准确记录24 h出入液量及患者体重变化。

（3）注意意识的改变，保护患者，避免发生潜在损伤，可适当使用安全防护措施，如使用床栏或移除障碍物，并尽量不让独处。

（4）在纠正代谢性酸中毒时，应注意可能出现的医源性碱中毒，补碱不宜过速、过量。

二、代谢性碱中毒患者的护理

代谢性碱中毒（metabolic alkalosis）是指由各种原因引起的机体内的H^+丢失过多或HCO_3^-增多。

【病因与病理】

1. 酸性物质丢失过多　这是外科患者发生代谢性碱中毒的最常见的原因。如幽门梗阻、严重呕吐、长期胃肠减压等，使酸性胃液大量丢失，可丧失大量的H^+和Cl^-。

2. 碱性物质摄入过多　长期服用碱性药物，中和胃内的盐酸，使肠液中的HCO_3^-没有足够的H^+中和，造成HCO_3^-重吸收增多致碱中毒。大量输注库存血，抗凝剂入血后可转化成HCO_3^-也可导致碱中毒。

3. 低钾血症　低血钾时大量的钾离子有细胞内向细胞外转移，K^+-Na^+交换增加，引起细胞内的酸中毒和细胞外碱中毒。

4. 利尿剂的作用　呋塞米和依他尼酸等药物可抑制肾脏近曲小管对Na^+、Cl^-的重吸收，导致低氯性碱中毒的发生。

受血浆H^+浓度下降的影响，呼吸中枢抑制引起呼吸变浅变弱，使CO_2排出减少，血$PaCO_2$升高，使HCO_3^-/H_2CO_3的比值接近20：1，维持血pH在正常范围内。同时，肾小管上皮细胞中的碳酸酐酶和谷氨酰酶活性降低，使H^+排泌和NH_3的生成减少。HCO_3^-重吸收减少，经尿排出增多，而使血HCO_3^-减少。代谢性碱中毒时，由于氧合血红蛋白解离曲线左移，使氧不易从氧合血红蛋白中释放出来，因此，尽管血氧含量和氧饱和度监测正常，但组织仍处于缺氧状态。由此应该认识到积极纠正碱中毒的重要性。

【护理评估】

（一）健康史

了解患者是否有胃肠减压、幽门梗阻等病史，有无长期服用碱性药物、利尿剂等。

（二）身体状况

评估患者的症状与体征，轻者一般无明显表现，观察呼吸的频率和深浅度是否有改变，有无精神方面的异常表现如谵妄、精神错乱或嗜睡等。监测血清钾浓度和血气分析，必要时进行尿液检查。

（三）辅助检查

1. 血气分析　失代偿期血液 pH 和 HCO_3^- 明显升高，$PaCO_2$ 正常。代偿期血液 pH 正常，HCO_3^- 和 BE 有一定程度的升高。同时伴有血清钾和氯的降低。

2. 尿液检查　尿呈碱性，但低钾性碱中毒时尿液呈酸性。

（四）处理原则

代谢性碱中毒的纠正不宜过于迅速，关键在于积极治疗原发疾病。对丧失胃液所致的代谢性碱中毒，可输注等渗盐水和葡萄糖盐水，既补充了细胞外液量，又补充氯离子，可纠正轻度低氯性碱中毒。碱中毒时大多同时存在低钾血症，故在纠正原发病的同时补充氯化钾。

【护理问题】

1. 低效性呼吸型态　与呼吸效力减低有关。

2. 意识障碍　与碱中毒时脑细胞代谢活动障碍致精神神经异常有关。

3. 体液不足　与呕吐、胃肠减压有关。

4. 潜在并发症　低钾血症。

【护理措施】

（1）配合医生积极处理原发病，控制呕吐，减少胃肠液的丧失，减少碱性物质的摄取，纠正细胞外液的不足等诱发代谢性碱中毒的原因，呕吐时及时清理呕吐物，避免误吸引起窒息。

（2）密切监护呼吸状态及生命体征变化，测量体重，记录 24 h 出入液量，注意监测患者血气分析结果及血清电解质水平，心电监护观察心率和心律的变化，以评估患者的改善情况，根据病情转化情况随时调整治疗护理方案，避免矫正过度。

（3）定期评估患者的认知力和定向力，若患者存在意识障碍，应采取措施使其改善，如使用音乐呼唤、皮肤刺激等方法，加强患者基础护理的同时采取积极措施，避免发生潜在损伤。

三、呼吸性酸中毒患者的护理

呼吸性酸中毒（respiratory acidosis）是指由于肺泡通气及换气功能减弱，不能充分排出体内生成的 CO_2，使体内 CO_2 蓄积，导致血中 $PaCO_2$ 增高而引起的高碳酸血症。

【病因与病理】

（1）呼吸道梗阻如上呼吸道分泌物或异物阻塞、窒息、支气管痉挛、喉痉挛、心脏骤停等。

（2）通气不足如全身麻醉过深、镇静剂应用过量、中枢神经系统损伤、气胸、急性肺水肿及呼吸机使用不当等。

（3）慢性阻塞性肺部疾病如肺组织广泛纤维化、重度肺气肿等。

呼吸性酸中毒时，机体通过血液缓冲系统进行调节。各种原因引起肺泡通气功能不足时，血液中的 H_2CO_3 与 $Na_2HPO_4^+$ 结合，形成 $NaHCO_3$ 和 NaH_2PO_4，后者从尿中排出，使 H_2CO_3 减少，HCO_3^- 增多。另外，肾小管上皮细胞中的碳酸酐酶和谷氨酰酶活性升高，增加 H^+和 NH_3 的生成，H^+和 Na^+交换，H^+与 NH_3 结合形成 NH_4，使 H^+排出增加和 $NaHCO_3$ 重吸收增加。以上两种代偿机制使 HCO_3^-/H_2CO_3 的比值接近 20∶1，维持血 pH 在正常范围内。

【护理评估】

（一）健康史

评估是否存在引起肺泡通气不足的疾病，如全身麻醉过深、镇静剂过量、喉或支气管痉挛、脊髓损伤、呼吸机使用不当、气胸和急性肺水肿等原发病。听诊双肺呼吸音，判断有无上呼吸道分泌物增多或异物阻塞而影响通气功能。是否合并肺组织广泛纤维化、重度肺气肿等慢性阻塞性肺部疾病等。

（二）身体状况

患者常出现胸闷、气促和呼吸困难等，若呼吸性酸中毒持续较久或有严重 CO_2 潴留，会发生“CO_2 麻醉”，可出现精神错乱、谵妄、嗜睡甚至昏迷。患者严重脑缺氧除可导致脑水肿、脑功能障碍以外，还能引起脑疝甚至呼吸骤停。

（三）辅助检查

血气分析记录呼吸性酸中毒时，血液 pH 明显下降，$PaCO_2$ 增高，血浆 HCO_3^- 可正常。慢性呼吸性酸中毒时，pH 下降不明显，$PaCO_2$ 增高，血浆 HCO_3^- 增高。

（四）处理原则

尽快治疗原发病，通过改善机体的通气和换气功能来纠正呼吸性酸中毒。必要时行气管插管或气管切开应用呼吸机辅助呼吸。若因呼吸机使用不当并发的吸性酸中毒，应根据血气分析结果调整呼吸机参数，通过增加呼吸次数，提高潮气量和增加每分通气量来改善通气功能，达到纠正的目的。

【护理问题】

1. 低效性呼吸型态　与呼吸道梗阻、大量 CO_2 滞留体内等因素有关。
2. 急性意识障碍　与缺氧及酸中毒有关。
3. 舒适的改变　疼痛，与颅内血管扩张导致头痛有关。
4. 潜在并发症　心律不齐、低血压。

【护理措施】

（1）密切观察病情变化，持续监测患者的呼吸频率、节律、深度及呼吸困难的程度，听诊双肺呼吸音，定时监测血气分析的变化，以便及早发现并及时处理。

（2）恢复与维持有效的通气与换气功能。协助患者取适当体位，如半坐卧位，以增加膈肌活动幅度，有利于呼吸。保持呼吸道通畅，指导患者深呼吸及有效咳嗽、排痰的技巧和方法。对于气道分泌物较多的患者，给予超声雾化吸入，以湿化痰液，利于痰液排出。

必要时进行有效吸痰。应用呼吸机辅助呼吸，同时做好呼吸道管理，预防呼吸机相关性肺炎的发生。

（3）对意识障碍者，注意观察意识的改变，采取有效的保护措施，避免发生意外损伤。

四、呼吸性碱中毒患者的护理

呼吸性碱中毒（vespiratory alkalosis）是由于肺泡通气过度，体内 CO_2 排出过多，致使血 $PaCO_2$ 降低而引起的低碳酸血症。

【病因与病理】 凡引起机体过度通气的因素均可导致呼吸性碱中毒。如癔症、焦虑、疼痛、发热、创伤、中枢神经系统疾病、麻醉或呼吸机辅助呼吸时的通气过度等。

$PaCO_2$ 降低可抑制呼吸中枢，使呼吸变浅变慢，以减少 CO_2 排出，血中的 H_2CO_3 代偿性增高。但这种代偿因可导致机体缺氧而很难维持下去。肾的代偿作用表现为肾小管上皮细胞排泌 H^+ 和生成 NH_3 减少，H^+-Na^+ 交换、NH_4^+ 的生成和 $NaHCO_3$ 重吸收均减少。随着 HCO_3^- 的代偿性降低，使 HCO_3^-/H_2CO_3 的比值接近 20∶1，维持 pH 在正常范围内。

【护理评估】

（一）健康史

评估患者是否有癔症、脑外伤、高热、甲状腺功能亢进、疼痛、哭泣、呼吸机使用不当等引起呼吸性碱中毒的原因存在。

（二）身体状况

多数患者有呼吸急促的表现。当出现呼吸性碱中毒之后，患者可有眩晕，手、足和口周麻木或针刺感，肌震颤及手足抽搐，常伴有心率加快。危重患者发生急性呼吸性碱中毒，常提示预后不良，或将发生急性呼吸窘迫综合征。

（三）辅助检查

血气分析：血液 pH 明显升高，$PaCO_2$ 降低，血浆 HCO_3^- 正常或轻度降低。

（四）处理原则

积极治疗原发病。为提高血 $PaCO_2$，用纸袋罩住口鼻以增加呼吸道无效腔，减少 CO_2 的呼出。如系呼吸机使用不当所造成的通气过度，应减慢呼吸频率和降低潮气量来纠正。危重患者或中枢神经系统病变所致的呼吸急促，可应用药物抑制自主呼吸，由呼吸机控制呼吸。手足抽搐者，可给 10%葡萄糖酸钙缓慢静脉注射。

【护理问题】

1. 焦虑　与感觉异常、肌肉震颤有关。
2. 低效性呼吸型态　与呼吸深快、过度换气有关。
3. 有受伤的危险　与中枢神经系统受抑制及神经-肌肉应激性增强有关。
4. 舒适状态的改变　与反射亢进、手足抽搐有关。

【护理措施】

（1）去除造成呼吸异常的原因，主动与患者沟通，耐心倾听患者的诉说，以增强其对疾病恢复的信心。

（2）指导患者练习屏气，将呼吸速度放慢并加深。必要时用纸袋罩住口鼻以增加呼吸机无效腔，纠正呼吸性碱中毒。

（3）密切监护呼吸状态及生命体征变化，应用呼吸机时及时监测血气分析，评估呼吸机应用效果，并及时调整呼吸机参数，如发生呼吸性碱中毒时通过减少潮气量、减慢呼吸频率及降低每分通气量来达到治疗的目的。

（4）防止意外伤害的发生，对出现痉挛抽搐的患者应密切观察并加以保护，尽量维持其周围环境的安全性及持续评估其心脏功能，避免增加氧气需求的活动，以减慢呼吸频率。

（王文生）

扫码做练习

扫码看 PPT

扫码看 PPT

第三章

麻醉患者的护理

学习目标

掌握：各种麻醉的围麻醉期护理要点。

熟悉：麻醉后苏醒期的护理要点，以及麻醉中患者的观察要点。

了解：各种麻醉的实施方法及所用药物；各种麻醉的适应证及禁忌证；麻醉前用药的目的；麻醉的分类与特点。

麻醉（anesthesia）是在保障患者生命安全的前提下，用药物或其他方法使患者完全或部分失去感觉，达到手术时无痛的目的。麻醉对保证良好的手术效果具有十分重要的作用。随着麻醉药物的不断开发和临床应用，麻醉方法的不断完善，麻醉管理技术的日益提高以及各相关学科的发展，麻醉技术和理论在其他领域的应用也日益增多，麻醉的应用范围不再局限于消除手术所致的疼痛，同时还包括了急救复苏、重症监护、镇静镇痛等领域。麻醉分类见表 3-1。

表 3-1　临床麻醉方法分类

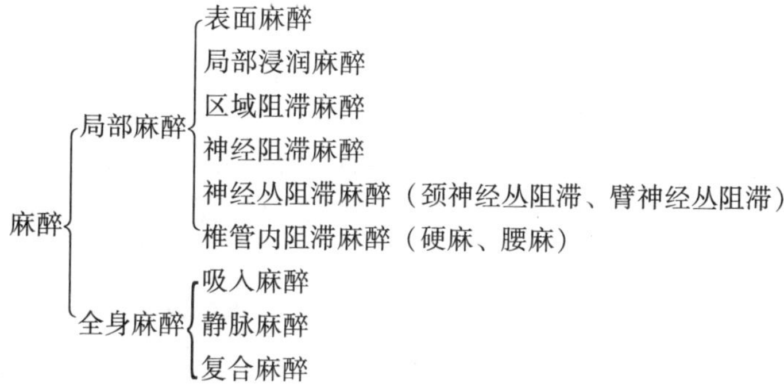

第一节　麻醉前的护理

麻醉前的护理，是麻醉患者护理工作的开始，也是麻醉患者护理工作的重要环节之一。加强麻醉前的护理工作，对于消除患者对麻醉和手术的恐惧心理、保证患者麻醉期间的安全、提高患者对麻醉和手术的耐受力、减少麻醉后并发症等都具有重要的意义。

【护理评估】

（一） 健康史

了解患者既往有无中枢神经系统、心血管系统及呼吸系统疾病，有无麻醉及手术史。患者近期是否应用降压药、激素、强心药、利尿药、降血糖药、镇静药、镇痛剂等。有无药物、食物等过敏史。了解患者有无家族遗传性疾病、有无烟酒嗜好以及有无药物成瘾等。

（二） 身体状况

注意有无呼吸道感染。心、肝、肺、肾等重要脏器功能情况。水、电解质和酸碱平衡情况。口腔内有无缺齿和义齿。脊柱有无畸形，活动有无受限，穿刺部位有无感染。根据需要确定患者检查的项目，如血、尿、粪便检查，出、凝血时间，心电图、胸部 X 线检查等。

（三） 心理、社会状况

包括精神、情绪状态、人格类型，了解患者对疾病、手术方式、麻醉方式的认知程度。对术前准备、护理配合和术后康复的了解程度。

【护理问题】

1. 恐惧、焦虑　与对手术室环境陌生、担心麻醉安全性和手术等有关。

2. 知识缺乏　缺乏有关麻醉及麻醉配合知识。

【护理措施】

（一） 减轻焦虑和恐惧

针对患者存在的手术和麻醉的疑问和顾虑，简单介绍麻醉实施方案及配合方法，安慰并鼓励患者，缓解患者恐惧、焦虑的紧张情绪，取得患者的信任和配合，确保麻醉与手术的顺利实施。

（二） 禁食

择期手术在麻醉前应常规禁食 12 h，禁饮水 4~6 h，以降低术中、术后误吸窒息的危险性；急诊手术的患者，只要手术时间允许，也应尽量准备充分；饱食后的急诊手术患者，可以考虑局部麻醉方式；如手术需要必须全麻者，则应清醒插管，主动控制气道，避免引起麻醉后误吸。

（三） 局麻药过敏试验

酯类局麻药普鲁卡因、丁卡因在血浆内水解或被胆碱酯酶分解后能与血浆蛋白结合产生抗原或半抗原，可发生过敏反应。目前规定普鲁卡因使用前应常规做皮肤过敏试验。

（四） 麻醉用品准备

根据麻醉方法，准备好麻醉用具、抢救器械，如全身麻醉前应准备吸引器、通气管、开口器、舌钳、喉镜、供氧设备、监护仪等。对急救药品，宁可备而不用，绝不可用而无备。所有麻醉器械和急救设备必须处于完好备用状态，即使是小手术或简单的麻醉操作，也要预防麻醉意外的发生。

（五） 麻醉前用药

其目的是：①消除或减轻患者的焦虑和恐惧，便于患者接受麻醉和手术，提高手术的安全性，对一些不良刺激可产生遗忘作用；②抑制呼吸道腺体的分泌功能，保持呼吸道通畅，减少呼吸道并发症的发生；③降低神经应激性，减少术中可能发生的反射性低血压，以及麻醉和手术刺激所造成的心律失常；④提高患者的痛阈，缓和或解除原发疾病和麻醉前有创操作引起的疼痛，减少麻药用量；⑤预防或减少麻醉药的不良反应和中毒。

麻醉前用药应根据麻醉的方法和病情来选择用药的种类、用量、给药途径和时间。一般来说，全麻患者以镇静药物和抗胆碱药为主。腰麻患者以镇静药为主。麻醉前用药一般在麻醉前 30~60 min 肌内注射。

1. 镇静、催眠药　地西泮或苯巴比妥。一般术前晚口服地西泮 5 mg，以保证睡眠，或苯巴比妥 100 mg，术前 30 min 肌内注射。

2. 抗胆碱药　全麻患者及椎管内麻醉患者常规使用，主要抑制唾液腺、呼吸道腺体分泌，减少呼吸道分泌物。常用药有阿托品或东莨菪碱，阿托品成人用量为 0.5 mg，术前 30 min皮下注射或肌内注射。有禁忌者，如甲亢、高热、心脏疾患，则禁止使用阿托品，改用东莨菪碱 0.3 mg，用法同前。

3. 镇痛药　有吗啡、哌替啶，多作为麻醉辅助用药，镇痛不全时由麻醉医生考虑使用。成人常用剂量为吗啡 5~10 mg，哌替啶 25~100 mg，皮下或肌内注射。

第二节　部位麻醉及护理

扫码看 PPT

一、常用局部麻醉方法

局部麻醉（local anesthesia）简称局麻，是麻醉药只作用于周围神经系统并使某些或某一神经阻滞。局麻是一种简便易行、安全有效、对重要器官功能干扰轻微、并发症较少的麻醉方法，并可保持患者意识清醒，多用于位置浅表、耗时较短的小手术。

局部麻醉按给药方法分为表面麻醉、局部浸润麻醉、区域阻滞、神经阻滞四种。

1. 表面麻醉（topic anesthesia）　是将渗透性能力强的局麻药施用于黏膜表面，使其穿透黏膜而阻滞位于黏膜下的神经末梢，是黏膜产生麻醉现象的麻醉方法。常用于眼、鼻、咽喉、气管或尿道等部位的浅表手术或内镜检查。常用的麻药有 0.5%~1%丁卡因、2%~4%利多卡因。一般眼部的表面麻醉多采用滴入法，鼻腔黏膜常采用棉片填敷法，咽喉及气管黏膜用喷雾法，尿道黏膜用注入法。

2. 局部浸润麻醉（local infiltration anesthesia）　指将局麻药注射于手术区的组织内，阻滞神经末梢而达到麻醉作用。其基本方法为沿手术切口线，自浅入深进针，分层注射局麻药，逐层阻滞组织中的神经末梢。常用的麻药是 0.5%~1%普鲁卡因，0.25%~0.5%利多卡因。

3. 区域阻滞（field block）　指在手术区四周和底部注射局麻药，以阻滞支配手术区域的神经纤维而达到麻醉作用。适用于局部肿块切除术，如乳房良性肿瘤切除术等。常用的麻药是 0.5%~1%普鲁卡因、0.25%~0.5%利多卡因。

4. 神经阻滞（nerve block）　指将局麻药注入神经干、丛、节周围，阻滞其冲动传导而使其支配区域产生麻醉作用。常用的神经阻滞有臂神经丛和颈神经丛阻滞等。常用的麻药是 0.5%~1%利多卡因。

【护理评估】

重点评估有无局麻药物的毒性反应和过敏反应。

（一） 局麻药物的毒性反应

是指单位时间内患者血液中局麻药物浓度超过机体的耐受力而出现的一系列中毒表现。

1. 常见原因　①药液浓度过高，一次用药超过最大剂量；②将局麻药误注入血管内，局部组织血运丰富局麻药吸收过快；③患者体质衰弱，对麻醉药的耐受性降低；④药物之间的相互影响使局麻药物的毒性增强。

2. 临床表现　①兴奋型：较多见，患者中枢神经及交感神经兴奋，轻者表现为精神紧张、出冷汗、呼吸急促、心率加快；重者有肌肉震颤、谵妄、狂躁、血压升高，甚至意识丧失、发绀、惊厥、心律失常，呼吸、心搏停止。②抑制型：较少见，但后果严重，表现为嗜睡、呼吸浅慢、血压下降、脉搏徐缓、昏迷、心律失常、发绀，甚至休克和呼吸、心搏停止。

（二） 局麻药物的过敏反应

以酯类麻醉药物发生过敏反应的较多，酰胺类罕见。如发生过敏反应，患者可出现荨麻疹、喉头水肿、支气管痉挛、血压下降及血管神经性水肿等表现，严重的可发生过敏性休克而死亡。

【护理问题】

1. 焦虑、恐惧　与担心麻醉安全性和手术等有关。

2. 潜在并发症　局麻药毒性反应、局麻药过敏反应。

【护理措施】

（一） 毒性反应的护理

1. 急救处理　配合医生立即停止用药，确保呼吸道通畅并给氧。一般兴奋型患者可用地西泮肌内或静脉注射，平卧休息后即可好转；抽搐和惊厥患者应立即静脉注射硫喷妥钠、气管插管和人工呼吸等。抑制型的患者可面罩吸氧，机械人工呼吸，静脉输液加适当的血管收缩剂以维持循环功能；如有呼吸、心搏停止，应立即进行心、肺、脑复苏。

2. 预防措施　应重视局麻药物毒性反应的预防。①限量用药，一次用量普鲁卡因不可超过 1 g，利多卡因不可超过 0.4 g，丁卡因不可超过 0.1 g。②麻醉前应用地西泮、巴比妥类、抗组胺类药物。③缓慢注药，注药前要回抽，以防止注入血管内。④每 100 mL 局麻药中加入 0.1%肾上腺素 0.1~0.3 mL（总量不超过 0.5 mL），减慢局麻药物的吸收并能延长麻醉作用时间。但心脏病、高血压、甲状腺功能亢进的患者、老年人则不宜加肾上腺素。

（二） 过敏反应的护理

一旦发生过敏反应，应立即进行抗过敏处理。预防过敏反应的关键是麻醉前询问药物过敏史和进行药物过敏试验。

（三） 麻醉后护理

局麻药对机体影响小，除术中发生毒性反应或过敏反应外，一般无须特殊护理。门诊手术者若术中用药多、手术过程长应于术后休息片刻，经观察无异常后方可离院，并告知患者若有不适，即刻就诊。

（四） 健康指导

告知患者术后注意休息，门诊患者无不适后方可离去，若有不适即刻就诊。

二、椎管内麻醉

椎管内麻醉（spinal anesthesia）是将局麻药物选择性注入椎管内的某一腔隙，使部分脊神经的传导功能发生可逆性阻滞的麻醉方法（图 3-1）。根据麻药注入部位的不同，椎管内麻醉又分为蛛网膜下腔阻滞和硬脊膜外腔阻滞两种。椎管内麻醉时，患者意识清醒，镇痛效果确切，肌松弛良好，但对生理功能有一定影响，也不能完全消除内脏牵拉反应。

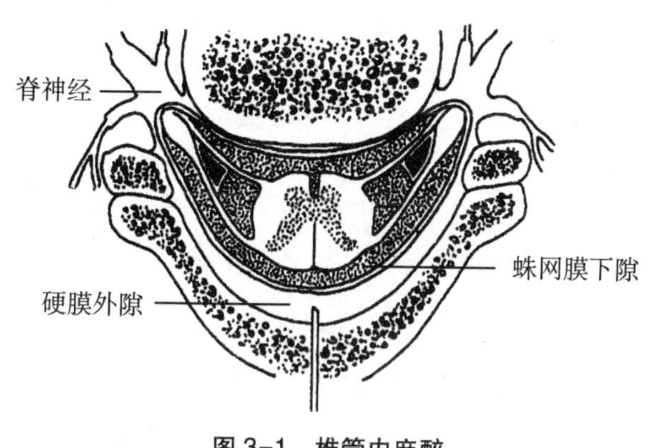

图 3-1 椎管内麻醉

（一） 蛛网膜下腔阻滞

蛛网膜下腔阻滞（spinal block）是将局麻药注入蛛网膜下隙，阻断部分脊神经传导功能而引起相应支配区域麻醉作用的麻醉方法，又称脊椎麻醉或腰麻。具有简便易行、麻醉效果好、肌肉松弛的优点，但若掌握不好，麻醉平面过高，有引起呼吸停止的危险，同时术后反应也较重，目前已少用。

1. 适应证 腰麻适用于持续 2~3 h 的下腹部、盆腔、下肢和肛门会阴部手术，如阑尾切除术、疝修补术、半月板摘除术、痔切除术、肛瘘切除术等。

2. 禁忌证 对精神病或小儿等不合作患者，一般不采用腰麻。①中枢神经系统疾病，如脑脊膜炎、颅内压增高等；②休克；③穿刺部位皮肤感染或全身脓毒症；④脊柱外伤或结核；⑤急性心力衰竭或冠心病发作；⑥严重腰背痛史、凝血机制障碍、明显腹内压增高。

3. 常用药物 普鲁卡因、丁卡因和布比卡因，均为纯度较高的白色结晶。用 5% 葡萄糖溶液或脑脊液溶化，其比重高于脑脊液称重比重液；用注射用水溶化，其比重低于脑脊液称轻比重液。临床多用重比重液。

4. 方法 穿刺时患者取侧卧位，两膝弯曲，大腿向腹部靠拢，头向胸部屈曲，双手抱膝，尽量使腰部后弓，使棘突间隙张开，以利于穿刺。成人穿刺点一般选在 L_3~L_4 或 L_4~L_5 间隙（图 3-2）。在两侧髂嵴最高点作一连线，此线与脊柱相交处即为 L_4 棘突或 L_3~L_4 棘突间隙。常规消毒、铺巾、戴手套，穿刺点麻醉后，用 20~22 号腰穿针在棘突间中点垂直进针，经皮肤、皮下组织、棘上韧带、棘间韧带、黄韧带、硬脊膜和蛛网膜而进入蛛网膜下腔。拔出枕芯，有脑脊液滴出时，即表示穿刺成功。随即将麻药注入，注药后将穿刺针拔出。

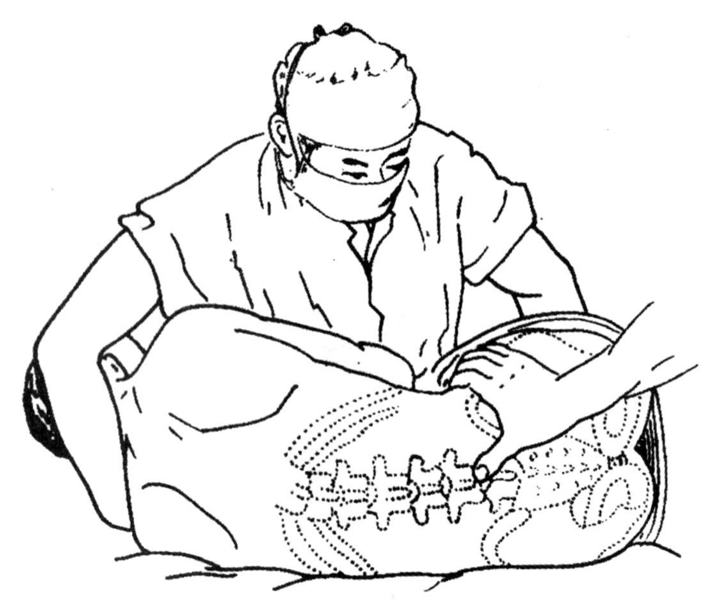

图 3-2　腰麻穿刺部位及体位

5. 麻醉平面的调节　腰麻的麻醉平面是指麻醉后皮肤痛觉消失的最高界面。影响麻醉平面的因素很多，如局麻药药液的比重、剂量、容积和患者身高、脊柱生理弯曲及腹腔内压力等，但药物的剂量是影响腰麻平面的主要因素，剂量越大，平面越高。假如这些因素不变，穿刺间隙、患者体位和注药速度等是调节平面的重要因素。通常根据手术区对麻醉平面的要求，在腰麻注药后 5~10 min，通过改变患者体位来调节麻醉平面。如取坐位，可得到肛门会阴部的麻醉（鞍麻）；取侧卧位，可得到单侧腹部及下肢的麻醉；取头高足低仰卧位，则麻醉平面逐渐上升，但以最高不超过 T_6 脊髓平面为宜，否则可出现循环、呼吸严重扰乱，而威胁患者的生命安全。

（二）　硬脊膜外腔阻滞

硬脊膜外腔阻滞（epidural block）是将局麻药注入硬脊膜外隙，阻滞脊神经传导功能，使其所支配区域的感觉或（和）运动功能丧失的麻醉方法。硬膜外麻醉效果呈节段性，并发症相对较少；穿刺位置不受限制，脊柱的颈、胸、腰、骶各部位几乎都可以进行穿刺；麻醉时间不受限制；穿刺技术要求高。

1. 适应证　因硬膜外麻醉不受手术持续时间的限制，适用于除头部以外的任何部位的手术，最常用于膈以下的各种腹部、腰部和下肢手术。

2. 禁忌证　硬膜外麻醉禁忌证与腰麻相似。包括穿刺部位皮肤感染、凝血机制障碍、休克、脊柱结核或严重畸形、中枢神经系统疾病等。

3. 常用药物　用于硬脊膜外阻滞的局麻药应该具备穿透性和弥散性强、不良反应小、起效时间短、作用时间长等特点，临床最为常用的是 1%~2%利多卡因、0. 25%~0. 33%丁卡因和 0. 5%~0. 75%布比卡因。

4. 方法　穿刺点的选择根据手术切口和手术操作范围的神经支配来确定，颈部和上肢手术选 C_7~T_1 棘突间隙，胸部手术选 T_4~T_7 棘突间隙，上腹部手术选 T_8~T_{10} 棘突间隙，

下腹部手术选 $T_{11} \sim T_{12}$ 棘突间隙，下肢手术选 $L_2 \sim L_4$ 棘突间隙。穿刺体位、穿刺针所经过的层次与腰麻基本相同。判断针尖是否到达硬脊膜外隙（图 3-3），常用两种方法：①阻力消失法；②负压法。确定针尖在硬脊膜外间隙后，通过穿刺针置入硬膜外导管，置入深度为超出针尖 3~4 cm，妥善退出穿刺针，用胶布将留置导管固定于背部（图 3-4）。根据手术需要，可随时经导管注药。

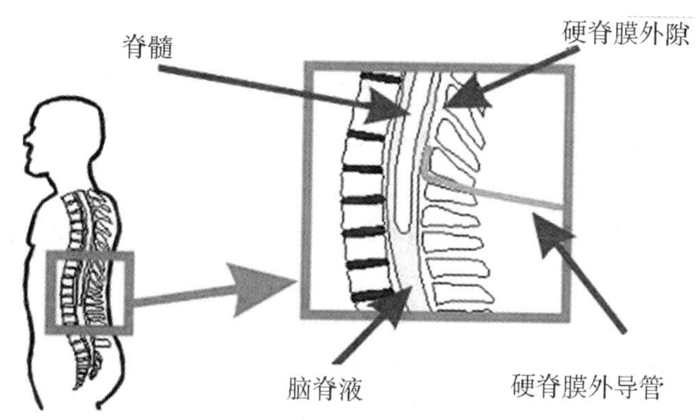

图 3-3　硬脊膜外麻醉插入导管位置

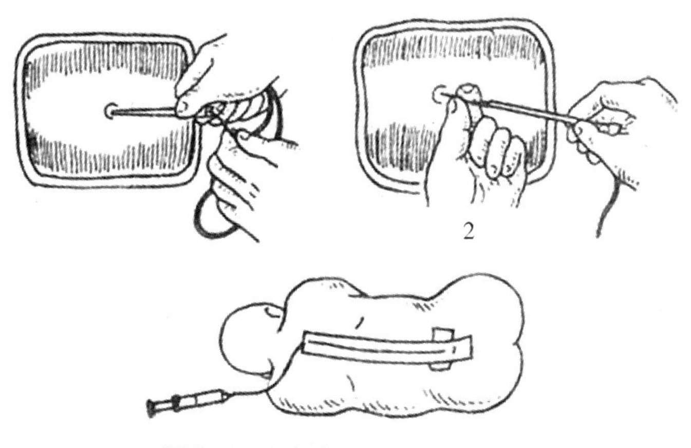

图 3-4　硬脊膜外麻醉的导管固定

5. 麻醉平面的调节　硬膜外阻滞的麻醉平面与腰麻不同，是节段性的。影响平面的主要因素有：①穿刺间隙；②局麻药容积；③导管方向；④注药方式；⑤患者情况。此外，药液浓度、注药速度和患者体位等也可对麻醉平面产生一定影响。

【护理评估】

1. 对循环系统的抑制　椎管内麻醉因麻醉区域的交感神经阻滞，周围血管扩张，回心血量减少，从而患者表现出血压下降。血压下降的幅度与麻醉范围及患者的体质密切相关。同时因交感神经被阻滞，迷走神经兴奋性增强，加上内脏牵拉反应，患者可出现心率减慢。

2. 对呼吸系统的抑制　腰麻平面过高或高位硬膜外阻滞（T_2 以上），局麻药物浓度过高或用量过大，都可抑制呼吸肌运动，患者会出现胸闷气短、咳嗽、说话无力及发绀等。如腰麻范围失控或硬脊膜外麻醉误致成腰麻，则有全脊髓麻醉的危险，严重时患者可发生意识丧失、血压下降，甚至呼吸、心搏停止。

3. 对消化系统的影响　椎管内麻醉时迷走神经兴奋性增强，术中腹腔的内脏牵拉反应及某些麻醉药物和辅助药物的副作用，低血压和呼吸抑制均可诱发恶心呕吐。

4. 对泌尿系统的影响　腰麻后由于骶神经被阻滞，排尿反射受到抑制，加之下腹部、会阴、肛门手术后伤口疼痛使尿道括约肌痉挛，以及患者不习惯卧床排尿等因素常导致患者出现尿潴留。

5. 头痛　发生率3%~30%，年轻女性患者较多见。由于硬脊膜和蛛网膜的血供较差，腰麻后因穿刺孔不易愈合，脑脊液漏出可导致颅内压降低和颅内血管扩张而引起血管性头痛。蛛网膜下腔出血、某些麻醉药物不纯、消毒用的碘酊没有脱净而随穿刺针进入脑脊液等也可刺激脑膜而引起头痛。

6. 肢体感觉或运动障碍　穿刺操作粗暴或经验不足，可能损伤脊神经根，使相应的支配区域感觉障碍、肌力减弱；马尾神经损伤可使会阴区和下肢远端感觉和运动障碍；穿刺时损伤血管可形成硬脊膜外血肿，压迫脊髓而导致瘫痪。

7. 椎管内感染　椎管内麻醉时无菌操作不严、麻醉器械污染、术后穿刺点感染或有全身化脓性感染的患者，都有可能发生硬脊膜外脓肿或化脓性脑脊膜炎。表现为穿刺点剧痛，患者寒战、高热、白细胞计数升高，并有头痛、呕吐、颈项强直等脑膜刺激症状。

【护理问题】

1. 焦虑、恐惧　与患者对手术室环境陌生、担心麻醉安全性和手术等有关。

2. 潜在并发症　全脊髓麻醉、局麻药毒性反应、血压下降、呼吸抑制、恶心呕吐、神经损伤、硬脊膜外血肿、硬脊膜外脓肿等。

3. 疼痛　与手术创伤和麻醉药物作用消失有关。

【护理措施】

（一）体位

腰麻后为预防麻醉后头痛，需常规去枕平卧6~8 h；硬膜外麻醉后不会引起头痛，但因交感神经阻滞后，血压多受影响，所以平卧（可不去枕）4~6 h。

（二）病情观察

密切监测生命体征，防止麻醉后并发症的出现。麻醉后早期每15~30 min测血压、脉搏、呼吸1次，并做好记录，病情稳定后可延长监测的间隔时间。同时还要观察患者的各种引流管的引流量、颜色，尿量，体温，肢体的感觉和运动情况。如有异常应及时报告医生。

（三）常见并发症的防止和护理

1. 蛛网膜下腔阻滞

（1）低血压：因交感神经阻滞所致。防治措施：加快输液速度，增加血容量；若血压骤降可用麻黄碱15~30 mg静脉注射，以收缩血管，维持血压。

（2）呼吸抑制：常见于胸段脊神经阻滞，表现为肋间肌麻痹，胸式呼吸减弱，潮气量减少，咳嗽无力，甚至发绀。防治措施：谨慎用药，吸氧，维持循环，必要时行气管插管、人工呼吸。

（3）恶心、呕吐：由于低血压、迷走神经功能亢进、手术牵拉内脏等因素所致。防治措施：吸氧、升压、暂停手术以减少对迷走神经的刺激，必要时甲氧氯普胺10 mg静脉注射。

（4）头痛：多发生在术后的6~12 h。腰麻后头痛的特点是抬头或坐起时加重，平卧减轻，也有不受体位变化的持续性头痛。头痛部位常位于枕部、顶部和颞部，呈搏动性。预防：在麻醉时选用细针头穿刺，提高穿刺技术，避免反复穿刺，穿刺前皮肤上的碘酊要用酒精脱净，用纯制的局麻药物，保证术中、术后输入足量液体，术后去枕平卧6~8 h。处理：发生头痛时嘱患者卧床休息，静脉补液，用镇痛剂或针刺太阳、印堂等穴位。严重的头痛可向硬膜外隙注入中分子右旋糖酐15~30 mL。

（5）尿潴留：主要因支配膀胱的第2、3、4骶神经被阻滞后恢复较迟；下腹部、肛门或会阴部手术后切口疼痛；下腹部手术对膀胱的直接刺激以及患者不习惯床上排尿体位等所致。针刺足三里、三阴交、阳陵泉、关元和中极等穴位，或热敷下腹部、膀胱区有助于解除尿潴留。

2. 硬膜外阻滞

（1）全脊髓麻醉：是硬膜外麻醉最危险的并发症，系硬膜外阻滞时穿刺针或导管误入蛛网膜下隙而未及时发现，致超量局麻药注入蛛网膜下隙而产生异常广泛的阻滞。临床表现为注药后迅速出现低血压、意识丧失、呼吸、循环停止，全部脊神经支配区域无痛觉。若未及时发现和正确处理，可发生心搏骤停。一旦疑有全脊髓麻醉，应立即面罩正压通气，必要时行气管插管维持呼吸。同时加快输液速度，给予升压药，维持循环功能。预防：麻醉前常规准备麻醉机与气管插管器械，穿刺时细致认真，注药前先回抽，观察有无脑脊液，注药时先给试探剂量并观察5~10 min有无明显的下肢运动障碍和血压下降等现象。

（2）导管折断：是硬膜外阻滞常见的并发症之一，多因置管技术不佳、导管质地不良、导管局部受压、拔管用力不当或置管过深所致。预防：规范穿刺技术，一旦遇导管尖端越过穿刺针斜面后不能继续进针时，应将穿刺针连同导管一起拔出，另行穿刺。拔管时切忌过度用力。

（3）穿刺针或导管误入血管：发生率为0.2%~2.8%。足月妊娠者硬膜外隙的静脉怒张，更易刺入血管。因此注药前必须回抽，检查硬膜外导管有无回血。一旦局麻药直接注入血管将发生毒性反应，出现抽搐或心血管症状。治疗原则为：吸氧，静脉注射地西泮或硫喷妥钠控制惊厥，同时维持通气和有效循环。

（4）硬膜外隙血肿：若硬膜外穿刺和置管时损伤血管，可引起出血形成硬膜外血肿，血肿压迫脊髓可并发截瘫。患者表现为剧烈背痛，进行性脊髓压迫症状，伴肌无力、尿潴留、括约肌功能障碍，直至截瘫。CT或MRI可明确诊断并定位。处理：应尽早行硬膜外穿刺抽出血液，必要时切开椎板，清除血肿。预防：对凝血功能障碍或在抗凝治疗期间患者禁用硬膜外阻滞麻醉；置管动作宜细致轻柔。

（四）心理护理

做好详尽的解释工作，向患者介绍麻醉的过程和必要的配合，缓解其焦虑和恐惧程度。

扫码看PPT

（五）健康指导

告知患者及其家属麻醉后正确的卧位及时间；介绍有关麻醉后的护理及相关配合知识。

第三节　全身麻醉及护理

全身麻醉（general anesthesia）是将麻醉药作用于中枢神经系统并抑制其功能，以使患者全身疼痛消失的麻醉方法。全身麻醉是目前临床麻醉最常用的方法，因麻醉药物对中枢神经的控制可控、可逆，也无时间限制，患者清醒后不留任何后遗症，且较局部和阻滞麻醉更舒适和安全，故适用于身体各部位手术。

按给药途径的不同，全身麻醉可分为吸入麻醉和静脉麻醉。

一、吸入麻醉方法

1. 常用吸入麻醉药　吸入麻醉药是指经呼吸道吸入进入人体内并产生全身麻醉作用的药物。一般用于全身麻醉的维持，有时也用于麻醉诱导。常用吸入麻醉药包括氧化亚氮（笑气）、恩氟烷（安氟醚）、异氟烷（异氟醚）、七氟烷（七氟醚）、地氟烷（地氟醚）、氟烷。

2. 吸入麻醉的实施

（1）吸入麻醉的诱导：麻醉诱导是麻醉过程中最初的，也是最危险阶段。此期患者从清醒转入麻醉状态，机体各器官功能因麻醉药的作用而表现出亢进或抑制，可引起一系列的并发症而威胁患者生命。麻醉诱导的目的是尽快缩短诱导期，使患者平稳地转入麻醉状态。吸入麻醉的诱导方法有：①开放点滴诱导法：将金属丝网面罩绷以纱布扣于患者口鼻部，将挥发性麻醉药液滴于纱布上，通过患者的自主呼吸吸入而使之逐渐进入麻醉状态；②面罩吸入诱导法：将麻醉面罩扣于患者口鼻部，开启麻醉药蒸发器并逐渐增加吸入浓度，待患者意识丧失并进入麻醉第三期时，静脉注射肌松药后行气管内插管。

（2）吸入麻醉的维持：指经呼吸道吸入一定浓度的麻醉药，以维持适当的麻醉深度。目前采用的吸入麻醉药有的麻醉作用弱，有的肌松作用差，有的可引起缺氧危险，故多联合应用气体麻醉药、氧气和挥发性麻醉药维持麻醉。

二、静脉麻醉方法

1. 常用静脉麻醉药　经静脉注射进入人体内，通过血液循环作用于中枢神经系统而产生全身麻醉作用的药物，称为静脉麻醉药物。其优点为诱导快，对呼吸道无刺激，无环境污染。常用药物包括硫喷妥钠、氯胺酮、丙泊酚。

2. 静脉麻醉的实施

（1）静脉诱导法：先以面罩吸入纯氧 2~3 min，再根据病情选择适当的静脉麻醉药和剂量，自静脉缓慢注入，待患者意识丧失后注入肌松药，直至其全身骨骼肌及下颌逐渐松弛，呼吸由浅到完全停止后采用麻醉面罩进行人工呼吸，然后进行气管插管，成功后立即与麻醉机连接并行人工呼吸或呼吸机机械通气。

（2）静脉麻醉药的维持：在完成麻醉诱导后，采用单次、分次或连续注入的方法，经静脉给药以维持麻醉深度和达到稳定的麻醉状态。

【护理评估】

（一）健康史

询问患者的年龄、性别、性格特征、职业和饮食习惯。近期有无呼吸道或肺部感染，有无影响完成气管内插管的因素。了解既往手术、麻醉史及家族史。

（二）身体状况

1. 局部　包括有无牙齿缺少或松动、是否安有义齿。

2. 全身　包括意识和精神状态、生命体征；有无营养不良、发热、脱水及体重降低；有无皮肤、黏膜出血及水肿等征象。

3. 辅助检查　了解血、尿、粪便常规，血生化检查，血气分析，心电图及影像学等检查结果，以评估患者有无重要脏器功能不全、凝血机制障碍及贫血、低蛋白血症等异常。

4. 心理、社会状况　患者及其家属对麻醉方式、麻醉前准备、麻醉中护理配合和麻醉后康复知识的了解和认识程度；是否存在焦虑或恐惧等不良情绪反应；家庭对患者的身心支持程度。

【护理问题】

1. 焦虑、恐惧　与患者对手术室环境陌生、担心麻醉安全性和手术等有关。

2. 知识缺乏　缺乏有关麻醉前和麻醉后须注意和配合的知识。

3. 潜在并发症　恶心呕吐、窒息、麻醉药过敏、麻醉意外、呼吸道梗阻、低氧血症、低血压、高血压、心律失常、心搏骤停、坠积性肺炎等。

4. 有受伤的危险　与患者麻醉后未完全清醒或感觉未完全恢复有关。

5. 疼痛　与手术、创伤和麻醉药物作用消失有关。

【护理措施】

1. 缓解焦虑和恐惧　向患者及其家属介绍麻醉师情况、麻醉方法、术中可能出现的意外、急救准备情况，术中可能出现的不适感及麻醉后常见并发症的原因、临床表现和预防，护理措施和配合方法等；并针对其顾虑的问题做耐心解释。

2. 麻醉前用药　麻醉前用药时不可缺少的麻醉前准备工作。一般术前 30 min 给患者应用麻醉前用药。

3. 密切观察病情变化　手术结束后全麻清醒前，应有专人护理，密切观察病情变化。定时监测血压、呼吸、脉搏，并详细记录，直至患者完全清醒，病情稳定。有条件的患者可先住入麻醉恢复室或 ICU 病房监护。患者恢复至以下标准方可转回普通病房：①神志清醒，能正确回答问题；②呼吸平稳，能深呼吸及有效咳嗽；③动脉血氧饱和度大于 95%，血压、脉搏平稳 30 min 以上；④心电图无严重心律失常。

4. 维持呼吸功能　主要是保持呼吸道通畅，防止呼吸抑制。

（1）防治误吸：麻醉前严格禁食禁饮，保持胃肠道空虚。全麻未清醒患者，应去枕平卧，头偏向一侧，使口腔分泌物或呕吐物易于流出，避免误入气管。呕吐时及时清除口鼻腔内的呕吐物，必要时立即气管插管，反复吸引清除吸入气管内的异物，直至呼吸音正常。

（2）防治舌后坠：当患者出现鼾声时，用手托起下颌，使下颌门牙咬合于上颌门牙之前，鼾声即可消失，呼吸道梗阻解除。必要时放入口咽或鼻咽通气管。

（3）呼吸道分泌物增多的护理：用吸引器吸取咽喉部分泌物，用吸痰导管深部吸痰或支气管镜下吸痰，必要时考虑气管切开，以保持呼吸道通畅。

（4）喉头痉挛的护理：立即解除诱因，加压给氧。如不能缓解，可用粗针头经环甲膜刺入气管内输氧。不能解除者，需静脉用肌松剂后行气管插管，用麻醉机控制呼吸。

（5）呼吸抑制的护理：加压给氧，必要时气管插管人工呼吸，按医嘱应用呼吸兴奋剂。

5. 维持循环功能　保持静脉输液的通畅，严密监测生命体征，发现异常如血压下降、心律失常等及时报告医生，并按医嘱及时处理，如调节输液输血的速度，用升压药或抗心律失常药物。发生心搏停止时，需立即施行心、肺、脑复苏。

6. 维持正常体温　术后大多数患者由于手术暴露过久、输液输血等原因，发生体温过低，要注意保暖，但禁用热水袋体表加温，避免烫伤。体温过高时，应注意降温。

扫码看 PPT

7. 防止意外损伤　全麻未清醒前应有专人护理，并置床栏保护，必要时适当约束双手，防止坠床、受伤、乱抓伤口敷料及各种导管。对长时间未清醒的患者，应严密观察神志的变化。

第四节　术后镇痛管理

一、术后镇痛的意义

术后疼痛是机体对疾病本身和手术造成的组织损伤的一种复杂的生理反应，表现为心理和行为方面的一系列反应以及情感的一种不愉快经历。术后疼痛可引起一系列的病理生理改变，是术后并发症增多和死亡率升高的重要原因之一。许多术后呼吸和循环系统的并发症都与术后疼痛和应激反应有关。有效的术后镇痛能保证患者休息良好，促使患者早期活动，减少下肢血栓的形成和肺部感染，有利于胃肠功能的早期恢复，同时也可提高术后患者的生活质量。随着对术后疼痛病理生理的认识提高，人们已将术后镇痛视为提高患者安全性、促使患者术后早日康复的重要环节。

二、术后镇痛的方法

术后镇痛的目的在于减轻患者手术后的痛苦和提高患者自身防止围手术期并发症的能力。根据术前访视的结果，综合考虑患者年龄、体重、精神状态、体质、各脏器功能、手术部位和大小等，因人而异配制镇痛药液，力求最小剂量达到有效镇痛、镇静的效果。

1. 传统方法　根据医嘱在患者需要时肌内注射阿片类药（吗啡或哌替啶）镇痛。缺点是：不灵活（未考虑个体、手术和时间差异等）；依赖性（复杂性）；不及时（患者需要→开处方→肌内注射→起效）。其结果是镇痛不够。

2. 现代方法　向患者讲解术后镇痛的有关知识，让患者了解和参与镇痛方法的选择、常规疼痛评估、使用自控镇痛装置、硬膜外置管镇痛以及持续外周神经阻滞镇痛等更为广泛的内容。现代术后镇痛的宗旨是尽可能有效地控制术后疼痛，减轻患者的痛苦，保障患者的休息，使患者各器官的生理功能尽快得到恢复。

3. 持续镇痛　以镇痛泵持续输入小剂量镇痛药，临床常用。

4. 患者自控镇痛　在持续镇痛的基础上，允许患者根据自身对疼痛的感受，触发释放一定量的药物。该电子泵系统可在预先设定的时间内对患者的第二次要求不做出反应，可防止药物过量。它包括：①患者自控硬膜外镇痛：以局麻药为主；②患者自控静脉镇痛：以阿片类药物为主；③皮下患者自控镇痛：药物注入皮下；④神经干旁阻滞镇痛：以局麻药为主。

5. 其他　物理疗法、神经电刺激以及心理治疗等。

三、术后镇痛的并发症及护理

1. 术后镇痛的并发症及防治

（1）恶心、呕吐：主要原因为术前用药、麻醉操作、术中与术后镇痛用药、术后短期因素（噪声和运动）、手术种类和部位、空腹与否等。减少恶心呕吐的方法：①使用止吐药；②补足血容量；③避免长时间禁食、缺氧。

（2）呼吸抑制：阿片类药物能降低正常人的呼吸频率和幅度。防治方法是加强生命体征的监测，尤其是 SPO_2 的监测。当患者呼吸频率变慢时，应引起注意。若患者嗜睡，应密切注意呼吸的特点。当有轻度呼吸道梗阻且患者易被唤醒时，应鼓励患者选择一个最合适的体位，保持气道通畅；同时增加氧气供应，甚至控制通气。一旦出现呼吸抑制，应立即检查患者的意识状态和皮肤颜色、气道是否通畅、肌力如何。紧急时应行人工呼吸，以纳洛酮 0.2~0.4 mg 静脉注射。

（3）内脏运动减弱：发生尿潴留时应留置尿管。若消化道排气延迟，灭吐灵能促进胃肠运动，在减轻恶心呕吐症状的同时减轻胃潴留。通过术后早期起床活动也可加以预防。

（4）皮肤瘙痒：严重时可以用纳洛酮对抗。

2. 护理要点

（1）密切观察记录术后患者的生命体征。

（2）评价镇痛效果。

（3）协助诊治并发症，发现异常应及时立即停用镇痛泵，同时报告医生。

（4）镇痛不全或患者需要更为复杂的剂量调整时，与麻醉科人员联系。

（5）遇呼吸抑制、心搏骤停的紧急情况，应立即就地抢救，同时请麻醉科会诊并参与抢救。

扫码做练习

（彭麒燕）

第四章 手术前后患者的护理

学习目标

掌握：手术前后患者的护理措施及健康指导，手术后并发症的观察、预防和护理。
熟悉：围术期护理的含义，手术前后患者的护理评估、护理问题及诊断。
了解：手术的种类、手术切口分类和愈合。

患者男性，70 岁。农民。上腹部隐痛不适 7 个月，加重 2 个月入院。7 个月前上腹部时时隐痛不适，伴反酸、嗳气。近 2 个月来，上腹疼痛明显，食欲减退。既往慢性支气管炎史 20 年。体格检查：血压 160/100 mmHg；贫血貌，有轻度肺气肿体征；上腹部压痛；X 线钡餐显示胃底部充盈缺损影。

问题导向：

(1) 患者手术前可能存在哪些护理问题及诊断？

(2) 手术前护理措施有哪些？

(3) 手术后可能会出现哪些并发症？如何预防和护理？

(4) 患者可能出现什么样的心理问题？应如何护理？

手术是外科治疗的组成部分和重要手段，而护理更是取得治疗效果的关键环节，因此，围手术期的护理非常重要。围手术期是指从患者决定手术治疗开始到手术后基本痊愈出院（若未愈出院则到最后一次院外随访）为止的这段时间，分为手术前期、手术期和手术后期三个阶段。围手术期护理是指在围手术期全面评估患者生理、心理状态，提供有效的整体护理和健康指导，提高患者对手术的耐受性，以最佳状态顺利度过手术期，达到最佳治疗效果，增进患者舒适度，预防或减少手术后并发症发生，促使患者早日康复。

第一节 手术前患者的护理

手术前期指从患者决定手术治疗开始到进入手术室为止的这段时间。

【护理评估】

1. 一般情况　包括姓名、年龄、性别、职业、文化等。

2. 健康史

(1) 现病史：了解本次发病的诱因、主要症状和体征、伴随症状、治疗和护理经过、入院诊断等。

(2) 既往史：详细了解有无神经、心血管、呼吸、消化、泌尿、生殖、代谢及内分泌、血液及造血、运动等系统疾病史，尤其注意糖尿病、高血压、心脏病（特别是半年内发生的心肌梗死）、肺气肿、肝炎等。

(3) 创伤史、手术史：了解既往接受过何种麻醉和手术，手术经过是否顺利，手术效果及手术后康复情况等。

(4) 用药史及过敏史：了解有无服用与手术或手术后恢复有关的药物。如抗凝药物易致手术中出血；镇静药、安定药、降压药易诱发低血压而导致休克；抗菌药增加肾脏负担；大量利尿药物易致体内钾丢失；糖皮质激素可引起消化道出血，延迟伤口愈合等。

(5) 家族史及遗传史：家族中有无类似疾病史或遗传史。

(6) 个人史：了解患者的工作环境和生活习惯，如烟酒嗜好、饮食、排泄、睡眠、活动、自理能力等。

(7) 月经史及婚育史：了解女性患者月经初潮的年龄、周期、经量，末次月经时间，结婚的年龄、生育情况。

3. 身体状况　通过详细询问患者、观察、体格检查及辅助检查结果，了解患者有无心、肺、肝及肾等器官功能不全，有无感染、营养不良或肥胖及水、电解质代谢紊乱和酸碱平衡失调等危险因素，判断手术的耐受性。耐受性良好：患者全身情况较好，重要器官无器质性病变或其功能处于代偿阶段，外科疾病对全身影响较小，手术的安全性较大，术前只需一般性准备。耐受性不良：患者全身情况较差，重要器官有器质性病变或其功能失代偿，外科疾病对全身影响明显，手术的安全性较低，术前必须做全面、充分的特殊准备后方可进行手术。

4. 辅助检查　了解各项实验室检查结果，如血常规、血型、尿常规、尿糖、粪便常规、凝血功能、血生化（包括肝功能、肾功能、血清电解质、血糖、血浆蛋白等项目）；了解 X 线、B 超、CT、MRI 等影像学检查结果，以及心电图、内镜、肺功能等检查结果，以便判断患者身体状况及预后。

5. 心理-社会状况　患者在短时间内面临疾病、检查、麻醉、手术及住院花费等一连串的事件，尤其是需要急症手术、有创检查及大手术时，患者易产生不良的心理反应。最常见的心理反应有焦虑、恐惧、抑郁或情绪激动等，重度焦虑、恐惧等不良心理反应，往往伴有身体症状，如心慌、坐立不安、食欲减退、小便次数增多、行为被动或依赖，呼吸、脉搏增快，血压升高，手心湿冷、睡眠障碍等，可削弱患者对手术和麻醉的耐受力，影响伤口愈合和手术效果，增加并发症发生的机会。导致患者心理反应主要原因有：①对环境、医护人员、疾病、手术、麻醉、治疗等不了解。②害怕疾病、麻醉、手术意外及死亡。③担心手术后效果、预后及后续影响。④过多考虑家庭、子女、配偶及经济状况等。⑤在意家庭成员及同事等社会支持系统对其住院的反应、态度。

6. 手术类型

（1）根据手术的时限分类：①择期手术：手术实施的迟早，不会影响治疗的效果，应做好充分的术前准备，手术选择在患者最佳的状态下进行，如一般的良性肿瘤切除术、可复性腹股沟疝的修补等。②限期手术：手术时间虽然可以选择，但有一定的时限，不宜任意延长，否则会失去了手术的时机，应在尽可能短的时间内做好术前准备，如各种恶性肿瘤根治术等。③急症手术：病情危急，病情发展快，根据病情轻重缓急，在最短时间内进行必要的术前准备，迅速实施手术，否则将会延误治疗，造成严重后果，如急性胆囊炎切开引流术，肝、脾破裂肝脾切除术等。

（2）根据手术目的分类：①诊断性手术：目的是确定或证实可疑诊断，如淋巴结活检、剖腹探查术等。②治疗性手术：目的是对病变、受损或先天畸形的组织器官进行修补或切除，达到治疗目的，如肾癌根治手术、肠穿孔修补术等。③姑息性手术：目的是减轻无法治愈疾病的症状，如为减轻疼痛，对晚期癌性疼痛患者实施交感神经切除术；为解决进食问题对晚期胃癌患者实施胃空肠吻合手术等。④美容性手术：目的是改善外形，如隆乳手术、去皱手术等。

（3）根据手术范围分类：分为大手术、中手术、小手术及微创手术。

【护理问题】

1. 焦虑、恐惧　与疾病、接受麻醉和手术、担心预后及医疗费用高等有关。
2. 知识缺乏　缺乏有关术前准备方面的知识。
3. 睡眠形态紊乱　与疾病不适、环境改变和担忧手术及预后等有关。
4. 潜在并发症　重要器官功能损害、感染。

【护理措施】

1. 心理护理　针对患者产生的不良心理反应的原因，给予针对性的心理护理，以缓解和消除患者焦虑、恐惧的心理，使患者以积极的心态配合治疗。护理人员应以认真、负责、严肃、细致的工作作风和热情、和蔼、关心、同情的服务态度及娴熟的技术，取得患者信任，使患者有安全感；重视与患者及其家属的沟通，了解患者及其亲属的心理反应，鼓励其说出内心的感受和最关心的问题，尽量满足其合理要求；教会患者自我调节情绪，尽快适应健康状况的改变。

2. 消化道的准备

（1）禁饮食：除局麻小手术以外，手术前常规禁饮食，目的是保证胃肠道空虚，防止术中呕吐引起窒息和吸入性肺炎。成人手术前常规禁食 12 h，禁饮 4~6 h；儿童手术前常规禁食 8~10 h，禁饮 4~6 h；婴儿禁奶 6 h。

（2）灌肠：除急症患者外，一般术前晚用肥皂水灌肠一次或服用导泻剂，以防麻醉后肛门括约肌松弛，粪便排出，增加污染的机会，也可减少术后腹胀和便秘的发生。

（3）插胃管：对腹腔、胃肠道手术者，手术前插胃管，以吸出胃肠内容物，防止术中呕吐，减轻术后腹胀，利于吻合口愈合。

（4）胃肠道手术患者消化道的准备：术前 3 d 开始做好充分的肠道准备，如手术前2~3 d 进流质饮食；幽门梗阻患者术前 3 d 每晚用生理盐水洗胃，排空胃内滞留物，减轻胃黏膜充血、水肿，有利于吻合口愈合；肛门、结直肠手术，术前 3 d 口服肠道不吸收抗生素，术前 1 d 及手术当日清晨行清洁灌肠，以利于手术操作，避免粪便污染腹腔和手术切口。

3. 呼吸系统的准备

（1）吸烟者，术前 2 周戒烟，以防呼吸道黏膜继续受刺激，分泌物过多，影响呼吸道通畅，导致手术时危险性增高和肺部并发症。

（2）指导患者进行深呼吸运动、有效咳嗽排痰训练，如胸部手术者，训练腹式呼吸，腹部手术者，训练胸式呼吸。

（3）对患有呼吸系统疾病者，遵医嘱进行相关的特殊准备。如对患有呼吸道感染者，遵医嘱使用抗生素，给予雾化吸入和祛痰药物，配合拍背或体位引流排痰，待感染控制后再行手术；支气管哮喘发作者，择期手术应推迟；阻塞性呼吸道疾病者，围手术期应使用支气管扩张药。

4. 合理休息 充足的休息对患者的康复起着不容忽视的作用。促进睡眠有效的措施包括：①消除引起不良睡眠的诱因。②创造良好的休息环境，保持病室安静、避免强光刺激，定时通风，保持空气新鲜，温、湿度适宜。③提供放松技术，如缓慢深呼吸、全身肌肉放松、听音乐等自我调节方法。④病情允许下，尽量减少患者白天睡眠时间，适当增加白天活动量。⑤必要时遵医嘱给予镇静安眠药。

5. 备血、药物过敏试验 对拟行大、中手术者，术前做好交叉配血试验，备足术中用血；根据用药方案做药物过敏试验。

6. 皮肤准备 手术区皮肤准备简称备皮。

（1）皮肤准备的范围：①颅脑手术：全部头皮，包括前额、两鬓及颈后皮肤，保留眉毛（图 4-1）。②颈部手术：上自下唇，下自胸骨角，两侧至斜方肌前缘（图 4-2）。③胸部手术：上自锁骨上及肩上，下至脐水平，包括患侧上臂和腋下，胸背均超过正中线 5cm 以上（图 4-3）。④腹部手术：上自乳头连线水平，下至耻骨联合及会阴部，剃除阴毛，两侧至腋后线，下腹部手术应包括大腿上 1/3 皮肤（图 4-4）。⑤肾脏手术：上自乳头连线水平，下至耻骨联合，前后均过正中线（图 4-5）。⑥腹股沟、会阴部及肛门手术：上自脐平线，下至大腿上 1/3，包括会阴部及臀部，剃除阴毛（图 4-6，4-7）。⑦四肢手术：以切口为中心上下方各 20 cm 以上，一般超过远、近端关节或患侧整个肢体（图 4-8）。

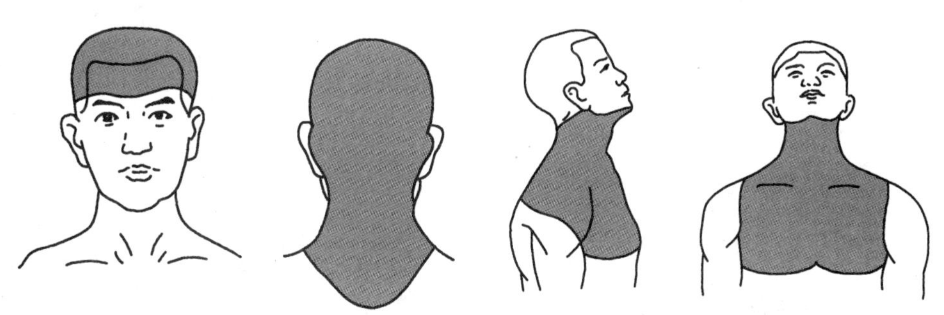

图 4-1 颅脑手术

图 4-2 颈部手术

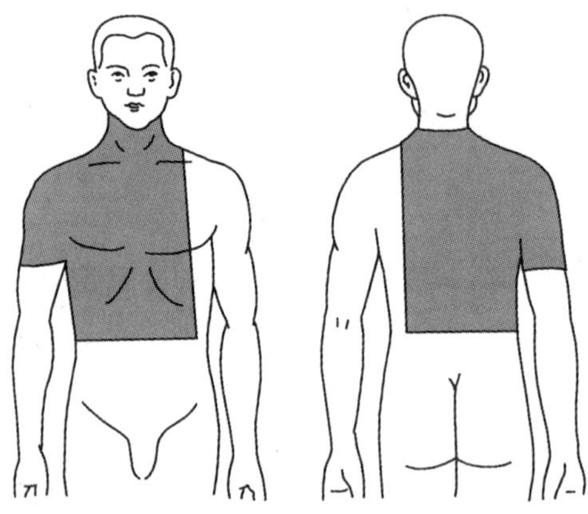

图 4-3　胸部手术

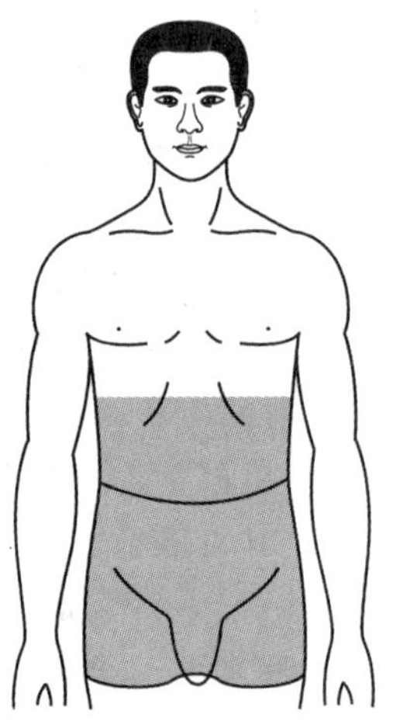

图 4-4　腹部手术

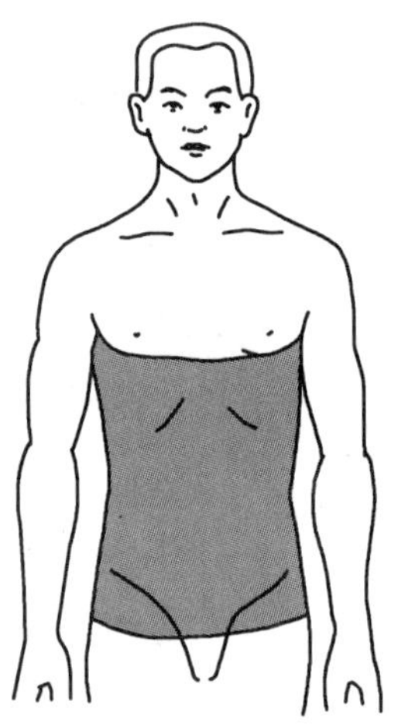

图 4-5　肾脏手术

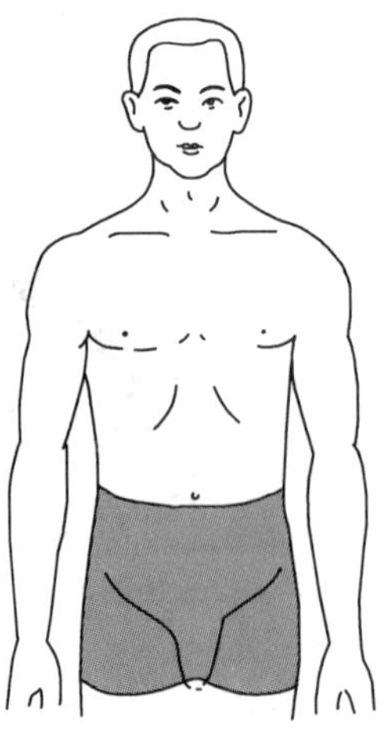

图 4-6　腹股沟手术

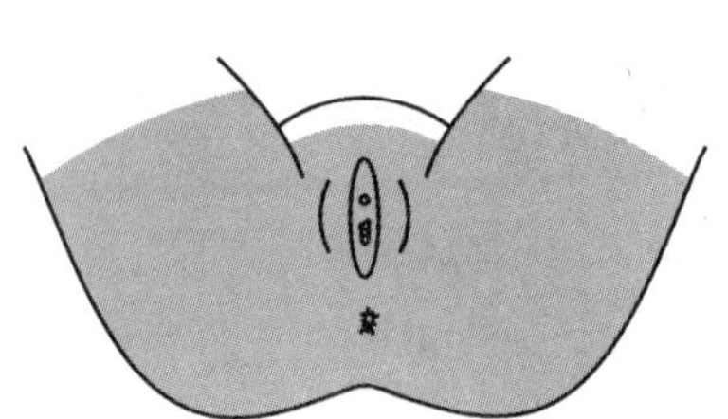

图 4-7　会阴部及肛门手术

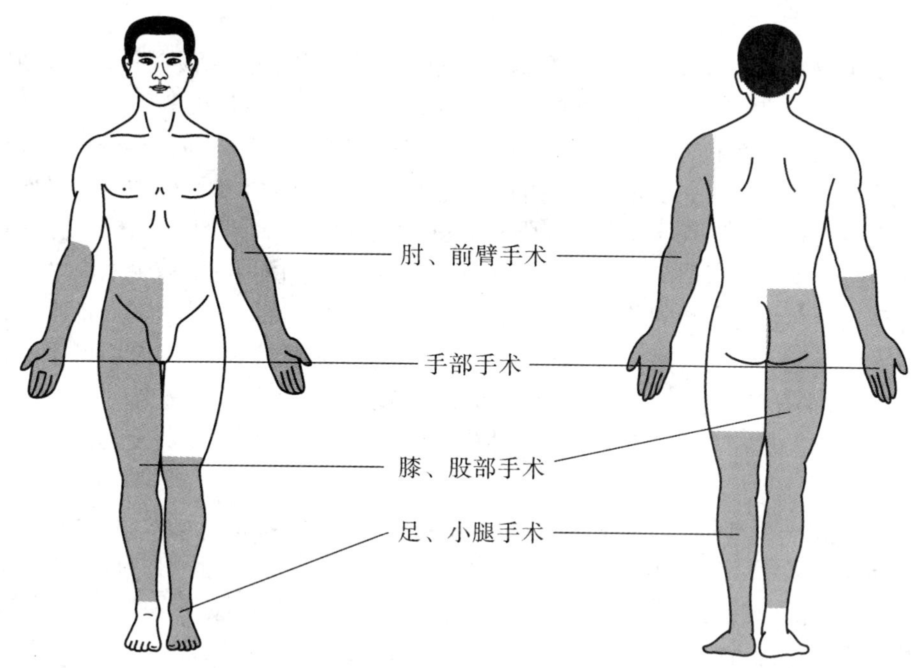

图 4-8　四肢手术

（2）备皮注意事项：①动作轻柔、熟练，应绷紧皮肤，不能逆行剃除毛发，以免损伤皮肤导致感染。②剃毛刀片应锐利。③注意保暖及照明。④腹部手术及腹腔镜手术时应注意脐部的清洁。⑤手术一般于 24 h 内备皮，并督促或协助患者沐浴、洗头、理发、修剪指甲、擦去指甲油及口红、更换清洁衣服等。若超过 24 h，应重新准备。⑥颅脑手术者，术前 3 d 剪短头发，每天洗头 1 次（急症除外），术前 2 h 剃净头发，剃后用肥皂洗头，并戴清洁帽子。⑦骨科手术者，手术前 3 d 开始皮肤准备，第 1、2 日用肥皂水洗净患侧，用 70%乙醇消毒后用无菌巾包扎，第 3 日剃净毛发、刷洗、消毒后包扎，手术晨重新消毒包扎。⑧四肢手术者，入院后每日用温水浸泡手足 20 min，并用肥皂水刷洗，剪去指（趾）甲和已浸软的胼胝。⑨阴囊、阴茎手术者，入院后每日用温水浸泡局部 20 min，肥皂水洗净，术前 1 d 备皮。

7. 手术日晨准备

（1）全面检查术前准备工作是否完善，确认是否禁食禁饮等。

（2）测量体温、脉搏、呼吸、血压等，若发现患者有咳嗽、咽痛，体温、血压升高，女患者月经来潮等情况，及时报告医生，必要时延期手术。

（3）遵医嘱安置尿管、胃管、灌肠。

（4）佩戴识别标识、更换清洁衣裤。

（5）嘱患者取下发夹、义齿、眼镜、手表和首饰等，贵重物品交患者家属或护士长妥善保管。

（6）进手术室前，嘱患者排空大小便。

（7）遵医嘱给予术前用药。

（8）与手术室护士共同核对科别、床号、姓名、性别、年龄、住院号、手术名称等，做好交接，并将手术需要的病历、X 线片、CT 片、MRI 片及术中所需的特殊药品、物品等，随患者一同带入手术室。

（9）根据手术和麻醉要求，准备好术后床单元及所需用品如胃肠减压装置、输液架、吸氧装置及心电监护仪等，调节合适的室内温度，等待迎接手术后患者。

8. 特殊准备　对存在器官疾病的患者，除术前一般准备以外，遵医嘱进行特殊准备。

（1）心血管系统的准备：心血管疾病可直接影响患者对手术的耐受力，故对伴有心血管疾病者应经内科治疗控制原发病，加强对心脏功能的监护。①血压在160/100 mmHg以下，无须特殊准备；血压过高（>180/100 mmHg）的患者，诱导麻醉或手术应激有并发脑血管意外和充血性心力衰竭的危险，遵医嘱使用降压药物，使血压稳定在一定水平，但并不要求将血压降至完全正常后才手术；②心力衰竭者，病情控制3~4周后再手术；③急性心肌梗死者，发病后6个月内不行择期手术，6个月以上无心绞痛发作，在严密监测下手术；④对心律失常者，遵医嘱给予抗心律失常药物，治疗期间观察药物的疗效和不良反应。

（2）内分泌系统准备：①纠正肾上腺皮质功能不全：凡是正在接受激素治疗或6~12个月内曾接受激素治疗超过1~2周者，肾上腺皮质功能均可能有不同程度的抑制，术前2 d开始遵医嘱静脉点滴氢化可的松100 mg/d，手术当日300 mg，以防肾上腺危象发生。②糖尿病：糖尿病患者对手术耐受性差，伤口愈合能力和抗感染能力低下。手术前通过控制饮食和药物治疗使血糖控制在轻度升高（5.6~11.2 mmol/L）、尿糖（+~++）状态，为避免发生酮症酸中毒，应尽量缩短术前禁食时间。

（3）改善和维持肝脏功能：轻度肝功能损害不影响手术耐受性，但活动性肝炎或肝功能严重受损的患者，除急症外一般不宜手术，必须长时间严格准备，最大程度地改善肝功能。给予高糖、适量优质蛋白、高维生素饮食；必要时给予护肝药物、补充维生素K和维生素C；输注葡萄糖以增加肝糖原储备；有胸腔积液、腹水者，在限制钠盐基础上，使用利尿药。

（4）改善和维持肾脏功能：麻醉、手术创伤及某些药物均会加重肾脏负担，术前应尽可能改善患者的肾功能。凡有肾脏疾病者，应合理控制饮食中蛋白质和盐的摄入及观察出入量，禁用肾毒性药物，重度肾功能损害需在有效的透析治疗后才能手术。

（5）纠正异常的出血、凝血功能：出血、凝血功能异常者，特别是患有严重肝硬化、脾功能亢进、血友病和原发性血小板减少性紫癜等患者，根据患者实际情况输入新鲜血或浓缩血小板或凝血酶原复合物，补充维生素C、维生素K等，以纠正患者的凝血功能异常。

（6）维持体液和酸碱平衡：对存在水、电解质及酸碱代谢失衡的患者，根据病情，通过口服或静脉注射途径，纠正水、电解质及酸碱代谢失衡。

（7）纠正营养不良：营养不良的患者抵抗力低下，对休克、失血的耐受性差，易并发严重感染且影响术后切口愈合，故术前应尽可能改善或纠正营养不良。①血清白蛋白30~35 g/L的患者，尽可能通过饮食补充能量和蛋白质，指导或协助患者进食高蛋白、高热量、高维生素的易消化饮食；②血清白蛋白< 30 g/L的低蛋白血症和贫血患者，根据患者情况，给予胃肠内或胃肠外营养支持，输注人血白蛋白、血浆、红细胞等，当血清白蛋白>35 g/L、血红蛋白>90 g/L时，方可手术。

第二节　手术后患者的护理

手术后期是指患者自手术完毕回病室到基本痊愈出院为止的这段时间。

【护理评估】

1. 麻醉及手术情况　了解麻醉方式、手术类型及诊断情况，手术进程，术中出血、输血、输液、用药等，以判断手术创伤大小及对机体的影响。

2. 身体状况　通过对患者全身全面的评估，了解患者麻醉恢复情况、有无不适，判断有无并发症及机体恢复情况等。

（1）意识状态、生命体征：非全麻的中、小型手术患者，手术当日，每小时监测和记录脉搏、呼吸、血压、血氧饱和度 1 次，监测 6~8 h 或至生命体征平稳；全麻大手术或可能有出血的患者，15~30 min 监测和记录 1 次，平稳后改 1~2 h 1 次，监测 24 h。病情危重或特殊手术的患者，送重症监护病房，随时监测心、肺等生理指标。术后 24 h 内，每 4 h测量体温 1 次。

（2）皮肤温湿度和颜色情况等观察。

（3）切口、引流管情况、出入量的观察：中等及以上手术，应观察并详细记录液体出入量。尿量是判断血容量是否充足最简单而有效的指标，病情危重者应留置尿管，观察和记录每小时尿量。

（4）术后不适：了解有无切口疼痛、发热、恶心和呕吐、腹胀、呃逆、尿潴留等常见不适及其程度。

（5）专科观察：根据病情需要及手术情况进行专科重点观察，如大量输液或心功能衰竭者监测中心静脉压；颅脑手术后监测颅压；肢体血管手术后监测指（趾）端末梢循环情况等。

（6）机体恢复情况：肢体的感觉和活动能力、排尿功能、肠功能恢复及食欲、活动、睡眠等情况。

（7）辅助检查：了解血、尿常规、血生化检查、血气分析结果，必要时行胸片、B超、CT、MRI 检查等，以便全面了解患者手术后情况。

3. 心理和社会支持状况　手术后患者又会面临新的心理问题，如担忧疾病病理性质、预后差或危及生命、身体形象改变、生活方式改变、术后出现的各种不适或并发症、生活不能自理、术后恢复慢、担心医疗费用等使患者及其家属产生焦虑和恐惧心理。

【护理问题】

1. 低效性呼吸形态　与术后卧床、活动量少、切口疼痛、胸部或腹部包扎限制呼吸、使用镇静剂等有关。

2. 清理呼吸道无效　与痰液黏稠、切口疼痛不能有效咳嗽有关。

3. 体液不足　与术中出血、失液或术后禁食、呕吐、引流等有关。

4. 舒适的改变　与术后疼痛、恶心、呕吐、腹胀、尿潴留、呃逆等有关。

5. 活动无耐力　与切口疼痛、疲乏、体质虚弱等有关。

6. 有感染的危险　与手术、呼吸道分泌物积聚、放置引流管等有关。

7. 潜在并发症　术后出血、切口感染、切口裂开、肺不张和肺炎、尿路感染及深静脉血栓形成等。

【护理措施】

1. 术后常规护理

（1）搬运与交接患者：可多人联合搬运患者，注意保护患者头部、切口敷料、各种引流管、输液管道及隐私部位；检查静脉输液是否通畅；注意保暖，避免贴身放置热水袋，以免烫伤；遵医嘱给予氧气吸入和上监护仪。病房护士与麻醉医生、手术室护士做好交接班，了解术中情况及术后应注意的问题。

（2）安置患者合适的体位：麻醉作用消失前，根据麻醉方式安置患者的体位。麻醉作用消失后，若血压、脉搏平稳，根据手术部位安置患者的体位，使患者处于舒适、便于活动及利于康复的体位。①颅脑手术：术后无休克或昏迷，床头抬高 15°~30°头高脚低斜坡卧位，以促进脑部静脉回流，防止或减轻脑水肿。②颈、胸、腹部手术：一般安置半坐卧位，颈、胸部手术取高半卧位，腹部手术取低半卧位。半卧位的意义：有利于血液循环；使膈肌下降，有利于呼吸，增加肺通气量；有利于颈、胸、腹部切口引流；使腹肌松弛，减轻腹壁切口张力，使患者舒适；腹部手术后，使渗液、渗血或炎性物质流至盆腔，避免形成膈下脓肿，减少全身中毒反应。③脊柱、臀部手术：俯卧或仰卧位，以利于引流或防止切口受压。④四肢手术：患肢抬高，以利于静脉和淋巴回流，减轻患肢肿胀和疼痛。

（3）维持体液平衡及营养支持：术后提供足够的营养，有利于切口愈合及各器官功能的恢复。①饮食：视手术大小及部位、麻醉方式和患者的反应以决定开始进食的时间。非腹部的局麻或小手术：如没有任何不适，术后可随意进食；蛛网膜下腔阻滞和硬脊膜外腔阻滞麻醉术后 6 h，全身麻醉完全清醒，恶心、呕吐反应消失后，先给予流质饮食，以后视病情逐渐改为半流质、普通饮食。腹部手术，尤其是胃肠道手术：一般术后需禁饮食、胃肠减压 2~3 d，待肠蠕动恢复、肛门排气，拔除胃管后当日，开始进少量盐水 4~5 勺，每 1~2 h 一次，次日开始按清流半量（50~80 mL）、全量（100~150 mL），流质半量、全量，逐渐过渡到半流质、普通饮食。每次改变饮食种类需观察患者有无腹痛、腹胀、恶心、呕吐等不适。②输液：术后禁食或流质饮食期间，遵医嘱静脉输液，必要时输注血浆、全血、人血白蛋白等或提供胃肠内或胃肠外营养支持，以保证足够的液体量、能量、电解质和营养。

（4）休息与活动：早期活动可增加肺通气量，有利于肺扩张和分泌物的排出，减少和预防肺部并发症；促进全身血液循环，有利于切口愈合，预防压疮和深静脉血栓形成；促进肠蠕动恢复，减轻或预防腹胀和肠粘连，增进食欲；促进膀胱收缩功能的恢复，防止尿潴留和尿路感染。手术当日开始，指导和协助患者在床上做深呼吸运动，5~10 次/h，有效咳嗽排痰，1 次/h；每 2~4 h 翻身、叩背 1 次，以促进痰液排出；下肢自主伸、屈活动，10 次/h，或对下肢由远端向近端进行被动按摩及伸、屈运动等，4 次/d，每次 10 min；病情允许的情况下，争取早期下床活动，活动循序渐进，即先协助患者取半卧位或在床边坐几分钟，随后扶患者在床边走几步，逐渐增加室内和室外活动。患者每增加活动量，均应问其感受，并观察患者的面色、呼吸和脉搏，若无不适，方可逐渐增加活动时间和活动量，以患者不感到疲劳为度。但休克、心力衰竭、出血、严重感染、极度衰弱及血管吻合、肝或肾部分切除者，不宜早期下床活动。

（5）切口的护理：观察切口有无渗血、渗液、敷料脱落及局部红、肿、热、痛及切口裂开等情况。若切口有渗血、渗液或敷料被污染或脱落，应及时更换。无菌手术切口术后第 3 日更换敷料，如无感染或其他问题，可待愈合后拆除缝线；若切口有感染或裂开，按切口感染或裂开护理。

手术切口分为三类：①清洁切口（Ⅰ类切口）：指Ⅰ期缝合的无菌切口，如甲状腺大部分切除术等。②可能污染的切口（Ⅱ类切口）：指手术时可能污染的Ⅰ期缝合的切口，如胃大部分切术等、不易彻底消毒的部位、6 h 内伤口经过清创缝合、新缝合的切口再度切开等。③污染的切口（Ⅲ类切口）：指邻近感染区或组织直接暴露于污染或感染物的切口，如阑尾穿孔后的阑尾切除术等。

切口的愈合分为三级：①甲级愈合用“甲”字表示，指切口愈合良好，无不良反应。②乙级愈合用“乙”字表示，指愈合处有炎症反应，如红肿、硬结、血肿、积液等，但未化脓。③丙级愈合用“丙”字表示，指切口已化脓。

按上述分类、分级方法记录切口的愈合，如Ⅰ/甲（即清洁切口甲级愈合）或Ⅱ/乙等。当切口处理不当时，Ⅰ类切口也可能成为“丙”级愈合，相反，Ⅲ类切口处理恰当，也可能得到甲级愈合。

切口愈合时间可因切口部位、局部血液供应情况、患者年龄及全身营养状况不同而异，因而缝线拆除时间也各异：①一般头、面、颈部手术后 4~5 d 拆线；②下腹部、会阴部术后 6~7 d；③胸部、上腹部、背部、臀部术后 7~9 d；④四肢术后 10~12 d（近关节处可适当延长）；⑤减张缝线 14 d，必要时可间隔拆线。年老体弱、营养不良或糖尿病患者需适当延迟拆线时间；青少年可适当缩短拆线时间。

（6）引流管的护理：手术后引流管种类较多，分别置于切口、体腔（如胸、腹腔等）和空腔内脏器（如胃、肠、膀胱等）。护理措施包括：①各引流管做好标识，了解引流管放置的部位、作用及拔除时间（一般胶片引流管 1~2 d 拔除；单腔或双腔橡皮引流管，可于术后 2~3 d 拔除，作为预防性引流渗漏用，则需保留至并发症可能发生期过后再拔除，一般在术后 5~7 d。胃肠减压管在肠功能恢复、肛门排气后拔出，其他引流管视具体情况而定）。②保持引流通畅：正确连接并妥善固定各引流装置，指导患者翻身时避免导管脱出；经常检查和定时挤捏引流管，防止导管折曲或受压或堵塞；必要时用无菌 0.9%氯化钠溶液冲洗。③预防感染：严格无菌操作，保持密闭引流和引流管皮肤切口处敷料清洁（留置尿管的患者保持会阴部和尿道口清洁）；定时更换引流瓶（或袋）；指导患者避免引流袋高于引流管皮肤切口处，留置尿管者避免高于膀胱位置，并指导患者多饮水，以达到内冲洗的目的。④观察并准确记录引流液的性质、颜色及量。⑤留置尿管者夹管训练膀胱贮存功能。

（7）心理护理：缓解焦虑和恐惧，鼓励患者表达并稳定其情绪；提供缓解不适的措施；指导患者术后康复活动；提供术后有关知识。

2. 术后不适的护理　术后不适，除造成患者痛苦外，还可影响各器官的正常生理功能和休息。

（1）切口疼痛：一般术后 24 h 内最重，2~3 d 后逐渐减轻。若术后 3 d 以上仍有切口疼痛或疼痛减轻后又加重，应警惕切口感染的可能。护理：解除疼痛的原因；将患者安置于舒适体位；指导患者咳嗽、翻身或活动肢体时，用手按压切口部位，减少切口张力刺激；鼓励患者表达疼痛感受，指导患者分散注意力的方法如深呼吸、听音乐等；按医嘱口服镇痛药物或肌内注射哌替啶。目前，大手术后患者使用自控镇痛泵（PCA）来控制术后疼痛，使患者舒适安静的度过手术后疼痛期。

（2）发热：手术后患者体温可略升高，变化幅度在 0.5～1 ℃，一般不超过 38.5 ℃，是由于机体对手术创伤产生的炎症反应及渗液、渗血吸收所致，无须特殊处理，手术后 3 d体温逐渐恢复正常，临床上称为外科手术热或吸收热。若术后出现高热或 3～6 d 以后仍有发热，应考虑肺不张、肺部或尿路或切口等部位感染或其他不良反应，协助医生寻找原因并及时处理。

（3）恶心、呕吐：多为麻醉反应所致，待麻醉反应消失后自然停止。如反复呕吐不止，应协助医生寻找原因并处理，如腹部手术后胃扩张或肠梗阻，其他原因如颅压升高、糖尿病酮症酸中毒、尿毒症、低钾、低钠血症等。呕吐时稳定患者情绪，将患者头偏向一侧，及时清除口内呕吐物，防止误吸和窒息；指导患者深呼吸和做主动吞咽活动，以抑制呕吐发射；遵医嘱使用镇静、止吐药物；观察并记录恶心、呕吐的时间及呕吐物的量、色、性质。

（4）腹胀：术后早期常由于麻醉药物作用、手术刺激，使胃肠道蠕动受抑制、肠腔积气过多所致，一般在术后 48 h 随着胃肠道蠕动功能恢复、肛门排气后症状逐渐缓解。若手术后数日仍未排气，腹胀明显，考虑有无肠梗阻或腹腔炎或低钾血症所致的肠麻痹。严重腹胀可使膈肌抬高，影响呼吸功能，使下腔静脉受压影响血液回流，影响胃肠吻合口和腹壁切口的愈合。预防：术前做好充分的胃肠道准备；卧床期间不宜进食含乳糖的奶制品等胀气食品；鼓励患者早期床上和下床活动。护理：采取半坐卧位、禁食、胃肠减压并保持通畅；肛管排气或高渗溶液低压灌肠或使用开塞露 20 mL 保留灌肠；腹部按摩和热敷；非胃肠道手术的患者，遵医嘱给予番泻叶、新斯的明等促进肠蠕动的药物，及时处理腹膜炎和低钾血症；已确诊为机械性肠梗阻者，在严密观察下经非手术治疗未缓解者，需做好再次手术准备。

（5）呃逆：可能是神经中枢或膈肌直接受刺激所致，可采用压迫眶上缘、胃肠减压，必要时按医嘱给予镇静或解痉药物等方法处理。上腹部手术后出现顽固性呃逆，警惕吻合口或十二指肠残端漏，导致膈下积液或感染，需超声检查明确诊断，并及时处理。

（6）尿潴留：常由于全身或椎管内麻醉后排尿反射受抑制、切口疼痛引起尿道括约肌反射性痉挛以及患者不习惯于床上排便所致。术后注意排尿情况的观察，并鼓励患者排尿，术后 6～8 h 仍未排尿或虽排尿但尿量少、次数频繁者，应叩诊耻骨上区，如呈浊或实音则可诊断为尿潴留；稳定患者情绪；如病情允许，协助患者坐位或站立排尿；采取下腹部热敷、轻柔按摩膀胱区、会阴部冲洗及听流水声等方法诱导排尿；遵医嘱给予止痛药或卡巴胆碱等促进膀胱肌肉收缩，若上述处理无效，按无菌操作原则行导尿术，一次导尿不超过 1 000 mL。若尿潴留时间长，或一次性导出尿液超过 500 mL 者，应留置导尿管 1～2 d，以利于膀胱逼尿肌收缩功能的恢复。

第三节　手术后并发症及护理

手术后并发症分为两大类：一类为某些手术后特有的并发症；另一类是多数手术后可

能出现的并发症。术后并发症增加患者身心痛苦、延长康复时间、导致手术失败，甚至死亡。外科手术术后常见的并发症有出血、切口感染、切口裂开、尿路感染、肺不张、深静脉血栓形成等。

1. 术后出血　分为切口、空腔脏器、体腔出血。①原因：止血不完善、结扎线脱落、原先痉挛的小血管舒张及凝血机制障碍等。②临床表现：一般出现在术后 48 h 内，少量出血表现为切口少量渗血。术后大量出血时患者出现烦躁不安、脉搏增快、脉压小、尿量少于 25 mL/h、中心静脉压低于 5 cm H_2O 0. 49 kPa 等低血容量性休克的表现或有大量呕血、黑便；引流管内不断有大量血性液引出，每小时超过 100 mL；伤口渗血较多等。③护理：少量出血给予更换敷料、加压包扎、全身使用止血药物。大量出血应稳定患者情绪，取平卧位、给氧、保暖；迅速建立静脉通道，遵医嘱输液、输血和使用止血药物等，必要时，做好再次手术准备。

2. 切口感染　①原因：无菌操作不严、切口内留有死腔或血肿或异物、局部组织供血不足、营养不良或肥胖、糖尿病、使用免疫抑制剂等。②临床表现：多发生在术后 3~5 d，疼痛加重，早期出现切口红、肿、热、压痛，晚期可形成脓肿，严重者伴体温升高，血白细胞和中性粒细胞升高。③护理：切口出现早期感染症状时，局部热敷或理疗；已形成脓肿者，应拆除局部缝线或切开引流，必要时放置引流管引流脓液；定时换药，遵医嘱有效使用抗生素等。

3. 切口裂开　①原因：多发生于年老体弱、营养不良、切口感染、切口张力大、缝合不当、腹压升高等患者。②临床表现：多见于腹部及邻近关节处，多发生在术后 1 周左右，或拆除缝线后 24 h 内。患者腹内压突然升高时或用力以后突然出现切口剧烈疼痛及松开感，有多量淡红色液体流出或内脏脱出，分为完全切口裂开和部分切口裂开。③护理：部分切口裂开，可用蝶形胶布固定切口，加腹带包扎。全层切口裂开，应安慰患者，协助患者取平卧屈膝位，嘱其禁饮食、勿咳嗽，用生理盐水纱布覆盖脱出的脏器（勿还纳入腹腔）并加腹带包扎，建立静脉通道，插胃管、胃肠加压；做好手术前准备，采用腹壁减张缝合处理全层裂开的切口。

4. 肺不张及肺部感染　①原因：常发生在胸、腹部大手术后，多见于老年人、长期吸烟和患有呼吸道感染者、实施全身麻醉的患者，与术后疼痛或胸腹部绷带包扎过紧，限制呼吸和咳嗽；活动少，引起肺活量减少等有关。②临床表现：早期出现发热，呼吸急促、心率增快，首先考虑肺不张；继发感染时，体温升高明显，血白细胞和中性粒细胞升高；患侧的胸部叩诊呈浊或实音，听诊有局限性湿性啰音，肺底部呼吸音减弱、消失或为管样呼吸音，血气分析示 PaO_2 下降和 $PaCO_2$ 升高等；胸部 X 线检查见典型肺不张征象。③护理：遵医嘱使用抗生素、祛痰药物、雾化吸入等。

5. 尿路感染　①原因：尿潴留、长期留置尿管、反复多次导尿。②临床表现：急性膀胱炎主要表现为尿频、尿急、尿痛，有时排尿困难，尿液检查有较多红细胞和脓细胞。急性肾盂肾炎多见女性，表现为畏寒、发热、肾区疼痛、血白细胞和中性粒细胞升高，尿培养见大量白细胞和细菌。③预防和护理：指导患者术后自主排尿、及时处理尿潴留，遵医嘱输液和使用抗生素，指导患者多饮水，保持充足尿量（>1 500 mL/d），以达到内冲洗的目的。

6. 深静脉血栓形成或血栓性静脉炎　①原因：深静脉血栓形成常发生于长期卧床的老年人或肥胖的患者，与卧床过久活动减少使下肢血流缓慢、血液处于高凝状态、血管壁损伤有关。②临床表现：表现为小腿或腹股沟区疼痛、压痛、患侧肢体凹陷性水肿。血栓性静脉炎：与手术、外伤、反复静脉穿刺置管、输注高渗性液体或刺激性药物等致血管壁和血管内膜损伤有关，表现为浅静脉发红、变硬、明显触痛、体温升高等。③预防：术后患者尽早床上主动或被动运动，鼓励早期下床活动。高危患者，下肢用弹力绷带或弹力袜，以促进浅静脉回流，避免长时间站立、行走、下蹲、坐时避免盘腿，以免妨碍血液循环；血液高凝状态者，可口服小剂量阿司匹林或肝素、复方丹参，或低分子右旋糖酐静滴，以抑制血小板凝集。④护理：停止患肢静脉输液；患肢抬高、制动；局部给予50%硫酸镁湿热敷、理疗等；严禁患肢按摩，以防血栓脱落造成栓塞；遵医嘱使用抗凝药物、溶栓药物（尿激酶）和抗生素等，抗凝、溶栓治疗期间严密观察有无皮肤、皮下黏膜出血征象，有无血尿、便血现象发生，并随时注意意识及瞳孔变化，警惕脑出血的发生。

7. 粘连性肠梗阻　①预防：开腹术后的早期活动十分重要，有利于机体和胃肠道功能的恢复。如病情平稳，术后24 h即可开始床上活动，12~24 h后下床活动。②护理：半卧位；禁食，胃肠减压，禁食期间应给予补液，保持水、电解质、酸碱平衡；必要时做好手术准备。

8. 吻合口漏　①预防：术前做好肠道准备；术前、术后加强营养，补充维生素C，纠正贫血和低蛋白血症，促进伤口愈合；胃肠减压，保持通畅。②护理：半卧位，利于引流；禁食，胃肠减压；保持腹腔引流管通畅，注意观察其引流物的量、性质等。

（王文生）

扫码做练习

扫码看 PPT

第五章

手术室护理工作

学习目标

掌握：手术人员的无菌准备、手术中的操作原则、手术室人员之间的配合。
熟悉：手术室的环境和管理；手术室物品的种类和处理。
了解：洁净手术室的基本概念和要求。

患者女性，45 岁。因急性阑尾炎准备行急诊手术。
问题导向：
（1）术中手术人员应遵循哪些无菌操作原则预防患者的切口感染？
（2）患者有可能出现什么样的心理问题？
（3）何种社会支持模式有利于手术的顺利进行？

随着手术治疗范围的不断扩大、手术技术和仪器设备现代化程度的提高，对手术室的建设和管理水平、人员素质和技术操作等要求也越来越高。手术室护理工作是医院护理工作的重要组成部分，具有业务面广、技术性高、无菌操作严格等特点。那么，手术室护士应如何对患者做好整体护理？手术中如何严格无菌操作，以保护患者免受感染？如何做好器械护士与巡回护士、与手术医生、与麻醉师之间的配合，以保证手术的顺利进行？将是这一章要介绍的内容。

第一节　手术室的环境与管理

一、手术室的环境

（一）手术室的位置和要求

手术室应有较好的无菌条件，宜设在医院内空气洁净处，一般位于建筑的较高层，靠近手术科室，方便接送患者，与监护室、病理科、放射科、血库、中心化验室等相邻，最好有直接的通道或通信联系设备。楼层以东西方向延伸为好，主要的手术间应窗向北侧，因北侧光线稳定，可避免阳光直射，故南侧多作为小手术的手术间或辅助用房。

（二） 手术间的设置和要求

1. 手术间数与面积　手术间数与手术台数应与外科的实际床位数成比例，一般为 1∶(20~25)。手术间分为无菌手术间，供各科无菌手术用，设在最不受干扰处；相对无菌手术间，供胃肠等手术用；有菌手术间，供感染隔离手术用。普通手术间仅放置一个手术床，手术间的面积每间 30~40 m^2 为宜。用作心血管直视手术等的手术间因辅助仪器设备较多，需 60 m^2 左右。

2. 手术间内设计　手术间的门宜宽大，最好采用感应自动开启门；地面多用易清洗、耐消毒的材料铺设，坚硬、光滑无隙，微小倾斜度，并有下水地漏（不用时可封闭）；墙壁和天花板应光滑无孔隙，最好使用防火、耐湿和易清洁材料；墙角呈弧形，不易蓄积灰尘。室内应设有隔音、空调和净化装置，防止各手术间相互干扰和保持空气洁净。

3. 手术间的基本配备　手术间的设置力求简洁，只放置必需的器具及物品。基本配备包括多功能手术床、大小器械桌、升降台、麻醉机、电刀、无影灯、药品柜、敷料柜、读片灯、吸引器、输液轨、踏脚凳等。现代手术室有中心供氧、二氧化碳、压缩空气、中心负压吸引等设施，配备各种监护仪、X 线摄影和显微外科装置等，有电视录像装置或参观台供教学、参观之用。墙上设有足够的电源插座，离地面 1 m 以上，并有双电源、防火和防水装置。手术室内温度恒定在 22~24 ℃，相对湿度 50%~60% 为宜。

4. 洁净手术室　是指采用一定的空气洁净措施，使手术室内的细菌数控制在一定范围和空气洁净度达到一定级别。建设洁净手术室是当代医院发展的必然趋势，也是现代化医院的重要标志之一。

（1）洁净手术室的净化标准：手术室空气的洁净程度是以含尘浓度来衡量的，含尘浓度越低洁净度越高，反之则越低。我国按洁净程度分为以下四个等级（表 5-1）。

表 5-1　洁净手术室的等级标准

级别	静态空气洁净度级别	适用手术范围
Ⅰ	100	特别洁净手术室：关节置换、器官移植、脑外、心外科和眼科等无菌手术
Ⅱ	1 000 1 万	标准洁净手术室：胸外、整形、泌尿、肝胆、骨科和普外中的Ⅰ类切口手术
Ⅲ	10 万	一般洁净手术室：普外（除去Ⅰ类）、妇产科等Ⅱ类切口手术
Ⅳ	30 万	准洁净手术室和辅助用房：肛肠外科、感染等Ⅲ类切口手术

（2）洁净手术室的空气净化技术：洁净手术室的空气净化系统主要由空气处理器，初、中、高效过滤器，加压风机，空气加温器，回风口及送风口等组成。其净化原理是在空调技术上采用超净化装置自动调节，通过初、中和高效三级过滤控制室内尘埃含量，采用不同气流方式（乱流、垂直层流和水平层流）和换气次数（我国标准是万级：25 次/h，十万级：15 次/h）使空气达到一定级别标准的净化。①乱流式气流：气流不平行、方向

不单一和流速不均匀，而且有交叉回旋的气流，除尘率较差，可用于1万~30万级以下的手术室，适用于污染手术间和急诊手术间。②垂直层流：将高效过滤器装在手术室顶棚内，垂直向下送风，两侧墙下部回风。因换气次数多，气流从上往下吹，其净化水平高，但造价高。③水平层流：在一个送风面上布满过滤器，空气经高效过滤平行流经室内。气流是由一面墙向对面墙平行流去，上流处可以得到非常高的空气洁净度，而下流处之尘埃及浮游菌会比较多。水平层流易于建造或改建，故应用较广泛。

5. 手术室的辅助工作间

（1）麻醉准备室：是为患者进入手术间前进行麻醉诱导用，以缩短连台手术的等待时间，提高工作效率。

（2）麻醉恢复室：用于手术结束后患者未完全清醒期间的观察与护理，其内应备有必要的监测、急救仪器和药品，以便急救之用。

（3）物品准备用房：包括器械清洗间、器械准备间、敷料间和灭菌间等，应设计在合理的作业线上，以防止物品污染。手术室应有单独的快速灭菌装置，以便进行紧急物品灭菌。

（4）无菌物品贮藏室：存放无菌敷料和器械等，还配有一定空间存放必要的药品、器材和仪器。

（5）刷手间设备：包括感应或脚踏式水龙头、无菌刷子、洗手液、无菌擦手巾、泡手桶、计时钟等。

其他附属工作间，如更衣室、接待患者处、护士站、值班室、厕所、沐浴间和污物间等亦应设置齐全、布局合理，以将细菌减少至最低限度和防止交叉感染为目的。

（三）手术室的分区

手术室分为三个区域：即洁净区、准洁净区和非洁净区。分区的目的是尽量做到隔离，防止交叉感染。

1. 洁净区（无菌区）　包括手术间、洗手间、手术间内走廊、无菌物品间等，洁净要求最为严格，应设在内侧。非手术人员或非在岗人员禁止入内，此区内的一切人员及其活动都需严格遵守无菌原则。

2. 准洁净区（清洁区）　包括器械室、敷料室、洗涤室、消毒室、手术间外走廊、恢复室和石膏室等，设在中间。凡已做好手臂消毒或已穿无菌手术衣者，切不可再进入此区，以免污染。

3. 非洁净区（污染区）　包括办公室、会议室、实验室、标本室、污物室、资料室、电视教学室、值班室、更衣室、更鞋室、医护人员休息室和手术患者家属等候室，一般设在最外侧。

二、手术室的管理

（一）手术室的清洁和消毒

1. 手术室的清洁　清洁工作应在每日手术结束后在手术室净化空调系统运行过程中进行，采用湿式打扫。清洁工作完成后，净化空调系统应继续运行，直到恢复规定的洁净级别为止。继之，开启空调箱内紫外线灯，对空调箱内部进行灭菌。每周至少一次彻底大扫除，对吊顶和墙壁等进行擦拭清洁。

2. 手术室的消毒　手术前 1 h 运转净化空调系统。特殊感染手术后用 500 mg/L 有效氯消毒液进行地面及房间物品的擦拭。HBsAg 阳性，尤其是 HBeAg 阳性的患者手术时，建议使用一次性物品，术后手术室空气可用 1 g/m^3 过氧乙酸熏蒸消毒，密闭 30 min；消毒后开排风机将药味排除，净化空调系统同时运行。每月做一次空气洁净度和生物微粒监测。定期对净化系统的设备和设施进行维护保养。

（二） 手术室环境的制度化管理

建立健全各项规章制度，工作人员严格执行消毒隔离制度，与手术无关人员不得擅自进入手术室；患有急性感染性疾病，尤其是上呼吸道感染者不得进入手术室。凡进入手术室的人员必须更换手术室的清洁鞋帽、衣裤和口罩。无菌手术与有菌手术严格分开，若在同一手术间内接台，则先安排无菌手术，后做污染或感染手术。手术室内备齐急救物品，无菌物品定期检查消毒灭菌，及时请领补充，并加强对消防器材和安全设施的使用管理。

第二节　手术室的物品准备

一、物品的种类

手术用物包括布类、敷料类、缝针、缝线、特殊物品以及手术器械等。择期手术提前 1 d 准备好手术器械和用品。

（一） 器械类

手术器械是外科手术操作的必备物品，分为基本器械和特殊器械。

1. 基本器械　按其功能分为五类：①切割及解剖器械：有手术刀、手术剪、骨剪等，用于手术切割。②夹持及钳制器械：有大、小、弯和直的止血钳，用于术中止血和分离组织；各种大小和形状的钳子、镊子用于夹持不同部位组织，以便分离、切割及操作；持针器用于夹持缝针。③牵拉用器械：有各种形状、大小的拉钩和胸、腹腔牵开器，用于牵开组织和脏器、暴露深部手术野，以便手术操作。④探查和扩张器：有胆道探条、尿道探子和各种探针，用于空腔、窦道探查及扩大腔隙等。

2. 特殊器械　①内镜类：有膀胱镜、电切镜、腹腔镜、胸腔镜、食管镜、纤维支气管镜和关节镜等。②吻合器类：有食管、胃、直肠和血管等吻合器、闭合器、切割缝合器。③其他精密仪器：包括高频电刀、超声刀、电锯、电钻、激光刀、取皮机、手术显微镜及心肺复苏仪器、体外循环机、血液回收机等。

（二） 布类和敷料

1. 布类物品　手术室的布类用品包括手术衣和各种手术单。应选择质地细柔且厚实的棉布，颜色以深绿色或深蓝色为宜。①手术衣：用于遮盖手术人员身上未经消毒的衣服和手臂，以免细菌侵入手术部位。手术衣长短要求穿上后能遮住膝下，前襟至腰部双层，可以插入双手，并防止手术时血水湿透。在前腰缝一长 160 cm 的腰带。袖口制成松紧口，便于手套腕部遮盖袖口之上。②手术单：用以铺置手术野建立无菌区。有大单、中单、手术巾，均有各自的规格尺寸和一定的折叠方法。也可根据不同的手术需要，包成各种手术包，如胸部手术包、开腹手术包等，以便提高工作效率。

2. 敷料类　包括纱布类和棉花类，有不同规格及制作方法，均带有钡线，能在 X 线下显影。用于术中止血、拭血及压迫、包扎等。①纱布类：包括不同大小尺寸的纱布垫、纱布块、纱布球及纱布条。干纱布垫用于遮盖切口两侧的皮肤；盐水纱布垫用于保护显露的内脏，防止损伤和干燥；纱布块用于拭血；纱布球用于拭血及分离组织；纱布条多用于耳、鼻腔内手术，长纱布条多用于阴道、子宫出血及深部伤口的填塞。②棉花类：常用的有棉垫、带线棉片、棉球及棉签。棉垫用于胸、腹部及其他大手术后的外层敷料，以吸收渗出及分泌物，加压包扎，保护伤口；带线棉片用于颅脑或脊椎手术时；棉球用于消毒皮肤、洗涤伤口或涂拭药物；棉签用作采集标本或涂擦药物。

（三）　缝针和缝线

1. 缝针　缝针有圆针和三角针两类。圆针用以缝合血管、神经、脏器等；三角针用以缝合皮肤或韧带等。两类缝针均有弯、直两种，有各种不同的规格型号。

2. 缝线　用于缝合组织和器官以促进伤口愈合，或结扎血管以止血，常用缝合线有 1~10 号丝线，号码表示线的粗细，号码越大线越粗。细线用 0 表示，号码中 0 越多线越细。根据材料来源不同，缝合线可分为不吸收性和可吸收性两类。

（四）　特殊物品

1. 引流物　①橡皮片引流条：多用于浅部切口和少量渗出液的引流。②纱布引流物：用于浅表部位、感染创口的引流。③油纱：用于植皮、烧伤等手术。

2. 导管　各种粗细的橡胶、硅胶或塑料类制品，是目前品种最多、应用广泛的引流物。包括普通引流管、双腔（或三腔）引流管、T 形引流管、蕈状引流管、胃管等，用途各异。普通的单腔引流管可用于胸、腹部术后创腔引流；双腔（或三腔）引流套管多用于腹腔脓肿、胃肠、胆或胰瘘等的引流；T 形引流管用于胆道减压、胆总管引流；蕈状引流管用于膀胱及胆囊的手术引流；胃管用于鼻饲、洗胃或胃引流。

3. 止血用品　骨蜡用于骨质面的止血。止血海绵、止血纱布、生物蛋白胶等用于创面止血。

二、物品的无菌处理

消毒是指用物理或化学的方法清除或杀灭除芽胞以外的所有病原体及其他有害微生物。灭菌法是指用物理的或化学的方法清除或杀灭所有的微生物，包括致病和非致病微生物及细菌芽胞。

1. 物理消毒灭菌

（1）压力蒸汽灭菌法：医院首选的灭菌方法，其特点是穿透力强，灭菌效果可靠，能杀灭所有的微生物。适用于耐高温耐湿的物品，如布类物品、敷料、金属器械、搪瓷制品、玻璃制品等。有下排气式压力蒸汽灭菌和预真空式压力蒸汽灭菌装置，后者的优点是灭菌时间短，对灭菌物品损害小，灭菌后物品干燥，操作简单、安全。压力蒸汽灭菌器的注意事项：①需灭菌的各种包裹不宜过大，体积上限为 30 cm×30 cm×50 cm，器械包不超过 7 kg，敷料包不超过 5 kg。②灭菌内的包裹不宜排得过密，以免妨碍蒸气透入，影响灭菌效果。③预置专用的包内及包外灭菌指示纸带，在压力及温度达到灭菌标准条件并维持 15 min 时，指示纸带即出现黑色条纹，表示已达到灭菌的要求。④易燃和易爆物品如碘仿、苯类等，禁用高压蒸汽灭菌法。⑤瓶装液体灭菌时，只能用纱布包扎瓶口，如果要用橡皮塞，应插入针头以排气。⑥已灭菌的物品应注明灭菌日期，失效时间夏季为 7 d，其余季节为 14 d。

（2）煮沸灭菌法：适用于金属器械、玻璃及橡胶类物品，在水中煮沸至 100 ℃后，维持 15~20 min，即能杀灭一般细菌，1 h 可杀灭带芽胞的细菌。若使用 2%碳酸氢钠溶液煮沸，沸点可提高到 105 ℃，10 min 可灭菌。煮沸灭菌法须注意：①灭菌时间应从水煮沸后算起，若中途投入新的物品，应重新计算时间；②玻璃物品可用纱布包好，放在冷水中煮，以免骤热而破裂；③应用压力锅可节省灭菌时间并保证灭菌效果，锅内压力一般为 127.5 kPa，温度可达 124 ℃左右，10 min 可灭菌。

（3）火烧法：只用作金属器械的紧急消毒。

2. 化学消毒灭菌　适用于不耐高温或高湿的物品，如内镜、导管、精密仪器等。

（1）环氧乙烷气体熏蒸法：为化学消毒灭菌法中的首选方法。灭菌前应对物品进行初步消毒，彻底清洗后妥善包装（材料必须是环氧乙烷能够穿透的），采用环氧乙烷气体灭菌。灭菌后的物品在使用前一定要设法消除吸附在器具或管道的环氧乙烷残毒（目前有的环氧乙烷灭菌装置具备这一功能），然后才能使用。若没有环氧乙烷气体灭菌装置，可送至环氧乙烷灭菌站或中心处理。

（2）戊二醛浸泡法：2%戊二醛溶液适用于消毒金属器械和耐湿忌热的精密仪器，浸泡 20 min 可达到消毒效果，4~10 h 可达到灭菌效果。

（3）过氧化氢等离子低温灭菌法：具有低温、干燥、快速、无毒等优越性。采用 60%过氧化氢溶液，注入灭菌腔内，溶液以等离子状态存在，等离子含有大量的紫外线和活性物质，与微生物体内的蛋白质和核酸发生反应，导致微生物迅速死亡，达到灭菌的目的。

（4）甲醛：通常使用 40%甲醛溶液，能杀灭包括芽胞在内的各种微生物。多用于熏蒸法空气消毒，但甲醛气体的穿透力不强，只能起到表面消毒的作用。

（5）乙醇（酒精）：有 95%和 75%两种浓度，前者又称无水乙醇，后者即医用酒精。后者能在数分钟内杀灭细菌，但对芽胞无效。多用于消毒皮肤。

（6）碘伏：常用浓度为 0.5%。杀菌作用强于乙醇，能杀死芽胞，对皮肤和黏膜无刺激作用，已替代以前临床常用的碘酊溶液。碘伏对光、热敏感，需避光保存。常用于手术区皮肤和黏膜消毒、创面冲洗、器械浸泡消毒及外科洗手等。

（7）苯扎溴铵（新洁尔灭）：常用浓度为 0.1%。适用于妇产科、泌尿科等皮肤、黏膜的擦拭或外伤、灼伤创面的清洁处理，也可用于地面、墙壁等物体表面灭菌前的擦拭消毒。

第三节　手术人员的准备

为保持手术室环境清洁及空气洁净，避免患者伤口感染，确保手术成功，凡进入手术室的人员均需换鞋、更衣、戴帽及口罩。参加手术人员必须在术前行刷手、穿无菌手术衣、戴无菌手套等技术操作。

一、术前一般性准备

1. 更鞋　手术人员进入手术室时，首先在更鞋室换上手术室专用鞋，手术室的鞋子不能穿出手术室外。

2. 更衣　进入更衣室更衣，除去身上的所有饰物。更衣时尽量脱下内衣，不换者，应避免衣领、袖外露，穿好专用洗手衣和裤，将上衣扎入裤中，防止衣着宽大影响消毒隔离。

3. 戴帽子、口罩　戴上专用手术帽和口罩，要求遮盖住全部头发及口鼻。检查自己的指甲不长且无甲下积垢，手与手臂皮肤无破损及感染，方可进入刷手间进行手臂的洗刷与消毒。

二、手臂消毒

是通过机械性刷洗及化学消毒的方法，尽可能刷除双手及前臂的暂存菌和部分常驻菌，以预防患者手术感染（见第二十章）。

三、穿无菌手术衣及戴手套

穿无菌手术衣及戴无菌手套的目的，是隔绝手术室医护人员皮肤及衣物上的细菌，防止伤口感染，保证手术成功的重要措施（见第二十章）。

第四节　患者的准备

一、一般准备

手术患者必须提前送达手术室，做好手术准备。手术室护士应热情接待患者，按手术通知单仔细核实患者，确保手术部位准确无误，点收所带药品，认真做好三查七对和麻醉前的准备工作。同时，加强对手术患者的心理护理，减轻其焦虑、恐惧等心理反应，以保证手术的顺利进行。

二、手术体位

患者手术体位取决于手术方式、切口位置等。摆放手术体位，通常由巡回护士、手术医生和麻醉师共同完成。安置体位的基本要求：①最大限度地保证患者的安全与舒适；②充分显露手术区域，同时减少不必要的裸露；③保证呼吸和血液循环通畅；④肢体及关节托垫必须稳妥，不能悬空；⑤妥善固定，避免神经、血管受压及肌肉扭伤等并发症的发生；⑥便于麻醉和病情监测。

常用的手术体位见第二十章。

三、手术区皮肤消毒

患者应在病房做好手术区域皮肤准备工作，包括脱脂、去毛、清洁，皮肤上的油垢或胶布粘痕要用乙醚或汽油擦净。在手术室安置好体位后，由护士对其术区皮肤进行消毒。皮肤消毒剂多选用2.5%~3.0%碘酊、75%乙醇及0.5%碘伏等，碘过敏者可选用其他皮肤消毒剂，如灭菌王。（见第二十章）

四、手术区铺单法

铺盖无菌布单的目的是除显露手术切口所必需的皮肤区以外，遮盖住其他部位，以避免和尽量减少手术中的污染（见第二十章）。

第五节　手术室的无菌操作原则及手术配合

本节重点介绍手术室无菌桌的准备、手术室的无菌操作原则，以及手术中个角色间的配合工作，详见第二十章。

（王学锋）

扫码做练习

扫码看 PPT

第六章

外科感染患者的护理

学习目标

掌握：常见浅部软组织化脓性感染、甲沟炎、脓性指头炎、全身性感染、破伤风的临床表现、护理措施。

熟悉：外科感染各疾病的护理诊断及处理原则。

了解：外科感染各疾病病因、病理。

第一节　概述

感染（infection）是由病原体侵入人体，并在体内滞留与繁殖所引起的局部组织或（和）全身性炎症反应。病原体包括细菌、病毒、真菌与寄生虫等。外科感染（surgical infection）是指需要外科治疗的感染性疾病，包括创伤、手术、烧伤、有创检查及治疗后等并发的感染。

【分类】

（一）　按致病菌种类与病变性质分类

1. 非特异性感染　又称化脓性感染或一般性感染，占外科感染的大多数。与外科感染有重要关系的化脓性致病菌有金黄色葡萄球菌、溶血性链球菌、大肠杆菌（大肠埃希菌）、绿脓杆菌（铜绿假单胞菌）、变形杆菌、拟杆菌等。这类感染可由一种或几种病菌共同导致，一般先有急性炎症反应，继而可致局部化脓。

2. 特异性感染　是由特异性致病菌引起的感染。与外科感染有重要关系的特异性的致病菌有结核杆菌、破伤风梭菌、梭状芽胞杆菌等。这类感染依致病菌的种类，在病理过程、临床表现、治疗要点及护理措施等方面各有不同。

（二）　按病程分类

1. 急性感染　病程在3周以内，病变以急性炎症为主，大多数非特异性感染属于此类。

2. 慢性感染　病程超过 2 个月或更久。部分急性感染迁延不愈可转为慢性感染，常与致病菌的耐药性强，或与宿主抵抗力弱等因素有关。

3. 亚急性感染　病程介于急、慢性感染之间。

（三）其他分类

1. 按病原体的来源分类　分为外源性感染和内源性感染。

2. 按病原体入侵时间分类　分为原发感染和继发感染。

3. 按感染发生的条件分类　可分为机会感染、二重感染和院内感染等。

【病因与发病机制】　导致感染发生的主要原因有两个，即致病菌的侵入与机体的易感性。

1. 致病菌的侵入

（1）病菌产生黏附因子有利于病菌黏附和侵入人体组织细胞。有些病菌具有荚膜或微荚膜，能抗拒吞噬细胞的吞噬或杀菌作用而在组织内生存繁殖，并导致组织细胞损伤、病变。

（2）病菌释放的毒素可导致感染扩散、组织结构破坏、细胞功能损害和代谢障碍等。

（3）浸入人体组织的病菌数量越多，导致感染的概率越高，若细菌在短时间内迅速增殖，则容易引起感染。

2. 机体的易感性　正常情况下，人体存在天然的和获得的感染防御机制，若某些局部或全身因素导致这些防御机制受损，则可能发生感染。

（1）局部因素：①皮肤或黏膜破损，病菌易于侵入；②体内管腔阻塞，如肠梗阻、阑尾腔梗阻、胆道梗阻、尿路梗阻、乳房导管阻塞等；③血管或体腔内留置导管，如静脉导管、脑室引流管等；④局部血供障碍或积液，如血栓闭塞性脉管炎、大隐静脉曲张、切口积液、压疮等；⑤局部异物残留，如内固定器材、假体植入、外伤性异物等。

（2）全身因素：①严重创伤或休克、糖尿病、尿毒症、肝功能障碍等；②长期使用肾上腺皮质激素、抗肿瘤的药物和放射治疗等；③严重营养不良、低蛋白血症、白血病或白细胞过少等；④先天性或获得性免疫缺陷综合征。

【病理生理】

（一）炎症反应

致病菌侵入组织并繁殖，产生多种酶与毒素，可以激活凝血、补体、激肽系统以及血小板和巨噬细胞等，导致炎症介质的生成，引起血管扩张与通透性增强，白细胞和巨噬细胞进入感染部位发挥吞噬作用，单核吞噬细胞系统通过释放促炎细胞因子协助炎症及吞噬过程。炎症反应的作用，能使入侵微生物局限化，最终被清除；同时还引发效应症状，局部出现红、肿、热、痛等炎症的特征性表现。部分炎性介质、细胞因子和病菌毒素等可进入血流，引起全身性炎症反应。

（二）结局

感染的结局取决于病原菌的种类、数量、增殖速率与毒性、机体的抵抗力、感染的部位及治疗措施是否得当等，可能出现炎症消退、局部化脓、炎症扩散、转为慢性炎症。

【特点与表现】　外科感染一般具有以下特点：大部分由多种细菌引起，一部分即使开始是单种细菌引起，在病程中常发展为几种细菌的混合感染；多数有明显而突出的局部症状和体征，如红、肿、热、痛和功能障碍；病变常集中在某个局部，可引起化脓，若为体表脓肿，触碰有波动感；组织坏死及结构破坏，愈合后易形成瘢痕组织；全身表现轻重不一。

第二节　浅部软组织化脓性感染患者的护理

浅部软组织化脓性感染是指由化脓性致病菌引起皮肤、皮下组织、淋巴管、淋巴结、肌间隙及其周围疏松结缔组织间隙等处的各种感染。

扫码看微课

一、疖

【概述】 疖（furuncle）是由金黄色葡萄球菌或表皮葡萄球菌所引起的单个毛囊及其所属皮脂腺的急性化脓性感染，可发生于任何有毛囊的皮肤区，但以头、面、颈、腋下、腹股沟、会阴及小腿等处多见，好发于小儿和青年。若多个疖同时在身体各部位散在发生或在颈、背、臀部反复发作，则称疖病。疖病常见于营养不良的小儿或糖尿病患者。

【临床表现】

1. 局部症状　初起局部皮肤出现红、肿、痛的圆锥形隆起小结节。数日后，结节中央因组织坏死变软化脓，形成黄白色小脓栓。脓头大多能自行破溃或经切开引流后，脓液流出，炎症逐渐消退形成瘢痕而自愈。

2. 全身症状　一般无明显的全身症状，但若发生于血流丰富的部位，机体抵抗力减弱时，可引起不适、畏寒、发热、头痛和厌食等毒血症状。尤其发生于“危险三角区”的上唇周围和鼻部疖，若随意挤压或挑刺，可使细菌或脓栓沿内眦静脉和眼静脉进入颅内的海绵窦，从而引起化脓性海绵窦炎，表现为突然出现的延及眼部的进行性肿胀和硬结，伴头痛、眼角压痛、寒战、高热等症状，病情严重，死亡率很高。

【治疗原则】

1. 局部治疗　早期未化脓时，可局部外敷鱼石脂软膏或金黄膏，外涂碘酊或碘伏，也可采用热敷、红外线照射或超短波等物理治疗；当出现脓头或波动感时，可用苯酚点涂脓头或用针头、刀尖将脓栓剔除，以排出脓液。

2. 全身治疗　对出现发热、头痛、全身不适等全身症状或并发淋巴结、淋巴管炎者，应选用青霉素或复方磺胺甲唑等抗菌药物治疗。

二、痈

【概述】 痈（carbuncle）是由金黄色葡萄球菌引起的多个相邻的毛囊、皮脂腺或汗腺的急性化脓性感染，也可由多个疖融合而成。好发于皮肤较厚的颈项、背部等，有时也见于上唇和腹壁，常见于体质较弱或糖尿病患者。感染一般先从一个毛囊底部开始，沿脂肪组织柱蔓延至皮下深筋膜，再沿深筋膜向四周扩散，累及邻近的许多脂肪组织柱，然后向上穿入毛囊群而形成多个脓头。颈部痈俗称“对口疮”，背部痈俗称“搭背”。

【临床表现】 初始时局部为稍隆起的暗红色、质地坚韧和界线不清的疼痛肿胀浸润区，以后中心部出现多个“脓头”，并逐渐发生组织坏死、化脓、溃烂、塌陷，形成火山口样改变，周围组织呈现明显的浸润性水肿。唇痈容易引起颅内化脓性海绵窦炎。常伴相应部位的淋巴结肿大。多有明显的全身症状，严重者可发生脓毒症或感染性休克。

【治疗原则】

1. 局部治疗　早期仅有红肿时，可局部外敷50%硫酸镁、75%乙醇、鱼石脂软膏或金黄膏等，也可外涂碘酊或碘伏。当出现多个脓头、表面呈紫褐色或已破溃流脓时，需及时切开引流，切口应为“+”或“++”形，切缘适当超出病变边缘，清除坏死组织，伤口内填塞碘仿纱布止血，并每日更换敷料，促进肉芽生长。较大创面者需行植皮术治疗。

2. 全身治疗　尽早选用青霉素或复方磺胺甲唑、头孢菌素类等抗菌药物治疗，也可加用清热解毒的中药方剂及其他对症药物，伴有糖尿病者应给予降糖药物或胰岛素及饮食治疗。

三、急性蜂窝织炎

【概述】 急性蜂窝织炎（acute cellulitis）是皮下、筋膜下、肌间隙或深部疏松结缔组织的一种急性弥漫性化脓性感染。致病菌主要为溶血性链球菌、金黄色葡萄球菌、大肠埃希菌等，无芽胞厌氧菌也可引起本病。常发生在皮下疏松结缔组织，由于受侵组织质地较疏松，加之病菌释放毒性较强的溶血素和多种酶，可破坏组织结构，使病变扩展较快。

【临床表现】

1. 一般性皮下蜂窝织炎　局部明显红肿、剧痛，向四周迅速扩散不易局限，病变区与正常皮肤无明显界线，病变中央常因缺血而发生坏死；深部感染者，局部表现多不明显，但有表面组织水肿和深部压痛，多伴有寒战、发热、疼痛、全身无力等全身症状；严重者体温明显增高或过低，甚至出现意识改变。

2. 产气性皮下蜂窝织炎　容易发生在下腹与会阴部，常与皮肤受损且污染严重有关。初期表现类似一般性蜂窝织炎，但病变进展快且可触及皮下捻发音，破溃后有臭味，全身状况恶化较快。

3. 新生儿皮下坏疽　多发生在背部、臀部等经常受压的部位。初起皮肤发红，触之稍硬；随后病变范围扩大，中心部分变暗、变软，皮肤与皮下组织分离，可有皮肤漂浮感或波动感，甚至皮肤坏死，呈灰褐色黑色，可破溃流脓。患儿出现发热、拒奶、哭闹不安或嗜睡等全身症状。

4. 颌下急性蜂窝织炎　多见于小儿，感染起自口腔或面部。此类蜂窝织炎，除红、肿、热、痛等局部症状和高热、乏力、精神萎靡等全身症状外，还可由于喉头水肿和气管受压而出现呼吸困难，甚至窒息。

【治疗原则】

1. 局部治疗　早期一般性蜂窝织炎，可局部外敷50%硫酸镁、鱼石脂软膏或金黄膏等，若形成脓肿应切开引流；对产气性皮下蜂窝织炎和新生儿皮下坏疽，为缓解皮下炎症和减少皮肤坏死，可在病变处做多个小切口，用浸有药液湿纱条引流；颌下急性蜂窝织炎肿胀严重时，应及早切开减压，以防止喉头水肿、气管受压而引起窒息。

2. 全身治疗　尽早使用青霉素或头孢类抗菌药物治疗，疑有厌氧菌感染时加用甲硝唑。

四、丹毒

【概述】 丹毒（erysipelas）是皮肤及其网状淋巴管的急性炎症。常见的致病菌为溶血性链球菌，可接触性传染。好发于小腿和面部。起病前常有皮肤或黏膜微细的破损。细菌通过这些伤口直接侵入皮肤和网状淋巴管，也可通过污染的器械、敷料或用具等媒介传播而引起感染。病变蔓延较快，常有全身反应，但很少有局部组织坏死或化脓。治愈后容易复发。

【临床表现】 本病起病急，开始即有全身不适、畏寒、发热、恶心等症状，继而局部皮肤出现水肿性鲜红斑，中心颜色稍淡，周围较深，与正常皮肤边界清楚，略隆起。当红肿向四周扩散时，中心红色逐渐消退，表面脱屑，颜色转为棕黄色。皮损表面可出现水疱，自觉灼热、疼痛，可伴发淋巴管炎及淋巴结炎。全身中毒症状随局部病变的加重而加重。丹毒可复发，下肢丹毒反复发作可以引起淋巴水肿，甚至发展成象皮肿。

【治疗原则】

1. 局部治疗　可外敷50%硫酸镁，若为下肢丹毒应抬高患肢。

2. 全身治疗　尽早应用青霉素或头孢类抗菌药物治疗，待局部及全身症状消失后，继续用药3~5 d，以防复发。

五、急性淋巴管炎和淋巴结炎

【概述】 急性淋巴管炎和淋巴结炎是病菌从皮肤、黏膜损伤处或其他感染病灶经组织淋巴间隙进入淋巴系统所引起的浅部淋巴管与淋巴结的急性炎症。常见的致病菌为金黄色葡萄球菌和溶血性链球菌。急性淋巴管炎好发于四肢，下肢更常见，分为浅、深两种，很少发生局部组织坏死或化脓。急性淋巴结炎好发于颈部、腋窝和腹股沟，也可见于肘内侧或腘窝，可化脓或形成脓肿。

【临床表现】

1. 管状淋巴管炎　皮下浅层急性淋巴管炎表现为伤口近侧表皮下有一条或多条红线（中医称“红丝疔”），触之质硬而有压痛，炎症扩展时红线向近心端延伸。皮下深层淋巴管炎无红线表现，但可出现患肢肿胀，有条形压痛区。两种淋巴管炎都可引起畏寒、发热、头痛、乏力、不适、食欲减退等全身症状。

2. 急性淋巴结炎　早期仅有局部淋巴结肿大、触痛，表面皮肤正常。炎症加重时，疼痛加重，表面皮肤红肿、发热，并伴有全身症状。淋巴结炎可发展为脓肿，少数可破溃流脓。

【治疗原则】 首先及时处理原发病灶。急性淋巴管炎，抬高患肢，热敷，全身用抗生素。急性淋巴结炎，无化脓者处理同上；已形成脓肿者，则及时切开引流。

六、甲沟炎和脓性指头炎

【概述】 指甲的近侧（甲根）与皮肤紧密相连，皮肤沿指甲两侧向远端延伸形成甲沟。甲沟炎是甲沟或其周围组织的化脓性感染。多因甲沟皮肤损伤，如刺伤、挫伤、拔皮刺或剪指甲过深等引起。脓性指头炎是手指末节掌面皮下组织的急性化脓性感染，可由甲沟炎扩散、蔓延所致，也可因手指末节刺伤或皮肤受损后引起。两者的致病菌常为金黄色葡萄球菌。

在手的掌面真皮与深层末节指骨骨膜，中、近指节处腱鞘以及掌深筋膜之间，有垂直的纤维条索连接，将皮下组织分隔成多个相对封闭的腔隙。因此，皮下组织感染时，不易向周围扩散，因组织内压力升高而致剧烈疼痛，并出现明显的全身症状。若不及时处理，可引起指骨坏死和骨髓炎。

【临床表现】

1. 甲沟炎　轻者仅表现为甲沟皮肤红肿、轻微疼痛，炎症可自行消退。重者炎症可由一侧甲沟蔓延至甲根和对侧，形成半环形脓肿；脓肿再向甲下蔓延，形成甲下脓肿，此时可见甲下有黄白色脓液、甲与甲床分离。若处理不当，可发展为慢性甲沟炎或指骨骨髓炎。一般无全身症状。

2. 脓性指头炎　初期指头有针刺样疼痛、轻度肿胀，继而肿胀加重、疼痛剧烈。当指动脉受压时，疼痛转为波动性跳痛，患肢下垂时加重。剧痛常使患者烦躁、彻夜不眠。感染进一步加重时，可引起神经末梢麻痹、局部组织坏死、指骨缺血和坏死，表现为指头疼痛减轻，皮色由红转白或破溃溢脓、伤口经久不愈等。常伴有发热、头痛、乏力、不适等全身症状。

【治疗原则】

1. 甲沟炎　感染初期，局部热敷、理疗，碘酊、碘伏浸泡，外敷鱼石脂软膏、金黄膏等，必要时口服头孢拉定等抗生素。若已形成脓肿，则应行切开引流。

2. 脓性指头炎　初期局部热敷、理疗，碘酊、碘伏浸泡，外敷鱼石脂软膏、金黄膏等，同时给予抗菌药物治疗。一旦出现剧烈跳痛、明显肿胀，应及时切开减压与引流，以免发生指骨坏死和骨髓炎。

七、护理

【护理问题】

1. 疼痛　与感染有关。
2. 体温过高　与感染有关。
3. 潜在并发症　颅内感染、呼吸困难、全身性感染。

【护理措施】

1. 配合治疗　遵医嘱正确实施外敷药物、外涂药物、物理治疗等局部治疗，感染病灶在肢体者，应抬高患肢，并制动。遵医嘱合理给予抗生素，注意药物配伍禁忌、用药浓度、用药间隔时间等，以保证有效的血药浓度。脓肿需要切开引流时，应及时做好手术前准备；脓肿切开引流后，应定时更换敷料，促进伤口愈合。

2. 观察病情　观察原有的症状与体征有无好转或恶化，伤口敷料有无渗液或渗血，药物治疗有无不良反应，白细胞计数和分类测定及B超检查结果有无好转等。注意有无并发症如颅内化脓性海绵窦炎、喉头水肿或气管受压、感染性休克或脓毒症等症状和体征。对于甲沟炎与脓性指头炎，注意观察手指肿胀、疼痛、颜色及全身症状有无好转或恶化；观察伤口敷料有无渗液或渗血，冲洗管是否通畅、有效。若指头炎患者疼痛突然减轻、指头皮色由红转白，提示可能发生了骨坏死；若自行破溃或切开引流伤口经久不愈，应怀疑并发了指骨骨髓炎，进一步做X线摄片检查；观察有无抗菌药物的不良反应；白细胞计数和分类测定结果有无好转等。

3. 对症护理 高热者，采取物理或化学降温措施；严重疼痛者，给予镇静止痛药物；水分或营养摄入不足者，给予静脉输液或营养支持治疗；呼吸困难者，给予氧气吸入或辅助呼吸。

4. 预防医源性感染 丹毒具有接触传染性，应做好隔离。在接触患者或换药后，应洗手消毒，患者用过的用具应以 0.2%过氧乙酸浸泡 30 min，再清洗和消毒，更换下来的敷料应进行焚烧处理。产气性皮下蜂窝织炎应以 3%过氧化氢液冲洗伤口，并做好隔离。

【健康指导】 保持室内通风良好，空气清新。保证休息和睡眠，多饮水，摄入高蛋白、高热量、含丰富维生素的饮食，以提高机体对感染的抵抗能力。面部感染，尤其危险三角区的感染切勿挤捏，以防引起颅内感染。丹毒容易复发，症状和体征消失后应遵医嘱继续用药 3~5 d。积极治疗足癣、糖尿病、免疫功能低下及营养不良等疾病，以防此类感染再次复发。注意保持手部清洁，防止刺伤、挫伤。若有皮刺应剪除，不可徒手撕或拔。指甲长度应与指腹前端齐平，不宜剪得过短。一旦发生手部刺伤，应用碘酊或碘伏消毒、无菌纱布包扎，以防发生感染。

扫码看 PPT

第三节 全身性外科感染患者的护理

全身性外科感染主要指脓毒症，即由病原菌因素引起的全身性炎症反应，体温、呼吸、循环、神志有明显改变者。菌血症是脓毒症的一种，即在脓毒症的基础上，血培养检出病原菌者。

【病因与发病机制】 致病菌的数目多、毒力强和（或）人体防御感染能力低下是引起全身性外科感染的主要因素。

常见致病菌主要有以下几种：①革兰氏阴性杆菌：最常见，主要有大肠杆菌、绿脓杆菌、变形杆菌，其次为克雷伯菌、肠杆菌等。②革兰氏阳性球菌：主要为金黄色葡萄球菌，其次为表皮葡萄球菌、肠球菌。③无芽胞厌氧菌：常见的有拟杆菌、梭状杆菌、厌氧葡萄球菌、厌氧链球菌等。④真菌：常见的有白色念珠菌、曲霉菌、毛霉菌、新型隐球菌等。属于条件性感染，可发生在持续应用抗生素、基础疾病较重加用免疫抑制剂或激素、长期留置静脉导管等情况下。

全身性外科感染常继发于严重创伤和各种化脓性感染，如急性弥漫性腹膜炎、急性梗阻性化脓性胆管炎、大面积烧伤、开放性骨折等，一些潜在性感染也值得重视：①静脉导管感染：静脉导管尤其是中心静脉留置导管、PICC 置管等，如长时间留置、护理不当，可成为全身性外科感染的病灶。②肠源性感染：在严重创伤或危重患者，肠黏膜屏障受损时，肠内致病菌和内毒素可经肠道移位导致全身性感染。③原有抗感染能力低下的患者，如糖尿病、尿毒症等患者，在遭受创伤和患化脓性感染后容易发展成全身性感染。

【临床表现】 主要表现有原发感染灶、全身炎症反应和器官灌注不足，其特点是起病急骤，病情严重，发展迅速，无论哪种致病菌引起的感染，均可有以下共性表现。

1. 症状 骤起寒战，继以高热，伴有头痛、头晕、关节酸痛、食欲减退、恶心、呕吐、腹胀、腹泻、大量出汗等症状。

2. 体征　体温升高或不升；面色苍白或潮红；神志淡漠、烦躁不安、谵妄或昏迷；心率加快、脉搏细数；呼吸急促或呼吸困难；肝、脾大，黄疸，皮下出血，淤斑等。

3. 并发症　病情严重者，可并发不同程度的代谢性酸中毒、感染性休克、多器官功能衰竭等。

4. 原发感染灶　全身性感染多数继发于严重创伤后的感染和各种化脓性感染，故患者尚有原发感染灶的症状和体征。

【辅助检查】

1. 血常规检查　白细胞计数及中性粒细胞比例明显增高，但老年人、全身情况差及革兰氏阴性菌感染者可不升高或降低，并可见核左移或白细胞内中毒性颗粒。多数患者有贫血现象，且呈进行性加重趋势。

2. 细菌学检查　血液、脓液、胸腹水、脑脊液等进行细菌培养和药物敏感试验，若有致病菌生长，则为诊断提供了可靠依据。对多次培养阴性者，应考虑厌氧菌或真菌脓毒症，需抽血做厌氧菌培养，或进行尿液和血液的真菌检查与培养。

3. 血生化检查　可发现肝肾功能损害、代谢性酸中毒、电解质紊乱等。

4. 尿液检查　尿中可有蛋白、红细胞、白细胞和管型等。

5. 影像学检查　X 线、B 超、CT 检查等，有助于转移性脓肿的诊断，也有助于对原发感染灶的情况作出判断。

【治疗要点】

1. 处理原发感染灶　及时寻找和处理原发感染灶，包括清除坏死组织和异物、消灭死腔、充分引流脓肿，并要消除血流障碍、梗阻等相关病因。若全身感染继发于静脉留置导管感染，应首先拔除静脉导管；疑为肠源性感染则应采取针对性的措施，如及时纠正休克恢复肠黏膜的血流灌注、早期肠内营养促进肠黏膜的修复、口服肠道生态制剂维护肠道正常菌群等。

2. 应用抗生素　应先根据原发感染灶的性质，选用广谱抗生素，及早、联合应用估计有效的抗生素，并应用足够剂量。再根据细菌培养及抗菌药物敏感试验结果调整用药。对真菌性脓毒症，应尽量停用广谱抗生素，或改用必需的窄谱抗生素，并全身应用抗真菌药。

3. 加强支持疗法　包括补充血容量，输注新鲜血、血浆、人血白蛋白等，必要时可输注丙种球蛋白。

4. 对症治疗　包括控制高热、纠正水电解质及酸碱平衡失调、镇静催眠等。

5. 处理并发症和伴发病　采取有效措施积极处理并发症如酸中毒、感染性休克、重要脏器功能损害等，同时，还要处理原有的糖尿病、肝硬化、尿毒症等伴发病。

【常见护理问题】

1. 体温过高　与致病菌毒素吸收有关。

2. 营养失调（低于机体需要量）　与机体分解代谢升高有关。

3. 潜在并发症　感染性休克、水电解质代谢紊乱、多器官功能障碍综合征等。

【护理措施】

1. 积极处理原发病灶　协助医生查找和处理原发性感染灶，如浅部感染脓肿形成或内脏感染需要手术治疗者，做好切开引流或手术清除感染灶的术前准备，手术后做好相关护理。

2. 观察病情 观察患者的意识、体温、脉搏、呼吸、血压、尿量、面色、末梢循环、皮温、24 h 液体出入量等，定时测定血常规、血生化、尿常规等，尽早发现并发症。定期进行分泌物、血液细菌培养及药物敏感试验，以指导抗菌药物的使用。血液培养标本最好在寒战、高热时采集，使用抗生素过程中或使用抗生素后一段时间内不宜采血。还应观察有无因长期大量使用抗菌药物而引起的二重感染。

3. 合理应用抗生素 严格执行医嘱，有变态反应的抗生素，使用前应做过敏试验；多种药物联合应用时，应注意配伍禁忌；将全天的抗菌药物分次静脉滴注，以保持有效血药浓度。用药期间观察药物的疗效和不良反应。

4. 实施支持疗法 遵医嘱输液、补充电解质及碱性药物，纠正水、电解质及酸碱平衡失调。给予高蛋白、高维生素、高热量、易消化饮食，鼓励患者多饮水。进食不足者，遵医嘱给予肠内或肠外营养，必要时输注白蛋白、血浆等。对严重感染者，也可多次少量输注新鲜血液、免疫球蛋白等。

5. 对症护理 高热者，给予物理或药物降温；焦虑、失眠者，遵医嘱给予镇静催眠药物；有感染性休克或并发脏器功能损害者，做好对症护理；有伤口者，做好伤口护理。

【健康指导】

（1）有感染病灶存在时应及时就医，以防病情加重引起全身性感染。

（2）加强劳动防护，避免损伤。注意饮食卫生。防止肠源性感染。

（3）平时应加强营养，注意锻炼身体，积极治疗糖尿病及慢性消耗性疾病等，以提高机体的抵抗力，降低全身性感染的概率。

扫码看 PPT

第四节 外科特异性感染患者的护理

患者男性，32 岁，12 d 前左足底被铁钉戳破，现伤口愈合。3 d 前张口不便、胸背部肌均僵硬，1 d 来开始阵发性抽搐。入院诊断为破伤风。

扫码看微课

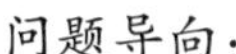

问题导向：

根据患者情况，请提出护理诊断和护理措施。

一、破伤风

破伤风（tetanus）是由破伤风梭菌经体表皮肤或黏膜伤口侵入人体，并大量繁殖、产生毒素所引起的一种以肌肉强直性收缩和阵发性痉挛为特征的急性特异性感染。破伤风除可能发生于各种创伤后的伤员，还可能发生于不洁条件下分娩的产妇和新生儿。

【病因与发病机制】 致病菌为破伤风梭菌，它是一种革兰氏染色阳性厌氧芽胞梭菌，广泛存在于人畜肠道内，随粪便排出体外，以芽胞状态分布于自然界，尤以土壤中为常见。引起破伤风发病必须具备三个条件：①破伤风梭菌直接侵入人体伤口；②伤口处于缺氧状态，如伤口深而窄、局部缺血、异物存留、组织坏死、填塞过紧、引流不畅或混合其他需氧化脓菌感染等；③人体的抵抗力低下。

破伤风梭菌的芽胞在缺氧的环境中发育为增殖体，迅速繁殖并产生大量外毒素（痉挛毒素和溶血毒素），痉挛毒素是导致破伤风临床表现的主要毒素。痉挛毒素经血液或淋巴液被吸收至脊髓、脑干等处，与联络神经细胞的突触相结合，抑制突触释放抑制性传递介质。运动神经元因失去中枢抑制而兴奋性增强，致使随意肌紧张与痉挛。破伤风毒素还可阻断脊髓对交感神经的抑制，导致交感神经过度兴奋，引起血压升高、心率增快、体温升高、大汗等症状。溶血毒素则可引起局部组织坏死和心肌损害。

【临床表现】

1. 潜伏期　一般为7~8 d，最短24 h，最长可达数月。潜伏期越短，预后也越差。新生儿破伤风一般产后7 d左右发病，因而俗称“七日风”。

2. 前驱期　表现为乏力、头晕、头痛、咀嚼无力、张口不便、烦躁不安、打哈欠等，其中张口不便为主要特征，常持续12~24 h。

3. 发作期　主要表现为全身或局部肌肉强直性收缩和阵发性痉挛。

（1）肌肉强直性收缩：一般先由咀嚼肌开始，随后依次为面肌、颈项肌、背腹肌、四肢肌、肋间肌、膈肌。咀嚼肌收缩出现咀嚼不便、张口困难，甚至牙关紧闭；面部表情肌收缩出现蹙眉、口角向下外牵扯，形成苦笑面容；颈项肌收缩出现颈项强直、头向后仰、不能做点头动作；背肌和腹肌收缩出现腰部前凸、头后仰、足环屈，形如背弓，称为角弓反张；四肢肌收缩出现握拳、屈肘、屈膝姿势；肋间肌及膈肌收缩出现呼吸困难，甚至窒息；膀胱括约肌收缩出现尿潴留。

（2）阵发性痉挛：在肌肉持续性收缩的基础上，任何轻微的刺激如声音、光线、震动、触碰、饮水等均可诱发强烈的全身肌肉群阵发性痉挛。发作时表现为大汗淋漓、口唇发绀、呼吸急促、口吐白沫、流涎、磨牙、头后仰、四肢屈曲、抽搐不止等。每次发作持续数秒钟或数分钟不等，间歇时间越短，持续时间越长，病情越严重。发作时患者意识清楚，十分痛苦。

4. 并发症　因随意肌的持续性收缩和阵发性痉挛，可引起各种并发症。常见的有肺不张和肺部感染、呼吸停止或窒息、尿潴留、肌纤维断裂或骨折、脱水、电解质及酸碱平衡失调、营养不良、心力衰竭等。其中窒息、肺部感染、心力衰竭是患者死亡的主要原因。

【辅助检查】

1. 伤口渗出物涂片　可发现破伤风梭菌。

2. 血常规检查　合并化脓菌感染者可有血白细胞计数和中性粒细胞比例增高。

3. 血生化检查　常有电解质及酸碱平衡失调表现。

【治疗要点】　破伤风是一种非常严重的疾病，死亡率很高，故一旦发现应采取积极的综合治疗措施，包括清除毒素来源、中和游离毒素、控制和解除痉挛，以及防治并发症等。

1. 清除毒素来源　有伤口的患者，注射破伤风抗毒素（TAT）后，实施清创术，彻底清除伤口异物、坏死组织或脓液，敞开伤口进行充分引流，并用3%过氧化氢溶液进行局部冲洗。若伤口已经闭合或结痂，应仔细检查是否为假性闭合，有无痂下窦道或死腔，必要时扩创或去痂引流。

2. 中和游离毒素　应早期应用破伤风抗毒素或破伤风人体免疫球蛋白（TIG），中和血液中尚未与神经组织结合的游离毒素。一般 TAT 首次剂量为 2 万~5 万 u，加入 5%葡萄糖液 500~1 000 mL 静脉缓慢滴注，以后每日 1 万~2 万单位肌内注射或静脉滴注，共用3~6 d。早期应用 TIG 3 000~6 000 u 进行肌内注射比较有效，一般只用 1 次。

3. 控制和解除痉挛　是治疗破伤风的关键措施。轻症患者可使用镇静剂，如地西泮肌内或静脉注射、苯巴比妥钠肌内注射、10%水合氯醛保留灌肠等；重症患者可使用冬眠Ⅰ号合剂（氯丙嗪和异丙嗪各 50 mg，哌替啶 100 mg）加入 5%葡萄糖 250 mL 液体中缓慢静脉滴注；对痉挛发作频繁且不易控制的严重患者，可给予硫喷妥钠和肌松剂，但要警惕喉痉挛和呼吸抑制的发生，故一般用于已做气管切开者。

4. 防治并发症　是降低破伤风患者死亡率的重要措施。①对频繁抽搐且药物不能控制或呼吸道分泌物过多且不能有效排出者，应尽早行气管切开、吸痰，必要时行人工辅助呼吸，以保持呼吸道通畅，预防肺不张、肺部感染和窒息。②补充水、电解质，必要时给予碱性液，防治水、电解质及酸碱平衡失调。③能进食者，给予高营养、易消化饮食；经口摄入不足者，应给予肠内或肠外营养，防止发生营养不良；必要时，输注血浆、人血白蛋白或新鲜全血等。④给予青霉素和甲硝唑，可抑制破伤风梭菌；若存在其他混合感染，应有针对性地选用其他抗菌药物。

【预防】 破伤风对人体健康危害重大，要降低破伤风的发病率，降低其对人类健康的危害，重点在于预防。彻底清创是预防破伤风的关键措施。清创时应彻底清除伤口内的异物、坏死组织、积血等，用 3%过氧化氢溶液冲洗和湿敷伤口，破坏有利于病菌生长的缺氧环境。还可采取人工免疫，包括主动免疫和被动免疫两种方法。①主动免疫主要是注射破伤风类毒素，使人体产生抗体从而达到免疫目的。②被动免疫主要是伤后尽早注射破伤风抗毒素或人体破伤风免疫球蛋白。TAT 小儿、成人一次用量 1 500 u，伤口污染严重者可加倍。必要时，还可在受伤 1 周后追加 1 次。TAT 易致过敏反应，故注射前必须做过敏试验，阳性者可实施脱敏注射。人体破伤风免疫球蛋白无血清反应，不需要做过敏试验，但应早期应用比较有效。

【常见护理诊断】

1. 有窒息的危险　与喉头、膈肌、肋间肌持续紧张或阵发性痉挛及黏痰堵塞气道有关。
2. 焦虑、恐惧　与痉挛发作、呼吸困难及对疾病和预后的无知有关。
3. 有受伤的危险　与强烈的肌肉痉挛发作有关。
4. 潜在并发症　肺不张和肺部感染、呼吸停止或窒息、尿潴留、肌纤维断裂或骨折、水、电解质及酸碱平衡失调、营养不良、心力衰竭等。

【护理措施】

1. 保持呼吸道通畅　常规准备气管切开包、无菌手套、吸引器、氧气、急救药品和物品等，以备急用。对抽搐频繁且药物不易控制，无法咳痰或有窒息危险的患者，应尽早行气管切开，吸引器吸痰，必要时进行人工辅助呼吸；紧急情况下，在气管切开前先行环甲膜粗针头穿刺，并给予吸氧，保证通气。痉挛发作控制后，应协助患者翻身、叩背，以利排痰，必要时给予雾化吸入和吸痰。鼓励患者进食，但不可强行喂饭，以防发生误吸。

2. 做好消毒隔离防护　破伤风具有传染性，应采取消毒隔离措施，以防交叉感染。安排专人护理，谢绝探视。接触患者时须穿隔离衣，戴帽子、口罩、手套，身体有伤口者避免进入病室。所有器械、物品及敷料等均需专用，使用后的器械用 0.1%过氧乙酸溶液浸泡 30 min，清洗后再用高压蒸汽灭菌，伤口更换下来的敷料应焚烧；病室内空气、地面、用物等，也需定时消毒。

3. 安置休养环境　患者应安置于单人隔离病室，室内应遮光，避免光线直接照射，照明光线应柔和，温湿度适宜，室外环境也应保持安静。护理患者时应低声说话、动作轻巧，避免声音、光线、温度、气流、震动等对患者造成刺激；各项操作应尽量在使用镇静剂后 30 min 内集中进行，防止经常刺激和打扰患者。

4. 补充营养和维持体液平衡　能进食者给予高热量、高蛋白、高维生素、易消化饮食；不能进食或摄入不足者，遵医嘱给予鼻饲或肠外营养，并静脉输液，维持水、电解质与酸碱平衡。

5. 用药护理　遵医嘱定时、定量注射破伤风抗毒素和人破伤风免疫球蛋白，给予镇静解痉药物（如地西泮、苯巴比妥钠、水合氯醛、冬眠药物、硫喷妥钠）、肌松剂和抗菌药物等。注射破伤风抗毒素和有变态反应的抗生素前，必须按要求做过敏试验；给予镇静解痉药物后，应观察肌痉挛和阵发性抽搐有无缓解，必要时通知医生调整用药；使用冬眠药物时，应注意观察血压、脉搏和呼吸变化；给予硫喷妥钠时，应警惕喉痉挛和呼吸抑制；应用氯琥珀胆碱前，必须做好气管插管、气管切开和人工辅助呼吸准备，以确保患者安全。

6. 配合清创　配合医生施行清创术，术中提供 3%过氧化氢溶液冲洗和湿敷伤口。术后做好伤口护理。

7. 观察病情　观察肌肉强直性收缩和阵发性痉挛有无好转；意识、体温、呼吸、血压、脉搏、尿量、液体出入量、心电监护等有无异常；有无肺不张和肺部感染、尿潴留和尿路感染、水电解质和酸碱平衡失调、营养不良、心力衰竭、肌纤维断裂或骨折等并发症；有无药物治疗的不良反应；实验室检查结果有无好转等。

8. 基础护理及其他　做好口腔、皮肤、外阴和导尿管护理，预防口腔感染、压疮和尿路感染；妥善保护患者，床上置治疗气垫，两侧加床挡，防止肌痉挛时发生坠床等意外损伤；应用牙垫，避免肌痉挛发作时咬伤舌。

9. 心理护理　观察患者的心理反应，做好有关解释和安慰工作。护理过程中应充分体现对患者的理解、关怀、爱护和尊重，肯定患者为配合治疗和护理所付出的努力，把病情好转的信息及时传达给患者，减轻患者的焦虑、恐惧心理，增强战胜疾病的信心。

【健康指导】

（1）加强劳动保护，避免开放性损伤；宣传新法接生；宣传破伤风预防注射知识，儿童应定期注射破伤风类毒素或百白破三联疫苗，以获得主动免疫。

（2）存在以下情况时，要及时到医院接受正规处理，应注射破伤风抗毒素：①深而窄的伤口，如锈钉或木刺刺伤；②伤口虽浅但沾染人畜粪便或泥土；③医院外的急产或流产，未经消毒处理者；④陈旧性异物摘除术前。

二、气性坏疽

气性坏疽是由梭状芽胞杆菌引起的一种以肌肉组织广泛坏死或肌炎为特征的严重的急性特异性感染。

【病因与发病机制】　致病菌为梭状芽胞杆菌，它是一类革兰氏染色阳性的厌氧芽胞杆菌，引起本病常为多种致病菌的混合感染，主要有产气荚膜梭菌、水肿杆菌、腐败杆菌和溶组织杆菌等。梭状芽胞杆菌广泛存在于泥土和人畜粪便中，尽管伤后污染此菌的机会很多，但发生感染者却很少，因其仅能在无氧环境下生存。人体是否发生气性坏疽不仅取决于有无梭状芽胞杆菌侵入伤口，还取决于人体的抵抗力和伤口是否具备无氧条件。在人体抵抗力降低，同时存在开放性骨折伴血管损伤、挤压或碾轧伴深部肌肉损伤、长时间使用止血带、石膏包扎过紧或肛门和会阴部的严重创伤等情况下，容易发生气性坏疽。

梭状芽胞杆菌的致病因素主要为多种外毒素和酶，引起溶血并损害心、肝、肾等器官。部分酶能引起糖类和组织蛋白分解，糖类分解可产生大量气体，气体积聚于组织间引起组织膨胀；组织蛋白分解可产生恶性水肿和硫化氢气体，引起组织严重水肿、气肿和广泛性坏死，伤口恶臭；坏死组织产物和毒素吸收后，可引起全身严重中毒反应，甚至发展为感染性休克和多器官功能障碍综合征。

【临床表现】　气性坏疽的临床特点是病情发展迅速，其潜伏期一般为1~4 d，最短6~8 h，最长5~6 d。

1. 局部症状　开始出现患肢沉重不适，有包扎过紧或疼痛感。随之出现胀裂样剧痛，一般镇痛药不能缓解。患处明显肿胀，且进行性加剧，压痛剧烈。伤口周围皮肤水肿、苍白、紧张、发亮，随后转为紫红、紫黑，并出现大小不等的水疱。按压伤口周围可有捻发感，伤口内可流出带有恶臭的夹杂气泡的浆液性或血性液体。伤口内肌肉坏死，呈暗红色或土灰色，失去弹性，切割时不收缩，也不出血。

2. 全身表现　有头痛、头晕、烦躁不安或表情淡漠、高热、脉速、呼吸急促、出冷汗、进行性贫血等中毒症状，甚至出现感染性休克的症状和体征。

【辅助检查】

1. 细菌学检查　伤口内渗出物涂片可检出粗大的革兰氏染色阳性梭菌，应同时行渗出物细菌培养。

2. X 线检查　常显示伤口肌群间有气体。

3. 血常规检查　多有血红蛋白迅速下降、白细胞计数升高。

4. 血生化检查　严重患者可出现电解质及酸碱平衡失调改变。

【治疗要点】　一旦确诊，应立即采取措施，以挽救患者生命，减少组织坏死，降低截肢概率。

1. 彻底清创　在积极抗休克和防治严重并发症的同时行清创术。患处做广泛、多处切开，彻底清除异物，切除所有坏死组织至有出血的正常组织，切口不予缝合。若整个肢体已广泛感染、病情不能控制，应行截肢术，残端不予缝合。术中、术后采用氧化剂冲洗和湿敷伤口，术后及时更换敷料，必要时可再次清创。

2. 应用抗菌药物　首选大剂量青霉素，用量每日在1 000 万~2 000 万 u 以上；大环内酯类和硝咪唑类抗菌药物也有一定疗效。

3. 高压氧治疗　可提高组织和血液含氧量，破坏致病菌生长繁殖的环境，提高治愈率，降低伤残率。

4. 全身支持疗法　包括输液、输血、输注血浆和人血白蛋白、肠内或肠外营养支持等。

5. 对症处理　如退热、镇痛等。

【常见护理诊断】

1. 疼痛　与创伤、感染及局部肿胀有关。

2. 组织完整性受损　与组织感染坏死有关。

3. 体温过高　与局部组织损伤、炎症刺激有关。

4. 悲伤　与因手术失去部分组织、截肢有关。

【护理措施】

1. 做好消毒隔离　严格按照接触隔离制度执行，具体参见破伤风的护理。

2. 配合清创　清创前遵医嘱快速补液抗休克、给予大剂量抗菌药物，并做好交叉配血、麻醉前给药等准备工作。清创时应提供3%过氧化氢溶液冲洗和湿敷伤口。清创后继续用过氧化氢溶液湿敷伤口，并应定时更换敷料。

3. 高压氧疗法护理　一般可用2.5~3个大气压，在3 d内进行7次治疗，每次施行2~4 h，间隔6~8 h。应观察每次氧疗后伤处的变化，并做好记录。

4. 实施营养支持疗法　协助患者摄取高蛋白、高热量、富含维生素的食物。对不能进食者可给予鼻饲或全胃肠外营养。必要时输注人血白蛋白、血浆或少量多次输新鲜血。

5. 对症护理　疼痛严重者给予止痛剂，必要时可使用镇痛泵止痛；高热者采取降温措施，并做好相关护理。

6. 观察病情　密切观察生命体征、意识、尿量，记录液体出入量，注意有无感染性休克征象；观察患处疼痛、伤口渗出及周围皮肤颜色、伤处肿胀等情况；还要观察有无抗菌药物的不良反应等。

7. 心理护理　与患者多沟通，关注其情绪反应，提供尽可能周到的生活照顾及心理安慰。用成功的案例鼓励患者，引导患者亲属在各个方面给予更多的支持，帮助患者树立战胜疾病的信心和勇气。

【健康指导】

（1）加强劳动保护，安全生产，减少工伤事故。

（2）一旦发生严重创伤，要及时到医院正确处理伤口。

（3）对因手术治疗而致残患者，要鼓励其面对现实，树立对生活的信心。

（4）介绍假肢有关知识，加强监护与耐心开导。

（5）协助伤残者制订出院后功能锻炼计划，恢复其生活自理能力，提高生活质量。

（阳海华）

扫码做练习

扫码看 PPT

第七章

损伤患者的护理

学习目标

掌握：创伤、烧伤与毒蛇咬伤的临床表现与护理措施；掌握清创与换药术的基本操作方法。

熟悉：创伤、烧伤与毒蛇咬伤的护理诊断、处理原则与健康指导。

了解：创伤、烧伤与毒蛇咬伤的病因病理。

损伤（injury）是指各种致伤因素作用于人体所引起的组织结构完整性破坏或功能障碍及其所引起的局部和全身反应。致伤因素按其性质不同，一般可分为机械性因素、物理性因素、化学性因素和生物性因素。由机械性因素所致的损伤又称创伤，平时和战时很常见，如锐器切割，钝器打击，跌、撞等所致的损伤；物理性因素导致的损伤常见于高温、低温、电流和放射线等所致；强酸、强碱和毒气等化学性因素导致的损伤在日常生活中虽相对较少，但常造成较为严重的后果；生物性因素导致的损伤，常见的如毒蛇、犬、昆虫咬伤等。

第一节　创伤患者的护理

创伤（trauma）是指因机械性致伤因素作用于机体所造成的组织结构完整性破坏或生理功能障碍，是最常见的一种损伤。

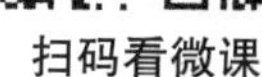

扫码看微课

【分类】

（一）按受伤部位

可分为四肢、脊柱脊髓、骨盆、腹（腰）部、胸（背）部、颈部、颌面部和颅脑损伤。若同时或相继有两个或两个以上解剖部位的组织或器官受到严重损伤，则称为多发伤。

（二）按致伤原因

可分为烧伤、冷伤、挤压伤、刃器伤、火器伤、冲击伤、核放射伤和复合伤（由两种或两种以上的致伤因素同时或相继作用于人体所造成的损伤）等。

（三） 按皮肤完整性

可分为闭合性损伤和开放性损伤。

1. 闭合性损伤　伤后皮肤黏膜保持完整。如挫伤、扭伤、挤压伤、震荡伤、脱位等。

2. 开放性损伤　伤后皮肤黏膜有破损，与外界相通。如擦伤、刺伤、切割伤、撕裂伤等。

（四） 按伤情严重度

可分为轻伤、中伤、重伤。

1. 轻伤　伤及局部软组织、仅需局部处理或小手术治疗，一般不影响生活、学习和工作。

2. 中伤　大范围软组织损伤、长骨骨折及一般内脏损伤等，需手术治疗，一般无生命危险。

3. 重伤　指危及生命或治愈后有严重残疾者。

【病理生理】 机体在致伤因素作用下迅速产生局部炎症反应和全身防御反应。

（一） 局部反应

主要表现为局部创伤性炎症反应。由受伤部位组织细胞遭破坏、变性坏死、微循环障碍，或病原微生物入侵及异物存留所致。损伤后，各种炎性介质释放引起局部血管通透性增加、血浆成分外渗，白细胞等趋化因子聚集于伤处吞噬和清除致病菌或异物，其基本病理过程与一般炎症相同。多在48~72 h达到高峰，3~5 d后趋于消退。损伤性炎症反应是非特异性防御反应，有利于清除坏死组织、杀灭细菌及组织修复。

（二） 全身反应

即全身性应激反应，是致伤因素作用于机体后引起的一系列神经内分泌活动增强并引发的各种功能和代谢改变的过程，与损伤性质、程度、机体状态和治疗等因素有关。在疼痛、精神紧张、有效血容量不足等因素刺激下，交感神经兴奋，脑垂体、肾上腺皮质激素、醛固酮系统被激活，用以调节全身各器官功能和代谢，动员机体代偿能力，以对抗致伤因素的损害作用，保证重要器官的灌注。机体能量代谢、蛋白质和脂肪分解代谢均明显增加，出现负氮平衡，血糖升高，糖异生作用加强。大量炎性介质释放后作用于下丘脑体温调节中枢引起机体发热。同时机体免疫能力减弱，对感染的易感性增加。

（三） 组织修复和创伤愈合

修复的基本方式是由伤后增生的细胞和细胞间质充填、连接或代替缺损的组织。理想的损伤修复是组织缺损完全由原来性质的细胞来修复，恢复原有的结构和功能。然而，人体各种组织细胞固有的增生能力有所不同，如表皮、黏膜、血管、内膜等的细胞增生能力强，而心肌、骨骼肌等的增生能力弱。因此，各种组织损伤后修复情况不一。

1. 组织修复过程可分三个阶段

（1）纤维蛋白充填：受伤后伤口先为血凝块所充填，继而发生炎症时继续有纤维蛋白附加其间。其功用首先是止血和封闭创面，可减轻损伤。

（2）细胞增生：损伤性炎症出现不久，即可有新生的成纤维细胞在局部出现，24~48 h有内皮细胞出现，而后逐渐形成新生的毛细血管，三者共同构成肉芽组织充填组织裂隙。而原有的血凝块、坏死组织等，可被酶分解、巨噬细胞吞噬、吸收或从伤口排出。成纤维细胞能合成前胶原和氨基多糖，肉芽组织内的胶原纤维逐渐增多，其硬度与张力强度随之增加。肉芽组织最终变为纤维组织（瘢痕组织），架接于断裂的组织之间。同时，还有上皮细胞从创缘向内增生，肌成纤维细胞可使创缘周径收缩（伤口收缩），于是伤口趋向愈合。除了成纤维细胞、内皮细胞和上皮细胞的增生，伤后还有成软骨细胞、成骨细胞、间充质细胞等增生。

（3）组织塑形：经过细胞增生和基质沉积，伤处组织可以初步修复。然而所形成的新组织，如纤维（瘢痕）组织、骨痂等，在数量和质量方面并不一定都适宜于生理功能需要。随着机体状态好转和活动恢复，新生的组织可以变化调整。最终使受伤部位外观和功能得以改善。

2. 损伤愈合类型

（1）一期愈合或原发愈合：组织修复以本来细胞为主，如上皮细胞修复皮肤和黏膜、成骨细胞修复骨骼、内皮细胞修复血管等，修复处仅含少量纤维组织。愈合后功能良好。

（2）二期愈合或瘢痕愈合：组织修复以纤维组织为主。愈合后功能不良，不仅缺少原有的生理功能，而且可能有瘢痕挛缩或增生，引起畸形、管道狭窄、骨不连等。显然治疗损伤应争取一期愈合。

3. 影响损伤愈合的因素

（1）局部因素：①感染：是影响组织修复的最常见因素。金黄色葡萄球菌、溶血性链球菌、大肠埃希菌、绿脓杆菌等致病菌，都可损害细胞和基质，使局部成为化脓性病灶。②异物存留或失活组织过多：伤处组织裂隙被此类物质充填，阻隔新生的细胞和基质连接，成为组织修复的不利因素。③血流循环障碍：休克使组织（包括伤处组织）处于低灌流，各种细胞受到不同程度损害，伤后组织修复势将延迟。伤口包扎或缝合过紧，使局部缺血。止血带使用时间过久，也可使远侧组织缺血难以恢复。伤前原有闭塞性脉管病、静脉曲张或淋巴管性水肿的肢体，伤后组织修复迟缓。④局部制动不够：因组织修复需要局部稳定，否则新生的组织受到继续损伤。

（2）全身性因素：①营养不良：如蛋白质、维生素 C、铁、铜、锌等元素的缺乏，使细胞增生和基质形成缓慢或质量欠佳。②药物或放射：使用皮质激素、吲哚美辛、细胞毒药物及射线照射等，创伤性炎症和细胞增生可受抑制。③免疫功能低下的疾病：如糖尿病、肝硬化、尿毒症、艾滋病等，使中性粒细胞、单核吞噬细胞系统、淋巴细胞的功能降低，影响组织修复。

【临床表现】 创伤因原因、部位、程度不同其临床表现也不一样，其共同的表现如下：

1. 局部表现

（1）疼痛：与受伤部位的神经分布、创伤轻重、炎症反应强弱等因素相关。活动时疼痛加剧，制动后可减轻。严重的创伤或并有休克等情况下，患者常不诉疼痛，值得注意。一般的创伤在 2~3 d 疼痛可缓解，疼痛持续或加重表示可能并发感染。疼痛可提示受伤部位，因此在诊断尚未确定以前应慎用麻醉止痛药，以免漏诊或误诊。

（2）肿胀：为局部出血和（或）炎性渗出所致。受伤部位较浅者，肿胀处可伴有触痛、发红、青紫或波动感（血肿表现）。肢体节段的严重肿胀，因其组织内张力增高阻碍静脉血回流，可致远侧肢体也发生肿胀，甚至可影响动脉血流而致远端苍白、皮温降低等。

（3）功能障碍：组织结构破坏可直接造成功能障碍，如骨折或脱位的肢体不能正常运动，创伤性气胸使呼吸失常。局部炎症也可引起功能障碍，如咽喉创伤后水肿可造成窒息，腹部伤肠穿孔后的腹膜炎可发生呕吐、腹胀、肠麻痹等。此外，局部疼痛常使患者运动受限。某些急性功能障碍可直接致死，如窒息、开放性或张力性气胸引起的呼吸衰竭，必须立即抢救。

（4）伤口或创面：主要见于开放性伤口。因创伤原因不同，伤口特点不一，如擦伤伤口浅，刺伤伤口小而深，切割伤伤口整齐，撕裂伤伤口不规则。由于伤口与外界相通，容易污染甚至感染。

2. 全身表现　严重者可发生外伤性休克。由于出血、损伤组织分解产物的吸收，体温可增高，如并发感染，体温更高。脉搏、呼吸、血压均可有改变，尿量常减少。并有疲乏、精神及食欲减退等表现。挤压综合征患者可出现休克和急性肾衰竭。

3. 并发症

（1）感染：最常见的并发症是化脓性感染。感染的伤口疼痛、红肿、有脓性分泌物等，体温可增高，中性粒细胞可增多。闭合性创伤也可能并发各种感染，如伤后误吸、气道内分泌物潴留、肺不张等继发的肺部感染。伤后还可能发生破伤风或气性坏疽。

（2）创伤性休克：主要是由于伤后失血失液，部分患者还可能由于神经系统受强烈刺激、心包填塞、纵隔移位或摆动等，均导致有效循环血量减少和微循环障碍。表现为面色苍白、烦躁不安或表情淡漠、脉搏细弱、血压降低、皮肤湿冷等。休克是重度创伤患者死亡的常见原因。

（3）器官衰竭：严重创伤并发感染或（和）休克后还可继发多系统器官衰竭，如成人呼吸窘迫综合征、急性肾衰竭、应激性溃疡等。

【辅助检查】

1. 实验室检查　血常规、血细胞比容、尿常规、血电解质、血气、血尿素氮、肌酐、血清胆红素、转氨酶等。

2. 诊断性穿刺　胸腔穿刺、腹腔穿刺、心包穿刺。

3. 影像学检查　X 线平片或透视、选择性血管造影、CT、B 超检查等。

【治疗原则】

处理原则是优先抢救生命，待生命体征稳定后再实施其他治疗措施，尽可能保存或修复损伤的组织和器官，并恢复其功能。

（一）现场急救

急救的目的是挽救患者生命和稳定伤情。优先抢救心搏和呼吸骤停、窒息、大出血、张力性气胸、休克等患者。常用的技术有复苏、通气、止血、包扎、固定和搬运等。

1. 复苏　心搏、呼吸骤停时，立即行心肺复苏术。

2. 通气　抢救呼吸道阻塞患者必须争分夺秒，以免患者窒息死亡。对于颌面受伤所致口腔内呼吸道阻塞，用手指掏出或用吸管吸出异物、凝血块或分泌物等；对于颅脑伤舌后坠和深度昏迷窒息者，用双手抬起两侧下颌角，即可解除呼吸道阻塞，必要时可将舌拉出，用别针或丝线穿过舌尖固定于衣扣上或用口咽通气管；清醒患者突然发生气管异物梗阻，也可用海姆立克手法解除：抢救者站在患者身后，两手臂环绕患者腰部，一手握拳，将拇指侧置于剑突和脐之间，另一手抓住拳头，快速向上冲击压迫患者的腹部，直至异物排出。如情况特别紧急，或上述措施不见效，应紧急气管插管或气管切开，条件不具备者可做环甲膜穿刺或切开。

3. 止血　创口内出血为鲜红色，呈喷射状，常为动脉出血；静脉出血多为暗红色，持续涌出；毛细血管损伤多为渗血，自伤口缓慢流出。一般小动脉和静脉出血可用无菌敷料覆盖、外加绷带加压包扎；肌肉、骨端等渗血可用填塞法止血，即先用纱布覆盖伤口，以纱布条或绷带充填其中，再加压包扎；浅表动脉出血也可用手指压迫该动脉经过骨骼表面的部位，达到止血目的；四肢创伤大出血，加压包扎无效，可在靠近伤口的最近端上止血带，但止血带应每隔 1 h 放松 1～2 min，以免远端组织缺血坏死。

4. 包扎　目的是保护伤口、减少污染、压迫止血、固定骨折和止痛等。最常用的包扎材料有绷带、三角巾和多头带，也可就地取材，用干净的毛巾、衣服等包扎。

扫码看微课

5. 固定　目的是防止骨折断端损伤血管、神经和重要脏器，减轻疼痛，便于搬运。利用各种支具或夹板等固定患肢（指），必要时可就地取材，利用木板或健肢来固定。

6. 搬运　患者经初步处理后，需从现场送到医院进一步检查和治疗。搬运时应避免激发损伤，对脊柱患者搬运时需保持伤处稳定，切勿弯曲或扭转；患者昏迷时，应将头偏向一侧，保持呼吸道通畅。

（二）进一步救治

患者送到救治医院后，应对伤情进行判断、分类，采取针对性的措施，并密切观察病情变化。判断伤情通常把伤情分为三类：第一类，致命性创伤，做短暂复苏后就应手术治疗；第二类，生命体征尚平稳的伤员，可短暂观察，同时做好手术前准备；第三类，潜在性创伤，有可能需要手术，应密切观察。维持呼吸道通畅，必要时气管插管或气管切开；对循环不稳定或休克患者应迅速建立通畅的静脉通道，补充血容量，必要时给予血管活性药物，以维持循环稳定。剧烈疼痛可诱发或加重休克，故在不影响病情观察的情况下，可给予药物镇静止痛。

根据创伤类型，给予相应的处理。闭合性创伤多为浅部软组织挫伤、扭伤，常采用物理治疗，合并闭合性骨折、脱位者应先复位，并根据情况给予适当固定。非四肢部位闭合性创伤，应注意检查，防止遗漏深部组织或器官的合并伤。开放性创伤，创面多有污染，应加强局部清洗、消毒。开放性创伤加用破伤风抗毒素或破伤风免疫球蛋白。实施有关操作时应遵循无菌术操作原则，使用抗菌药物。

另外创伤患者常有恐惧、焦虑甚至伤后精神性疾病，故心理治疗也是非常必要的。

【常见护理诊断】

1. 疼痛　与局部受伤及创伤性炎症反应有关。
2. 焦虑与恐惧　与创伤的刺激、精神紧张、对预后担心及经费拮据等有关。
3. 组织的完整性受损　与组织器官受损伤、结构破坏有关。
4. 体液不足　与失血、失液、血液浓缩，血容量减少有关。
5. 体温过高　与创伤性炎症反应、并发感染有关。

【护理措施】

（一） 现场急救的护理

1. 心肺复苏 抢救生命。

2. 保持呼吸道通畅，改善换气 防治窒息，及时处理气胸和反常呼吸。

3. 控制出血 防治休克。

4. 包扎伤口 防治污染和感染。

5. 固定骨折 防止进一步损伤和移位。

6. 转送 安全转运，平稳、镇痛、保暖、补液等。

（二） 体位与制动

血压不稳者应平卧或根据受伤部位选择合适的体位。一般情况下，患者的体位应利于呼吸和促进伤处静脉回流，如半卧位时膈肌下降便于呼吸运动，患肢抬高 15°～30°可促进静脉回流，减轻肿胀。严重软组织损伤和骨、关节、神经、肌腱等创伤，可用绷带、夹板、石膏、支架等进行局部固定。

（三） 缓解疼痛

根据疼痛强度，遵医嘱合理使用镇静、止痛药物，同时注意观察病情变化和药物的不良反应。骨与关节损伤时加以固定和制动可减轻疼痛刺激。疼痛原因不明时慎用止痛剂，以免掩盖病情。

（四） 闭合性创伤的护理

1. 局部处理 软组织闭合性损伤早期，常有微血管破裂出血，如伤后 12 h 内给予冷敷，可促进局部血管收缩和止血，有利于控制局部水肿、瘀血；12 h 后改为热敷，或红外线理疗，可促进血肿和炎症的吸收。

2. 观察病情变化 头、颈、胸、腹部等闭合性创伤，有发生深部组织或器官损伤的可能，需注意患者的一般情况及生命体征变化，如胸部损伤的患者呼吸急促，应警惕是否发生气胸；腹部损伤患者出现血压不稳，应注意是否有腹腔内出血。大面积挤压伤患者注意观察尿量、尿色，有血压下降和红色尿（肌红蛋白尿）液出现者，应及时通知医生，警惕挤压综合征发生，并及时扩容，碱化尿液。其他闭合伤患者注意观察局部有无感染及肿胀、疼痛的演变情况。

（五） 开放性创伤的护理

开放性创伤的主要特点是存在伤口及细菌污染。其主要处理措施是根据伤口情况采取不同处理措施，如清创缝合、止血包扎、换药等，护士主要协助医生做好相关准备。

1. 做好术前准备 根据手术需要，做好备皮、配血、输液、导尿等工作，注意维持呼吸道通畅，病情严重者，给予吸氧、心电监护。

2. 协助处理伤口 彻底清洗、消毒伤口，实施清创术（详见本章第二节），尽量使污染伤口变为清洁伤口；对伤口进行缝合或延期缝合，对不能缝合的伤口进行换药，必要时放置引流，促进愈合。

3. 预防感染 除少数小的浅表开放性损伤外，多数开放性损伤应预防使用破伤风抗毒素或破伤风免疫球蛋白。对污染重或并发感染、伤口深、组织破坏严重的损伤应遵医嘱，使用抗生素。

4. 支持疗法 手术后按医嘱给予输液、输血，对严重创伤、循环稳定的患者，提供高热量、高蛋白、高维生素、易消化饮食，必要时经静脉补充营养，纠正负氮平衡；同时注意补充维生素和微量元素，促进创伤愈合。

5. 术后伤口护理　抬高创伤肢体，并适当固定。保持敷料干燥、清洁，如伤口内放置橡皮引流片，应于手术后 24~48 h 拔出。感染伤口如渗出较多，应及时更换敷料，保持引流通畅。

6. 心理护理　安慰患者，稳定情绪，尤其是对容貌受损或致残的患者，要与其加强沟通，多给予心理疏导，帮助其面对压力，配合治疗。

【健康指导】

（1）宣传安全知识，遵守交通法则，加强安全防患意识。

（2）伤后应及时到医院就诊，开放性损伤时尽早接受清创术并注射破伤风抗毒素。

（3）指导患者进行功能锻炼，防止肌肉萎缩与关节僵硬等并发症。

第二节　清创术与更换敷料

扫码看微课

一、清创术

清创术，是指用外科手术的方法，清除开放性伤口内的异物，切除坏死、失活或严重污染的组织、缝合伤口，使之尽量减少污染，甚至变成清洁伤口的处理技术。临床上常根据伤口的清洁整齐情况，将伤口分为三类：清洁伤口，指没有任何细菌存在的无菌手术伤口（切口），如甲状腺大部切除术，疝修补术的切口，此类伤口直接缝合即可达一期愈合；污染伤口，指有细菌或异物存在，尚未发生感染，此类伤口需做清创处理，争取及时彻底清创缝合，达到一期愈合；感染伤口，指受伤时间长，伤口有细菌生长繁殖引起感染化脓，其处理原则是控制感染，消除异物及坏死组织，引流脓液，加强换药，清洁伤口，促进伤口的愈合，愈合方式为二期愈合。

通常在伤后 6~8 h 实施清创术，伤口可一期缝合。超过此时限，清创术后一般不宜直接缝合，应敞开引流、换药，否则易导致伤口感染。但对于污染轻、清创前已经使用抗生素或局部血液循环丰富等情况，清创时间可延长到伤后 12 h 甚至 24 h 以上，仍可一期缝合伤口。

清创术的目的是将污染伤口，经过清洗、切除失活组织、清除伤口内异物、制止出血等措施使之变为清洁伤口，以加速组织修复，促使伤口早期愈合。清创前必须对伤情有充分了解，判断伤口局部有无合并神经、血管、肌腱和骨损伤。

清创术的基本步骤程序和操作如下：①清创前准备：先用无菌纱布充填伤口，以软毛刷蘸肥皂水刷洗伤口周围皮肤，洗去污垢，剃毛，再以 0.9%氯化钠溶液洗净皮肤。②清洗消毒：去除伤口内纱布，用 0.9%氯化钠溶液、3%过氧化氢反复冲洗伤腔，清除伤口内血块、异物和脱落的组织碎片。检查伤腔后，用纱布覆盖伤口。按一般手术程序施行麻醉，消毒皮肤和铺盖手术单等。③清创和修复：根据伤口的部位、范围及其污染程度，按需扩大切口，以充分显露伤腔的深部。切除皮缘 1~2 mm，修剪整齐，切忌切除过多皮肤，尤在面部。切除失去生机的肌肉。如肌肉色泽暗红，无张力，切开不出血，钳夹也不收缩，提示已无生机，可予切除，直到可见肌肉渗血和色泽鲜红为止。清创过程中，随时用0.9%氯化钠溶液冲洗，使创腔组织清洁，无异物、血凝块或渗血。④缝合与引流：依组织层次缝合创缘和皮肤。如仍有少量渗血，可放置橡皮片或软胶管等引流物。如伤口污染严重而清创后仍有感染可能者，只缝合深层组织，延期缝合皮肤和皮下组织。

二、更换敷料法

请参照第二十章相关内容。

第三节　烧伤患者的护理

某患者，男性。体重60 kg，不慎被火烧伤，烧伤情况为：左上臂和面部呈红斑状，表面干燥无水肿，感觉过敏，左前臂和右小腿可见大量大小不等的水疱，基底潮红，水肿明显、剧痛，右上臂、右前臂和左小腿可见少量较小的水疱，基底红白相间，渗出较多，肿胀明显，有拔毛痛，双手、双足呈苍白色，可见树枝状静脉栓塞。

扫码看微课

问题导向：

（1）烧伤总面积是多少？

（2）列出主要护理诊断。

（3）伤后第一个24 h补液总量是多少？晶体和胶体各为多少？并叙述补液原则。

烧伤（burn）是由不同致热因子引起人体的一种损伤，常由热水、蒸汽、电流、放射线、激光、酸、碱等因子引起。单纯由热力因子引起的烧伤称狭义的烧伤，此类烧伤约占80%。由电流、放射线、激光、酸、碱引起的烧伤称特殊类型烧伤，此类型烧伤在临床上相对少见。本节主要介绍热力烧伤。

【病理生理】 烧伤除引起局部组织变化外，还引起一系列的全身反应。根据烧伤后病理生理反应与临床特点，可将其分为4个阶段。

1. 体液渗出期　组织烧伤后的立即反应是体液渗出，主要由毛细血管通特性增加所致。伤后2~3 h渗出急剧，6~8 h最快，达高峰，随后渐缓，一般要持续36~48 h，48 h后趋于稳定并开始回吸。小面积烧伤，体液渗出量有限，通过人体的代偿，不致影响全身的有效循环血量。烧伤面积大而深者，由于体液的大量渗出和其他血流动力学的变化，可急剧发生休克。故此期亦称休克期，烧伤患者早期死亡的主要原因就是低血容量休克。

2. 感染期　渗出回吸一开始，感染就上升为主要矛盾。烧伤早期由于皮肤生理屏障被破坏，致病菌在创面中的坏死组织和渗出液大量繁殖。严重烧伤后的应激反应及休克的打击，全身免疫功能低下，对病原菌的易感性很高，易致全身性感染。深度烧伤形成的凝固性坏死及焦痂，在伤后2~3周可进入广泛组织溶解阶段，此时，细菌极易通过创面侵入机体而引起感染。烧伤患者后期死亡的主要原因就是脓毒症。

3. 修复期　烧伤后组织修复在炎症反应的同时就已开始。创面的修复与烧伤的深度、面积及感染的程度密切相关。浅度烧伤可以自行修复，不留瘢痕；深Ⅱ度烧伤靠残存的上皮岛融合修复，留有瘢痕；Ⅲ度烧伤形成瘢痕或挛缩，可致肢体畸形和功能障碍，需植皮修复。

4. 康复期　深度创面愈合后，形成的瘢痕严重影响外观和功能，需进行康复锻炼、体疗或整复得以恢复。患者心理异常及某些器官功能损害，需长时间的调整康复。

【烧伤评估】

（一）面积的评估

烧伤面积是皮肤烧伤区域占全身体表面积的百分数。目前主要采用手掌法和中国新九分法。手掌法适合于小面积烧伤的估计，不论年龄、性别，患者五指并拢单个手掌面积占体表面积的1%。中国新九分法是将全身体表面积分为11个9%，另加1%，具体详见表7-1。

表7-1 中国新九分法

部位（%）	成人各部位面积（%）	儿童各部位面积（%）
头颈部（9）	发部3 面部3 颈部3	9+（12-年龄）
双上肢（18）	双手5 双前臂6 双上臂7	18
躯干（27）	躯干前13 躯干后13 会阴1	27
双下肢（46）	双臀5 双足7 双小腿13 双大腿21	46-（12-年龄）

注：成年女性的臀部和双足各占6%。

（二）深度的评估

目前普遍采用三度四分法，即Ⅰ度、浅Ⅱ度、深Ⅱ度、Ⅲ度。其中Ⅰ度和浅Ⅱ度属浅度烧伤，深Ⅱ度和Ⅲ度属深度烧伤。各度深度的判读见表7-2。

表7-3-2　烧伤深度的判断要点

分度	深度	表现	愈合
Ⅰ度（红斑）	表皮层	红斑、灼热、痛、无水疱	3~7 d脱屑痊愈，无瘢痕
浅Ⅱ度（水疱）	真皮浅层	红肿明显，疼痛剧烈；水疱大小不一，壁薄，基底潮红	1~2周愈合，色素沉着无瘢痕
深Ⅱ度（水疱）	真皮深层	水肿明显，感觉迟钝；水疱较小，壁厚，基底发白或红白相间	3~4周愈合，色素沉着瘢痕形成
Ⅲ度（焦痂）	皮肤全层、皮下、肌肉或骨骼	痛觉消失，创面无水疱；干燥如皮革，呈蜡白或焦黄甚至炭化；形成焦痂，可见树枝状栓塞血管	3~4周焦痂脱落，预后留有瘢痕或畸形

（三）烧伤程度的评估

根据烧伤的总面积和深度将烧伤程度分为四度（Ⅰ度烧伤面积不计入烧伤总面积的计算）。

1. 轻度烧伤　Ⅱ度烧伤总面积在9%以下。

2. 中度烧伤　Ⅱ度烧伤总面积在10%~29%，或Ⅲ度烧伤面积在9%以下。

3. 重度烧伤　烧伤总面积在30%~49%，或Ⅲ度烧伤面积在10%~19%，或总面积、

Ⅲ度烧伤面积不够上述范围，但合并有休克、吸入性损伤或有较重复合伤者。

4. 特重烧伤　烧伤总面积在50%以上，或Ⅲ度烧伤面积在20%以上，或有严重并发症者。

【治疗原则】

（一） 现场急救

1. 脱离致伤原因　将患者救离火源现场后，迅速脱去着火衣物、立即卧倒就地慢慢滚动，并用湿衣物扑打或覆盖灭火，或用水浇灭。切勿惊慌乱跑、呼喊或用手扑打，以免火借风势燃烧更旺和引起呼吸道烧伤，或引起双手烧伤。

2. 保护创面　将创面用清洁的被单、衣物等简单包裹，以免污染和再损伤，也不要用有颜色的外用药，以免影响以后对烧伤深度的估计。

3. 镇静止痛　烧伤患者都有较剧烈的疼痛并烦躁不安，应给以安慰和鼓励，使其情绪稳定、安静合作；酌情使用镇痛剂（如哌替啶），轻度烧伤患者可采用肌内注射或口服给药，重症患者微循环障碍，肌内注射吸收不良，故需静脉给药（1岁以下婴儿忌用上述止痛剂）。对于所用药物名称、剂量、给药途径、时间必须详细记录。

4. 呼吸道的观察　对于颜面烧伤的患者，或现场发生在密闭环境中，很有可能发生呼吸道烧伤，抢救时应注意检查，嗅闻患者有无烟熏味，观察痰中和口腔内是否存在碳颗粒、口腔黏膜是否红肿、声音是否嘶哑、有无呼吸困难，听诊有无呼气性哮鸣音。呼吸道受刺激后可很快出现喉头水肿引起窒息，要严密观察，做好气管切开准备。胸部的环行深度烧伤也可限制呼吸，要注意及时切痂松解。

5. 转送　对于重症患者最好在伤后2~3 h转送到医院，或等到休克期度过再转送，切忌休克期高峰时转送。

（二） 防治休克

严重烧伤患者防治休克至关重要，液体疗法是防治休克的主要措施。

1. 估计补液总量　伤后第1个24 h补液量（mL）=（Ⅱ度~Ⅲ度）烧伤面积（%）×体重（kg）×系数（成人1.5，儿童1.8，婴儿2.0）+2 000（生理需要量）。第2个24 h补液量=第1个24 h电解质和胶体液的一半+2 000（生理需要量）。

2. 补液种类　生理需要量选用5%或10%葡萄糖溶液补充，其余量用电解质液和胶体补充。胶体液和电解质液一般按1∶2比例分配，如果为深度烧伤可按1∶1的比例补给。因平衡盐溶液的电解质成分和渗透压与血浆相似，大量输入后不会引起高氯性酸中毒，故电解质液首选平衡盐溶液（乳酸钠林格液），其次是等渗盐水。因烧伤水疱液的主要成分是血浆，故胶体液首选同型血浆，也可用血浆代用品或全血；紧急抢救无法获得血浆时，可以使用低分子的血浆代用品，但用量不超过1 000 mL，并尽快以血浆取代；Ⅲ度烧伤患者应输全血。若气温、体温过高，气管切开，腹泻等，应当适当增加水分补充量。

3. 液体分配　烧伤后6~8 h体液渗出达到高峰，烧伤后第一个8 h应输入总量的一半，其余部分于后2个8 h内均匀输入。如某成年男性，体重50 kg，Ⅱ、Ⅲ度烧伤面积为80%，伤后第一个24 h补液总量为80×60×1.5+2 000=8 000（mL），其中胶体溶液和电解质溶液各为3 000 mL，生理需要量为2 000 mL，液体总量的一半4 000 mL在伤后8 h内输完，剩下的一半在剩下的16 h内输完。

（三） 创面处理

创面注意保护性隔离，尤其大面积烧伤时正确处理创面是烧伤治疗成败的关键，而创面焦痂的处理又是中心环节。一般原则：Ⅰ度烧伤创面保持清洁；浅Ⅱ度创面应防止感染；深Ⅱ度创面要保护残留上皮以减少瘢痕；Ⅲ度创面防止感染，有计划切痂。

1. 初期创面处理　亦称烧伤清创术，目的是尽量清除创面污染，擦洗干净健康皮肤。即用大量灭菌等渗盐水反复冲洗创面及周围皮肤，并清除污垢或异物，水疱已破溃的则应清除疱皮，焦痂涂碘酒。外用抗菌剂对预防创面感染有效，清创后Ⅱ度创面多选涂磺胺嘧啶银或湿润烧伤膏等。

2. 包扎与暴露　①包扎疗法适用于四肢躯干烧伤、无条件暴露、不合作者或门诊患者。用一层油纱或几层药液纱布覆盖清创后的创面，加厚 2~3 cm 的吸收敷料并加压包扎。烧伤的手指分开包，关节置于功能位，肢体抬高。若无感染，则在 7 ~ 14 d 后更换敷料。发生感染，应及时换药。②暴露疗法适用于Ⅲ度烧伤、大面积烧伤、特殊部位（头面部、颈部、会阴部）烧伤及特殊感染（如绿脓杆菌、真菌）的创面。③半暴露：感染创面脓液较多者，用消毒液浸浴后，可用药液纱布 1 ~ 2 层覆盖其上。脓液浸透，则随时或每日更换纱布。

3. 焦痂的处理　焦痂在早期具有暂时保护创面作用。但溶解脱落前，易发生败血症。因此，焦痂宜暴露，涂碘酒，保持干燥，不受压。一旦脱痂，需及早植皮覆盖创面。脱痂的方法有：①手术脱痂：采用手术一次或分次早期脱痂，同时植皮，对消灭创面、缩短疗程、预防败血症、减少瘢痕挛缩，均可收到良好效果。但手术创伤大、失血多。②削痂法：适用于深Ⅱ度烧伤，特别是关节等功能部位。肢体削痂一般深Ⅱ度至银灰色显有光泽的创面。削痂忌深，以保持创面新鲜为准。③切痂法：适用于Ⅲ度烧伤。应在休克期后、焦痂溶解前，即烧伤后 3 ~ 14 d 一期或分批切痂。

4. 植皮　尽早自体皮移植，不够则用异体皮覆盖创面，大面积烧伤患者可反复取用头皮，也可 3 周后除去异体皮，改用培养的自体表皮细胞移植。

5. 感染创面及处理　创面脓性分泌物选用湿敷、半暴露法或浸浴法去除，勿使形成脓痂。

（四） 抗感染

感染是烧伤患者死亡的主要原因，感染最常见的致病菌是金黄色葡萄球菌和铜绿假单胞菌。创面污染或中、重度烧伤者，均予注射破伤风抗毒素和全身使用抗菌药物。可先合理选用两种抗菌药物联合抗感染，以后再根据创面细菌培养和药敏试验结果加以调整。

【常见护理诊断】

1. 体液不足　与伤后大量体液丢失有关。
2. 皮肤完整性受损　与烧伤导致组织破坏有关。
3. 焦虑或恐惧　与疼痛和对预后的担忧有关。
4. 自我形象紊乱 与烧伤毁容、肢体残障及功能障碍有关。
5. 潜在并发症　窒息、休克、局部或全身感染、急性肾衰竭、瘢痕和畸形。

【护理措施】 烧伤的主要护理措施是协助医生防治休克、做好创面护理和防治感染，同时做好烧伤病房的管理。

1. 维持有效的呼吸　及时清除口鼻腔分泌物，防止窒息。鼓励有效咳嗽、深呼吸，帮助患者翻身、拍背、改变体位等，促进分泌物排出。气管内痰液过多时，可行气管内吸痰。中重度呼吸道烧伤患者多有不同程度缺氧，一般用鼻导管或面罩给氧，氧浓度 40%左右，氧流量 4~5 L/min，合并一氧化碳中毒者可经鼻导管给高浓度氧或纯氧吸入，有条件的可采用高压氧治疗。

2. 休克期护理　保持输液通畅，实现快速补液、迅速恢复有效循环血量的目的。做好补液效果观察、保暖、镇静、保持呼吸道通畅和创面护理等。

（1）迅速建立 2~3 条有效静脉输液通道，保证各种液体能及时输入。

（2）合理安排，遵循“先盐后糖、先晶后胶、先快后慢、尿畅补钾”的原则，成人一般输液速度为 40~60 滴/min，儿童、老年人、心血管疾病者适当减慢输液速度。

（3）观察补液效果：①常规留置导尿管。成人尿量要求维持在 30 mL/h 以上，有血红蛋白尿者，应维持在 50 mL/h 以上。但小儿、老人、心血管疾患和吸入性损伤者，应降低标准。②患者安静，无烦躁不安。③成人脉搏在 120 次/min（小儿 140 次/min）以下，心音有力。④肢端温暖，收缩压在 12 kPa 以上。⑤中心静脉压在正常范围。

3. 创面护理

（1）协助医生早期清创：休克基本控制后，在良好镇痛和无菌条件下尽早清创。顺序：头部-四肢-胸腹部-背部-会阴。步骤：①清洗周围皮肤；②碘伏或 0.1%新洁尔灭消毒周围皮肤和创面；③去除异物、剪除污染严重的疱皮、糜烂表皮；④包扎或暴露治疗。

（2）包扎疗法护理：①抬高患肢，置于功能位，观察肢端循环（如颜色、温度、感觉、有无肿胀）。②保持外层敷料清洁，掌握换药时机：敷料要求超过创缘 4~5 cm，须绷带固定者应从远心端向近心端包扎。无感染的浅度烧伤创面 1 周换药。期间若敷料浸湿，可更换外层敷料或在表面再加盖新敷料，以避免污染创面致感染；深度创面伤后 3~4 d 换药；感染创面每日或隔日；如敷料污染（如大小便、脓液渗出）或感染征象（如高热、疼痛、脓液外渗、恶臭等）及时更换。

（3）暴露疗法的护理：基本要求是促进创面干燥和结痂、保持痂皮或焦痂完整。①防止受压，定时变换体位。②早期随时用无菌敷料吸附创面渗液，外涂磺胺嘧啶银等。③痂下感染积脓，立即去痂引流。④创面有真菌斑时，涂 2%碘酊或 3%~5%克霉唑溶液。⑤接触创面应无菌操作，每日更换无菌垫单，防止交叉感染。

（4）浸浴疗法护理：将身体浸泡在热水中或一定浓度的药液中，以清除创面的脓液，促进愈合，可局部浸泡或全身浸泡。①选用无菌澡盆、面盆或塑料浴袋；倒入 40 ℃ 0.9%氯化钠溶液。②将局部或全身创面浸泡其中，每次 30 min。③用无菌纱布清洗创面的渗出物和污物，剪除坏死组织。④全身浸浴时应注意观察患者的反应，浸浴后立即擦干，并用烤灯或热风机吹烤创面。⑤一般在伤后 2 周左右开始使用，次数和间隔时间依病情而定；严重心肺疾病患者禁用。

（5）切痂植皮前后护理：Ⅲ度烧伤多早期切痂植皮，在新鲜创面行自体皮肤或自体与异体皮肤相间移植，以尽早消灭创面，减少体液和蛋白质的消耗，防止创面感染和败血症。

（6）特殊部位烧伤的护理：①头面部烧伤：常用暴露疗法，半卧位，经常擦除分泌物；眼部用等渗盐水冲洗，点抗生素眼药水，角膜烧伤时应用油纱布遮盖防止异物落入。鼻腔应保持清洁、通畅，清除鼻痂。耳郭应保持干燥、清洁、避免长期受压。口唇和口腔黏膜应定时用等渗盐水棉球湿润，饭后做好口腔护理。②呼吸道烧伤：保持呼吸道通畅，床边常规准备气管切开包，必要时气管切开。伤后 3~5 d 气管壁坏死组织发生溶解或出血易造成窒息，应严密观察并及时吸引。③会阴部烧伤：将大腿外展，使创面充分暴露，防止大小便污染；接触创面的便器应消毒，每次便后清洁肛周；附近创面以 0.1%苯扎溴铵消毒，会阴部每晚清洁 1 次。

4. 烧伤感染的护理

（1）观察病情：①全身表现：突然寒战和高热，或低体温；呼吸浅快甚至出现呼吸困难；意识改变、烦躁、幻视、反应迟钝、四肢震颤；不明原因的腹胀、腹泻、黄疸、出血倾向等都是败血症的征象。如体温低于 36 ℃，而脉搏超过 140 次/min，应警惕革兰氏阴性杆菌败血症。②创面变化：水肿、渗出增多、糜烂化脓、色泽灰暗、出血点等。黑色出血性坏死斑块，多见于绿脓杆菌败血症。

（2）处理：在感染期，应观察全身或创面变化，一旦发生感染征象及时汇报医生；入院后即应做创面细菌培养和药敏试验，必要时做血液细菌培养；出现败血症征象、切痂植皮手术前后，均应使用抗生素。应了解药理作用、配伍禁忌，观察不良反应；口服、鼻饲或静脉营养支持，必要时多次少量输血。采取措施预防压疮，呼吸道和泌尿道感染。给予心理支持。

5. 烧伤病房的管理

（1）保持清洁，创造良好的消毒隔离条件：①按病情轻重安排病室，并随时进行调整。②严重烧伤应采取隔离措施：安置单人房间，有专人护理；严禁探视，进入病室穿戴专用的口罩、帽子、隔离衣、鞋等；接触患者戴无菌手套，接触创面用品无菌处理；每日擦拭地板 1~2 次，紫外线空气消毒；出院、换病室或死亡后，病室内一切物品、空气均应彻底消毒。

（2）保持舒适，维持恒定的温湿度：早期，尤其暴露疗法，因创面水分蒸发，大量热量丧失，可有畏寒反应。病室温度应在 30~32 ℃，相对湿度 50%~60%。

（3）便于护理、治疗和抢救：将患者按不同的病期（感染期、恢复期）分别集中安排。留出 1~2 间病室，终末消毒后备收新患者，病室内配备必要的抢救设施。

【健康指导】

（1）指导或协助功能锻炼：早期肢体置于功能位置，并坚持做各种主动或被动运动，纠正挛缩，预防肢体畸形，逐渐恢复功能。配合使用超短波、音频和超声波等物理疗法。

（2）心理指导：鼓励患者克服心理障碍，积极参与家庭和社会活动，树立工作和生活信心。

（3）避免烧伤部位的刺激：烧伤部位在一年内避免太阳暴晒，以免加剧对皮肤的损害。愈合过程中，可能出现皮肤干燥、瘙痒等，应避免搔抓。避免使用刺激性肥皂或温度较高的水清洗初愈创面。

（4）教育全社会，加强劳动防护、消除烧伤隐患，加强火灾的自救教育。

扫码看 PPT

第四节　蛇咬伤患者的护理

蛇分为毒蛇和无毒蛇，我国大约有 50 多种毒蛇。蛇咬伤多发生于南方，夏、秋季节多见。无毒蛇咬伤后只在局部皮肤留下两排对称的细小齿痕，轻度刺痛，无生命危险。若被毒蛇咬伤，可能导致严重后果。

【病理生理】 蛇毒含有多种毒性蛋白质、多肽和酶类，按其对人体的作用可归纳为三类。

1. 神经毒素　对中枢神经和神经肌突触有选择性毒性作用，引起肌肉麻痹和呼吸麻痹，常见于金环蛇、银环蛇咬伤。

2. 血液毒素　对血细胞、血管内皮细胞及组织有破坏作用，可使伤处肿痛，并向近心侧蔓延，邻近淋巴结也有肿痛；并引起恶寒发热、心律失常、烦躁不安或谵妄，还有皮肤紫斑、血尿和尿少、黄染等；最后可导致心、肾、脑衰竭。常见于竹叶青、五步蛇咬伤。

3. 混合毒素　兼有神经毒和血液毒的特点，如眼镜蛇、蝮蛇的毒素，对神经和血液循环的作用各有偏重。

【临床表现】 毒蛇咬伤后，伤处疼痛，并出现瘀斑、肿胀，发展迅速，淋巴结肿大，伤口有出血倾向或出现血清样渗出液，同时伴全身中毒症状：全身虚弱、口周感觉异常、四肢酸痛、胸闷气急、烦躁不安、恶心呕吐等，逐渐出现肢体软瘫、呼吸抑制，最后导致呼吸循环衰竭。部分患者有皮肤黏膜、伤口出血和血尿及肾衰竭。

【治疗原则】

1. 毒蛇咬伤的急救

（1）在现场立即用条带绑紧肢体咬伤处的近心端，如足部咬伤者在踝部和小腿绑扎两道，松紧以阻止静脉血和淋巴回流为度。将伤处浸入凉水中，逆行推挤使部分毒液排出。也可啜吸伤口（有黏膜破损的抢救人员禁用），随吸随漱口或采用拔火罐的方法吸出蛇毒。在运送途中，仍用凉水湿敷伤口，绑扎应每 15~30 min 松开 2~3 min（以免肢端淤血时间过长）。

（2）到达医院后，先用 0.05%高锰酸钾液或 3%过氧化氢冲洗伤口；拔出残留的毒蛇牙；伤口较深者切开真皮层少许，或在肿胀处以三棱针平刺皮肤层，接着用拔罐法或吸乳器抽吸，促使部分毒液排出。胰蛋白酶有直接解蛇毒作用，可取 2 000~6 000 u 胰蛋白酶加于 0.05%普鲁卡因或注射用水 10~20 mL，封闭伤口外周或近侧，需要时隔 12~24 h 重复使用。

2. 治疗

（1）利用解蛇毒中成药，如南通蛇药、上海蛇药、广州蛇药等口服或敷贴局部。此外还有一部分新鲜草药也对毒蛇咬伤有疗效，如七叶一枝花、八角莲、半边莲、田薹黄、白花蛇舌草等。

（2）使用抗蛇毒血清。抗蛇毒血清有单价和多价两种，单价抗毒血清对已知的蛇类咬伤有较好的效果。用前须做过敏试验，结果阳性应用脱敏注射法。

（3）应用破伤风抗毒素和抗菌药物防治感染。

（4）静脉快速大量输液或应用利尿剂，加快蛇毒排出，减轻中毒症状。

（5）对各种器官功能不全或休克，必须采取相应的治疗措施。

【常见护理问题】

1. 皮肤完整性受损　与毒蛇咬伤、组织结构破坏有关。

2. 焦虑、恐惧　与毒蛇咬伤、知识缺乏、生命受到威胁和担心预后有关。

3. 潜在并发症　感染、多脏器功能障碍。

【护理措施】

1. 防止毒液扩散和吸收　被毒蛇咬伤后，不要惊慌失措，奔跑走动，这样会促使毒液快速向全身扩散。患者应立即坐下或卧下，自行或呼唤别人来帮助，迅速用可以找到的鞋带、裤带之类的绳子绑扎伤口的近心端。绑扎的目的仅在于阻断毒液经静脉和淋巴回流入心，而不妨碍动脉血的供应，与止血的目的不同。故绑扎无须过紧，能够使被绑扎的下部肢体动脉搏动稍微减弱为宜。

2. 迅速排出毒液　用刀将毒牙痕处皮肤切开，拔出残留的毒蛇牙，用手在伤口两侧挤压，促使毒液排出，如能利用吸奶器、拔火罐等负压吸吮排毒效果更好。

3. 冷敷　可将冰袋置于伤处，或将伤肢浸入冷水中，降低毒素中酶的活力和局部代谢，减缓毒素吸收速度，减轻疼痛。

4. 实施液体疗法　促进毒物排泄。

5. 加强伤口护理　及时清除伤口变性、坏死组织。应用药物封闭伤口外周或近侧。

6. 监测病情变化　注意患者感觉、意识和肢体运动情况，及早发现可能存在的凝血障碍、心肾功能不全情况并及时处理。

【健康指导】

（1）普及识别毒蛇咬伤后的急救知识。

（2）野外作业时，做好自我防护，穿长靴、长袜，戴帽子。随身携带蛇药片，以备急用。

（3）一旦被蛇咬伤，首先坐下或卧下，尽量减少运动，避免血液循环加速。

扫码做练习

（4）学会辨认蛇的类型。勿轻易尝试抓蛇或玩蛇。若确认被毒蛇咬伤，尽早切开伤口，排出毒液。

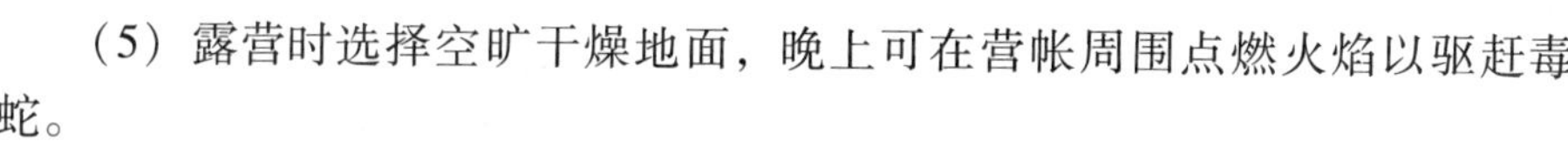

（5）露营时选择空旷干燥地面，晚上可在营帐周围点燃火焰以驱赶毒蛇。

（阳海华）

第八章

肿瘤患者的护理

学习目标

掌握：肿瘤患者的护理；肿瘤的三级预防措施。
熟悉：恶性肿瘤病理、临床表现、治疗原则和预防。
了解：肿瘤的病因、临床分期。自学恶性肿瘤的辅助检查。

第一节　概述

肿瘤（tumor）是在多种致瘤因素共同作用下，机体正常细胞异常分化、过度增生所形成的新生物。新生物一旦形成，不受固有的生理因素调节，并破坏正常组织和器官。根据肿瘤对人体的影响，分为良性肿瘤与恶性肿瘤。随着疾病谱的改变，目前恶性肿瘤已成为人类死亡的最主要原因之一。

【分类】 分类的目的在于明确肿瘤性质、组织来源，有助于选择治疗方案并能提示预后。根据肿瘤的生物学特性和对机体的危害程度分为良性肿瘤、恶性肿瘤和交界性肿瘤。

1. 良性肿瘤　一般称为“瘤”，如纤维瘤、脂肪瘤等。无浸润和转移能力，良性肿瘤细胞分化成熟，呈膨胀性生长，速度较慢，对人体影响不大，部分良性肿瘤可发生恶性变。

2. 恶性肿瘤　来自上皮组织者称为癌；来自间充质组织者称为肉瘤；胚胎性肿瘤常称母细胞瘤。具有浸润和转移能力，恶性肿瘤细胞分化不成熟，生长速度快，对人体危害大，常因复发、转移而导致患者死亡。

3. 交界性肿瘤　又称临界性肿瘤。形态学和生物学行为介于良性和恶性之间的肿瘤。少数肿瘤形态上属良性，但常减弱浸润性生长，切除后易复发，甚至可出现转移。

【病因】 肿瘤的病因尚未完全明确，目前认为肿瘤的发生是由多种外源性致癌因素和内源性促癌因素长期共同作用的结果。

（一） 致癌因素

1. 物理性因素　如电离辐射可致皮肤癌、白血病，石棉纤维与肺癌有关。

2. 化学性因素　长期接触化学致癌物质，如亚硝胺与食管癌、胃癌有关；黄曲霉素可致肝癌、胃癌；烷化剂可致肺癌及造血器官肿瘤等；多环芳香烃类化合物与皮肤癌、肺癌有关；染料与膀胱癌、肝癌有关。

3. 生物学因素　主要为病毒，如 EB 病毒与鼻咽癌有关；单纯疱疹病毒与子宫颈癌有关；肝炎病毒与肝癌有关；另外，真菌、寄生虫亦与癌症的发生有一定关系，如日本血吸虫与大肠癌的发生密切相关。

4. 不良生活习惯　大量饮酒与消化系统肿瘤有关；吸烟与肺癌有关等。

5. 癌前病变　经久不愈的窦道和溃疡因长期刺激局部而发生癌变，如萎缩性胃炎、慢性胃溃疡、胃息肉与胃癌有关。

（二） 促癌因素

1. 遗传因素　与癌症的关系虽无直接证据，但有一定的遗传倾向性，如乳腺癌、胃癌、食管癌、肝癌等。

2. 内分泌因素　如雌激素与乳腺癌、子宫内膜癌发病有关；催乳素与乳腺癌发病有关；生长激素具有促癌作用，使青少年恶性肿瘤生长迅速，易于发生早期转移。

3. 免疫因素　先天或后天免疫缺陷者易患恶性肿瘤，如获得性自身免疫缺陷综合征患者易患恶性肿瘤；器官移植后长期使用免疫抑制药者，肿瘤的发生率比正常人群高 50~100 倍。

4. 营养因素　缺乏蛋白质，食用烟熏、霉变、油炸以及高脂肪、低纤维、低维生素 C 等食物易患癌症。

5. 心理、社会因素　人的性格、情绪、婚姻、家庭、工作压力及环境变化等，可导致人体内分泌紊乱、免疫功能低下而诱发肿瘤。流行病学研究发现，经历重大精神刺激、性格内向抑郁者较其他人群易患恶性肿瘤。

【病理】 恶性肿瘤细胞分化不成熟，增殖活跃，易发生浸润转移。

1. 恶性肿瘤的发生发展　包括癌前期、原位癌和浸润癌三个阶段。癌前期表现为上皮增生明显，伴有不典型增生；原位癌仅局限于上皮层内，未突破基底膜；浸润癌则突破基底膜向周围组织浸润、发展，破坏周围组织的正常结构。

2. 肿瘤细胞的分化　恶性肿瘤细胞的分化程度不同，其恶性程度和预后亦不一。恶性肿瘤细胞分为高分化、中分化和低分化三类，或称Ⅰ级、Ⅱ级、Ⅲ级。高分化或Ⅰ级肿瘤细胞接近正常，恶性程度较低；低分化或Ⅲ级肿瘤细胞核分裂多，增殖活跃，恶性程度高，预后极差；中分化或Ⅱ级肿瘤细胞的恶性程度介于两者之间。

3. 肿瘤的转移　转移是恶性肿瘤的主要特征，恶性肿瘤不仅可以在原发部位生长、蔓延，而且可以通过各种途径扩散到身体其他部位。

（1）直接蔓延：肿瘤细胞沿组织间隙、淋巴管、血管或神经束浸润，破坏邻近正常组织、器官，并继续生长，称为直接蔓延，如晚期乳腺癌可以穿过胸肌和胸腔甚至达肺。

（2）淋巴转移：多数为引流区域淋巴结转移，也可表现“跳跃式”越级转移，此外，还可发生皮肤淋巴管转移，有些可形成卫星结节。

（3）血行转移：肿瘤细胞侵入血管随血流转移至全身各脏器，如腹部肿瘤可经门脉系统转移到肝、肺。

（4）种植转移：肿瘤细胞脱落后，种植于体腔及脏器等处，如肝癌种植转移至盆腔。

【分期】 恶性肿瘤的正确分期直接关系到肿瘤治疗方案的确定、估计预后及治疗效果。目前临床普遍采用国际抗癌联盟组织（UICC）提出的TNM分期法：①T代表原发肿瘤的大小、范围，无原发肿瘤为T0，有原发肿瘤依其大小分为T1、T2、T3、T4；②N代表区域淋巴结的侵及情况，无淋巴结转移为N0，有淋巴结转移，依其范围分为N1、N2、N3；③M为远处转移，无远处转移为M0，有远处转移为M1；④根据TNM的不同组合，临床将之分为Ⅰ、Ⅱ、Ⅲ、Ⅳ期。

【治疗原则】 目前肿瘤治疗多采取局部与整体相结合的综合治疗方法，包括手术、放疗、化疗、中医药治疗、内分泌治疗、生物治疗及心理治疗等。良性肿瘤及临界性肿瘤以手术切除为主，并可达到治愈的目的；恶性肿瘤常伴浸润与转移，仅局部治疗不易根治，必须从整体考虑，拟订局部与整体相结合的综合治疗方案，在控制原发病灶后进行转移灶的治疗。

【预防】 肿瘤是由多种不同的因素相互作用而引起的。1/3的肿瘤可以预防，1/3的肿瘤如能早期诊断是可以治疗的，1/3的肿瘤患者经治疗可以减轻痛苦、延长寿命。因此在人群中加强健康指导、知识宣传能有效预防肿瘤发生及改善预后。恶性肿瘤的预防措施常采用三级预防措施。

第二节　外科肿瘤患者的护理

扫码看微课

【护理评估】

（一） 健康史

了解患者的发病情况；了解患者的一般情况，如患者的年龄、性别、饮食、职业及生活环境等；了解患者有无不健康的行为及生活方式，如长期大量吸烟、酗酒等；了解患者的诊治经过及治疗效果；了解患者是否有慢性炎症、溃疡等癌前病史及家族病史。

（二） 身心状况

1. 局部表现

（1）肿块：是肿瘤最常见，也是最早出现的症状。良性肿块多生长慢、质地软、边界清；恶性者生长则快、质地硬、不光滑、边界模糊；位于深部或内脏的肿块不易触及，但可出现周围组织受压或空腔器官梗阻症状。

（2）疼痛：良性肿瘤除直接压迫神经干外，一般无疼痛；恶性肿瘤早期疼痛不明显，多半到了中晚期肿块的膨胀性生长、破溃或感染等病变侵犯神经时，疼痛多比较明显，可出现局部刺痛、跳痛、隐痛、烧灼痛或放射痛，常难以忍受，尤以夜间为重。

（3）梗阻：肿瘤膨胀性生长造成空腔器官阻塞，可发生绞痛及相应的梗阻表现，如胃癌伴幽门梗阻可致呕吐，大肠癌可致肠梗阻，胰头癌和胆管癌可导致胆道系统梗阻出现黄疸，支气管肺癌可引起肺不张，梗阻的程度有不完全或完全之分。

（4）溃疡：体表或空腔器官的肿瘤生长速度较快，可因供血不足继发坏死或感染而溃烂，恶性肿瘤常呈菜花状或肿瘤表面有溃疡，可有恶臭及血性分泌物。

（5）出血：恶性肿瘤在生长过程中发生组织破溃或血管破裂可有出血，如上消化道肿瘤可表现为呕血或黑粪，下消化道肿瘤可有血便或黏液血便，泌尿道肿瘤可有血尿，肺癌可发生咯血或血痰，子宫颈癌可发生血性白带或不规则阴道出血，肝癌破裂可致腹腔内出血。

（6）浸润与转移：当肿瘤转移至淋巴结，可出现区域淋巴结大，若发生其他器官转移可有相应表现，如骨转移可有疼痛或病理性骨折等，肺转移可有咳嗽、胸痛等。

2. 全身症状　良性肿瘤一般无全身症状，恶性肿瘤中晚期患者常出现非特异性表现，如贫血、低热、乏力、消瘦等；发展至全身衰竭时可表现为恶病质，不同部位的肿瘤，恶病质出现迟早不一，消化道肿瘤患者可较早出现恶病质。

（三）辅助检查

1. 影像学检查　包括 X 线、CT、超声、磁共振、放射性核素显像（ECT）等。

2. 内镜检查　不仅能直接观察肿瘤病变的大小、部位、数目、表面有无溃疡及出血等，并可取细胞或组织做病理学检查，还能对某些病变进行相应的治疗。

3. 病理学检查　是目前确诊肿瘤最可靠的方法，包括细胞学检查与组织学检查两部分。

4. 实验室检查　如甲胎球蛋白测定，可作为原发性肝癌早期诊断的依据；癌胚抗原测定，用于结肠癌的诊断；碱性磷酸酶有助于肝癌、骨肿瘤的诊断；酸性磷酸酶有助于前列腺癌的诊断等。

【护理问题】

1. 焦虑及恐惧　与担忧治疗、预后、在家庭和社会的地位以及经济状况有关。

2. 营养失调（低于机体需要量）　与肿瘤所致高代谢状态、摄入减少、吸收障碍以及治疗所致的恶心、呕吐等有关。

3. 疼痛　与肿瘤生长侵及神经、手术创伤、放疗及化疗所致组织损伤有关。

4. 知识缺乏　与缺乏有关肿瘤的预防、术后康复、放疗、化疗等知识有关。

5. 潜在并发症　感染、出血、栓塞性静脉炎、皮肤黏膜受损、脏器功能障碍等。

【护理措施】

（一）心理护理

护士应主动安慰患者，鼓励其说出内心的感受；讲解治疗目的和意义，减轻或消除焦虑、恐惧，使患者以良好的心理状态配合治疗与护理，树立战胜疾病的信心和勇气。

（二）饮食护理

恶性肿瘤患者可出现营养不良甚至恶病质，将影响患者的预后。可通过改善进餐环境，饭前控制疼痛和消化道反应，给予高热量、高蛋白、高维生素、清淡易消化的饮食，必要时给予要素饮食和全胃肠外营养。

（三）疼痛护理

疼痛产生的原因不同，处理方法也不同。如患者过度紧张常使疼痛加剧，因此要通过解释、听音乐、看电视等方法来分散患者的注意力达到减痛效果。如晚期癌症患者疼痛难以忍受，应按照三级镇痛方案进行止痛。

（四）手术治疗患者的护理

1. 术前护理　为降低术后并发症的发生率，促进患者康复，故术前做好术前常规准备，还应加强适应性锻炼，如练习床上大小便、深呼吸运动、有效咳嗽排痰及关节功能锻炼。

2. 术后护理　手术后密切观察病情，监测生命体征，加强引流管和切口的护理，加强功能锻炼，保持病房环境清洁，加强生活护理，采取有效措施，减少并发症的发生。

（五） 放疗患者的护理

放疗患者可出现头晕、恶心、呕吐、乏力等不良反应及骨髓抑制，因此放疗前应指导患者静卧 30 min 避免干扰，做好放疗前的准备工作；放疗期间保证充足的休息与睡眠。此外，放疗可引起局部皮肤、黏膜损伤，因此要保护好照射野皮肤，保持皮肤清洁干燥，穿棉质、柔软、宽松内衣并勤更换，避免理化刺激；忌搔抓，洗澡禁用肥皂、粗毛巾搓擦；外出时防止日光直射，观察照射器官的功能变化，若出现严重不良反应应暂停放疗；放疗期间患者免疫力低下，应注意保护性隔离，降低继发感染的发生率，及时监测体温及白细胞计数。

（六） 化疗患者的护理

1. 化疗前的准备　向患者耐心解释化疗的必要性，化疗方案、化疗药物的作用和不良反应，使患者有效配合。化疗药物的特异性不高，对正常组织也有杀伤作用，且易发生白细胞、血小板减少等不良反应，应让患者对化疗的不良反应有一定的心理准备。

2. 化疗的不良反应及处理

（1）组织坏死：化疗药物刺激性强，若不慎漏入皮下可致组织坏死，应立即停止静脉滴注，将针头保留并接注射器回抽溢出的药液，皮下注入解毒剂后再拔针，并给予局部冷敷。

（2）栓塞性静脉炎：长时间化疗或注射方法不当可引起栓塞性静脉炎，治疗时选择合适的给药途径和方法，保护血管；出现栓塞性静脉炎时应停止静脉滴注，给予热敷、硫酸镁湿敷或理疗等，忌挤压和按摩局部。

（3）胃肠道反应：化疗药物时嘱患者进食前用温盐水漱口，必要时给予镇静止吐药。

（4）骨髓抑制：化疗药时应常规监测血象变化，如白细胞 $<3\times10^9/L$，血小板 $<80\times10^9/L$，应暂停放疗、化疗，并给予生血药物；严格无菌技术操作，采取保护性隔离，必要时应用抗生素，加强营养，以预防感染。

（5）肾毒性反应：癌细胞崩解易致高尿酸血症、尿酸结晶，甚至导致肾衰竭，应鼓励患者多饮水，记录出入量。

（6）口腔黏膜反应：大剂量应用抗代谢类药物易致口腔炎，应指导患者保持口腔清洁，发生口腔溃疡者及时给予治疗。

（7）皮肤反应：化疗药物易致皮肤干燥、瘙痒，可用炉甘石洗剂止痒，防止皮肤破损。

（8）脱发：化疗时局部用冰帽降温，可预防脱发，并可指导患者选择合适的发套。

（七） 健康指导

（1）指导患者保持良好的心态，勇敢面对现实，避免精神刺激和情绪波动。

（2）指导患者均衡饮食、加强营养，摄入高热量、高蛋白、富含膳食纤维、易消化的饮食，以促进康复。继续治疗，加强功能锻炼，增强抗病能力，减少复发和并发症。

（3）纠正不良的生活习惯，养成健康的生活方式；向患者普及防癌知识。

（4）充分利用社会支持来源，指导其家属主动给予患者关心与照顾，以增强患者自尊与被爱感，以提高生活质量。

（5）定期复查，定期随访，监测治疗效果，及早发现复发和转移。

（赵桂花）

扫码做练习

扫码看 PPT

第九章 微创手术患者的护理

学习目标

掌握：微创手术前后的护理措施。
熟悉：微创的健康指导。
了解：微创的定义、适应证。

微创是指以最小的侵袭或损伤达到最佳外科治疗效果的一种新的外科技术。微创手术应用当代先进的电子成像、冷光源、电凝系统等多种技术，以电子镜成像代替肉眼直视，以细长腔镜器械代替传统手术刀，力求以最小的切口路径，完成对体内病灶的诊断和治疗。凡是能减少组织的手术损伤，有利于机体功能恢复的措施都应属于微创外科的范围。目前微创外科内容包括内镜外科、腔镜外科、导管介入外科、物理化学微创外科乃至基因治疗等。

微创手术与传统手术相比，具有相同的治疗效果，同时还具有创伤小、患者恢复快、住院时间短、感染率低、并发症少等优点。微创手术有着广泛的适应证，可谓“无孔不入，有腔必达”，但并不是任何手术都可以用微创外科技术进行，如大多数外科恶性肿瘤及个别专科的复杂病例。

与传统手术相比，微创手术具有创伤小、出血少、疼痛轻、探查范围广、恢复快、住院时间短、感染率低、并发症少、更符合美学等优点，因此受到患者的欢迎。

微创手术也存在一些问题：微创不等于无创；微创手术对手术医生的素质和技术提出了很高的要求；微创手术在我国发展不平衡；微创护理有待进一步发展。

一、腹腔镜手术患者的护理

【手术范围】 腹腔镜的胆囊、肝脏手术，阑尾、胃肠、胰腺、脾脏及肾手术，疝修补术，食道裂孔疝修补术，子宫肌瘤摘除术，卵巢囊肿切除术或宫外孕手术等。

【护理评估】

（一） 术前评估

1. 健康史　评估患者年龄、性别、体重、营养状况；既往有无腹部疾病和手术史；有无糖尿病、高血压、心脏病等。

2. 身体状况　了解患者腹痛的部位、性质、持续的时间，有无牵涉痛；疼痛与饮食的关系等。

3. 心理、社会状况　了解患者的家庭情况及相应的社会关系支持情况。

4. 辅助检查　了解实验室常规检查；影像学检查；以及特殊检查如逆行胰胆管造影检查的结果。

（二）术后评估

评估患者的术中情况和术后病情。

【护理问题】

1. 疼痛　与疾病、手术有关。

2. 焦虑、恐惧　与担心麻醉危险和手术效果等因素有关。

3. 有误吸的危险　与手术麻醉有关。

4. 潜在并发症　出血、内脏损伤、皮下气肿、高碳酸血症、二氧化碳气体栓塞等。

【护理措施】

（一）手术前护理

1. 心理护理　与患者交流，耐心向患者讲解腹腔镜手术方式，消除患者对手术恐惧感。

2. 皮肤准备　按腹部手术常规备皮，清理脐部。

3. 适应性体位训练　腹腔镜手术有时需采取特殊体位实施手术，如俯卧位，所以术前可以先以 30 min 开始训练，再延至 45 min、1 h、2 h、3 h 等。

4. 肠道准备　术前 2 d 禁食豆类、牛奶等易产气的食物。术前禁食 12 h，禁饮 4~6 h。

（二）手术后护理

1. 体位与活动　患者麻醉为清醒前取去枕平卧位，头偏向一侧，防止呕吐物误吸。清醒后取半卧位。病情许可应早期下床活动。

2. 病情观察　手术后严密观察患者的体温、脉搏、呼吸、血压、神志以及腹部的症状和体征。发现异常情况及时报告医生并积极配合处理。

3. 饮食护理　患者全麻清醒后 6 h，无恶心呕吐，可进少量水或流质饮食，应少食多餐，多吃高纤维素食物，促进肠蠕动。避免进食易产气食物。

4. 做好引流管的护理　腹腔镜手术若使用腹腔引流管，护理人员要做好引流管护理。

5. 并发症的预防及护理

（1）出血：术后严密观察生命体征及引流管情况。

（2）胆漏：是腹腔镜术后可能出现的并发症。如腹腔镜手术腹腔引流量超过 150 mL，且为胆汁性液体，应考虑有胆漏发生。

（3）内脏损伤：术后 3~5 d，患者突然出现剧烈腹痛、恶心、呕吐、高热、白细胞增高等表现，应考虑内脏损伤，需及时通知医生处理。

（4）气腹并发症：术后应仔细观察呼吸节律，皮下和阴囊有无气肿及气肿范围、大小。

（5）高碳酸血症和酸中毒　见相关章节内容。

（三）健康指导

（1）术后3周内勿提重物。

（2）继续低脂饮食，避免暴饮暴食。

（3）注意活动与休息，保持规律生活。

（4）如出现腹痛、发热、黄疸等情况，应及时来医院就诊。

二、关节镜手术患者的护理

【手术范围】 关节内滑膜、软骨病变，如结缔组织病、退化性关节疾病。关节内损伤，关节游离体，其他手段不能明确诊断者。

【护理评估】

（一）术前评估

1. 健康史　评估患者年龄、性别、体重、营养状况；既往疾病史和手术史；有无糖尿病、高血压、心脏病等。

2. 身体状况　了解患者症状和体征。

3. 心理、社会状况　了解患者的心理状况。

4. 辅助检查　了解实验室常规检查，影像学检查等。

（二）术后评估

评估患者术中情况和术后病情。

【护理诊断】

1. 疼痛　与疾病、手术创伤、关节肿胀有关。

2. 焦虑、恐惧　与担心麻醉危险和手术效果等因素有关。

3. 潜在并发症　与关节内积血、关节感染、肌肉萎缩、关节功能障碍等有关。

【护理目标】

（1）患者疼痛得到有效控制，能充分休息。

（2）患者情绪稳定，焦虑缓解。

（3）患者未发生并发症或并发症得到有效预防和及时处理。

【护理措施】

（一）术前护理

（1）皮肤准备：术前应严格按骨科手术方式备皮，范围包括患侧肢体切口上下20 cm处，还包括会阴部。

（2）完成术前的各项检查，预防性应用抗生素。

（二）术后护理

（1）防止关节肿胀。

（2）预防关节感染。

（3）防止关节功能障碍。

（三）健康指导

指导患者科学合理地进行关节的锻炼。

三、胸腔镜手术患者的护理

【手术范围】 肺部疾病，如肺部良性肿瘤摘除术、胸膜疾病、纵隔疾病、食管疾病等。

【护理评估】

（一） 术前评估

评估患者的健康史、身体状况、心理和社会支持状况。

（二） 术后评估

评估患者的术中情况和术后病情。

【护理诊断】

1. 清理呼吸道无效　与吸烟、呼吸道分泌物增多，害怕疼痛不敢咳嗽有关。

2. 疼痛　与疾病和手术有关。

3. 潜在并发症　肺不张、胸腔漏气等。

【护理措施】

（一） 术前护理

1. 净化呼吸道　戒烟、指导进行有效的咳嗽、排痰。

2. 呼吸功能锻炼　间断吸氧、缩唇呼吸、运动训练。

3. 皮肤准备　范围上至锁骨及肩部，下至肋缘，前后胸部超过中线 5 cm 以上，并包括术侧上臂中上 1/3 和腋窝。

4. 胃肠道的准备　术前禁食水、清洁灌肠、留置胃管。

（二） 术后护理

（1）病情观察生命体征的变化。

（2）术后呼吸道护理：常规给予氧气吸入；注意观察患者呼吸的频率、节律、深浅度；协助排痰，鼓励患者深呼吸；指导患者进行有效的咳嗽，预防肺不张。

（3）胸腔引流管的观察和护理：保持引流通畅，注意水柱波动情况，避免引流管受压、堵塞、滑脱等，定时挤压，密切观察引流量并记录。

（4）疼痛的护理：疼痛使患者焦虑、不配合护理，并能抑制深呼吸和咳嗽，不利于气体交换，及时有效的止痛可使患者安静、心律平稳、呼吸加深，敢于咳嗽排痰，有利于预防肺不张。

（5）早期活动：术后指导患者进行科学的功能锻炼，活动量应循序渐进，逐渐增加。出院前，对患者进行康复指导，定期复查肺功能。

（6）并发症：肺不张，患者麻醉清醒后 6 h 即取半坐卧位，帮助患者进行有效的咳嗽、咳痰；胸腔漏气，应密切观察胸腔引流管内有无气体的逸出。

（三） 健康指导

指导患者肺部功能的锻炼，如吹气球、深呼吸等，指导患者早期活动。

（赵桂花）

第十章 外科营养支持患者的护理

学习目标

掌握：肠内、肠外营养支持的供给方法及护理。

熟悉：营养支持基本指征；肠内营养的适应证、禁忌证；胃肠外营养输注方法。

了解：手术创伤后三大营养素的代谢特点；肠内、肠外制剂的分类；自学营养不良的分类及能量、蛋白质量需求。

第一节 概述

机体的正常代谢及良好的营养状况，是维持生命活动的基础和保证。任何营养不良和代谢紊乱都可影响组织、器官功能，从而导致疾病的发生、发展。患者由于特殊的身体状况，会表现出特殊的营养需求。外科患者常因疾病导致进食不足，或因创伤、手术等应激原因，机体代谢改变，使机体的能量消耗增大，如不采取相应的营养支持和适当的治疗措施，即可致营养不良，从而使患者手术的耐受力降低，机体抵抗力下降而引起感染、创伤愈合延迟等并发症从而影响患者的康复。

营养支持（nutritional support，NS）是指医护人员针对患者营养不良状态采取的为调节机体的代偿力、增强耐受力的一种现代治疗手段。营养支持已经成为较大型手术、多发性创伤、有营养不良倾向以及危重症患者治疗中不可缺少的重要内容。外科护士应能针对患者手术前后的机体状况、营养代谢特点，选择适宜的营养支持途径、制订可实施的营养护理计划、执行相应的护理措施，以达到改善患者营养状况、促进患者康复的目的。

【营养不良的分类】 根据蛋白质或能量缺乏的程度，将营养不良分为以下三种类型。

1. 消瘦型营养不良 主要由热量的摄入不足引起，以人体测量指标值下降为主。

2. 低蛋白型营养不良 主要由蛋白质摄入不足或丢失过多，而热量摄入正常或较多引起，表现为血清蛋白类水平降低及全身水肿。

3. 混合型营养不良 由于蛋白质和热量的摄入均不足引起。

【营养状况的评定】

1. 人体测量指标

（1）体重：体重可从总体上反映人体营养状况，体重是营养评价中最简单、直接而又可靠的指标。短期内出现的体重变化，可受水钠潴留或脱水因素的影响。如果没有这些因素的影响，实际体重仅为理想体重的90%以下时，提示营养不良。

（2）体重指数（BMI）=体重（kg）/身高（m^2），理想值18.5~23.9，<18.5为消瘦，>23.9为超重。

（3）三头肌（捏起的皮褶）厚度（TSF）：可间接判断脂肪组织的储存情况，测定的部位在肩峰与尺骨鹰嘴的中点。正常值：男性11.3~13.7 mm；女性14.9~18.1 mm。

（4）臂肌围（AMC）：用于判断骨骼肌或体内瘦体组织群量，计算公式为：AMC=臂中点周长（cm）−0.314×TSF（mm）。正常值：男性22.8~27.8 cm；女性20.9~25.5 cm。测定值低于标准值的90%，则提示存在营养不良。

2. 实验室指标

（1）肌酐身高指数（%）：肌酐是肌肉蛋白质的代谢产物，尿中肌酐排泄量与体内骨骼肌群基本成正比，是衡量机体蛋白质水平的灵敏指标，可用于判断体内骨骼肌含量，低于80%提示营养不良。

（2）血浆蛋白：血浆蛋白水平可反映机体蛋白质营养状况，临床用作营养评价的主要有血浆白蛋白、转铁蛋白及前白蛋白等。持续的低蛋白血症是判定营养不良的可靠指标。

（3）氮平衡：用于初步评判体内蛋白质合成与分解代谢状况，当摄入的氮大于排出氮量时为正氮平衡，反之为负氮平衡。

氮平衡（g/d）=24 h摄入氮量（g/d）−24 h出氮量（g/d）。

24 h摄入氮量（g/d）=蛋白质摄入量（g）÷6.25。

24 h排出氮量（g/d）=24 h尿中尿素氮（g/d）+4 g（经粪便、皮肤排出的氮和以非尿素氮形式排出的含氮物）。

（4）免疫测定：包括细胞免疫和体液免疫，营养不良时多为细胞免疫受损。可评定的免疫指标为周围淋巴细胞计数：总数<1.5×10^9/L，提示营养不良；迟发性皮肤超敏试验：能基本反映人体细胞免疫功能，人体细胞免疫能力与阳性反应程度成正比；T细胞亚群和自然杀伤细胞活力：营养不良时，T辅助和自然杀伤细胞量和活力均下降。

【营养支持基本指征】 当患者出现下列情况之一时，提供营养支持。

（1）体重：近期体重下降大于正常体重的10%。

（2）内脏蛋白测定：血浆清蛋白<30 g/L。

（3）饮食状况：连续7 d以上不能正常进食。

（4）已确诊为营养不良。

（5）可能产生营养不良或手术并发症的高危患者。

【能量与蛋白质的需求】

1. 能量　机体的能量需求应根据患者的病情、基本能量消耗、活动程度和治疗目标而定，有多种估算方法。简易估算为25~40 kcal/（kg·d），再根据病情和质量目标增减。

2. 蛋白质　一般为1~1.5 g/（kg·d），也可根据病情和治疗目标增减。

【外科患者的代谢改变】 临床常见的外科疾病（如创伤、感染等）常可以导致患者出现不同程度的代谢改变，根据代谢特征基本可以区分为饥饿时的代谢改变和应激时的代谢改变。

1. 饥饿时的代谢改变　外科患者常因食欲减退、消化吸收障碍或由于治疗需要禁食等原因而使机体的摄入不足，即处于饥饿状态，此时人体必须利用自身组织供应机体的能量满足基本需要。葡萄糖是最基本被利用的能量物质，但储备量有限，饥饿状态 24 h 即可被耗尽。脂肪是饥饿状态下的主要内源性供能物质，饥饿时脂肪动员加速，血中甘油和脂肪酸水平升高，机体利用脂肪酸氧化功能增强。蛋白质是为维持各脏器的功能而存在，并非能源储备，一旦被消耗，脏器功能将紊乱。随着饥饿时间延长，除大量脂肪分解供能外，不可避免地会有一定量的蛋白质被氧化以供能。当脂肪和蛋白质被消耗，机体的功能受到影响，导致患者体重下降、肌肉无力、抵抗力减弱。

2. 应激时的代谢改变　人体在遭受创伤、感染及手术等外周刺激后，刺激会传导至下丘脑，后者随即通过神经-内分泌系统发生一系列应激反应。表现为交感神经系统兴奋，胰岛素分泌减少，肾上腺增加。此时机体处于高分解、高代谢状态，使机体的静息能量消耗（REE）增加，代谢率升高。手术、创伤后机体对糖的利用率下降，有氧氧化障碍，无氧酵解增加，容易发生高血糖，这是机体创伤后应激的一个重要的适应性生化反应。应激时体内脂肪组织动员加速，分解加快，氧化利用率增加，但脂肪分解得不到最大程度的利用，蛋白质的分解也在持续进行。蛋白质分解速率随应激水平增高而显著增高，主要表现为骨骼肌群的进行性消耗，尿氮排出增加，机体出现明显负氮平衡。

第二节　肠内营养支持患者的护理

肠内营养（enteral nutrition，EN）是经胃肠道提供代谢需要的营养物质及其他各种营养素的营养支持方式。随着近年来对胃肠道结构和功能研究的深入，逐步认识到胃肠道不单纯是消化吸收器官，同时还是重要的免疫器官。肠内营养的优越性除体现在营养素直接经肠吸收利用、符合生理需求、给药方便、费用低廉外，更显示有助于维持肠黏膜结构和屏障功能完整性的优点。故在决定提供何种营养支持方式时，肠内营养作为首选已成为共识。肠内营养是最符合生理需求的营养支持途径，而胃肠功能存在是此途径的首要条件。

【适应证】　凡有营养支持指征，胃肠道功能允许时，应尽量使用肠内营养。包括以下几种。

1. 吞咽和咀嚼困难　口腔和食管手术、肿瘤、炎症、创伤等致使患者不能经口进食但胃肠功能正常者。

2. 意识障碍或昏迷　无进食能力者。

3. 消化道疾病稳定期　消化道瘘、短肠综合征、肠道炎性疾病、胰腺炎等。

4. 高分解状态　感染、手术、创伤及大面积烧伤患者经口进食不足时。

5. 慢性消耗性疾病　结核、肿瘤等。

【禁忌证】

（1）麻痹性肠梗阻、腹膜炎、上消化道活动性出血、顽固性呕吐及严重腹泻患者。

（2）肠瘘患者，如有功能的小肠少于 100 cm，因缺乏足够的吸收面积，给予肠内营养将加重病情。

（3）广泛小肠切除患者，术后早期不应行肠内营养。

（4）严重吸收不良综合征者，应慎用肠内营养。

【肠内营养的应用】

1. 肠内营养制剂　肠内营养制剂按组成可分为要素制剂、非要素制剂、组件制剂和特殊治疗用制剂四类。

（1）要素制剂：是一种营养素齐全、不需消化或稍加消化便可吸收的无渣营养药，特点是营养全面、成分明确、不含残渣或残渣极少、无须消化即可直接吸收。适用于消化功能弱的患者。

（2）非要素制剂：以蛋白质水解物为氮源，渗透压接近等渗，口感好，适合口服，也可管饲。具有使用方便、耐受性强等优点，适用于胃肠功能较好的患者，包括混合奶和匀浆制剂等。

（3）组件制剂：是以某种或某类营养素为主的肠内营养制剂。组件制剂包括蛋白质组件、脂肪组件、糖类组件、维生素组件和矿物质组件等。

（4）特殊治疗制剂：根据某些疾病设计，目的在于将衰竭脏器的代谢负荷降至最低或纠正脏器功能障碍所致的代谢异常。如肝衰竭专用制剂、肾衰竭专用制剂、呼吸道疾病专用制剂等。

2. 给予途径　肠内营养的途径有经口和管饲两种。在决定具体途径时，应考虑时间长短、患者的精神状态与胃肠道功能，多数患者因经口摄入首选或不足而采用管饲。

（1）经口营养：是指经口将特殊制备的营养物质送入患者体内以提供机体营养的治疗方法，这是最符合自然生理的基本摄食方式。一般适用于能经口进食且胃肠功能存在、需要营养补充的患者。

（2）管饲营养：是指通过管道向胃或空肠输送营养物质的营养支持方式，分为胃内管饲和肠内管饲两种。

3. 输注方式

（1）分次给予：适用于喂养管尖端位于胃内及胃肠功能良好者。分次给予又分为分次推注和分次输注，每次量 100~300 mL，每次分次推注在 10~20 min 完成，每次分次输注在 2~3 h 完成，间隔 2~3 h。可根据患者耐受程度加以调整。

（2）连续输注：通过重力或输液泵连续 12~24 h 输注营养液，目前多主张采用此法。适用于胃肠道耐受性差、喂养管尖端在十二指肠或空肠内的患者。

【护理评估】

（一）健康史

了解患者发病情况；了解患者的一般情况，如年龄、性别、职业和饮食习惯；了解患者有无严重创伤、感染、手术、消耗性疾病及其他代谢性疾病，确认患者胃肠道功能如何。

（二）身心状况

（1）评估患者有无腹痛、恶心、呕吐、腹泻等局部症状及生命体征是否平稳、有无脱水或水肿征象等全身症状。

（2）评估患者人体测量指标和实验室指标的评估，如体重、血浆白蛋白、细胞免疫功能等。

（3）评估患者及其家属对应用肠内营养支持重要性和必要性的认知程度，对营养支持的接受程度。

【护理问题】

1. 有误吸的危险　与患者的意识、体位、喂养管移位及胃排空障碍有关。

2. 有黏膜及皮肤受损的危险　与长期留置喂养管有关。

3. 腹胀及腹泻　与营养液的浓度、温度、输注速度及患者对营养液的耐受程度有关。

【护理措施】

（一）预防误吸

1. 妥善固定喂养管　若经鼻胃管喂养，应将喂养管妥善固定于面颊部，防止喂养管移位至食管而导致误吸；同时，每次喂食前一定要确认鼻胃管在胃内才能灌注食物。

2. 体位　根据病情及喂养管位置，取合适体位，如患者有意识障碍、经鼻胃管或胃造口管输注营养液时，在输注时及输注后 1 h 应取 30°~45°半卧位，以防营养液反流和误吸。

3. 估计胃残留量　营养液停输后 30 min，若回抽液量>150 mL，则考虑有胃潴留存在，应暂停鼻胃管输注，可改用鼻腔肠管输入。

4. 加强观察　灌注期间注意观察，若患者突然出现呕吐、呛咳、呼吸困难或咳出含营养液的痰液，应考虑有鼻胃管移位引起误吸的可能，应暂停灌注，鼓励患者咳嗽排出吸入物，必要时经鼻导管或气管镜清除误吸物。

（二）保护皮肤黏膜

（1）长期留置鼻胃（肠）管者，可每天用油膏涂拭润滑鼻腔黏膜，防止喂养管长时间压迫鼻咽部黏膜产生溃疡。

（2）如患者是胃、空肠造口，应保持造口周围皮肤干燥、清洁。

（3）按常规做好口腔护理。

（三）减轻腹胀及腹泻等胃肠道不适

临床上腹胀、腹泻的发生率为 3%~5%，主要与输注速度快、营养液浓度及渗透压高、温度低有关，输注太快是引起症状的主要原因。

1. 控制输注量和速度　输注营养液一般应从小剂量、低浓度、低速度开始，一次输注量最好<200 mL，输注的速度要慢，一般从 20 mL/h 开始，逐步增加至 100~120 mL/h，以输液泵控制滴速为佳。

2. 控制营养液的浓度　浓度应从低到高（12%~18%），以避免营养液浓度和渗透压过高引起胃肠道不适、肠痉挛、腹胀和腹泻。

3. 保持适宜的营养液滴注温度　滴注温度以接近体温为宜（38~40 ℃），温度过高可能灼伤胃肠道黏膜，过低则易引起肠痉挛致患者腹痛或腹泻，为了保持营养液温度适宜，常在输注管近端管外加热营养液。

4. 避免营养液污染、变质　营养液应现用现配；保持调配容器的清洁、无菌，存于 4 ℃冰箱中备用；营养液在室温下放置的时间应<6~8 h，如营养液中含有牛奶及易腐败成分时，放置时间应更短；每日更换输注管、袋或瓶。

（四）健康指导

（1）告知患者经口进食和肠内营养有助于维护肠道功能。

（2）术后患者在康复过程中，应保持均衡营养，保证足够的能量、蛋白质和维生素等摄入。

（3）指导携带胃或空肠喂养管出院的患者及其家属进行居家喂养和自我护理。

（4）患者出院时，如营养不良尚未完全纠正，应继续增加饮食摄入，并定期到医院复查。

第三节　肠外营养支持患者的护理

肠外营养（parenteral nutrition，PN）指通过静脉途径提供完全和充足的营养素，以达到维持机体代谢所需目的的治疗方法。当患者被禁食，所需营养素全部经静脉途径提供时，称为全胃肠外营养（total parenteral nutrition，TPN）。患者胃肠功能不良，不能或不允许经肠营养的情况下，肠外营养是唯一的营养支持途径。肠外营养包括中心静脉营养和周围静脉营养两种。

【适应证】 凡是需要营养支持，但又不能或不宜接受肠内营养支持的患者。

（1）胃切除或大部切除及胃肠吻合术、食管瘘的患者。

（2）短肠综合征或胃肠需要休息者。

（3）胰腺坏死、烧伤和脓毒症患者。

【禁忌证】

（1）严重水电解质、酸碱平衡失调。

（2）出凝血功能紊乱。

（3）休克。

【肠外营养的应用】

1. 肠外营养制剂　应含有人体所需的营养物质，其组成成分包括蛋白质、脂肪、糖类、多种维生素、多种微量元素、电解质和水等。

（1）葡萄糖：为了提供足够的能量，在配方中常用高浓度的葡萄糖（25%~50%）溶液作为肠外营养的能量来源。一般每日提供葡萄糖 200~250 g，最多不超过 300 g，否则可导致脂肪肝，由于溶液的渗透压很高，只能经中心静脉输入。

（2）脂肪：肠外营养中所应用的脂肪是以大豆油或红花油为原料，经卵磷脂乳化制成的脂肪乳剂。近年来认为这是一种安全、平衡、重要的营养支持复合物。

（3）氨基酸：构成肠外营养配方中的氮源、用于合成人体蛋白质，复方氨基酸是由人工合成的结晶左旋氨基酸，是肠外营养的基本供氮物质，用于维持正氮平衡，促进体内蛋白质合成、组织愈合及合成酶和激素。

（4）维生素和矿物质：是参与人体代谢、调节和维持内环境稳定所必需的营养物质。肠外营养时，一般提供生理需要量。

（5）水：是维持生命的基本物质和组成成分，成年人以每日 300 mL 左右为宜。

2. 输注途径　包括周围静脉和中心静脉途径，根据病情、营养支持时间、营养液组成、输液量等选择，如输注时间少于 2 周，部分补充营养或中心静脉置管困难时，可经周围静脉输注；如超过 2 周或高渗全营养支持时，用中心静脉输注。

3. 输注方式

（1）全营养混合液（total nutrient admixture，TNA）：即将每日所需的营养物质，在无菌环境中按次序混合入 3 L 输液袋内再输注。

（2）单瓶输注：在不具备 TNA 输注条件时，可采用单瓶输注方式。即各营养素非同步输入，这种输注方式不利于所提供的营养素的有效利用。

【护理评估】

（一）健康史

了解患者发病情况；了解患者的一般情况，如年龄、性别、职业、饮食习惯和民族；了解患者饮食情况、有无严重创伤、手术、消耗性疾病及肝胆系统或其他代谢性疾病；确认患者入院因检查或治疗等所需禁食的时间、患者胃肠道功能如何、是否存在不能经胃肠道进食的疾病或因素。

（二）身心状况

（1）评估患者周围静脉显露是否良好、颈部及锁骨上区皮肤有无破损；评估患者生命体征是否平稳、有无脱水或水肿征象等全身症状。

（2）评估患者人体测量指标和实验室指标，如体重、血电解质、细胞免疫功能等。

（3）评估患者及其家属对应用肠外营养支持重要性和必要性的认知程度，对肠外营养支持的接受程度和费用的承受能力。

【护理问题】

1. 有感染的危险　与中心静脉置管、患者营养不良、抵抗力下降及长期禁食致肠黏膜屏障受损有关。

2. 潜在并发症　气胸、血胸、液胸、空气栓塞、血栓性浅静脉炎、糖或脂肪代谢紊乱等。

【护理措施】

1. 防治感染　肠外营养的患者因长期深静脉置管、禁食、TPN 易引起导管性和肠源性感染，须加强防治。

（1）营养液的配制和保存：肠外营养液应在层流环境，按无菌技术要求配制；配制的营养液应在 24 h 内输完；TNA 液输注系统和输注过程应保持连续性，期间不宜中断，以防污染。

（2）导管护理：每日更换置管处的无菌敷料，并用 2%碘酊消毒局部、75%乙醇脱碘；若用 3M 透明胶布贴封者，应在胶布表面标明更换日期并按时更换；严密观察置管处有无红、肿、热、痛及分泌物产生，一旦发生，应立即通知医生，协助拔除导管并做细菌培养和药物敏感试验；输注结束时，可用肝素稀释液封管，以防导管内血栓形成；翻身时避免导管受压、扭曲或滑脱。

（3）监测体温 4 h/次，每日或隔日监测血象，发现不明原因的发热或血象升高，要注意是否有管道感染的发生。

（4）置管过程必须严格无菌技术操作。

（5）尽早经口进食或肠内营养：胃肠外营养患者，可因长期禁食，胃肠道黏膜缺乏食物刺激和代谢的能量而致肠黏膜结构和屏障功能受损、通透性增加，导致肠内细菌移位，并发肠源性感染。因此，当患者胃肠功能恢复或允许进食时，鼓励患者尽可能经口进食。

2. 观察和预防并发症

（1）气胸：当患者在静脉穿刺时或置管后出现胸闷、胸痛、呼吸困难时，应怀疑发生了气胸，应立即通知医生并协助处理，包括做胸部 X 线检查，视气胸的严重程度给予观察、胸腔穿刺抽气或胸腔闭式引流及护理。

（2）空气栓塞：是最严重的并发症，一旦发生，后果严重，甚至导致死亡。常在静脉穿刺置管过程中或因导管塞脱落或连接处脱离后发生。因此，在行锁骨下静脉穿刺时，应置患者于平卧位、屏气；置管成功后及时连接输液管道且要求连接牢固；输液结束后应旋紧导管塞，一旦疑有空气进入，应立即置患者于左侧、头低足高位，以防空气栓塞。

（3）血栓性浅静脉炎：多发生于周围静脉滴注营养液时，常因营养液浓度和渗透压较高导致血管内皮受到化学性损伤、置管时间太长导致血管受到导管的碰触而造成机械性损伤引起。表现为静脉滴注部位的静脉呈条索状变硬、红肿和触痛，少有发热，一般经更换输液部位、局部湿热敷及外涂软膏后可逐步消退。

（4）糖代谢紊乱：当输入葡萄糖总量过多或速度过快，超过机体代谢能力时，患者可出现高血糖，甚至非酮性高渗性高糖昏迷，这种并发症很常见。主要表现为血糖异常升高，严重者出现渗透性利尿、脱水、电解质紊乱、神志改变甚至昏迷等。一旦出现以上症状，护士应立即报告医生并协助处理，停止静脉滴注葡萄糖溶液或含有大量糖的营养液；输入加有胰岛素的低渗或等渗氯化钠溶液，使血糖下降，但应注意避免因血浆渗透压下降过快所致的脑水肿。另外，如果外源性胰岛素用量过大或突然停止静脉滴注高浓度葡萄糖溶液，则可导致低血糖的发生，但很少见。一旦患者出现脉搏加速、面色苍白、四肢湿冷等低血糖表现，应立即协助医生处理，静脉推注或静脉滴注葡萄糖溶液。

（5）脂肪代谢紊乱：当脂肪乳剂静脉滴注总量过多或速度过快，超过机体代谢能力时，患者可发生高脂血症或脂肪超载综合征，后者表现为发热、急性消化道溃疡、血小板减少、溶血、肝脾大及骨骼肌疼痛等。患者一旦出现相关症状，应立即停止静脉滴注脂肪乳剂。对长期应用脂肪乳剂的患者，应定期了解患者对脂肪的代谢、利用能力。静脉滴注脂肪乳剂时，速度不宜太快，通常情况下，20%脂肪乳剂 250 mL 需静脉滴注 4~5 h。

（赵桂花）

扫码做练习

扫码看 PPT

第二篇

外科护理各论

第十一章

颅脑外科疾病患者的护理

掌握：颅内压增高、颅底骨折、脑震荡、脑挫裂伤、颅内血肿等疾病的临床表现和主要护理措施。

熟悉：颅内压增高、中间清醒期的概念。

了解：脑颅内压增高的病因、颅脑损伤的治疗要点。

何先生，50 岁。头痛 7 个月，用力时加重，多见于清晨。经 CT 检查诊断为颅内占位性病变，颅内压增高。拟行手术而入院。术后 2 d，因用力排便，突发剧烈头痛，呕吐，右侧肢体瘫痪，意识丧失。体格检查：血压 150/88mm Hg，呼吸 16 次/min，脉搏 56 次/min，左侧瞳孔散大，对光反应消失。

问题导向：

患者目前出现何种问题？为什么？目前的急救护理措施有哪些？

第一节　颅内压增高患者的护理

颅内压（intracranial pressure，ICP）是指颅腔内容物对颅腔壁所产生的压力，颅内容物包括脑组织、脑脊液和血液，三者与颅腔容积相适应，维持正常的颅内压力，此压力随呼吸、血压有细微波动。通过侧卧位腰椎穿刺或直接脑室穿刺测定颅内压，正常值成人为 70～200 mmH_2O（0. 7～2. 0 kPa），儿童为 50～100 mmH_2O（0. 49～0. 98 kPa）。

颅内压增高是指成人颅内压持续在 200 mmH_2O（2. 0 kPa）以上，并出现头痛、呕吐、视盘水肿等临床表现的一种临床综合征。颅内压增高是许多颅脑疾病都可以出现的综合征，常发生于颅脑损伤、颅内肿瘤、颅内出血、脑积水和颅内感染等疾病之后；持续颅内压增高可导致脑疝（brain herniation），是颅脑疾病患者死亡的主要原因。颅内压增高根据病因分为弥漫性和局灶性两类，根据病变发展速度分为急性、亚急性和慢性三类。

【病因与病理】

1. 脑水肿　常因脑缺氧、脑外伤、脑及脑膜感染、汞或砷中毒等原因造成。

2. 脑积水　常因脑脊液分泌过多、循环受阻或吸收障碍而导致脑脊液在颅内过多蓄积所致。

3. 脑组织灌注不足　因调节颅内压，脑血流量减少，脑组织缺血缺氧，加重脑水肿，使颅内压更趋增高。当脑灌注压低于40 mmHg时，脑血流调节作用失效，颅内压接近平均动脉压时，脑灌注基本停止。

4. 脑疝　脑疝是颅内压增高的严重并发症，即脑组织从压力高处向压力低处移位，压迫脑干、血管和神经而产生的一系列严重病变。小脑幕切迹疝是颞叶的海马回、钩回通过小脑幕裂孔向幕下移位。枕骨大孔疝是小脑扁桃体及延髓经枕骨大孔向椎管移位。

【护理评估】

（一）　健康史

了解有无颅脑外伤、颅内感染、脑肿瘤、高血压、颅脑畸形等疾病史，初步明确颅内压增高的原因；有无呼吸道梗阻、咳嗽、癫痫、便秘等诱发颅内压增高的因素及了解有无合并其他系统疾病。

（二）　身体状况

1. 头痛　头痛为最早和最主要症状，系脑膜血管和神经受刺激所致，晨起和夜间为重，程度与颅内压成正比，以胀痛和撕裂样痛为多见，咳嗽、打喷嚏、用力、弯腰和低头时加重。

2. 呕吐　常在头痛剧烈头痛时，伴有恶心、呕吐，系迷走神经受刺激所致，呕吐呈喷射状，与进食无直接关系，但多见于餐后，呕吐后头痛可缓解。

3. 视盘水肿　视盘水肿为诊断颅内高压的重要客观体征。早期视力无明显障碍或仅有视野缩小，继而视力下降甚至失明。

头痛、呕吐、视盘水肿三项合称为颅内压增高三主征。

4. 意识障碍　进行性发展，由嗜睡、迟钝逐渐发展至昏迷，慢性者表现为神志淡漠、反应迟钝，或时轻时重。

5. 生命体征紊乱　当颅内压明显增高时，脑灌注压下降，脑血流量减少，为了改善脑缺氧，机体代偿性反应而出现血压升高，以收缩压增高为主，故脉压增大，脉搏慢而有力，每分钟少于60次，呼吸深而慢（二慢一高），这种典型的生命体征改变称为库欣反应（Cushing反应）。随着病情加重，晚期失代偿时出现血压下降、脉搏快而弱、呼吸浅促或潮式呼吸，最终呼吸、心搏停止。

6. 脑疝的表现

（1）小脑幕切迹疝：又称颞叶沟回疝，常由一侧颞叶或大脑外侧的占位性病变引起（如硬脑膜外血肿），因疝入脑组织压迫中脑的大脑脚，并推挤动眼神经引起锥体束征和瞳孔变化。典型的表现是颅内压增高的基础上，出现进行性意识障碍，患侧瞳孔最初有短暂的缩小，但多不易被发现，以后逐渐散大、对光反射减弱或消失，对侧肢体瘫痪、肌张力增加、腱反射亢进、病理反射阳性。如脑疝继续发展，则出现深度昏迷，双侧眼球固定及瞳孔散大、对光反射消失，四肢全瘫，去大脑强直，生命体征严重紊乱，最后呼吸、心搏停止而死亡。

（2）枕骨大孔疝：又称小脑扁桃体疝，常因幕下占位性病变或腰椎穿刺放出脑脊液过快过多引起。临床上缺乏体征性表现，容易被误诊，患者常有剧烈头痛，以枕后部疼痛为甚，反复呕吐，颈项强直，生命体征改变显著，瞳孔改变和意识障碍出现较晚。当延髓呼吸中枢受压时，常突然呼吸停止而死亡。

（三） 辅助检查

1. 腰椎穿刺 可以直接测量颅内压力，同时取脑脊液检查。但颅内压增高症状和体征明显时，应禁行腰椎穿刺，以免引起脑疝。

2. 影像学检查 X线表现为颅缝增宽、蝶鞍骨质稀疏、蝶鞍扩大、蛛网膜颗粒压迹增大加深等；CT是诊断颅内占位性病变的首选检查，CT和MRT检查均能做出较准确定位诊断并可帮助定性诊断。

3. 脑造影检查 包括脑血管造影、脑室造影、数字减影血管造影（DSA）等，可提供定位和定性诊断。

【护理问题】

1. 疼痛 与颅内压增高有关。
2. 体液不足 与频繁呕吐、控制摄入量及应用脱水剂有关。
3. 组织灌流量改变 与颅内压增高导致脑血流量下降有关。
4. 潜在并发症 脑疝、窒息等。

【护理措施】

（一） 一般护理

1. 体位 床头抬高15°~30°，以利于颅内静脉回流，减轻脑水肿。注意头颈不要过伸或过屈，以免影响颈静脉回流。昏迷患者取侧卧位，便于呼吸道分泌物排出。

2. 饮食与补液 不能进食者，成人每日静脉输液量在1 500~2 000 mL，不超过2 000 mL，其中0.9%氯化钠溶液不超过500 mL，保持每日尿量不少于600 mL，并且应控制输液速度，防止短时间内输入大量液体，加重脑水肿。神志清醒者给予普通饮食，但要限制钠盐摄入量。

3. 吸氧 通过持续或间断吸氧，有助于降低颅内压。尤其是适度的辅助过度换气，可以降低 $PaCO_2$ 使脑血管收缩，减少脑血流量，降低颅内压。

4. 加强生活护理 适当保护患者，避免意外损伤。昏迷躁动不安者切忌强制约束，以免患者挣扎导致颅内压增高。

（二） 病情观察

重点观察意识、生命体征、瞳孔和肢体活动的变化。意识反映了大脑皮质和脑干的功能状态，评估意识障碍的程度、持续时间和演变过程，是分析病情进展的重要指标；急性颅内压增高早期患者的生命体征常有“二慢一高”现象；瞳孔的观察对判断病变部位具有重要的意义，颅内压增高患者出现病侧瞳孔先小后大，对光反应迟钝或消失，提示小脑幕切迹疝的发生；小脑幕切迹疝压迫患侧大脑脚，出现对侧肢体瘫痪，肌张力增高，腱反射亢进，病理反射阳性，但有时脑干被推向对侧，使对侧大脑脚受压，造成脑疝同侧肢体瘫痪，应结合瞳孔变化及有关资料进行综合分析。

（三） 防止颅内压骤然升高的护理

1. 休息 保持病房安静，患者卧床休息，清醒患者不要用力坐起或提重物。稳定患者情绪，避免情绪波动，以免血压骤升而加重颅内压增高。

2. 保持呼吸道通畅 应预防呕吐物吸入气道，及时清除呼吸道分泌物；有舌根后坠影响呼吸者，应及时安置口咽通气管；昏迷患者或排痰困难者，应配合医生及早行气管切开术，以防止颅内压增高。

3. 避免剧烈咳嗽和用力排便 患者剧烈咳嗽和用力排便时，胸、腹腔内压力增高，有诱发脑疝的危险。因此，要预防和及时治疗感冒，避免咳嗽。鼓励能进食的患者多吃富含纤维素食物，促进肠蠕动。2 d 以上未排便者，及时给缓泻剂以防止便秘；已发生便秘者切勿用力屏气排便，可用缓泻剂或低压小量灌肠，避免高压大量灌肠，必要时用手指掏出粪块。

4. 控制癫痫发作 癫痫发作可加重脑缺氧和脑水肿，应遵医嘱按时给予抗癫痫药物，并要注意观察有无癫痫症状出现。

（四） 用药护理

1. 应用脱水剂 常用高渗性脱水剂，如 20% 甘露醇 250 mL，在 30 min 内快速静脉滴注，每日 2~4 次。脱水治疗期间，应准确记录出入量，并注意纠正利尿剂引起的电解质紊乱。停止使用脱水剂时，应逐渐减量或延长给药间隔，以防止颅内压反跳现象。

2. 应用糖皮质激素 常用地塞米松 5~10 mg，每日 1~2 次静脉注射，预防和治疗脑水肿，并能减少脑脊液生成。在治疗中应注意防止并发高血糖、感染和应激性溃疡。

（五） 脑疝的急救与护理

（1）快速静脉输注 20% 甘露醇 200~400 mL，利用留置导尿管以观察脱水效果。

扫码看微课

（2）保持呼吸道通畅，吸尽气道分泌物即给予吸氧。如系枕骨大孔疝，应迅速备好穿刺用物及器械。配合医生行脑室穿刺脊液引流术。不少患者在脑脊液引流后，自主呼吸可逐渐恢复。

（3）密切观察患者呼吸、心跳、瞳孔变化，对呼吸功能障碍者，应即行人工呼吸并进行气管内插管辅助呼吸。

（4）紧急做术前特殊检查和手术准备。

（六） 脑室外引流的护理

脑室引流的目的，主要用于脑室出血、颅内压增高、急性脑积水的急救，暂时缓解颅内压增高；还可以通过脑室外引流装置监测颅内压变化、采取脑脊液标本进行实验室检查，必要时向脑室内注药治疗。其护理要点为：

1. 妥善固定 将引流管及引流瓶妥善固定在床头，使引流管开口高于侧脑室平面 10~15 cm，以维持正常的颅内压。

2. 控制引流速度和量 引流量每日不超过 500 mL 为宜，避免颅内压骤降造成的危害。

3. 保持引流通畅 避免引流管受压和折叠，若引流管有阻塞，可挤压引流管，将血块等阻塞物挤出，或在严格无菌操作下用注射器抽吸，切不可冲洗，以免管内阻塞物被冲入脑室系统，造成脑脊液循环受阻。

4. 注意观察引流液的量和性质 若引流出大量血性脑脊液提示脑室内出血，脑脊液混浊提示有感染。

5. 严格遵守无菌操作原则　每日更换引流袋时先夹住引流管，防止空气进入和脑脊液逆流。

6. 拔管　引流时间一般为 1~2 周，开颅手术后脑室引流不超过 3~4 d；拔管前应注意生命体征变化，若观察无颅内压增高症状可以拔管，拔管时先夹闭引流管，以免管内液体逆流入颅内引起感染。

（七）冬眠低温治疗法的护理

扫码看微课

冬眠低温治疗法是应用药物和物理方法降低体温，使患者处于亚低温状态，其目的是降低脑耗氧量和脑代谢率，减少脑血流量，增强脑对缺血缺氧的耐受力，减轻脑水肿。适用于各种原因引起的严重脑水肿、中枢性高热患者。但儿童和老年人慎用；休克、全身衰竭或有房室传导阻滞者禁用。

（1）安置于单人房间，光线宜暗，室温 18~20 ℃。

（2）给冬眠药物 30 min 后，机体御寒反应消失，进入睡眠状态后，方可加用物理降温措施，降低温度以每小时下降 1 ℃为宜，以肛温 32~34 ℃为宜。

（3）密切观察意识、瞳孔、生命体征和神经系统征象，收缩压<70 mmHg 时，或脉搏>100 次/min、呼吸次数减少或不规则时，应终止冬眠疗法。

（4）液体输入量每日不宜超过 1 500 mL，鼻饲饮食温度应与当时体温相同。

（5）预防肺部、泌尿系统感染，防止冻伤和压疮。

（6）冬眠低温治疗时间一般为 3~5 d，先停止物理降温，然后停冬眠药物，注意保暖，让体温自然回升。

（八）心理护理

扫码看 PPT

保持病房安静和舒适。鼓励患者及其家属说出焦虑、恐惧心理的感受，帮助患者接受疾病带来的改变。介绍疾病有关的知识和治疗方法，消除患者的疑虑和误解，指导患者学习康复的知识和技能。

第二节　颅脑损伤患者的护理

扫码看微课

颅脑损伤（craniocerebral injury）占全身损伤的 15%~20%，仅次于四肢损伤，常与其他部位损伤并存，伤残率和死亡率均居首位。多见于交通和工矿事故、自然灾害、爆炸、跌倒、坠落及锐器和钝器对头颅的伤害。颅脑损伤包括头皮损伤、颅骨骨折和脑损伤，三者可单独或合并存在。对预后起决定作用的是脑损伤的程度及处理效果。

一、头皮损伤

患者王某，2 h 前，因与别人打架，头皮被用玻璃杯打伤，有 3~5 cm 伤口，伤口流血量大，伤口内发现玻璃异物，患者情绪激动紧张。

问题导向：

该患者应如何处理？你认为目前患者最需要什么方面的护理？

【病因和病理】

头皮损伤是最常见的颅脑损伤。包括头皮血肿、头皮裂伤和头皮撕脱伤。

1. 头皮血肿　多因钝器伤所致，按血肿的部位分为皮下血肿、帽状腱膜下血肿和骨膜下血肿。①皮下血肿：位于皮肤层和帽状腱膜之间，血肿不易扩散，范围较局限，体积较小。②帽状腱膜下血肿：位于帽状腱膜和颅骨外骨膜之间，出血易扩散，可蔓延至全头部，失血量多。③骨膜下血肿：位于骨膜和颅骨外板之间，常由颅骨骨折引起，因骨膜在骨缝处紧密连接，血肿多以骨缝为界，局限于某一颅骨范围内。

2. 头皮裂伤　多为锐器或钝器打击所致，头皮血管丰富，出血较多，可致失血性休克。

3. 头皮撕脱伤　大块头皮自帽状腱膜下层连同颅骨骨膜被撕脱或整个头皮甚至连额肌、颞肌及骨膜一并撕脱，使骨膜或颅骨外板暴露，剧烈疼痛和大量失血常导致创伤性休克。

【护理评估】

（一）　健康史

了解受伤的经过，评估患者有无暂时性意识障碍，有无其他部位损伤等，同时了解现场急救情况。

（二）　身体评估

1. 头皮血肿　皮下血肿范围局限，张力高，边缘隆起，中央凹陷，压痛明显。帽状腱膜下血肿范围可延及整个头部，头颅增大，肿胀，明显波动感。骨膜下血肿多局限于某一颅骨范围内，以骨缝为界，张力较高。

2. 头皮裂伤　伤口大小、深度不一，创缘多不规则，可有组织缺损，出血量大，可伴有休克。

3. 头皮撕脱伤　头皮缺失，颅骨外露，出血量大，常伴休克。

（三）　辅助检查

单纯头皮损伤的诊断一般不难，要注意检查有无颅骨骨折和颅脑损伤及休克，必要时做 X 线、CT、MRI 等检查。

【护理问题】

1. 疼痛　与损伤有关。

2. 组织完整性受损　与损伤有关。

3. 焦虑、恐惧　与头皮损伤及出血有关。

4. 潜在并发症　出血、感染、休克等。

【护理措施】

1. 急救处理　头皮裂伤时出血较多，应加压包扎止血，并尽早协助医生施行清创缝合。头皮血肿也应及时加压包扎，以阻止继续出血。但是骨膜下血肿伴有颅骨骨折者不宜加压包扎，以防止血液经骨折缝流入颅内。头皮撕脱伤者应用无菌敷料覆盖创面后，加压包扎止血，同时使用抗生素和止痛药物；完全撕脱的头皮不做任何处理，用无菌敷料包裹，随患者一起速送医院。

2. 局部护理　头皮血肿经加压包扎后，24 h 内冷敷，以减少出血和肿胀。头皮裂伤或头皮撕脱伤，经清创缝合后，按医嘱使用抗生素和破伤风抗毒素，保持敷料清洁和干燥，注意伤口有无渗血，若创口内放有橡皮引流片，应在手术后 24~48 h 拔除。

3. 病情观察　头皮损伤有合并颅骨骨折和颅内血肿的可能，应注意有无颅内压增高的症状；头皮血肿经加压包扎后，如血肿范围进行性增大，可能是大血管破裂或存在凝血障碍，应及时报告医生。

4. 预防感染　严格无菌操作规程，观察有无全身和局部感染表现，常规应用抗生素。

5. 心理护理　消除患者紧张、恐惧的心理，必要时给予镇静剂和镇痛剂，对合并脑损伤者禁用吗啡类药物。

二、颅骨骨折

患者男性，司机，因车祸前额及眶部撞伤，眼睑青肿，结膜下出血，鼻腔不断流出血性液体。体格检查：体温 37 ℃，心率 80 次/min，血压 100/70 mmHg，发育营养正常，头，面，颈（-），胸廓对称，两肺呼吸音清晰，心律齐，未闻及病理性杂音。腹平软，肝脏未扪及，腹水征（-），肠鸣音正常。

问题导向：

请问该患者的初步诊断是什么？该患者目前护理的重点是什么？应如何护理？

扫码看微课

【病因与病理】　颅骨骨折是颅骨受暴力作用致颅骨结构改变，常合并脑损伤。按其部位分为颅盖骨折与颅底骨折；按骨折形态分为线性骨折、凹陷骨折（粉碎骨折多呈凹陷性，一般列入凹陷骨折）；依骨折部位是否与外界相通分为闭合性骨折和开放性骨折。颅骨骨折的严重性并不在于骨折的本身，而在于可能同时存在颅内血肿和脑的损伤而危及生命。

颅骨损伤的病因是外界暴力，当颅骨受到外界暴力作用时，着力点局部下陷变形，并使整个颅腔也随之变形，先是颅骨内板折裂，外力持续作用，使外板也随之折裂，形成凹陷性或粉碎性骨折。颅底硬脑膜损伤，常引起脑脊液鼻漏或耳漏。

【护理评估】

（一）　健康史

了解受伤过程，如暴力的性质、大小、方向和着力点及身体状况等，当时有无意识障碍、口鼻流血液等情况，了解有无其他合并伤及其他疾病。

（二）　身体状况

1. 颅盖骨折　分为线性骨折和凹陷骨折两种。线性骨折依靠触诊很难发现，凹陷范围较大的骨折，软组织出血不多时，触诊多可确定。如凹陷的骨片压迫局部脑组织，临床上出现相应的症状和体征。若骨折损伤静脉窦或动脉引起颅内血肿，则有颅内压增高症状。

2. 颅底骨折　颅底部硬脑膜与颅骨贴附紧密，颅底骨折常伴有硬脑膜撕裂引起脑脊液外漏，一般视为开放性骨折。依骨折的部位不同可分为颅前窝骨折、颅中窝骨折和颅后窝骨折，主要表现为皮下或黏膜下瘀斑、脑脊液外漏和脑神经损伤三个方面。临床表现是颅底骨折诊断的主要依据。三者的区别见表 11-1。

表 11-1 颅底骨折的临床表现

骨折部位	脑脊液漏	瘀斑部位	可能累及的脑神经
颅前窝	鼻漏	眼眶、球结膜下（“熊猫眼征”）	嗅神经、视神经
颅中窝	鼻漏或耳漏	乳突区（Battle 征）	面神经、听神经
颅后窝	无	乳突部、咽后壁	少见

（三） 辅助检查

1. X 线检查　X 线可帮助了解骨折片陷入的深度和有无合并脑损伤。是颅盖骨折诊断的主要依据，对颅底骨折诊断意义不大。

2. CT　可确定有无骨折，并有助于脑损伤的诊断。

【护理问题】

1. 疼痛　与损伤和颅内压增高有关。

2. 知识缺乏　缺乏脑脊液外漏的护理知识。

3. 焦虑、恐惧　与颅脑损伤的诊断和担心治疗效果有关。

4. 潜在并发症　颅内压增高、颅内出血、感染等。

【护理措施】

1. 病情观察　密切观察患者意识、瞳孔、生命体征、颅内压增高症状和肢体活动等情况，及时发现和处理并发症。当骨折线越过脑膜中动脉沟或静脉窦，引起硬脑膜外血肿时，患者有头痛、呕吐、生命体征改变、意识障碍等颅内压增高症状；凹陷性骨折压迫脑组织有偏瘫、失语、视野缺损等局灶症状和体征；颅底骨折伴有脑脊液漏者，应注意有无颅内感染的迹象。

2. 脑脊液漏的护理

（1）卧位：患者平卧，将床头抬高 15~30 cm，目的是借助重力作用使脑组织移向颅底，使脑膜逐渐形成粘连而封闭脑膜破口，待脑脊液漏停止 3~5 d 后可改平卧位。

（2）观察脑脊液漏：每日 2 次清洁、消毒鼻前庭或外耳道，避免棉球过湿导致液体逆流颅内；在外耳道口或鼻前庭疏松放置干棉球，棉球渗湿及时更换，观察并记录 24 h 浸湿的棉球数，以此估计漏出液量。

（3）预防脑脊液逆流颅内：应禁忌鼻腔、耳道的堵塞、冲洗和滴药；脑脊液鼻漏者严禁经鼻腔置管（胃管、吸管管、鼻导管）；禁忌做腰椎穿刺。避免用力咳嗽、打喷嚏和擤涕；避免挖耳、抠鼻；避免屏气排便，以免引起颅内感染。

（4）抗生素应用：遵医嘱应用抗生素和破伤风抗毒素，预防颅内感染。

3. 心理护理　向患者介绍病情、治疗方法及应注意的事项，取得患者的配合，消除紧张情绪。

三、脑损伤

患者男性，30 岁，因骑车进行中被汽车撞到，右颞部着地半小时，到急诊就诊患者摔倒后曾有约 5 min 的昏迷，清醒后，自觉头痛、恶心。体格检查：体温 37.6 ℃，血压 140~80 mmHg，心率 80 次/min，一般情况可，神经系统检查未见阳性体征。头颅平片提示：右额颞线性骨折。遂将患者急诊留观，在随后 1 h 中，患者头痛逐渐加重，伴呕吐，烦躁不安，进而出现意识障碍，体格检查：体温 38 ℃，血压 160～100 mmHg，心率 60 次/min，呼吸 18 次/min，浅昏迷，左侧瞳孔 3 mm，对光反射存在，右侧瞳孔 4 mm，对光反射迟钝。

问题导向：

请问该患者的初步诊断是什么？护理中应该注意哪些问题？

脑损伤是指脑膜、脑组织、脑血管及脑神经的损伤。根据脑损伤发生的时间和机制分为原发性脑损伤和继发性脑损伤，前者指暴力作用于头部时立即发生的脑损伤，包括脑震荡（cerebral concussion）、脑挫裂伤（cerebral contusion and laceration）；后者指受伤一定时间后发生的脑水肿和颅内血肿，压迫脑组织引起的损伤。按伤后脑组织与外界是否相通，分为闭合性脑损伤和开放性脑损伤两类。

【病因与病理】 开放性颅脑损伤多为锐器或火器伤，常伴头皮破裂、颅骨骨折和脑膜破裂；闭合性脑损伤多为钝器伤或间接暴力所致，脑膜完整。脑损伤常是多种应力的共同结果。脑损伤机制依暴力作用于头部的方式分为直接损伤、间接损伤和旋转损伤。

1. 直接损伤　是外力导致颅骨变形，并使头颅产生加速或减速运动，亦可使头颅产生直线性或旋转性运动，使脑组织受到压迫、牵拉、滑动及负压吸附等多种应力产生的损伤。①加速性损伤：运动的物体撞击静止头部，使头部呈加速运动时产生的脑损伤。②减速性损伤：运动的头部撞击静止物体，使头部运动突然停止时产生的脑损伤。③挤压伤：两个相反方向的暴力同时作用于头部，造成整个颅骨变形，颅内压急剧上升而产生的脑损伤。

2. 间接损伤　是暴力作用于身体其他部位，然后传导至头部造成的脑损伤。①传递性损伤：双足或臀部着地的坠楼，外力通过下肢、脊柱传递至颅底发生的损伤。②挥鞭样损伤：外力作用于躯干，引起躯干急骤运动，头部运动落后于躯干，使头部发生过伸或过屈如挥鞭样运动，所造成的脑干和脊髓损伤。③创伤性窒息：胸腹部受猛烈挤压时，胸腹腔压力骤升，上腔静脉血液逆流，引起脑、头面部毛细血管破裂。

3. 旋转损伤　是外力作用方向没有通过头部轴心，使头颅沿其他轴线做旋转运动，颅底蝶骨嵴、大脑镰、小脑幕的锐利边缘等导致脑损伤。通常将受力侧的脑损伤称为冲击伤，其对侧损伤称为对冲伤。

【护理评估】

（一） 健康史

详细了解受伤经过，如暴力性质、大小、速度和身体状况，有无意识障碍及程度和持续时间，有无中间清醒期、逆行性遗忘，有无恶心、呕吐、头痛等症状，有无口、鼻、耳流血和脑脊液外漏。了解急救情况及既往健康状况。

（二） 身体状况

1. 脑震荡　是指头部受到撞击后，立即发生短暂的意识丧失及一过性神经功能障碍，无明显的脑组织器质性损害。主要临床表现为伤后立即出现短暂的意识丧失，一般持续时间不超过 30 min，意识障碍期可伴有面色苍白、出冷汗、血压下降、脉缓、呼吸浅慢、瞳孔改变等。意识恢复后，对受伤时甚至受伤前一段时间内的情况不能回忆，而对往事记忆清楚，称为逆行性健忘。清醒后常有头痛、头晕、恶心呕吐、失眠、情绪不稳定、记忆力减退等症状，一般持续数日或数周。神经系统检查无明显阳性体征。

2. 脑挫裂伤　指暴力作用于头部后，立即发生的脑器质性损伤。因受伤的部位和程度不同，临床表现差别较大。

（1）意识障碍：是脑挫裂伤最突出的症状，伤后立即出现昏迷，昏迷时间超过30 min，可长达数小时、数日至数月不等，严重者长期持续昏迷。

（2）生命体征改变：由于脑水肿和颅内出血引起颅内压增高，出现血压升高、脉搏缓慢、呼吸深而慢，严重者呼吸、循环功能衰竭。伴有下丘脑损伤者，可出现持续高热。

（3）局灶症状与体征：脑皮质功能区受损时，伤后立即出现与脑挫裂伤部位相应的神经功能障碍症状或体征，如语言中枢损伤出现失语，运动区受损伤出现对侧瘫痪等。如大脑“哑区”损伤，则可无明显局灶症状。

（4）脑膜刺激征：合并蛛网膜下腔出血时，患者可有剧烈头痛，颈项强直和凯氏尼格征（Kernig sign）阳性，以及脑积液检查有红细胞。

3. 颅内血肿　颅内血肿是颅脑损伤中最常见的继发性脑损伤，如不及时处理，常可危及患者的生命。颅内血肿按症状出现的时间分为急性血肿（3 d 内出现症状）、亚急性血肿（伤后 3 d~3 周出现症状）、慢性血肿（伤后 3 周以后才出现症状）。按血肿所在部位分为硬脑膜外血肿、硬脑膜下血肿、脑内血肿。外伤性颅内血肿常与原发性脑损伤相伴发生，也可以在没有明显原发性脑损伤的情况下发生。无论哪一种外伤性颅内血肿，都有大致相同的病理过程和临床表现。主要表现为头部外伤后，若有原发性脑损伤者，先出现脑震荡或脑挫裂伤的症状，当颅内血肿形成后压迫脑组织，出现颅内压增高和脑疝的表现。但不同部位的血肿有其各自的特点。

（1）硬脑膜外血肿：发生在颅骨内板和硬脑膜之间，常因颞侧颅骨骨折致脑膜中动脉破裂所引起，大多属于急性型。患者的意识障碍有 3 种类型：①典型的意识障碍是伤后昏迷有“中间清醒期”，因原发性昏迷时间短，在血肿形成前意识清醒或好转，一段时间后颅内血肿形成，颅内压增高或导致脑疝，患者再度出现昏迷。②原发性脑损伤严重，伤后昏迷持续并进行性加重，血肿的症状被原发性脑损伤所掩盖。③原发性脑损伤轻，伤后无原发性昏迷，至血肿形成后始出现继发性昏迷，患者在昏迷前或中间清醒期常有头痛、呕吐等颅内压增高症状，幕上血肿大多有典型的小脑幕切迹疝表现。

（2）硬脑膜下血肿：是指出血积聚在硬脑膜下隙，多属急性或亚急性型，主要由脑挫裂伤的皮层血管破裂所致。因多数与脑挫裂伤和脑水肿同时存在，故表现为伤后持续昏迷或昏迷进行性加重，少有“中间清醒期”，较早出现颅内压增高和脑疝症状。

慢性硬脑膜下血肿较少见，好发于老年人，病程较长。临床表现差异很大，多有轻微头部外伤史，主要表现为慢性颅内压增高症状，也可有偏瘫、失语、局限性癫痫等局灶症状，或头昏、记忆力减退、精神失常等智力和精神症状。

（3）脑内血肿：发生在脑实质内，多因脑挫裂伤导致脑实质内血管破裂引起，常与硬脑膜下血肿同时存在，临床表现与脑挫裂伤和急性硬脑膜下血肿等的症状很相似。

【辅助检查】

1. 脑脊液检查　脑挫裂伤时，脑脊液检查常有红细胞。

2. X 线检查　了解颅骨骨折情况。

3. CT　脑震荡常无异常改变。CT 可显示脑挫裂伤的部位、范围，脑水肿程度和有无脑室受压及中线结构移位等。可明确颅内血肿的定位，并计算出血量，对开放性脑损伤可了解伤道及碎骨片和异物的定位等。

4. 颅脑超声　对幕上血肿有定侧价值，中线移位超过 3 cm，有诊断意义。

5. 脑血管造影　对颅内血肿有定位意义。

【护理问题】

1. 意识障碍　与脑损伤、颅内压增高有关。

2. 营养失调（低于机体需要量）　与呕吐、长期不能进食有关。

4. 焦虑、恐惧　与脑损伤的诊断和担心治疗效果有关。

5. 潜在并发症　颅内压增高、脑疝、癫痫、感染、压疮、废用综合征等。

【护理措施】

（一） 一般护理

1. 体位　意识清醒者采取斜坡卧位，有利于颅内静脉回流。昏迷患者或吞咽功能障碍者宜取侧卧位或侧俯卧位，以免呕吐物、分泌物误吸。

2. 营养支持　昏迷患者须禁食，早期应采用胃肠外营养，从静脉输入葡萄糖溶液、脂肪乳剂、复方氨基酸、维生素等。每日静脉输液量在 1 500~2 000 mL，其中含钠电解质溶液 500 mL，输液速度不可过快。伤后 3 d 仍不能进食者，可经鼻胃管补充营养。成人每日供给总热能为 8 400 kJ，每千克体重 1~1.5 g 蛋白质，同样应控制盐和水的摄入量。患者意识好转出现吞咽反射时，可耐心地经口试喂，开始是以喂蒸蛋、藕粉等食物为宜。

3. 降低体温　呼吸道、泌尿系统及颅内感染均有体温升高，脑干或下丘脑损伤常引起中枢性高热，高热使机体代谢增高，加重脑组织缺氧，应及时处理。应采取降低室温，颈部和腋窝放冰袋，头部戴冰帽，遵医嘱给予解热剂等降温措施，物理降温无效或有寒战时，遵医嘱给予冬眠低温疗法。

4. 躁动的护理　引起躁动的原因很多，如头痛、呼吸道不通畅、尿潴留、便秘、被服被大小便浸湿、肢体受压等，须查明原因及时排除，切勿轻率给予镇静剂，以免影响观察病情。对躁动患者不可强加约束，避免因过分挣扎使颅内压进一步增高，应加床栏保护并让其戴手套，以防坠床或抓伤，必要时由专人护理。

5. 心理护理　受伤后意识清楚者，应稳定患者情绪，取得患者的理解和配合；病情稳定后神经系统功能恢复进展缓慢者，应帮助患者树立康复的信心，鼓励患者坚持功能锻炼，同时取得家属的支持和配合。

（二） 保持呼吸道通畅

脑损伤患者都有不同程度意识障碍，丧失正常的咳嗽反射和吞咽功能，容易发生误咽、误吸，或因下颌松弛导致舌根后坠等原因引起呼吸道梗阻。必须及时清除口咽部的血块和呕吐物，并注意吸痰；舌根后坠者放置口咽通气管，必要时气管插管或气管切开。气管切开者严格执行气管切开护理常规。保持有效的吸氧，呼吸通气量明显下降者应采用机械辅助呼吸，监测血气分析，调整和维持正常的呼吸功能。

（三） 严密观察病情

严密观察病情是颅脑损伤患者护理的重点内容，目的是观察治疗效果和及早发现脑疝，以免错失抢救时机。

1. 意识状态　对患者的反应做动态的分析，判断意识状态的变化。伤后立即昏迷是原发性脑损伤；伤后清醒转为昏迷或意识障碍不断加深，是颅内压增高或形成脑疝的表现；躁动患者突然昏睡应怀疑病情恶化。

2. 意识障碍的程度　传统的方法分为清醒、模糊、浅昏迷、昏迷和深昏迷 5 级；目前通用的格拉斯哥（Glasgow）昏迷计分法，分别对患者的睁眼、言语、运动三方面的反应进行评分，再累计得分，用量化方法来表示意识障碍的程度，最高为 15 分，总分低于 8 分表示昏迷状态，最低为 3 分。分数越低表明意识障碍越严重（表 11-2）。

表 11-2　Glasgow 昏迷评分法

睁眼反应	记分	言语反应	记分	运动反应	记分
正常睁眼	4	回答正确	5	遵命动作	6
呼唤睁眼	3	回答错误	4	定位动作	5
刺痛睁眼	2	含混不清	3	肢体回缩	4
无反应	1	唯有叹声	2	肢体屈曲	3
		不能发声	1	肢体过伸	2
				无动作	1

3. 生命体征　观察生命体征时为了避免患者躁动影响准确性，应先测呼吸，再测脉搏，最后测血压。伤后生命体征出现“两慢一高”，同时有进行性意识障碍，为颅内压增高所致的代偿性生命体征改变；下丘脑或脑干损伤常出现中枢性高热；伤后数日出现高热常提示有继发感染。

4. 瞳孔　观察两侧睑裂大小是否相等，眼球的位置和运动情况，注意对比两侧瞳孔的形状、大小和对光反射。伤后立即出现一侧瞳孔散大，是原发性动眼神经损伤所致；伤后瞳孔正常，以后出现一侧瞳孔先缩小继之进行性散大，并且对光反射减弱或消失，是小脑幕切迹疝的眼征；如双侧瞳孔时大时小，变化不定，对光反射消失，伴眼球运动障碍（如眼球分离，同向凝视），常是脑干损伤的表现。另外，要注意伤后使用某些药物会影响瞳孔的观察，如使用阿托品、麻黄素使瞳孔散大，吗啡、氯丙嗪使瞳孔缩小。

5. 神经系统体征　原发性脑损伤引起的偏瘫等局灶性表现，在受伤当时已出现，且不再继续加重；伤后一段时间出现或继续加重的肢体偏瘫，同时伴有意识障碍和瞳孔变化，多是小脑幕切迹疝压迫中脑的大脑脚，损害其中的锥体束纤维所致。

6. 其他　剧烈头痛，频繁呕吐，是颅内压增高的主要表现，尤其是躁动时无脉搏增快，应警惕脑疝的形成。

（四）　用药的护理

（1）应用高渗脱水剂、利尿剂、糖皮质激素，是减轻脑水肿、降低颅内压力度重要环节。用药后的病情观察，是医生调整应用脱水剂间隔时间的依据。

（2）任何部位脑损伤都可能引起癫痫，预防外伤性癫痫可用苯妥英钠 100 mg，每日 3 次。癫痫发作者给予地西泮 10~20 mg，缓慢静脉注射，直至抽搐停止，并坚持服用抗癫痫药物控制发作。患者要保证睡眠，避免情绪激动，预防意外受伤。

（3）遵医嘱使用保护脑组织和促进脑苏醒的药物，如能量合剂、神经节苷脂、胞二磷胆碱等药物，有助于患者苏醒和功能恢复。

（4）应用止血药和抗生素，有疼痛时给予镇静止痛药，但禁用吗啡等麻醉镇痛剂，以免抑制呼吸中枢。

（五）预防并发症

昏迷患者全身抵抗力下降，容易发生多种并发症，应采取积极的预防措施。要加强皮肤护理，定时翻身以防压疮。四肢关节保持功能位，每日 3 次做四肢被动活动和肌肉按摩，以防关节僵硬和肌肉挛缩。保持室内适宜的温度和湿度，保持口腔清洁，定时翻身、拍背和吸痰，保持呼吸道通畅，预防呼吸道感染。患者常有排尿功能紊乱，需要留置导尿，应严格遵守无菌操作，每日定时消毒尿道口，并冲洗膀胱，减少泌尿系感染。若患者发生便秘，可用缓泻剂，必要时戴手套抠出干硬粪便，勿高压灌肠，以免加重颅内压增高而诱发脑疝。

（六）手术前后的护理

除继续做好上述护理外，应做好紧急手术前常规准备，手术前 2 h 内剃净头发，洗净头皮，涂擦 70%乙醇应用无菌巾包扎。手术后返回病室，搬动患者时动作轻稳，防止头部转动或受震荡，搬动患者前观察呼吸、脉搏和血压的变化，小脑幕上开颅手术后，取健侧或仰卧位，避免切口受压；小脑幕下开颅手术后，应取侧卧或侧俯卧位。手术中常放置引流管，如脑室引流管、创腔引流管、硬脑膜下引流管等，护理时严格注意无菌操作，预防颅内逆行感染，妥善固定，保持引流通畅，观察并记录引流量和性质。严密观察意识、生命体征、瞳孔、肢体活动等情况，及时发现手术后颅内出血、感染、癫痫以及应激性溃疡等并发症。

第三节　颅内肿瘤患者的护理

扫码看 PPT

【病因与病理】　颅内肿瘤的病因尚不完全清楚，大量的研究表明与细胞染色体上存在癌基因及后天物理、化学及生物因素有关。依肿瘤的组织类型，其病因可能为：

1. 先天性　随着个体生长发展，胚胎组织未能完全退化，反而过度增生成为具有一定体积的肿物，如颅咽管瘤、脊索瘤等。

2. 遗传因素　某些肿瘤有家族史，如神经纤维瘤病、血管网状内皮瘤，以及在环境和外界环境的生物、化学、物理等刺激因素等。

【护理评估】

（一）健康史

详细询问病史，有无脑肿瘤家族史、有无接触化学、物理和生物致癌因素等其他情况。

（二）身体状况

1. 颅内压增高　90%以上的患者发生颅内压增高症状和体征。常呈慢性、进行性发展，患者表现为头痛、呕吐和视神经盘水肿，还可出现视力减退、黑蒙、复视、头晕、大小便失禁和意识障碍等，严重者出现脑疝。

2. 局部症状　是肿瘤刺激、压迫或破坏脑组织或颅神经，引起局部神经功能紊乱。表现为：刺激性症状，包括癫痫、疼痛、肌肉抽搐；压迫性症状，包括偏瘫、失语、感觉障碍及脑神经的功能障碍和小脑症状等。患者的首发症状和体征常提示脑组织最先受肿瘤损害的部位，因此，最早出现的局灶症状，具有定位诊断意义。不同部位的肿瘤所产生的局灶症状是不相同的。

【护理问题】

1. 疼痛　头痛与颅内压增高有关。

2. 睡眠型态紊乱　与头痛影响入睡、担心疾病预后有关。

3. 恐惧　与颅内肿瘤诊断有关。

4. 清理呼吸道无效　与意识障碍有关。

5. 预感性悲哀　与担心预后有关。

6. 潜在并发症　与颅内压增高、脑疝、癫痫、消化道出血等。

【护理措施】　颅内肿瘤的主要治疗方法是手术切除肿瘤，无法全部切除者配合放疗、化疗。治疗要点包括：①降低颅内压，可缓解症状，争取治疗时机，常采取脱水、脑脊液引流等综合治疗措施。②手术治疗，是治疗颅内肿瘤最直接、最有效的方法，包括肿瘤切除术、内减压术、外减压术、脑脊液分流术。③放疗，对颅内肿瘤不能手术者，放射治疗可抑制肿瘤生长或推迟肿瘤复发，延长患者生命，包括普通放射治疗、伽玛刀放射治疗等中心直线加速器治疗等。④化疗，是治疗颅内肿瘤的重要方法之一。

（一）　术前护理

（1）热情接待患者，介绍住院环境。

（2）了解患者对所患颅内肿瘤的感受及对拟行治疗方案的认知情况。

（3）做好术前准备，如备血及皮肤准备。

（4）加强生活护理。指导患者摆放合理的体位，抬高床头15°~30°以利颅内静脉血回流；保证营养和足够的睡眠；指导患者定时翻身，防止压疮。

（5）保持呼吸道通畅。协助患者排痰，及时清除呼吸道分泌物，必要时配合医生行气管切开术。

（6）心理护理。对手术过度恐惧的患者，告知其颅内肿瘤的有关知识，说明手术的必要性、手术的方法、术后恢复过程及预后情况，使其身心处于接受手术的最佳状态。

（二）　术后护理

1. 体位　麻醉未清醒患者取侧卧位；神志清醒，血压稳定的患者取头高足低卧位；对体积较大的颅内肿瘤切除术后患者24 h内手术区保持高位；幕上开颅术后患者取健侧卧位；深昏迷患者取侧俯卧位或侧卧位。

2. 病情观察　严密监测生命体征、神志、瞳孔、尿量及颅内压，及时发现病情变化。

3. 饮食　鼓励患者进食，一般颅脑手术后24 h内可进流质饮食，然后从流质饮食逐步过渡到半流质饮食及普通饮食。昏迷患者可鼻饲给予每日所需营养，必要时可全胃肠外营养。进行颅后窝手术或听神经瘤手术的患者，应禁食禁饮，鼻饲供给营养，待患者吞咽功能恢复后逐渐恢复正常进食。

4. 控制输液量　颅脑手术后多有脑水肿，应适当控制液体摄入量，以每天1 500~2 000 mL为宜，应记录24 h出入液量，监测电解质水平，维持水、电解质及酸碱平衡。

5. 引流管的护理　妥善固定引流管，防止引流管扭曲、折叠、受压，观察引流液的颜色、性质和量，每日更换引流袋。术后 48 h 内引流管与手术切口保持一致或稍偏高。确保颅腔内有一定压力，防止脑组织移位。48 h 后引流管可放低，有利于脑组织膨灶。减少局部残腔。待 3~4 d 后血性液转变成透明清亮脑脊液时，可考虑拔管。预防逆行感染。

6. 术后疼痛　切口痛常在术后 24 h 内发生，遵医嘱用一般止痛药即可。颅内压增高性头痛常在术后 2~4 d（脑水肿高峰期）发生，应遵医嘱用脱水剂、激素等降低颅内压。对术后疼痛者，保持环境安静，解除患者紧张情绪，防止颅内压增高。

7. 并发症的护理　术后严密观察病情变化，防治各种并发症，如颅内出血、呼吸道感染、切口感染、中枢性高热、消化道出血等。

（三）　健康教育

1. 心理指导　加强与患者沟通，给予其精神上的安慰和支持。对进行放疗、化疗的患者，告知其可能出现的不良反应，尽可能减轻或消除患者的焦虑、恐惧情绪，帮助患者树立战胜疾病的信心，积极配合治疗。

2. 功能锻炼　指导患者早期进行康复功能训练的方法，鼓励患者要持之以恒。

扫码做练习

（王文生）

第十二章 颈部疾病患者的护理

学习目标

掌握：甲状腺功能亢进患者术前准备、术后并发症的防治、术后主要护理措施及健康指导。

熟悉：甲状腺的解剖生理及甲状腺肿瘤的病理、临床表现及处理原则。

了解：甲状腺功能亢进的分类、甲状腺肿瘤护理要点。

第一节　原发性甲状腺功能亢进患者的护理

男性患者，40 岁。2 个月前因出现心悸，怕热多汗，食欲亢进，烦躁不安，消瘦乏力，伴颈部增粗而入院。该患者睡眠较差，常需服安眠药。既往体健，个人史无特殊。体格检查：体温 37.2℃，呼吸 24 次/min，心率 109 次/min，血压 130/80 mmHg。甲状腺轻度肿大，质软，眼球略突出，眼裂增宽，神情激动，心肺无异常，肝脾肋下未触及。

问题导向：

该患者患什么疾病？如需手术，术前应怎样准备？术后应怎样护理？

甲状腺功能亢进症简称甲亢，是由各种原因导致正常甲状腺素分泌的反馈调节异常，引起循环中甲状腺素异常增多而出现以全身代谢亢进为主要特征的疾病总称。甲亢按其病因不同可分为多种类型，临床以原发性甲亢最常见，占全部甲亢病的 85%~90%，男女均可发病，但以中青年女性多见。男女比例为 1∶(4~7)。

【病因与生理】 甲亢的病因尚未完全明确，目前认为原发性甲亢是一种自身免疫性疾病。在患者血中发现了两类刺激甲状腺的自身抗体——长效甲状腺激素（LATS）和甲状腺刺激免疫球蛋白（TSI），来源于淋巴细胞，能抑制促甲状腺素（TSH），并与 TSH 受体相结合，促进甲状腺分泌大量的 T_3、T_4。

表现为腺体内血管增多、扩张、充血，淋巴组织增生，滤泡上皮细胞多呈高柱状并增生，形成深入滤泡腔内的乳头状突起，腔内胶质减少。

【护理评估】

（一） 健康史

了解发病的过程及治疗经过；是否有家族史；了解既往史，有无其他自身免疫性疾病；有无手术史等；了解麻醉方式、手术方法；了解术中出血量、补液量和性质，放置引流管情况；麻醉及手术经过是否顺利；了解术后恢复情况：生命体征、切口及引流等情况，是否出现并发症。

（二） 身体状况

1. 甲状腺激素分泌过多症候群 由于 T_3、T_4 分泌过多和交感神经兴奋性增高，患者出现甲状腺肿大、多语、性情急躁、容易激动、失眠、双手细速颤动、怕热、多汗、皮肤潮湿，食欲亢进却消瘦、肠蠕动亢进和腹泻；心悸、脉快有力（脉率常在每分钟 100 次以上，休息及睡眠时仍快）、脉压增大（以收缩压升高为明显）、内分泌紊乱（月经失调）以及无力、易疲劳、出现肢体近端肌萎缩等。脉率增快及脉压增大常作为判断病情程度和治疗效果的重要标志。极个别患者会伴有局限性胫前黏液性水肿。

2. 甲状腺肿大 双侧呈弥漫性对称性肿大，肿大程度与甲亢病情轻重无明显关系，多无局部压迫症状。质软，触诊有震颤感，听诊可闻及血管杂音。

3. 凸眼征 多见于原发性甲亢，典型者双侧眼球凸出，眼裂增宽，重者上下眼睑不能闭合，盖不住角膜，凝视时瞬目减少，易致眼部感染甚至失明。凸眼的严重程度与甲亢严重程度无关。

4. 其他 甲状腺肿大还可出现相应的压迫症状：压迫气管，可出现呼吸困难；压迫食管可产生吞咽困难；压迫喉返神经可出现声音嘶哑；压迫颈交感神经干时，可产生霍纳（Horner）综合征（表现为同侧面部无汗、睑裂变窄、眼球内陷和瞳孔缩小等）。

（三） 辅助检查

1. 基础代谢率测定 基础代谢率（BMR）＝［（脉压+脉率）－111］/100，±10%为正常。轻度甲亢为+20%～30%，+30%～60%为中度甲亢，+60%以上为重度甲亢。测量时要求在清晨清醒、空腹、静卧状态下进行。

2. 甲状腺摄 I^{131} 率测定 给受试者一定剂量的放射性 I^{131}，再探测甲状腺摄取 I^{131} 的程度判断甲状腺的功能状态。正常甲状腺 2 h 内摄取 I^{131} 量为人体总量的 15%～20%，24 h 内摄取的 I^{131} 量为人体总量的 30%～40%。若在 2 h 内甲状腺摄取 I^{131} 量超过人体总量的 25%，或在 24 h 内超过 50%，且吸 I^{131} 高峰提前出现，均可诊断为甲亢，但不反映甲亢的严重程度。

3. 血清中 T_3 和 T_4 含量测定 结果对诊断有肯定价值，甲亢时 T_3 的上升较早而快，可高于正常 4 倍左右；而 T_4 则较缓，仅为正常的 2.5 倍，故 T_3 的测定对甲亢的诊断具有较高的敏感性。

（四） 处理措施

1. 手术适应证 中度以上的原发性甲亢；继发性甲亢；高功能腺瘤；抗甲亢药物或 I^{131} 治疗后复发者；腺体较大，伴有压迫症状或胸骨后甲状腺肿；妊娠早、中期（小于 6

个月）的甲亢患者具有上述指征之一者，也可考虑手术治疗。

2. 手术禁忌证　症状较轻者；青少年患者；老年患者或有严重器质性疾病不能耐受手术者。

【护理问题】

1. 焦虑　与颈部肿块性质不明、担心手术及预后有关。

2. 清理呼吸道无效　与咽喉部及气管受刺激、分泌物增多以及切开疼痛有关。

3. 疼痛　与肿块压迫、甲状腺性肿块出血及手术创伤有关。

4. 营养失调（低于机体需要量）　与基础代谢率增高显著有关。

5. 潜在并发症　呼吸困难和窒息、甲状腺危象、喉返神经损伤、喉上神经损伤、手足抽搐。

扫码看微课

【护理措施】

（一）　术前护理

1. 完善术前检查　除一般检查外还包括以下几项：①基础代谢率测定。②颈部 X 线摄片。③喉镜检查：了解声带运动情况。④心电图检查：了解心功能情况。⑤血清钙、磷测定：借此了解术前甲状旁腺的功能。

2. 一般护理　①饮食：甲亢患者由于基础代谢率高，机体消耗大，应给予高蛋白、高热量、高维生素的均衡饮食，以满足机体代谢亢进的需要。补充足够的热量和营养，鼓励患者多饮水，补充出汗、腹泻、呼吸加快等丢失的水分，禁用对中枢神经有兴奋作用的咖啡、浓茶等饮料及烟酒、辛辣刺激性食物。②体位：睡眠时应抬高枕头，取侧卧位，颈部略微屈，以减轻肿大的甲状腺对气管的压迫。同时术前指导患者进行体位练习，主要训练手术中的头颈过伸位：患者取平卧位，将软枕垫于肩部，伸颈，头向后仰。

3. 突眼护理　对于眼球突出、眼睑不能闭合的患者应注意保护角膜和结膜，经常用眼药水湿润眼睛，防止过度干燥及感染。卧床时头部抬高，以减轻眼部充血而肿胀；外出时配戴有色眼镜或使用眼罩以防光线、灰尘和异物的刺激。

4. 药物准备　术前用药物降低基础代谢率是甲亢患者手术前准备的重要环节。①先用硫脲类药物，待甲亢症状得到基本控制后改口服碘剂，等患者情绪稳定，睡眠好转，体重增加，脉率在<90 次/min，基础代谢率<+20%时再行手术。②开始即用碘剂，2~3 周待甲亢症状得到基本控制后便可进行手术。

常用的碘剂是复方碘化钾溶液，口服，第 1 日每次 3 滴，日服 3 次，逐日每次增加 1 滴，至每日每次 16 滴止，维持此剂量至手术日。对于不能耐受常规应用碘剂或合并应用硫氧嘧啶类药物，或二者无效者，主张单用普萘洛尔或与碘剂合用做术前准备。术前不用阿托品以免引起心动过速。

5. 心理护理　甲亢患者由于甲状腺素激素水平增高致神经兴奋性增高，心理应激反应较普通人群高，情绪易激动，易受环境因素的影响，紧张、焦虑的情况较为严重。护理人员应多与患者交谈，向患者介绍手术的必要性、方法以及手术前后应配合的事项。同时鼓励亲属多理解和关心患者，让其感受到家庭与社会的关心，增强战胜疾病的信心，积极配合治疗。

（二）　术后护理

1. 病情观察　术后当日密切观察患者生命体征变化，预防甲状腺危象的发生。

2. 一般护理 ①饮食：术后清醒患者可给予少量温水或凉开水，若无呛咳、误咽等不适可逐步进食微温流质饮食。随后逐渐由半流质过渡到高热量、高蛋白质、高维生素软食。②体位：术后患者未清醒时取平卧位，头偏向一侧，待清醒和血压平稳后取半卧位，头部抬高30°~45°，以改善静脉回流，减少血肿形成，并有利于呼吸和渗出液的引流，保持呼吸道通畅。

3. 药物 甲亢患者术后应继续服用复方碘化钾溶液，每日3次，每次10滴，持续1周；或从每日3次，每次16滴开始，逐日每次减少1滴，至病情平稳。不可自行减量或停药。

扫码看微课

4. 术后并发症的护理

（1）呼吸困难和窒息：多发生在术后48 h内，是最危急的并发症。常见原因为：①切口内出血压迫气管，主要由于手术时止血不彻底或血管结扎线滑脱引起；②喉头水肿，主要是手术创伤或气管插管引起；③气管塌陷，气管壁长期受肿大的甲状腺压迫，发生软化，切除甲状腺体的大部分后，软化的气管壁失去周围组织支撑的结果；④双侧喉返神经损伤。

急救护理：若出现上述情况，应立即行床旁抢救，及时剪开缝线，敞开切口，迅速除去血肿。若呼吸困难仍无改善，应立即行气管切开术。情况好转后，再送手术室进一步检查、止血及进行其他处理。因此，甲状腺大部切除术后应常规在患者床旁备无菌气管切开包，以备抢救。

（2）喉返神经损伤：喉返神经贴近甲状腺下极，在术中操作时易受到损伤，可因切断、缝扎、钳夹或牵拉过度造成永久性或暂时性损伤，在术中立即出现症状；少数也可由于血肿压迫或瘢痕组织牵拉引起，在术后数日才出现症状。一侧喉返神经损伤可引起声嘶，双侧损伤可引起失音或严重的呼吸困难，甚至窒息，术中应注意保护。暂时性损伤经理疗等处理后3~6个月可逐渐恢复；一侧永久性损伤可由健侧声带向患侧过度内收代偿；双侧损伤可导致两侧声带麻痹，引起失音、呼吸困难甚至窒息，需行气管切开。

（3）喉上神经损伤：内支损伤出现饮水呛咳，外支损伤会导致声带松弛，音调降低。一般经针刺、理疗等可自行恢复。术后进食有呛咳者，应取坐位或半坐位进食，给予半流质或干食，吞咽不可匆忙，特别要注意避免饮水时误咽。

（4）甲状腺危象：是甲亢最为严重的并发症，多与手术前准备不够、甲亢症状未能很好地控制及手术应激有关。表现为术后12~36 h患者出现高热（>39 ℃）、脉快而弱（>120次/min）、大汗、烦躁、谵妄、呕吐、腹泻，若未及时处理会迅速发展为昏迷、虚脱、休克甚至死亡。预防的关键是术前稳定患者情绪，做好药物准备，使各项指标达到手术要求，术后应继续服用碘剂。

急救护理：①口服复方碘化钾溶液3~5 mL，紧急时将10%碘化钠5~10 mL加入10%葡萄糖500 mL中静脉滴注，可降低血液中甲状腺素水平。②使用肾上腺皮质激素，如氢化可的松：每日200~400 mg，分次静脉滴注。③肾上腺素能阻滞剂：可选用利血平1~2 mg肌内注射，或用普萘洛尔5 mg加入5%~10%葡萄糖溶液100 mL中静脉滴注。④镇静剂：常用苯巴比妥钠100 mg，6~8 h肌内注射1次。⑤降温：采用退热、冬眠药物或物理降温等综合措施，维持患者体温在37 ℃左右。⑥静脉给予大量葡萄糖溶液，以补充能量。⑦吸氧，以改善组织缺氧。⑧心力衰竭者，可应用洋地黄制剂。

（5）甲状腺旁腺受损：术中甲状旁腺被误切、挫伤或其血液供应受累而引起甲状旁腺功能低下。随着血钙浓度下降，神经肌肉的应激性显著提高，引起手足抽搐。多于术后1~3 d出现手足抽搐，严重者可出现面肌和手足伴有疼痛的持续性痉挛，每天发作多次，每次持续10~20 min或更长，甚至可发生喉和膈肌痉挛，引起窒息死亡。

处理方法：限制肉类、乳品和蛋类等食品。若抽搐发作，应立即遵医嘱静脉注射10%葡萄糖酸钙或氯化钙10~20 mL。轻者可口服葡萄糖酸钙或乳酸钙；症状重或长期不恢复者，可加服维生素D_3。

扫码看PPT

第二节　甲状腺肿瘤患者的护理

甲状腺肿瘤（thyroid tumors）为外科常见的肿瘤之一，分良性和恶性两类。

甲状腺良性肿瘤以甲状腺腺瘤为最常见，腺瘤具有较高恶变率和继发甲亢的风险。最常见的甲状腺恶性肿瘤是甲状腺癌，约占全身恶性肿瘤的1%，女性发病率高于男性。发生的原因至今不明，有人认为其发生与慢性促甲状腺激素刺激有关。

【病因与病理】

1. 良性肿瘤　分为滤泡状囊性腺瘤和乳头状囊性腺瘤两种。滤泡状腺瘤多见，病理学形态显示有完整的包膜；囊性乳头状腺瘤少见，常不易与乳头状腺癌区分。多见于40岁以下的女性。

2. 恶性肿瘤　除髓样癌外，绝大部分甲状腺癌起源于滤泡上皮细胞。病理学形态显示呈浸润性生长，无完整的包膜。可分为四种类型。

（1）乳头状癌：约占成人甲状腺癌的60%和儿童甲状腺癌的全部。多见于30~45岁女性，低度恶性，生长较缓慢，较早可出现颈淋巴结转移，但预后较好。

（2）滤泡状癌：约占甲状腺癌的20%，常见于50岁左右中年人，中度恶性，发展较迅速，主要经血液循环转移至肺和骨，预后较乳头状癌差。

（3）未分化癌：约占甲状腺癌的15%，多见于60~70岁老年人，高度恶性，发展迅速，约50%患者早期可出现颈淋巴结转移，预后很差。

（4）髓样癌：较少见，仅占5%，恶性程度中等，较早出现淋巴结转移，且可经血行转移至肺和骨。预后不如乳头状癌，但较未分化癌好。

【护理评估】

（一）健康史

了解发病过程及治疗经过；了解颈部结节的性质、大小、活动度，是否有压迫症状，是否有既往史及有无手术史。

（二）身体状况

1. 甲状腺腺瘤　多数为无意中或体检时发现颈部有圆形或椭圆形结节，多为单发，质地稍硬，表面光滑，界线清楚，无压痛，有完整包膜，可随吞咽上下移动。大部分患者早期无任何症状。甲状腺腺瘤生长缓慢；当乳头状囊性腺瘤因囊壁血管破裂发生囊内出血，肿瘤可在短期内迅速增大，局部出现胀痛。

2. 甲状腺腺癌

（1）肿块：各型甲状腺癌共同的临床表现是发病初期无明显症状，仅在甲状腺内发现肿块，固定、质硬、表面不平。肿块生长速度较快，增大后吞咽时上下移动度较小。

（2）压迫症状：晚期会因肿瘤压迫食管、气管和喉返神经而出现吞咽困难、呼吸困难、声音嘶哑，压迫颈交感神经节时出现 Horner 综合征（即患侧瞳孔缩小、上睑下垂、眼球内陷、同侧头面部无汗等）。

（3）转移症状：常见颈部淋巴结肿大，骨和肺转移。有的患者甲状腺肿块不明显，而以颈、肺、骨骼的转移癌为突出症状。

【辅助检查】

1. 实验室检查　除血生化和尿常规检查外，测定甲状腺功能和血清降钙素有助于髓样癌的诊断。

2. 影像学检查

（1）B 超检查：可测定甲状腺的大小，肿块的位置、大小、数目以及与邻近组织的关系。区别实质性或囊性肿块。

（2）X 线检查：颈部 X 线摄片可了解有无器官移位、狭窄、肿块钙化及上纵隔增宽；甲状腺部位出现细小的絮状钙化影，可能为癌。胸部及骨骼摄片有助于排除肺和骨转移的诊断。

3. 细胞学检查　将细针自 2~3 个不同的方向刺入肿块，并抽吸、涂片、镜检。此法诊断率较高，但可导致肿瘤细胞扩散，对于高度怀疑恶性肿块的，尽量做术中快速冰冻切片检查。

4. 放射性 I^{131} 或 $^{99}T_C{}^m$ 扫描　甲状腺癌为冷结节，边缘一般较模糊。甲状腺腺瘤表现为温、凉或冷结节，边界较清楚。

【护理问题】

1. 焦虑　与颈部包块性质不明、担心手术及预后有关。

2. 疼痛　与局部肿块压迫或囊性肿块内出血及手术创伤有关。

3. 潜在并发症　呼吸困难或窒息、声音嘶哑、失声、误咽、手足抽搐等。

【护理措施】

（一）　术前护理

1. 心理护理　热情接待患者，通过交谈了解其对所患疾病的认识和感受，介绍与所患疾病的相关知识，说明手术的方法、术后的恢复过程及预后情况，使患者情绪稳定，身心处于接受手术的最佳状态。

2. 术前准备　指导患者进行头颈过伸体位训练以适应术中的要求；掌握深呼吸和有效咳嗽的方法；根据手术需要备皮，必要时剃除其耳后毛发，以便行颈淋巴结清扫术；术前日晚可给予镇静安眠类药物（如地西泮等），使患者处于接受手术的最佳状态；床边备心电监护仪、气管切开包等急救物品。

（二）　术后护理

1. 体位　患者回病房后，取平卧位，血压呼吸平稳后改半卧位，以便于呼吸通畅和引流。

2. 病情观察　密切监测生命体征的变化；观察有无并发症表现如呼吸困难或窒息、声音改变（嘶哑、音调降低或失音）、呛咳、手足抽搐。

3. 饮食　同甲亢，但甲状腺癌行颈部淋巴结清扫术后，因手术创伤较大，患者全身和局部反应较严重，多在术后 2~3 d 开始进食，禁食期间应遵医嘱补充水、电解质及必要的营养素。

4. 镇静止痛　行颈淋巴结清扫患者，创面较广泛，手术创伤大，患者多有疼痛不适，可给予镇静止痛药，以利于休息；同时也可减轻患者因切口疼痛而不敢或不愿咳嗽的现象，以保持呼吸道通畅和预防肺部并发症。

5. 切口和引流管护理　及时发现创面渗血、估计渗血量并及时更换敷料。保持引流通畅，注意引流的量、颜色，如发现引流量异常或已形成血肿压迫气管，及时通知医生，配合床边抢救，以清除血肿。

（王文生）

扫码做练习

扫码看 PPT

第十三章

胸部疾病患者的护理

学习目标

掌握：急性乳腺炎、乳腺癌、胸部损伤、食管癌患者的护理及胸腔闭式引流的护理。

熟悉：乳腺炎、乳腺癌、胸部损伤、食管癌患者的临床表现、处理原则。

了解：食管、胸部、乳房的解剖和生理概要。

第一节　乳房疾病患者的护理

一、急性乳腺炎患者的护理

患者女性，28 岁。产后 20 d 出现右侧乳房胀痛，全身寒战、发热、脉快。体格检查：体温 39. 2 ℃，心率 110 次/min；右侧乳房皮肤红肿明显，可扪及一压痛性硬块，同侧腋窝淋巴结肿大并有触痛；血常规检查示血白细胞计数及中性粒细胞比例升高。患者担心疾病预后及婴儿喂养。

问题导向：

（1）患者可能患何种疾病？依据是什么？

（2）作为患者的责任护士，你如何对患者进行护理评估？

（3）如何对患者实施健康指导？

扫码看微课

急性乳腺炎（acute mastitis）是乳腺的急性化脓性感染，多发生在产后哺乳期妇女，以初产妇最为常见，好发于产后 3~4 周。致病菌主要为金黄色葡萄球菌，少数为链球菌。

成年妇女乳房是两个半球形的性器官。乳腺位于胸大肌浅表，约在第 2 和第 6 肋骨水平浅筋膜的浅、深层之间。乳头位于乳房中央，周围皮肤色素沉着区为乳晕。乳腺有15~20个腺叶，每个腺叶有各自汇总的导管，呈放射状开口于乳头。腺叶间有许多与皮肤垂直的纤维束，上连皮肤及浅筋膜浅层，下连浅筋膜深层，称Cooper韧带（乳房悬韧带），起支持、固定乳房的作用。

1. 病因　除因患者产后抵抗力下降外，还与下列因素有关：①乳汁淤积：乳头发育不良（过小或凹陷），妨碍正常哺乳；乳汁过多或婴儿吸乳过少，以致不能完全排空乳汁；乳管不通畅，影响乳汁排出。②细菌入侵：乳头破损或皲裂是使细菌沿淋巴管入侵感染的主要原因。6个月以后的婴儿已长牙，婴儿患口腔炎或含乳头睡眠，易致细菌直接侵入乳管，上行至腺小叶而致感染。

2. 治疗原则　控制感染、排空乳汁。脓肿形成前以抗生素等治疗为主，脓肿形成后，则需及时切开引流。

（1）非手术治疗：①患侧停止哺乳，排空乳汁。②局部热敷或理疗，促进血液循环，利于早期炎症消散；局部皮肤水肿明显者，可用25%硫酸镁溶液湿热敷。③早期、足量应用抗生素，首选青霉素类，之后可根据细菌培养和药物敏感试验结果选用。由于抗生素可分泌至乳汁，为避免影响婴儿，尽量避免使用四环素、氨基糖苷类、磺胺药和甲硝唑。④可服用清热解毒类中药。⑤感染严重或并发乳瘘者常需终止乳汁分泌，可口服溴隐亭1.25 mg，每日2次，服用7~14 d；或己烯雌酚1~2 mg，每日3次，共2~3 d；或肌内注射苯甲酸雌二醇，每次2 mg，每日1次；亦可用中药炒麦芽等。

（2）手术治疗：脓肿切开引流。脓肿形成后，应当及时切开引流。应注意：①切口呈放射状，以免损伤乳管发生乳瘘；乳晕部脓肿可沿乳晕边缘做弧形切口；乳房深部或乳房后脓肿可在乳房下缘做弧形切口。②分离多房脓肿的房间隔膜以利于引流。③为保证引流通畅，引流条应放在脓腔最低部位，必要时另加切口做对口引流（图13-1）。

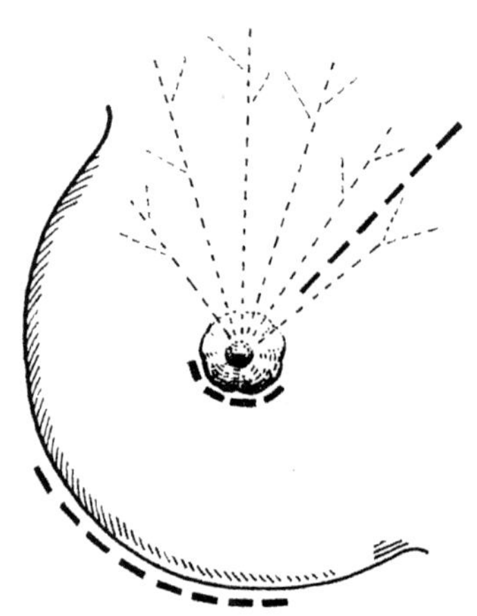

图13-1　乳房脓肿的切开部位

【护理评估】

（一）　健康史

询问患者是否为初产妇，有无乳腺炎病史，既往乳房发育情况如何，有无乳房肿块等。

（二）身体状况

1. 局部　患侧乳房胀痛，局部红、肿、热，并有压痛性肿块；常伴患侧腋窝淋巴结肿大和触痛。

2. 全身　随炎症发展，患者可有寒战、高热和脉搏加快。感染严重者可并发脓毒血症。

（三）心理、社会状况

观察患者的情绪变化，是否担心婴儿的喂养；患者是否过度关注乳房的功能及形态变化；了解患者的家庭、社会支持情况等。

（四）辅助检查

1. 血常规检查　白细胞计数及中性粒细胞比例升高。

2. 脓肿穿刺　深部脓肿不能确诊时可进行穿刺，抽出脓液表示脓肿已形成，脓液可做细菌培养及药物敏感试验。

【护理问题】

1. 疼痛　与乳腺炎症、肿胀、乳汁淤积有关。

2. 体温过高　与乳腺炎症有关。

3. 知识缺乏　缺乏哺乳和预防急性乳腺炎的相关知识。

【护理措施】

（一）缓解疼痛

1. 防止乳汁淤积　患侧乳房暂停哺乳，定时用吸乳器吸净或挤净乳汁。

2. 局部托起　用宽松的胸罩托起乳房，以减轻疼痛和减轻肿胀。

3. 局部热敷、药物外敷或理疗　以促进局部血循环和炎症的消散；局部皮肤水肿明显者，可用25%硫酸镁溶液湿热敷。

（二）控制体温和感染

（1）遵医嘱早期应用抗菌药。

（2）病情观察：定时测量生命体征，监测血白细胞计数及分类变化，必要时做血培养及药物敏感试验。

（3）高热者予以物理降温，必要时遵医嘱应用解热镇痛药物。

（4）乳房脓肿切开引流后，保持引流通畅，定时更换切口敷料，保持清洁干燥。

（三）健康指导

（1）保持乳头和乳晕清洁：在孕期定期用肥皂及温水清洗两侧乳头，妊娠后期每日清洗一次；产后每次哺乳前、后均需清洁乳头，以保持局部清洁干燥。

（2）纠正乳头内陷：乳头内陷者于妊娠后期经常挤捏、提拉乳头。

（3）养成良好的哺乳习惯：定时哺乳，每次哺乳时应让婴儿将乳汁吸净，如有淤积，及时用吸乳器或手法按摩排空乳汁。培养婴儿不含乳头睡眠的良好习惯。

（4）保持婴儿口腔卫生，及时治疗婴儿口腔炎症。

（5）及时处理乳头、乳晕破损或皲裂：暂停哺乳，用吸乳器将乳汁吸出喂哺婴儿；局部用温水清洗后涂以抗生素软膏，待愈合后再行哺乳；症状严重者应及时就诊。

二、乳腺癌患者的护理

扫码看 PPT

患者女性，50 岁。洗澡时无意中发现左乳房肿块直径约 2 cm，不痛，未加注意。2 个月后，此肿块进行性增大，直径约 5 cm。既往身体健康，其母亲 6 年前死于乳腺癌。体格检查：左乳房外上象限发现一 4 cm × 5 cm 肿块，质硬，活动度差，边缘不清，与皮肤有粘连，无压痛，左腋窝可扪及 0.5~1.0 cm 能活动的淋巴结。心、肺及腹部未见异常。肝 B 超、胸部及脊柱 X 线片未见异常。患者非常恐惧，常常独自流泪，对家属的安慰也很抗拒。

问题导向：

（1）该患者最可能的诊断是什么？

（2）作为患者的责任护士，你如何对患者进行护理评估？

（3）应采取哪些护理措施？

扫码看微课

乳腺癌（breast cancer）是女性最常见的恶性肿瘤之一。发病率在我国占全身各种恶性肿瘤的 7%~10%。多发生于 40~60 岁、绝经期前后的妇女，近年来 20 岁以后的发病率呈上升趋势，在部分城市，乳腺癌已占女性恶性肿瘤之首。

1. 病因　乳腺癌的病因尚不清楚，目前认为与下列因素有关：①雌酮和雌二醇与乳腺的发生直接相关。20 岁以前本病少见，20 岁以后发病率迅速上升，45~50 岁较高，绝经后发病率继续上升。②家族史，一级亲属（生母或同胞姊妹）中有乳腺癌病史者，发病危险性是普通人群的 2~3 倍。③月经初潮早于 12 岁，绝经期迟于 50 岁，不孕和未哺乳者。④部分乳腺良性疾病与乳腺癌的关系尚有争论，多数认为乳腺小叶上皮高度增生或不典型增生可能与乳腺癌发病有关。⑤营养过剩、肥胖、高脂肪饮食可加强或延长雌激素对乳腺上皮细胞的刺激，增加乳腺癌的发病机会。⑥环境因素和生活方式，北美、北欧地区乳腺癌的发病率为亚洲地区的 4 倍。

2. 病理分型

（1）非浸润性癌：包括导管内癌、小叶原位癌及乳头湿疹样乳腺癌。此型属早期，预后较好。

（2）早期浸润性癌：包括早期浸润性导管癌、早期浸润性小叶癌。此型仍属早期，预后较好。

（3）浸润性特殊癌：包括乳头状癌、髓样癌、小管癌、黏液腺癌、大汗腺样癌、腺样囊性癌、鳞状细胞癌等。此型一般分化较高，预后尚好。

（4）浸润性非特殊癌：包括浸润性小叶癌、浸润性导管癌、硬癌、髓样癌（无大量淋巴细胞浸润）、单纯癌、腺癌等。此型一般分化低，预后较上述类型差，是乳腺癌中最常见的类型，占 70%~80%。

（5）其他罕见癌或特殊类型乳腺癌：如炎性乳腺癌和乳头湿疹样乳腺癌。

3. 乳腺癌分期　现多数采用国际抗癌协会（UICC）建议的 T（原发癌肿）、N（区域淋巴结）、M（远处转移）分期法，具体分类法见第八章肿瘤患者的护理。

4. 转移途径

（1）局部浸润：癌细胞沿导管或筋膜间隙蔓延，继而浸润皮肤、胸肌、胸膜等周围组织。

（2）淋巴转移：常见部位为患侧腋窝淋巴结。先为少数、散在、质硬、无痛、可被推动；继之个数增多并融合成团，甚至与皮肤或深部组织粘连。若癌细胞阻塞腋窝主要淋巴管，可致上臂淋巴回流障碍，手臂出现蜡白色水肿；锁骨下或腋窝淋巴结压迫腋静脉，同侧手臂出现青紫色水肿；压迫神经干，引起手臂和肩部剧烈疼痛。锁骨上淋巴结转移者，少数可出现对侧腋窝淋巴结转移。

（3）血运转移：最常见的远处转移部位依次为肺、骨和肝。有肺和胸膜转移者可出现咳嗽、胸痛、呼吸困难；肝转移者可伴有肝大和黄疸；椎骨转移者常伴腰背痛；股骨转移则易引起病理性骨折。

5. 治疗原则　以手术治疗为主，辅以化学药物、放射、内分泌、生物等综合治疗措施。

（1）手术治疗：是最根本的治疗方法。手术适应证为 TNM 分期的 0、Ⅰ、Ⅱ期及部分Ⅲ期患者。为提高乳腺癌治疗效果和患者的生活治疗，近年更趋向根据肿瘤分期实施不同类型手术。已有远处转移、全身情况差、主要脏器有严重疾病及不能耐受手术者属手术禁忌。

1）乳腺癌改良根治术：有两种术式，一是保留胸大肌，切除胸小肌；二是保留胸大、小肌。该术式适用于Ⅰ、Ⅱ期乳房癌患者。由于该术式保留了胸肌，术后外观效果好，为目前常见的手术方式。

2）保留乳房的乳腺癌切除术：完整切除肿块及肿块周围 1 cm 的组织，并行腋窝淋巴结清扫。术后必须辅以放疗、化疗。适用于Ⅰ、Ⅱ期乳腺癌患者且乳房有一定体积，术后能保持外观效果者。

3）乳腺癌根治术：手术切除范围包括整个乳房、胸大肌、胸小肌、腋窝及锁骨下淋巴结整块切除。目前已较少采用，只在辅助治疗较差的地区考虑。

4）单纯乳房切除术：切除整个乳房，包括腋尾部及胸大肌筋膜。适用于原位癌、微小癌及年迈体弱不宜做根治术者。

5）乳腺癌扩大根治术：在传统根治术的基础上再行胸廓内动、静脉及其周围淋巴结清除术。该术式目前较少应用。

（2）化学药物治疗：是重要的全身性辅助治疗，可以提高生存率，需在手术后早期应用。主张联合用药，应达到一定的剂量，治疗期不宜过长，以 6 个月为宜。传统联合化疗方案有 CMF（环磷酰胺、甲氨蝶呤、氟尿嘧啶）、CAF（环磷酰胺、阿霉素、氟尿嘧啶）等。化疗的不良反应包括呕吐、肝功能异常、骨髓抑制等，化疗期间应定期检查肝肾功能，每次化疗前应检查白细胞计数，如 $<3\times10^9/L$，应延长用药间隔时间。应用阿霉素要注意心脏毒性。其他效果较好的有长春瑞滨、紫杉醇、多西紫杉醇等。

（3）放射治疗：属局部治疗，可降低Ⅱ期以上患者的局部复发率。放疗指针：①病理证实有癌；③病理证实胸骨旁淋巴结阳性者；④原位癌灶位于乳房中央或内侧并做根治术后，尤其是腋淋巴结阳性者。

（4）内分泌治疗：对雌激素受体、孕激素受体阳性等激素依赖型乳腺癌有显著疗效。常用药物为三苯氧胺，三苯氧胺系非甾体激素的抗雌激素药物，其结构式与雌激素相似，可在靶器官内与雌二醇争夺雌激素受体（ER），影响 DNA 的基因转录，从而抑制肿瘤细胞生长，降低乳腺癌术后复发及转移。用量 20 mg/d，至少服用 3 年，一般服用 5 年。该药安全有效，不良反应有潮热、恶心、呕吐、静脉血栓形成等。

（5）生物治疗：近年临床上推广应用的曲妥珠单抗注射液，系通过转基因技术，对 HER2 过度表达的乳腺癌患者有一定效果。

【护理评估】

（一） 健康史

了解患者的月经史、孕育史、哺乳情况、饮食习惯、生活环境等；既往有无患乳腺良性肿瘤；有无乳腺癌家族史。

（二） 身体状况

1. 乳房肿块　表现为患侧乳房无痛性、单发小肿块，患者多在无意中（洗澡、更衣）发现。肿块多位于乳房外上象限，质硬、表面不甚光滑，与周围组织分界不清，不易推动。

2. 乳房外形改变　表现为乳房局限隆起；若癌肿侵及乳房悬韧带（Cooper 韧带），癌肿表面皮肤凹陷，呈“酒窝征”；邻近乳头或乳晕的癌肿因侵及乳管使之收缩，可将乳头牵向癌肿侧；乳头深部癌肿侵及乳管可使乳头内陷，癌肿局部皮肤因皮内和皮下淋巴管被癌细胞阻塞而引起局部淋巴水肿，乳房皮肤呈“橘皮样改变”。

3. 晚期表现

（1）局部：①癌肿固定：癌肿侵入胸肌筋膜、胸肌时可固定于胸壁而不易推动。②卫星结节：乳房皮肤表面出现多个坚硬小结或条索，呈卫星样围绕原发病灶。结节彼此融合、弥漫成片、延伸至背部和对侧胸壁，使胸壁紧缩呈铠甲状时，呼吸受限。③皮肤溃破：癌肿侵及皮肤使之破溃形成溃疡，其外形凹陷似弹坑或外翻似菜花状，伴恶臭、易出血。

（2）全身：呈恶病质表现，消瘦、乏力、贫血、发热等。

4. 特殊类型乳腺癌

（1）炎性乳腺癌：少见，多发于年轻妇女，尤其妊娠或哺乳期妇女。临床表现为患侧乳房皮肤红、肿、热且硬，犹似急性炎症，但无明显肿块。癌肿迅速浸润整个乳房，常累及对侧乳房。该型恶性程度高，早期即可发生转移，预后极差，患者常在发病后数月内死亡。

（2）乳头湿疹样癌：甚少见。起源于乳头内的大乳管再移行至乳头。临床表现如同慢性湿疹，乳头和乳晕皮肤发红、糜烂、潮湿，有时覆盖黄褐色的新鲜鳞屑样痂皮，病变皮肤较硬，于周围分界清楚。该病恶性程度低，发展慢，腋窝淋巴转移较迟。

（三） 心理、社会状况

（1）了解患者对疾病预后、拟采取手术方案以及手术后康复知识的认知程度。

（2）了解患者对手术及手术可能导致的并发症、自我形象紊乱和生理功能改变的恐惧、焦虑程度及心理承受能力。

（3）了解家属尤其是配偶对本病及其治疗方法、预后的认知程度及心理承受能力。

（四） 辅助检查

1. X 线检查　乳腺鉬靶 X 线摄片可作为乳腺癌的普查方法，是早期发现乳腺癌的最有效方法。可发现乳房内密度增高的肿块影，边界不规则，或呈毛刺状，或见细小钙化灶。

2. B 超　能清晰显示乳房各层次软组织结构及肿块的形态和质地，能显示直径在

0. 5 cm以上的乳房肿块。

3. 活组织病理学检查 目前常用细针穿刺细胞学检查，多数病例可获得较肯定的细胞学诊断，但有一定的局限性。对疑为乳腺癌者，可将肿块连同周围乳腺组织一并切除，做快速病理检查。有乳头溢液但未扪及肿块者可行溢液涂片细胞学检查。

【护理问题】

1. 恐惧/焦虑 与对癌症的恐惧、担心手术有关。

2. 有组织完整性受损的危险 与留置引流管、患者上肢淋巴引流不畅、头静脉结扎、腋静脉栓塞或感染有关。

3. 自我形象紊乱 与手术前担心乳房缺失、术后乳房切除影响自我形象有关。

4. 知识缺乏 缺乏有关术后患肢功能锻炼的知识。

【护理措施】

（一） 术前护理

1. 心理护理 护理人员应有针对性地进行心理护理，多了解和关心患者，向患者及其家属耐心解释手术的必要性和重要性，鼓励患者表述手术创伤对自己今后角色的影响，告知患者今后行乳房重建的可能，鼓励其树立战胜疾病的信心，以良好的心态面对疾病和治疗。

2. 饮食 鼓励患者进食高蛋白、高能量、富含维生素和膳食纤维的食物，为术后创面愈合创造有利条件。

3. 皮肤准备 对切除范围大、考虑植皮的患者，需做好供皮区皮肤准备。

（二） 术后护理

1. 体位 术后麻醉清醒、血压平稳后取半卧位，以利呼吸和引流。

2. 饮食 术后 6 h 无恶心、呕吐等麻醉反应者，可正常饮食，并保证足够热量和维生素，以利康复。

3. 加强伤口护理

（1）保持皮瓣血供良好：①手术部位用弹性绷带加压包扎，使皮瓣紧贴胸壁，防止积液积气。包扎松紧度以能容纳一手指、能维持正常血运、不影响患者呼吸为宜。②观察皮瓣颜色及创面愈合情况，正常皮瓣的温度较健侧略低，颜色红润，并与胸壁紧贴；若皮瓣颜色暗红，则提示血循环欠佳，有可能坏死，应报告医生及时处理。③观察患侧上肢远端血循环情况，若手指发麻、皮肤发绀、皮温下降、动脉搏动不能扪及，提示腋窝部血管受压，应及时调整绷带的松紧度。④绷带加压包扎一般维持 7 ~ 10 d，包扎期间告知患者不能自行松解绷带，瘙痒时不能将手指伸入敷料下抓搔。若绷带松脱，应及时重新加压包扎。

（2）维持有效引流：乳房切除术后，皮瓣下常规放置引流管并接负压吸引，以便及时引流皮瓣下的渗出液和积气，使皮瓣紧贴创面，避免坏死、感染，促进愈合，护理时应注意：①妥善固定引流管，患者卧床时固定于床旁，起床时固定于上身衣服。②保证有效的负压吸引，压力大小要适宜，定时逆向挤压引流管或负压吸引器。③保持引流通畅，防止引流管受压和扭曲。引流过程中若有局部积液、皮瓣不能紧贴胸壁且有波动感，应报告医师，及时处理。④观察引流液的色、质、量并记录。术后 1 ~ 2 d，每日引流血性液 50 ~ 200 mL，以后颜色及量逐渐变淡、减少；术后 4 ~ 5 d，皮瓣下无积液、创面与皮肤紧贴即可拔管。若拔管后仍有皮下积液，可在严格消毒后抽液并局部加压包扎。

4. 并发症的预防 ①患侧上肢肿胀：系患侧腋窝淋巴结切除后上肢淋巴回流不畅或头

静脉被结扎、腋静脉栓塞、局部积液或感染等因素导致回流障碍所致。故术后禁忌在患侧上肢测血压、抽血、静脉或皮下注射等。指导患者自我保护患侧上肢：平卧时用两垫枕抬高患侧上肢；下床活动时用吊带托扶；需他人扶持时只能扶健侧，以防腋窝皮瓣滑动而影响愈合。按摩患侧上肢或进行握拳，屈、伸肘运动，以促进淋巴回流。肢体肿胀严重者，可戴弹力袖促进淋巴回流；局部感染者，及时应用抗生素治疗。②气胸：乳腺癌扩大根治术有损伤胸膜的可能，术后应加强观察。患者若感胸闷、呼吸困难，应做肺部听诊、叩诊和X线检查，以早期发现和处理气胸。

5. 功能锻炼　由于手术切除了胸部肌肉、筋膜和皮肤，使患侧肩关节活动明显受限。随着时间推移，肩关节挛缩可导致冰冻肩。术后加强肩关节活动可增强肌肉力量、松解和预防粘连，最大程度地恢复肩关节的活动范围。为减少和避免术后残疾，鼓励和协助患者早期开始患侧上肢的功能锻炼。

（1）术后24 h内：活动手指及腕部，可做伸指、握拳、屈腕等锻炼。

（2）术后1~3 d：进行上肢肌肉的等长收缩，利用肌肉泵作用促进血液、淋巴回流；可用健侧上肢或他人协助患侧上肢进行屈肘、伸臂等锻炼，逐渐过渡到肩关节的小范围前屈、后伸运动（前屈小于30°，后伸小于15°）

（3）术后4~7 d：患者可坐起，鼓励患者用患侧手洗脸、刷牙、进食等，并做以患侧手触摸对侧肩部及同侧耳朵的锻炼。

（4）术后1~2周：术后1周皮瓣基本愈合后，开始做肩关节活动，以肩部为中心，前后摆臂。术后10 d左右皮瓣与胸壁黏附已较牢固，循序渐进地作抬高患侧上肢（将患侧的肘关节伸屈、手掌置于对侧肩部，直至患侧肘关节与肩平）、手指爬墙（每天标记高度，逐渐递增幅度，直至患侧手能高举过头）、梳头（以患侧手越过头顶对侧头发、扪对侧耳朵）等的锻炼。指导患者做患肢功能锻炼时应注意锻炼的内容和活动量应根据患者的实际情况而定，一般以每日3~4次，每次20~30 min为宜；应循序渐进，功能锻炼的内容应逐渐增加；术后7~10 d不外展肩关节，不要以患侧肢体支撑身体，以防皮瓣移动而影响创面愈合。

（三）健康指导

1. 活动　术后近期避免用患侧上肢搬动、提取重物，继续行功能锻炼。

2. 避孕　术后5年内应避免妊娠，以免致使乳腺癌复发。

3. 放疗或化疗　放疗期间注意保护皮肤，出现放射性皮炎时及时就诊。化疗期间应定期检查肝、肾功能，每次化疗前1 d或当日查血白细胞计数，化疗后5~7 d复查血白细胞计数，若白细胞数$<3\times10^9/L$，需及时就诊。放疗、化疗期间因抵抗力低，应少到公共场所，以减少感染机会；加强营养，多食高蛋白、高维生素、高热量、低脂肪的食物，以增强机体的抵抗力。

4. 义乳或假体　提供患者改善自我形象的方法：①介绍假体的作用和使用方法。②出院时暂佩戴无重量的义乳（有重量的义乳在治愈后佩戴），乳房较大者，为保持体态匀称，待伤口一期愈合后即可佩戴有重量的义乳。③避免衣着过度紧身。④根治术后3个月行乳房再造术，但有肿瘤转移或乳腺炎者，严禁假体植入。

5. 乳房自检　20岁以上的女性应每月自查乳房一次，宜在月经干净后5~7 d进行；绝经后妇女宜在每个月固定时间定期到医院体检。40岁以上的妇女，乳腺癌术后患者每年行钼靶 X 线摄片检查，以便早期发现乳腺癌或乳腺癌复发征象。乳腺癌患者的姐妹和女儿属发生乳腺癌的高危人群，更要高度警惕。乳房自检方法包括：①视诊：站在镜前以各种姿势（两臂放松垂于身体两侧，向前弯腰或双手上举置于头后），观察双侧乳房的大小和外形是否对称；有无局限性隆起、凹陷或皮肤橘皮样改变；有无乳头回缩或抬高。②触诊：仰卧位，肩下垫软薄枕，被查侧的手臂枕于头下，使乳房完全平铺于胸壁。对侧手指并拢平放于乳房，从乳房外上象限开始检查，依次为外上、外下、内下、内上象限，然后检查乳头、乳晕，最后检查腋窝，注意有无肿块，乳头有无溢液。若发现肿块和乳头溢液，应及时到医院做进一步检查（图 13-2）。

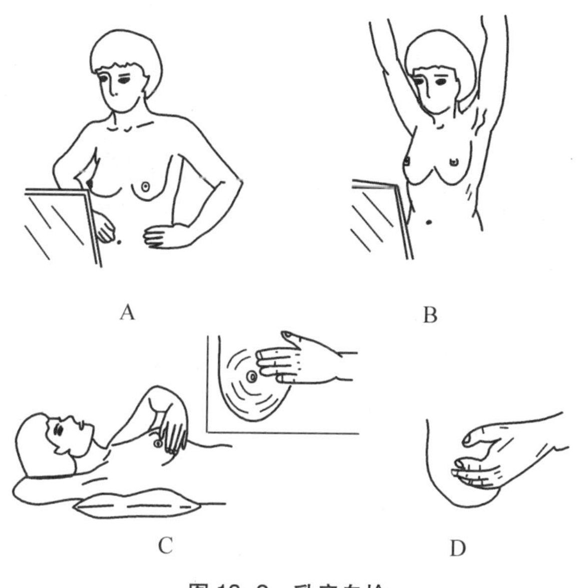

图 13-2　乳房自检

第二节　胸部损伤患者的护理

扫码看 PPT

患者男性，35 岁。胸部外伤致右侧第 5 肋骨骨折并发气胸，呼吸极度困难，发绀，出冷汗。体格检查：血压 80/60mmHg，气管向左侧移位，右胸廓饱满，叩诊呈鼓音，呼吸音消失，颈胸部有广泛皮下气肿等。医生采用胸膜腔引流治疗呼吸困难。

问题导向：

（1）作为患者的责任护士，你如何对患者进行护理评估？

（2）若护士在巡视病房时，发现引流管衔接处脱落，应立即做出怎样处理？

扫码看微课

胸部损伤无论平时还是战时，其发生率和危害程度在创伤中均占有重要地位。胸部占人体的比例较大，其损伤发生率约占全身损伤的 1/4，而且常伴有复合性的损伤。胸腔是心脏、肺等重要器官的所在部位，一旦遭受外界暴力极易造成心脏和肺的损伤，严重的创伤会导致急性呼吸和循环衰竭而危及生命。

1. 病因和分类　胸部损伤依据损伤是否穿破包括胸膜在内的全层胸壁并导致胸膜腔与外界沟通可分为闭合性和开放性损伤，致伤原因有所不同。

（1）闭合性损伤　胸部损伤未造成胸膜腔与外界沟通。多因暴力挤压、冲撞或钝器碰击胸部所致。若暴力挤压胸部的同时向静脉传导，可使静脉压骤升，导致头、颈、肩和胸部毛细血管破裂。高压水浪、气浪冲击胸部则可致肺爆震伤。

（2）开放性损伤　胸部损伤造成胸膜腔与外界沟通。多由于利器、刀、锥或战时的火器、弹片穿破胸壁所致。

2. 病理生理

（1）闭合性损伤：轻者可仅有胸壁软组织挫伤和（或）单纯肋骨骨折，重者可造成胸腔内器官或血管的损伤，导致气胸、血胸，甚至心脏挫伤、裂伤、心包腔内出血。

（2）开放性损伤：重者可伤及胸腔内器官或血管，导致气胸、血胸，严重者可危及生命，甚至死于呼吸和循环功能衰竭。

一、肋骨骨折

肋骨骨折是指肋骨的完整性和连续性中断，是最常见的胸部损伤。肋骨骨折可分为单根或多根多段骨折，同一肋骨也可与一处或多处骨折。肋骨骨折多见于第 4～7 肋，因其长而薄，最易折断；第 1～3 肋则因较粗短，且有锁骨、肩胛骨及胸肌保护而较少发生骨折；但一旦骨折，常提示致伤暴力巨大；第 8～10 肋虽然长，但其前端肋软骨形成肋弓，与胸骨相连，弹性大，不易骨折；第 11～12 肋前端不固定而且游离，弹性也较大，故也较少发生骨折。

1. 病因

（1）外来暴力：多数肋骨骨折系外来暴力所致。外来暴力又分为直接和间接两种。直接暴力系打击力直接作用于骨折部位，间接暴力则是胸部前后受挤压而导致的骨折。

（2）病理因素：多见于恶性肿瘤发生肋骨转移的患者或严重骨质疏松者。此类患者可因咳嗽、打喷嚏或病灶肋骨处轻度受力而发生骨折。

2. 临床表现

（1）单根单处肋骨骨折：其上、下仍有完整肋骨支撑胸廓，对呼吸影响不大。主要表现为骨折部位疼痛，在深呼吸、咳嗽或改变体位时加重；局部可有肿胀、压痛、畸形，有时可触及骨擦感（音）。若骨折断端向内移位刺破胸膜和肺组织，可产生气胸、血胸等；若刺破肋间血管，可引起大出血。

（2）多根多处肋骨骨折：局部胸壁因失去完整肋骨的支撑而软化，可出现反常呼吸运动（图 13-3），又称为连枷胸，表现为吸气时软化区胸壁内陷，呼气时向外凸出，严重影响气体交换，造成机体缺氧和二氧化碳蓄积。由于呼吸时双侧胸膜腔内压力部均衡，形成纵隔左右扑动，影响静脉血液回流，严重者可发生呼吸和循环衰竭。

3. 辅助检查

（1）实验室检查：肋骨骨折伴血管损伤致大量出血者的血常规检查可示血红蛋白和血细胞比容下降。

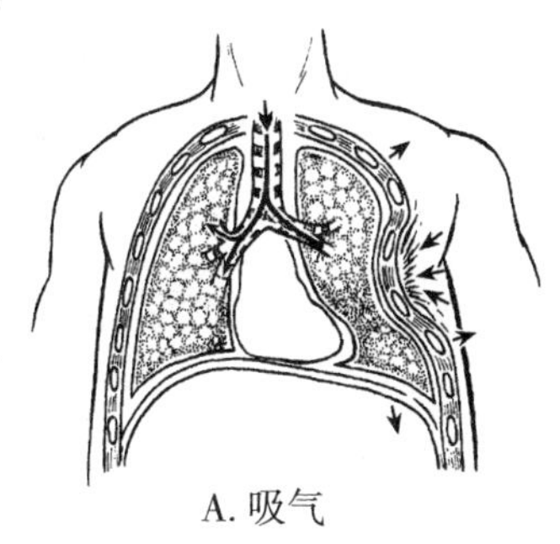
A. 吸气

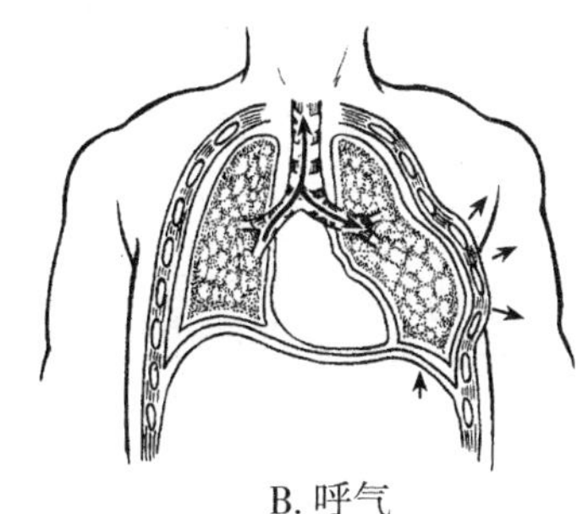
B. 呼气

图 13-3　反常呼吸运动

（2）影像学检查：胸部 X 线检查可显示肋骨骨折断裂线或断端移位情况，如并发气胸、血胸，可显示相应肺压缩及胸腔积气、积液情况。

4. 治疗原则

（1）闭合性单处肋骨骨折：治疗的重点是镇痛、固定胸廓和防治并发症。可采用药物或用肋间神经阻滞镇痛。固定胸部使用多头胸带或宽胶布。鼓励、协助患者咳嗽排痰，减少呼吸系统并发症发生。

（2）闭合性多根多处肋骨骨折：治疗的重点是控制反常呼吸，应及早采用包扎固定法或牵引固定法消除反常呼吸运动。

（3）开放性肋骨骨折：清创胸壁伤口，固定骨折断端，如胸膜腔已穿破，行闭式胸腔引流。手术后应用抗生素，防治感染。

二、脓胸

患者女性，36 岁。寒战、高热、咳脓痰 5 天。患者觉右侧胸痛。体格检查：右肺叩诊呈浊音，呼吸音减低。X 线胸片示右侧胸腔积液，胸膜腔穿刺抽出脓液。

问题导向：

（1）作为患者的责任护士，你如何对患者进行护理评估？

（2）该患者目前的护理措施是什么？

扫码看微课

脓胸是指胸膜腔被致病菌侵入，发生感染积脓。从新生儿到老年人，任何年龄均可发生。脓胸多由化脓性细菌所引起。多数脓胸继发于肺部感染。在小儿，金黄色葡萄球菌肺炎更是常见原因。部分也可因开放性胸外伤、胸内手术、膈下脓肿或败血症所引起。根据病程长短和病理反应，分为急性和慢性两类。

（一）　急性脓胸

1. 病因　多为继发感染，常见的致病菌为金黄色葡萄球菌、肺炎双球菌、链球菌、大肠杆菌、真菌等。若为厌氧菌感染，则成腐败性脓胸。感染的途径有：患者有肺部的感染病史，如肺炎、肺脓肿等，直接由化脓病灶侵入胸膜腔；各种原因引起的继发感染，如外伤、异物存留、手术污染、食管或支气管胸瘘或血肿等；淋巴途径，如膈下脓肿、肝脓肿、纵隔脓肿等，通过淋巴管侵犯胸膜腔；血源性播散，在败血症、脓毒血症时，致病菌经血液循环进入胸膜腔。

2. 临床表现 ①高热、胸痛、气促、咳嗽、伴支气管胸膜瘘者有体位性咳痰；②患侧胸部呼吸受限，胸廓饱满，气管移向对侧，肋间隙增宽，叩诊浊音或实音（脓气胸叩诊上部鼓音，下部浊音），听诊呼吸音减弱或消失。

3. 处理原则

（1）消除病因，如食管吻合口瘘等。

（2）选择有效的抗生素控制感染。

（3）尽早排净脓液，促使肺早日复张。

（4）全身支持疗法，如补充营养和维生素，维持水、电解质和酸碱平衡、纠正贫血等。

（二） 慢性脓胸

1. 病因

（1）急性脓胸病程超过3个月，未及时治疗或处理不当，如引流管拔除过早、引流管过细、引流位置不当等致排脓不畅。

（2）异物存留于脓腔，如弹片等，使感染难以控制。

（3）特殊病原菌存在，如结核菌等慢性炎症，导致纤维层增厚，肺膨胀不全，使脓腔长期不愈。

（4）未及时处理合并的支气管或食管瘘。

（5）毗邻胸膜腔的感染，如膈下脓肿、肝脓肿等感染的反复侵入。

2. 临床表现 ①反复发热（低热）、食欲减退、胸部隐痛，气促、咳嗽、伴支气管胸膜瘘者咳大量脓痰。②慢性消耗性病容、消瘦、贫血、营养不良（血浆蛋白降低），患侧胸壁塌陷，气管向患侧移位，肋间隙变窄，呼吸运动受限，叩诊实音，呼吸音减弱或消失，脊柱侧弯，杵状指（趾）。

3. 处理原则

（1）非手术治疗：改善全身营养状况，提高机体抵抗力；积极治疗病因，消除脓腔；尽力使患侧的肺复张，恢复肺的功能。

（2）手术治疗：改进引流，行胸膜纤维板剥除术、胸廓成形术、胸膜肺切除术。

三、护理

【护理评估】

（一） 健康史

了解患者是否有肺部感染疾病史及胸部外伤史、胸部手术史，脓胸急性期治疗情况。

（二） 身体状况

1. 肋骨骨折 是否有呼吸改变，是否有胸部肿胀、压痛、畸形、骨擦感（音）及反常呼吸运动。

2. 脓胸 急性脓胸患者注意观察其中毒症状，胸膜腔积液对呼吸和循环的影响，抗感染治疗、胸腔引流的治疗效果等。慢性脓胸患者注意观察其营养状态，有无贫血，心肺功能状况，胸廓内陷程度，有无脊柱侧弯、上肢运动障碍等。术后了解术式、术中出血量，观察有无血容量不足、呼吸功能障碍、胸壁反常呼吸运动，胸带是否固定良好等。

（三） 心理、社会状况

了解患者及其家属对本病的认知、心理承受程度，有无异常情绪和心理反应等。

（四） 辅助检查

1. 实验室检查　急性期患者血白细胞计数和中性粒细胞升高；慢性期患者血白细胞计数、血细胞比容和血清蛋白降低。

2. 胸膜腔穿刺　可抽取脓液。

3. 胸部X线检查　可显示骨折肋骨骨折情况；急性期可显示胸腔积液；慢性期显示胸壁及肺表面均有增厚层阴影或钙化，也可见气液平面或支气管及气管移向患侧。

【护理问题】

1. 气体交换受损　与脓液压迫肺组织、胸廓运动受限有关。
2. 疼痛　与炎症刺激有关。
3. 体温过高　与感染有关。
4. 营养失调（低于机体需要量）　与营养摄入不足、消耗增加有关。

【护理措施】

（一） 改善呼吸功能

患者取半卧位，以利于呼吸和引流。有支气管胸膜瘘者，根据脓腔部位采取体位，避免脓液流向健侧或发生窒息。

术后帮助并鼓励患者有效咳嗽、排痰，采用深呼吸及吹气球等方法进行肺功能训练，以增加通气量。

保持胸腔引流管通畅，定时更换敷料，保证引流管周围局部清洁。急性脓胸大量积液引流时，脓液应缓慢引出，同时注意观察呼吸和循环功能变化。

胸廓成形术者，术后定时检查、调整胸带。胸带松紧度适宜才能起到治疗作用，并减少胸壁矛盾运动。

（二） 保证有效引流

彻底排出胸膜腔内脓液，患者的中毒症状可明显减轻。急性脓胸患者如能及时彻底排出脓液，使肺逐渐复张，脓腔闭合，一般可治愈。对慢性脓胸患者应注意引流管不能过细，引流位置适当，勿插入过深，以免影响脓液排出。若脓腔明显缩小，脓液不多，纵隔已固定，可将闭式引流改为开放引流，防止滑脱。引流口皮肤涂氧化锌软膏，防止发生皮炎。

（三） 疼痛护理

指导患者做腹式深呼吸，减少胸廓运动、减轻疼痛，必要时予以镇静、镇痛处理。

（四） 降温护理

高热者采用物理或药物降温，鼓励患者多饮水。

（五） 改善营养状况

多进食高蛋白、高热量和维生素丰富的食物，合理调配饮食，保证营养的供给。必要时可给予少量多次输血或肠内、外营养支持，纠正贫血、低蛋白血症。

（六） 健康指导

指导患者合理安排休息、活动等。积极有效地治疗急性脓胸。胸廓成形术后的患者，指导其进行功能锻炼，采取躯干正直姿势，坚持练习头部前后左右回转运动，练习上半身的前屈及左

扫码看 PPT

右弯曲运动。

第三节　食管癌患者的护理

患者男性，58 岁。近 2 个月以来，常于进餐时有噎塞感而疼痛，疼痛逐渐加重，痛点固定，以胸背部为主，难以忍受，并且进食日见困难，伴恶心、反胃，呕吐稀水或吐白色黏痰。食管吞钡照片见中段不规则狭窄，长约 5 cm，黏膜破坏明显。

问题导向：

（1）该患者的诊断是什么？

（2）护理措施有哪些？

（3）怎样做好患者的健康指导？

扫码看微课

食管癌是发生于食管黏膜上皮的恶性肿瘤，其发病率和死亡率各国差异很大，我国是世界上食管癌高发地区之一，男多于女，发病年龄多在 40 岁以上。食管癌的发病率在消化道恶性肿瘤中仅次于胃癌，其中以河南省食管癌的发病率最高，江苏、河北、福建、安徽、山东、广东等地均为高发区。

1. 病因　至今尚未明确，可能与下列因素有关：

（1）化学因素：长期进食亚硝胺含量较高的食物。

（2）生物因素：被某些真菌污染的食物有促癌作用。

（3）维生素缺乏：如维生素 A、维生素 B_2、维生素 C。

（4）缺乏某些微量元素：如钼、铁、锌、氟、硒等。

（5）不良饮食习惯：嗜好烟酒、过烫和过硬的饮食，进食速度过快。

（6）慢性炎症：口腔不洁、炎症或创伤等刺激。

（7）遗传易感因素。

2. 治疗原则　以手术治疗为主，辅以放射、化学药物等综合治疗。

（1）手术治疗：手术时治疗食管癌的首选方法。适用于全身情况和心肺功能储备良好、无明显远处转移征象的患者。对估计切除可能性不大的较大的鳞癌而全身情况良好的患者，可先做术前放疗，待瘤体缩小后再手术。

（2）放射疗法：①放射和手术综合治疗，可增加手术切除率，也能提高远期生存率。②单纯放射疗法，适用于食管颈段、胸上段癌或晚期癌。因手术难度大，并发症多，手术疗效常不满意。

（3）化学药物治疗：作为术后辅助治疗。

【护理评估】

（一）健康史

了解患者的年龄、性别、家族史、饮食习惯、是否吸烟等；有无糖尿病、冠心病、高血压、肺部感染、肺功能不全等病史，家族中有无肿瘤患者等。

（二） 身体状况

1. 症状

（1）早期：常无明显症状，仅在吞咽粗硬食物时有不同程度的不适感觉，包括哽噎感、胸骨后烧灼样、针刺样或牵拉摩擦样疼痛。食物通过缓慢，并有停滞感或异物感。哽噎、停滞感常通过饮水而缓解消失。症状时轻时重，进展缓慢。

（2）中晚期：进行性吞咽困难，先是难咽干硬食物，继而只能进半流质、流质，最后滴水难进。患者逐渐消瘦、贫血、无力及营养不良。肿瘤侵犯喉返神经，可发生声音嘶哑；侵入主动脉、溃烂破裂时，可引起大量呕血；侵入气管、支气管，可形成食管气管瘘；食管梗阻时可致食物反流入呼吸道，引起剧烈呛咳，并发呼吸系统感染；持续胸痛或悲痛为晚期症状，最后出现恶病质。

2. 体征　中晚期患者可有锁骨上淋巴结肿大，肝转移者可触及肝肿块，恶病质者有腹水征。

（三） 心理、社会状况

患者对疾病的认知程度，有无心理问题。家属对患者的关心程度、支持力度、家庭经济承受能力等。

（四） 辅助检查

1. 影像学检查

（1）食管吞钡X线双重对比造影：可见食管黏膜皱襞紊乱、粗糙或有中断现象；充盈缺损；局限性管壁僵硬，蠕动中断；龛影；食管有明显的不规则狭窄，狭窄以上食管有不同程度的扩张。

（2）CT、超声内镜检查（EUS）：可用于判断食管癌的浸润层次、向外扩展程度以及有无纵隔、淋巴结或腹内脏器转移等。

2. 脱落细胞学检查　用带网气囊食管细胞采集器，做食管拉网检查脱落细胞，早期病变阳性率可达90%~95%，是一种简便易行的普查筛选诊断方法。

3. 纤维食管镜检查　可直视肿块部位、大小及钳取活组织做病理组织学检查。

【护理问题】

1. 营养失调（低于机体需要量）　与进食量减少或不能进食、消耗增加等有关。

2. 体液不足　与吞咽困难、水分摄入不足有关。

3. 焦虑　与对癌症的恐惧和担心疾病预后等有关。

4. 潜在并发症　肺不张、肺炎、吻合口瘘、出血、乳糜胸等。

【护理措施】

（一） 术前护理

1. 营养支持　术前应积极改善患者的营养状况：①能进食者：指导患者合理进食热量、高蛋白及丰富维生素的流质或半流质无刺激饮食。观察进食反应，若患者呕吐频繁，不可勉强进食，以防呕吐物误吸导致肺部感染。②若患者不能进食或仅能进食流质营养状况较差，可根据医嘱补充液体、电解质，提供肠内、肠外营养。

2. 心理护理　护士应加强与患者之间的沟通，了解患者及其家属对疾病和手术的认知程度、心理状况。根据患者的具体情况，针对性进行手术和各种治疗相关知识的健康宣教，以减轻其不良的心理反应。为患者营造安静舒适的环境；必要时使用安眠、镇静、镇痛类药物，保证患者充分休息。争取亲属在心理和经济方面的积极支持和配合，解除患者的后顾之忧。

3. 并发症的预防与护理

（1）保持口腔卫生：口腔内细菌可随食物或唾液进入食管，而食管梗阻可造成食物积存，易引起细菌繁殖，造成感染，影响术后吻合口愈合，故应保持口腔清洁，进食后漱口，积极治疗口腔疾患。

（2）呼吸道准备：术前戒烟 2 周以上，训练患者有效咳嗽和腹式呼吸，以利增加肺部通气量、改善缺氧、预防术后肺炎和肺不张，减轻术后伤口疼痛。

（3）胃肠道准备：①术前 1 周遵医嘱给予患者口服抗生素溶液，可起到局部消炎抗感染作用。②术前 3 d 进流质饮食，术前 1 d 禁食。③对进食后有滞留或反流者，术前 1 d 晚遵医嘱予以生理盐水 100 mL 加抗菌药物经鼻胃管冲洗食管和胃，可减轻局部充血水肿、减少术中污染、防止吻合口瘘。④结肠代食管手术患者，术前 3~5 d 口服肠道抗生素，如甲硝唑、庆大霉素或新霉素等；术前 2 d 进食无渣流质，术前晚行清洁灌肠或全肠道灌洗后禁饮禁食。⑤手术日晨常规安置胃管，通过梗阻部位时不能强行进入，以免穿破食管。可置于梗阻部位上端，待手术中直视下再置于胃中。

（二） 术后护理

1. 一般护理　①全麻未清醒者平卧位休息，头偏向一侧；全麻清醒后取半卧位。②监测并记录生命体征。③镇痛：开胸手术后由于疼痛患者常不能充分咳嗽排痰，导致呼吸道分泌物滞留，严重者可产生肺炎、肺不张，应当及时使用镇痛药物减轻疼痛。

2. 饮食护理　①术后吻合口处于充血水肿期，需禁饮禁食 3~4 d。禁食期间持续胃肠减压，注意经静脉补充营养。②术后 3~4 d 待肛门排气、胃肠减压引流量减少后，拔除胃管。③停止胃肠减压 24 h 后，若无呼吸困难、胸内剧痛、患侧呼吸音减弱及高热等吻合口瘘的症状时，可开始进食。先试饮少量水，术后 5~6 d 可给全流质，每 2 h 100 mL，每日 6 次。术后 3 周后患者若无特殊不适可进普食，但仍需注意少食多餐，细嚼慢咽，进食量不宜过多、速度过快。④避免进食生、冷、硬食物，以免导致后期吻合口瘘。⑤因吻合口水肿导致进食时呕吐者应禁食，给予静脉营养，待 3~4 d 水肿消退后再继续进食。⑥食管癌术后，因贲门功能丧失，易发生胃液反流至食管，患者可有反酸、呕吐等症状，平卧时加重，嘱患者饭后 2 h 内勿平卧，睡眠时将床头抬高。⑦食管胃吻合术后患者，可由于胃拉入胸腔、肺受压而出现胸闷、进食后呼吸困难，应建议患者少食多餐，经 1~2 个月后，症状多可缓解。

3. 呼吸道护理　食管癌术后患者易发生肺炎、肺不张，甚至呼吸衰竭，与下列因素有关：①术后疼痛、虚弱导致咳嗽无力；②术后胃被拉入胸腔，肺受压；③术后迷走神经功能亢进，导致气管、支气管黏膜腺体分泌增多。护理措施：①密切观察呼吸形态、频率、节律，听诊双肺呼吸音是否清晰；有无气促、发绀等缺氧征象，如有异常及时通知医生。②带有气管插管返回病房者，保持气管插管固定通畅，防止脱出。及时吸痰，清除呼吸道分泌物，保持呼吸道通畅。③吸氧，鼓励患者深呼吸、有效咳嗽，并给予雾化吸入、叩背、镇痛等措施协助，以促进呼吸道分泌物的排出，防止肺部感染、肺不张。④痰多、咳痰无力的患者若出现呼吸浅快、发绀、呼吸音减弱等阻塞现象，可行吸引器吸痰，必要时行纤维支气管镜吸痰或气管切开吸痰。⑤气管切开者，按气管切开护理常规。

4. 活动与休息　①鼓励患者早期下床活动：术后早期下床活动可预防肺不张，改善呼吸循环功能，促进胃肠道功能恢复。术后第 1 日，生命体征平稳，协助患者下床或在床旁站立移步；下床活动时妥善保护引流管；严密观察患者活动中及活动后的病情变化，出现头晕、气促、心动过速、心悸和出汗等症状时，应立即停止活动，卧床休息。术后第 2 日起，可扶持患者围绕病床在室内行走 3~5 min，以后根据患者情况逐渐增加活动量。②促进手臂和肩关节的运动：术后早期进行患侧手臂和肩关节的运动，可预防术侧胸壁肌肉粘连、肩关节强直及废用性萎缩。患者麻醉清醒后，可协助患者进行臀部、躯干和四肢的轻度活动，每 4 h 1 次；术后第 1 日开始做肩、臂的主动运动。

5. 并发症的预防及护理

（1）吻合口瘘：多发生在术后 5~10 d，是食管癌术后最严重的并发症。发生吻合口瘘的原因有：①食管无浆膜层覆盖，愈合能力差；②食管血液供应呈节段性，易造成吻合口缺血；③吻合口张力太大；④感染、营养不良、贫血、低蛋白血症等。应注意观察患者有无吻合口瘘的临床表现：呼吸困难、胸腔积液和全身中毒症状，如高热、寒战，甚至休克。一旦出现上述症状，应立即通知医生并配合处理。包括：①嘱患者立即禁食；②协助行胸腔闭式引流并常规护理；③遵医嘱予以抗感染治疗及营养支持；④严密观察生命体征，若出现休克症状，应积极抗休克治疗；⑤需再次手术者，应积极配合医生完善术前准备。

（2）乳糜胸：乳糜胸是食管癌术后比较严重的并发症，多因术中伤及胸导管所致。多发生在术后 2~10 d，少数患者在术后 2~3 周出现。术后早期由于禁食，乳糜液含脂肪甚少，胸腔闭式引流可为淡血性或淡黄色液，但量较多；恢复进食后，乳糜液漏出量增多，大量积聚在胸腔内，可压迫肺及纵隔并使之向健侧移位。由于乳糜液中 95%以上是水，并含有大量脂肪、蛋白质、胆固醇、酶、抗体和电解质，若未及时治疗，可在短期内造成全身消耗、衰竭而死亡，故须积极预防和及时处理。①加强观察，注意患者有无胸闷、气急、心悸、血压下降等表现。②若诊断成立，迅速处理，即置胸腔闭式引流，及时引流胸腔内乳糜液，并使肺膨胀。③给予肠外营养支持，由于脂肪会促进乳糜液分泌，不利于损伤的胸导管愈合，因此勿输入含脂肪的药物及摄入脂肪含量丰富的食物。

6. 结肠代食管术后护理　①保持置于结肠襻内的减压管通畅；②注意观察有无腹痛、呕吐等腹膜炎征象，发现异常及时通知医生；③若从减压管内吸出大量血性液或呕吐大量咖啡样液伴全身中毒症状，应考虑有无代食管的结肠襻坏死，应立即通知医生并配合抢救；④结肠代食管术后，因结肠逆蠕动，患者常嗅到粪便气味，需向患者解释原因，并指导其注意口腔卫生，一般此情况于半年后能逐步缓解。

7. 胃肠造瘘术后护理　①观察造瘘管周围有无渗出液或胃液漏出。由于胃液对皮肤刺激性较大，应及时更换渗湿的敷料并在瘘口周围涂氧化锌软膏或置凡士林纱布保护皮肤。②保持造瘘管固定通畅，防止脱出或阻塞。③饮食护理：胃肠造瘘术后 3 d，胃肠道功能恢复，即可由造瘘管注入流质饮食；每日需要 2 000~2 500 mL 流质饮食，每 3~4 h 注食 1 次，每次 250~300 mL；可注入米粉、牛奶、蛋花、米汤、果汁、肉末汤等；注意观察注食后有无腹痛、腹胀、腹泻等现象，及时报告医生，配合处理。

8. 放疗、化疗患者的护理　放疗 2~3 周时易出现放射性食管炎，表现为进食烧灼痛。此时患者应避免进干、硬食品以免发生食管穿孔。放疗期间因病变部位水肿使进食困难加重，应指导患者进食清淡、易消化、无刺激的饮食。化疗患者常出现恶心、呕吐、脱发、骨髓抑制等，鼓励患者坚持完成化疗全程。

（三） 健康指导

（1）饮食：少量多餐，由稀到干，逐渐增加食量，并注意进食后的反应；避免刺激性食物和碳酸饮料，避免进食过快、过量及硬质食物，质硬的药片可碾碎后服用；保持口腔卫生。

（2）体位：患者餐后取半卧位，以防止进食后反流、呕吐，利于肺膨胀和引流。

（3）活动与休息：保证充分的睡眠，劳逸结合，逐渐增加活动量，避免疲劳。

（4）加强自我观察：若术后3~4周再次出现吞咽困难时，可能为吻合口狭窄，应及时就诊。

（5）定期复查，坚持后续治疗。

扫码看PPT

第四节　肺癌患者的护理

患者女性，57岁。5个月前无明显诱因出现咳嗽，呈刺激性，说话时加重，无咳痰、咯血及胸痛。胸部CT示右侧液气胸、右中肺两结节影，抽胸水查见可疑癌细胞，全身ECT未见明确转移灶。

问题导向：

（1）请问该患者的护理问题有哪些？

（2）列出该患者的护理措施。

肺癌多数起源于支气管黏膜上皮，因此也称支气管肺癌。近50年来，全世界肺癌的发病率明显增高，发病年龄多在40岁以上，男女比例为（3~5）：1。

1. 病因　肺癌的病因尚不完全明确，现认为与长期大量吸烟、空气污染、长期接触放射性物质、肺部慢性疾病、家族遗传、机体免疫力降低及内分泌功能失调等因素有关。

2. 病理和分类　起源于主支气管、肺叶支气管的肺癌，位置靠近肺门者称中心型肺癌；起源于肺段支气管以下的肺癌，位置在肺的周围部分者称为周围型肺癌。临床上一般按细胞类型将肺癌分为鳞状细胞癌（鳞癌）、小细胞癌（未分化小细胞癌）、腺癌、大细胞癌四种。

3. 转移途径　肺癌的转移途径有直接扩散、淋巴转移、血行转移三条途径，其中淋巴转移是常见的转移途径。

4. 治疗原则　以手术治疗为主，结合放射、化疗药物、中医中药及免疫治疗等方法。①手术治疗：目的是彻底切除肺部原发癌肿病灶和局部及纵隔淋巴结，尽可能保留健康的肺组织。肺切除的范围取决于病变的部位和大小。②化学药物治疗：对分化程度低的肺癌，特别是小细胞癌，疗效较好。亦可单独用于晚期肺癌患者以缓解症状，或与手术、放疗法综合应用，以防止癌肿转移复发，提高治愈率。③放射治疗：分为根治性和姑息性两种方法。在各种类型的肺癌中，小细胞癌对放射疗法敏感性较高，鳞癌次之，腺癌效果最差。④中医中药治疗：按患者临床症状、脉象、舌苔等辨证论治，部分患者的症状可得到改善并延长生存期。⑤免疫治疗：分为特异性免疫和非特异性免疫疗法。

【护理评估】

（一）健康史

询问患者的年龄，有无吸烟史，吸烟年限，数量等；了解患者是否长假接触放射性物质，是否长期生活在空气污染严重的环境；家族史中有无肺部疾病、肺癌患者；既往史中有无其他部位肿瘤病史或手术治疗史，有无其他伴随疾病，如糖尿病、冠心病、高血压、慢性支气管炎等。

（二）身体状况

肺癌的症状表现与癌肿的部位、大小、是否压迫和侵犯邻近器官以及有无转移等密切相关。

（1）由原发肿瘤引起的症状：①刺激性干咳：最常见的早期症状，无痰或少量黏液痰。肿瘤引起远端支气管狭窄，咳嗽呈高音调金属音。继发感染时，痰量多，为黏液脓性。②咯血：多为痰中带血或间断血痰，如侵蚀大血管，可引起大咯血。③局限性喘鸣、胸闷、气急。④消瘦或恶病质。⑤发热：肿瘤坏死或肿瘤导致阻塞性肺炎所致，抗生素治疗效果不佳。

（2）肿瘤局部扩展引起的症状：①肿瘤直接侵犯胸膜、肋骨和胸壁或压迫肋间神经，可引起不同程度的胸痛。②癌肿压迫或侵犯喉返神经引起声音嘶哑。③癌肿压迫上腔静脉，可出现头面部、颈部和上肢水肿以及胸部静脉怒张。④侵入纵隔，压迫食管可引起吞咽困难。⑤位于肺尖部的肺癌，亦称 Pancoast 瘤，可压迫颈部交感神经引进 Horner 综合征，表现为同侧上眼睑下垂、瞳孔缩小、眼球内陷、面部无汗。

（3）由癌肿远处转移引起的症状：①转移至脑，出现头晕、呕吐、眩晕、共济失调、脑神经麻痹、一侧肢体无力等，重者出现颅内高压症状。②转移至骨骼，有局部疼痛和压痛。③转移至肝时，可有厌食、肝区疼痛、肝大、黄疸和腹水等。④右锁骨上淋巴结、腋下淋巴结常因淋巴转移而肿大。

（4）少数患者可出现非转移性的全身症状：如骨关节病综合征、Cushing 综合征、神经肌肉综合征、高钙血症等。

（三）心理、社会状况

了解患者对疾病的认知程度，对手术有何顾虑及思想负担；家属对患者的关心程度、支持程度；家庭的经济承受能力等。

（四）辅助检查

1. 胸部 X 线和 CT 检查　在肺部可见块状阴影，边缘不清或呈分叶状，周围有毛刺。若有支气管梗阻，可见肺不张；若肿瘤坏死液化可见空洞。

2. 痰细胞学检查　80%以上的患者在反复痰液检查时可检出癌细胞，即可明确诊断。

3. 支气管镜检查　诊断中心型肺癌的阳性率较高，可直视肿瘤的部位、大小及范围，并可取或穿刺组织做病理学检查，亦可经支气管取肿瘤表面组织或取支气管内分泌物进行细胞学检查。

【护理问题】

1. 气体交换受损　与肺组织病变、手术、麻醉、呼吸道分泌物潴留等因素有关。

2. 营养失调（低于机体需要量）　与疾病消耗、手术创伤有关。

3. 焦虑与恐惧　与担心手术、疾病的预后等因素有关。

4. 潜在并发症　出血、感染、肺不张、急性肺水肿、心律失常、支气管胸膜瘘等。

【护理措施】

（一）　术前护理

1. 防治呼吸道感染　患者术前应绝对戒烟 2 周以上，以减少呼吸道分泌物；注意口腔卫生，若有龋齿、口腔溃疡应积极治疗；对有上呼吸道感染、慢性支气管炎、肺内感染、肺气肿的患者，遵医嘱应用抗生素控制感染。

2. 保持呼吸道通畅　训练患者腹式呼吸、有效咳嗽排痰。若有大量支气管分泌物，应先体位引流。痰液黏稠不易咳出，可行超声雾化吸入，遵医嘱应用支气管扩张剂、祛痰剂等药物。大量咯血时，用吸引器吸出或取头低足高位引流出口腔和呼吸道内的血块，以防窒息，并遵医嘱给镇静剂、止血剂及静脉输液等。对呼吸功能失常的患者，根据需要应用机械通气治疗。

（二）　术后护理

（1）观察和维持生命体征的平稳：手术后 2~3 h，每 15 min 测生命体征 1 次；脉搏和血压稳定后改为 30 min 至 1 h 测量 1 次；注意有无呼吸窘迫的现象，若有异常，立即通知医生；手术后 24~36 h，血压常会有波动，需严密观察。

（2）予以合适体位：麻醉未清醒时取平卧位，头偏向一侧，以免呕吐物、分泌物吸入而致窒息或并发吸入性肺炎；血压稳定后，采用半坐卧位；肺叶切除者，可采用平卧或侧卧位。肺段切除术或楔形切除术者，应避免手术侧卧位，尽量选择健侧卧位，以促进患侧肺组织扩张；全肺切除术者，应避免过度侧卧，可采取 1/4 侧卧位，以预防纵隔移位和压迫健侧肺而导致呼吸循环功能障碍；有血痰或支气管瘘者，应取患侧卧位；避免采用头低足高仰卧位，以防因膈肌上升而妨碍通气。

（3）呼吸道的管理：①术后带气管插管返回的患者，应吸氧同时严密观察导管的位置，防止滑出或移向一侧支气管，造成通气量不足。观察呼吸深度、频率、动脉血氧饱和度是否正常。②鼓励并协助患者深呼吸及咳嗽，每 1~2 h 一次，定时给患者叩背。③若患者呼吸道分泌物黏稠，可采用超声雾化吸入疗法，稀释痰液，以利于痰液排出。

（4）纠正营养和水分的不足，维持体液平衡。

（5）胸腔闭式引流按常规进行护理：保持引流通畅，密切观察引流液量、色和性状。当患者翻身、穿脱衣服和外出检查时，注意保护引流管防止受压、脱出。

（6）促进术后上肢功能康复训练：适时早期活动可促进呼吸运动、防止肺不张和预防术侧胸壁肌肉粘连、肩关节强直及失用性萎缩。患者麻醉清醒后，可协助患者进行臀部、躯干和四肢的轻度活动，每 4 h 一次；术后第 1 日开始做肩、臂的主动运动。全肺切除术后的患者，鼓励取直立的功能位，以恢复正常姿势。

（7）术后并发症预防及护理：①肺不张与肺部感染：多发生于术后 48 h 内，预防的主要措施时术后早期协助患者深呼吸、咳痰及床上活动。发生肺不张或感染后，患者痰液黏稠不易咳出，应用雾化吸入并协助排痰，必要时用支气管镜吸痰，同时给予抗生素控制感染。②急性肺水肿：肺切除术后特别是伴有心、肾功能不全的患者，避免补液过多、过快。一旦发生，应立即减慢输液速度，迅速采取强心、利尿等措施。③心律失常：高龄、冠心病患者开胸手术后心律失常发病率较高，因此要密切观察心律、血压、血氧的变化，及时去除引起心律失常的诱因。频发的室性早搏需尽早处理，以减少或避免出现室颤而危及生命。

（三） 健康指导

（1）让患者了解吸烟的危害，建议戒烟。

（2）对 40 岁以上者应定期行胸部 X 线普查；中年以上，久咳不愈或出现血痰者应提高警惕，做进一步检查。

（3）出院前指导：①说明术后活动与锻炼的重要性，指导患者出院后仍要继续坚持。②保持良好的口腔卫生，预防呼吸道感染。术后一段时间内避免出入公共场所或与上呼吸道感染者接近，避免居住或工作于布满灰尘、烟雾及化学刺激物的环境。③保持良好的营养状况，注意休息与活动。④出院后定期复查，如有伤口疼痛、剧烈咳嗽、咯血等症状，或有进行性倦怠情形，应立即返院就诊。⑤接受化疗者，定期监测血象及肾功能。

第五节　胸膜腔闭式引流患者的护理

见第二十章“引流管的护理”。

扫码看微课

（彭麒燕　郭林）

扫码做练习

扫码看 PPT

第十四章 腹部疾病患者的护理

学习目标

掌握：化脓性腹膜炎、腹外疝、胃十二指肠溃疡并发症、肠梗阻、大肠癌、直肠肛管良性疾病的临床表现、护理。

熟悉：腹部各种疾病的病因、诊断要点及处理原则。

了解：腹膜、腹股沟、大肠、肛管的解剖生理概要。

第一节 急性化脓性腹膜炎患者的护理

患者男性，44岁。脐周及下腹剧烈疼痛30 min急诊入院。患者于入院前3 d无明显原因出现脐周阵发性疼痛，无恶心、呕吐，自服抑酸药物症状无明显缓解，约30 min前在饱餐后，突然出现刀割样剧烈腹痛，呈持续性，伴腹胀、恶心、呕吐、烦躁不安、面色苍白、四肢冰冷。既往有胃溃疡病史。体格检查：体温38.5℃，心率100次/min，呼吸22次/min，血压100/60 mmHg，脐周及下腹部有压痛、反跳痛及肌紧张。辅助检查：血常规示白细胞16.0×10^{9}/L，中性粒细胞0.91；腹部X线透视可见膈下游离气体。

问题导向：

该患者的医疗诊断是什么？你如何对患者进行护理评估？该患者目前的护理措施是什么？

腹膜炎（peritonitis）是腹腔脏层腹膜和壁层腹膜的炎症，可由细菌感染、化学性或物理性损伤等引起。急性化脓性腹膜炎是最常见的腹膜炎，指由化脓性细菌（包括需氧菌和厌氧菌或两者混合）引起腹膜的急性化脓性炎症，病变范围可扩散到整个腹腔，又称为弥漫性腹膜炎，是临床常见的急腹症。

1. 病因　化脓性腹膜炎按发病机制可分为继发性腹膜炎和原发性腹膜炎。

（1）继发性腹膜炎：占 98%，是急性化脓性腹膜炎中最常见的一种。常继发于腹内脏器破裂穿孔，如胃、十二指肠溃疡穿孔、胆囊壁破裂穿孔、外伤性胃肠破裂、脏器内容物流入腹腔首先引起化学性刺激，产生化学性腹膜炎，继发感染后成为化脓性腹膜炎。主要致病菌是大肠杆菌，其次为厌氧菌、链球菌等，大多为混合感染。

（2）原发性腹膜炎：是指腹腔内无原发病灶，细菌经血行、泌尿道、女性生殖道等途径播散至腹腔，引起腹膜炎，致病菌多为溶血性链球菌、肺炎双球菌或大肠杆菌，多见于营养不良或抵抗力下降的儿童。

2. 病理生理　腹膜受到细菌或胃肠内容物的刺激后迅速发生充血、水肿，失去原有光泽，继之产生大量浆液性渗出液，以稀释腹腔内的毒素；渗出液中的巨噬细胞、中性粒细胞，以及细菌、坏死组织和凝固的纤维蛋白，使渗出液变混浊而成为脓液。脓液呈黄绿色，有粪臭味。病变轻者，大网膜包裹，形成局限性腹膜炎或脓肿。病变加重，腹膜严重充血和水肿，渗出大量液体，引起脱水和电解质紊乱，血浆蛋白降低，加之肠管麻痹后腹腔内大量积液使血容量明显减少，细菌入血，毒素吸收，易导致感染性休克。

3. 腹膜炎的转归　腹膜炎的结局取决于机体的抵抗力、细菌的毒力和治疗措施。①炎症局限：形成局限性腹膜炎或脓肿。②腹膜炎治愈：但部分器官有粘连。③炎症扩散：病情恶化、休克甚至导致死亡。

4. 治疗原则

（1）非手术治疗：病情较轻、全身情况良好时可采用非手术治疗。给予半卧位、禁食、持续胃肠减压、纠正水电解质紊乱和应用抗生素等。

（2）手术治疗：腹膜内炎症较重或经非手术治疗 6~8 h 后，腹膜炎症状不缓解反而加重者，应及时手术治疗。多数继发性腹膜炎患者需要手术治疗，手术包括处理原发病灶、彻底清洗腹腔、充分引流等。

【护理评估】

（一）　健康史

注意询问患者有无慢性阑尾炎、慢性胆囊炎、胃溃疡、十二指肠溃疡、外伤、手术等病史；女性有无生殖系统感染的病史；儿童要注意近期有无呼吸系统、泌尿系统感染史，营养不良等情况。

（二）　身体状况

1. 症状

（1）腹痛：是最主要症状。为持续性剧烈腹痛，深呼吸、咳嗽、改变体位时加重。疼痛先以原发病灶处最明显，随炎症扩散而波及全腹。

（2）恶心、呕吐：最初是腹膜受刺激引起的反射性恶心、呕吐，较轻微，呕吐物为胃内容物；并发麻痹性肠梗阻时可发生持续性呕吐，呕吐物含有胆汁，甚至呈粪汁样。

（3）体温、脉搏：原有炎症病变者，初始体温已上升，继发腹膜炎后更趋增高，但年老体弱者体温可不升。如果脉搏快而体温反下降，提示病情恶化。

（4）全身中毒表现：随病情发展，可相继出现高热、寒战、脉速、呼吸急促、面色苍白、口唇发绀、四肢发凉、血压下降、神志不清等感染中毒表现。

2. 体征　腹胀、腹式呼吸运动减弱或消失。腹膜刺激征（腹部压痛、反跳痛、腹肌紧张）是腹膜炎的标志性体征，以原发病灶处最明显，腹肌紧张的程度与病因和患者的全身状况有关，胃、十二指肠溃疡穿孔时可呈“板状腹”。腹胀加重是病情恶化的一项重要标志，因胃肠胀气叩诊呈鼓音，胃、十二指肠穿孔时肝浊音界缩小或消失，腹腔内积液较多时移动性浊音呈阳性。听诊肠鸣音减弱或消失。直肠指检时，若直肠前窝饱满并有触痛，提示盆腔感染或盆腔脓肿。

（三） 心理社会状况

了解患者的心理反应，一般患者均有焦虑、恐惧等。询问患者对本病的认知程度和患者的心理承受能力，对住院环境是否适应，以及家庭经济承受能力。

（四） 辅助检查

1. 血常规　白细胞计数及中性粒细胞比例增高。病情危重或机体反应能力低下者，白细胞计数可不升，但中性粒细胞比例增高，有中毒颗粒出现。

2. 诊断性腹腔穿刺抽液或腹腔灌洗　根据抽出液的性质有助于判断病因。如结核性腹膜炎为草绿色透明腹水；急性重症胰腺炎时抽出液为血性，胰淀粉酶含量高；胃、十二指肠穿孔时抽出液为黄色、无臭味、含胆汁；腹腔内出血时抽出液为不凝血。

3. 腹部立位平片　肠麻痹时可见小肠普遍胀气并有多个液平面；胃肠穿孔时可见膈下游离气体。

4. B 超　显示腹腔内有不等量的液体。

【护理问题】

1. 急性疼痛　与毒素吸收、腹膜受炎症刺激有关。
2. 体液不足　与炎症渗出、体液丢失过多有关。
3. 体温过高　与腹膜毒素吸收有关。
4. 潜在并发症　腹腔脓肿、脓毒症等。

【护理措施】

（一） 非手术治疗及术前护理

1. 体位　无休克情况下，患者取半卧位，使腹腔内渗出液流向盆腔，减少吸收和减轻中毒症状，有利于炎症局限和引流；同时膈肌下降，腹肌放松，减轻因腹胀挤压膈肌而影响呼吸和循环。休克患者取中凹位，并尽量减少搬动以减轻疼痛。

2. 禁食、胃肠减压　胃肠道穿孔的患者禁食和胃肠减压，可减少胃肠道内容物继续流入腹腔，有利于控制感染的扩散；减轻胃肠道内积气，降低张力，改善胃肠壁血液供给，促进胃肠道蠕动恢复。

3. 维持体液平衡　建立静脉通道，遵医嘱补液，以纠正水、电解质和酸碱失衡，根据患者临床表现及时调整输液的量、速度、种类，保持每小时尿量达 30 mL 以上。

4. 抗生素应用　继发性腹膜炎多为混合性感染，应根据细菌培养及药敏结果选用抗生素控制感染。用药时注意药物配伍禁忌和不良反应。

5. 观察病情　定时观察生命体征变化情况和腹部症状、体征的变化，以判断病情发展趋势和治疗效果。禁止灌肠以免肠穿孔，加重腹腔污染。密切观察腹部症状和体征的变化，尤其注意压痛、腹胀有无加剧，了解肠蠕动的恢复情况和有无腹腔脓肿，如膈下或盆腔脓肿的表现，若发现异常及时报告医生。

6. 对症护理　高热患者，给予物理降温。已确诊的患者，可用止痛剂，减轻患者的痛苦。对诊断不明或观察期间不宜用吗啡类镇痛剂，以免掩盖病情。

7. 心理护理　患者由于发病突然病情重，常会产生恐惧、焦虑的情绪，应做好解释工作，并介绍有关腹膜炎的知识，稳定患者及其家属的情绪，使其能积极配合治疗和护理。

（二） 术后护理

1. 体位　全麻未清醒者给予去枕平卧，头偏向一侧，以保持呼吸道通畅。全麻清醒或硬膜外麻醉患者平卧 6 h，血压平稳后改为半卧位，并鼓励患者多翻身、活动，预防肠粘连。

2. 禁食、胃肠减压　术后继续胃肠减压、禁食，待肠蠕动恢复，拔除胃管后逐步经口进食。根据病情补充水、电解质，必要时输血，维持水、电解质、酸碱平衡。

3. 控制感染　术后遵医嘱继续使用有效抗生素，进一步控制腹腔内感染。

4. 病情观察　术后继续监测生命体征、尿量及腹部体征的变化，并观察有无脱水、休克和代谢紊乱情况。了解肠蠕动恢复情况，观察腹部症状和体征的变化，了解压痛、腹胀有无加剧，发现异常及时通知医生，并协助处理。

5. 并发症的观察　观察有无并发腹腔脓肿的发生：①膈下脓肿可有持续高热，呃逆，患侧上腹部疼痛，并向肩背部放射，局部有深压痛和季肋区叩击痛；X 线检查可见患侧膈肌抬高，活动受限，肋膈角模糊，积液。②盆腔脓肿可有典型的直肠或膀胱刺激征，表现里急后重，大便次数增多而量少；尿急，甚至排尿困难；直肠指检可发现直肠前壁痛性肿块，有波动感。③若出现明显的发热、腹痛和不完全性肠梗阻表现，提示并发肠间脓肿。

6. 切口及腹腔引流管的护理　观察伤口敷料有无渗血渗液，切口愈合情况，有无切口感染征象；妥善固定引流管，并分别对引流管做好标记；保持引流管的通畅，维持一定的负压，检查引流管有无折叠、受压或扭曲；及时清除双套管内的堵塞物；观察并记录引流液的性状、色泽和量，一般待引流量少于每日 10 mL，非脓性、无发热和腹胀时，表示腹膜炎已控制，可以拔除腹腔引流管。

（三） 健康指导

（1）有消化系统疾病者应及时治疗，若出现恶心、呕吐、腹痛、发热或原有消化系统症状加剧，应及时就诊。

（2）饮食指导：向患者说明禁食，胃肠减压和半卧位的重要性；指导患者从流食-半流-软食-普食过渡，并少量多餐、循序渐进，进食高蛋白、高能量及高维生素食物，以促进创伤的修复和切口的愈合。

（3）活动指导：解释术后早期活动可以促进肠功能恢复，防止术后肠粘连的重要性，鼓励患者早期床上活动和尽早下床走动。

扫码看 PPT

第二节　腹部损伤患者的护理

患者男性，38 岁。右上腹撞伤 1 h 入院，患者于 1 h 前骑摩托车与汽车相撞，伤后感右上腹部疼痛，头晕。体格检查：体温 37 ℃，心率 110 次/min，呼吸 22 次/min，血压 90/70 mmHg，患者面色苍白，右上腹部压痛、反跳痛、肌紧张较明显。辅助检查：X 线透视示肝阴影扩大、右膈抬高。

问题导向：

（1）该患者的医疗诊断是什么？

（2）尚需做何检查？急救的原则是什么？

腹部损伤是常见的外科急症，其发生率在平时占各种损伤的0.4%～1.8%，战时占各种损伤的50%左右，腹部损伤多涉及内脏，所以病情严重，死亡率高，可达10%左右。近年来，随着我国交通运输业的发展，事故增多，腹部损伤也逐渐增多，但救护组织的不断完善和救护技术的不断提高，使腹部损伤的死亡率已显著下降。

腹部损伤根据腹壁有无伤口可分为开放性和闭合性两大类；根据损伤深度可分为单纯腹壁损伤和腹腔内脏损伤；根据腹腔内脏器的性质可分为实质性脏器损伤和空腔脏器损伤。

腹部损伤的严重程度取决于暴力的强度、速度、着力部位和作用方向，以及是否得到及时救治、及时手术有关。

一、实质性器官损伤

实质性脏器损伤是指肝、脾、肾、胰等实质器官损伤，因其位置比较固定，组织结构脆弱、血供丰富，受到暴力打击后，比其他内脏器官更容易损伤。肝脾组织结构脆弱、血供丰富、位置比较固定，受到暴力打击容易导致破裂，引起腹腔内或腹膜后出血。易损伤的排序依次为：脾、肾、肝、胰。

1. 分类　实质性器官损伤分为开放性损伤和闭合性损伤，开放性损伤多因刀刺、枪弹、弹片等各种锐器或火器伤引起，腹壁有伤口，自伤口有气体或血液流出，甚至有内脏脱出腹腔，同时伴有内出血的症状；闭合性损伤常因坠落、碰撞、冲击、挤压、拳击等钝性暴力所致，患者主要表现为腹腔内脏出血症状为主。

2. 治疗原则

（1）暂不能确定有无内脏损伤者，诊断明确的轻度单纯性实质器官损伤，生命体征稳定或仅有轻微变化者，可采用非手术治疗。

（2）对已确诊为腹腔内脏器损伤或非手术治疗、观察期间病情进行加重的患者，应及时手术治疗。腹内活动性大出血者，应在抗休克的同时，迅速剖腹止血。

【护理评估】

（一）健康史

仔细了解患者受伤的原因、时间、地点、部位、姿势、伤情、致伤物的性质及暴力的大小和方向。询问患者受伤后有无采取急救措施，效果如何，受伤后是否出现昏迷、腹痛、腹胀、恶心、呕吐、血尿等异常变化。如果伤者有意识障碍，可询问其家属、现场目击者及护送人员。

（二）身体状况

1. 症状

（1）腹壁损伤：开放性损伤，伤口较深穿过腹壁者，可有大量血液渗出或腹内组织、内脏自腹壁伤口突出，合并多发伤或复合伤者，可有休克、心搏骤停等急症，伤口大小与伤情严重程度不一定成比例。闭合性损伤，在损伤处有皮下瘀血斑或肿胀。

（2）腹痛：多呈持续性，一般不剧烈。如果肝破裂并胆汁性腹膜炎或胰腺损伤伴胰管断裂者，可因大量胆汁、胰液或血液进入腹腔，导致化学性、弥漫性腹膜炎，出现明显的腹痛和腹膜刺激征，还可因膈肌受刺激而出现肩背部放射痛。

（3）失血性休克：肝、脾、肾、胰等损伤时，以腹腔内或腹膜后出血症状为主。患者出现面色苍白、四肢湿冷、脉搏细数、脉压变小、血压下降、尿量减少等失血性休克的表现。肝、脾被膜下和中央型破裂者，在伤后数小时或数日内，可因被膜下血肿增大或在某些轻微外力的作用下突然发生被膜破裂而引起急性大出血并出现失血性休克的症状。肝破裂者，血液可通过胆管进入十二指肠而出现黑便或呕血。

2. 体征　触诊腹部有压痛、反跳痛、腹肌紧张等腹膜刺激征，伴有明显腹胀，叩诊部分患者出现移动性浊音。肝、脾被膜下破裂伴血肿时可触及腹部包块。开放性损伤腹壁有伤口出血或伴内脏脱出。

（三）心理、社会状况

由于发病突然、病情较重、对预后的担心，患者常产生不同程度的紧张、恐惧甚至悲观、绝望等心理反应。了解家属对其关心程度，家庭的经济承受能力等情况。

（四）辅助检查

1. 实验室检查　大量出血时红细胞、血红蛋白及血细胞比积明显下降；血、尿淀粉酶值升高提示胰腺损伤；感染时白细胞总数、中性白细胞可升高。

2. B 超检查　对实质性脏器损伤和腹腔积液的诊断意义较大，可判断实质性脏器有无损伤及其损伤程度。

3. CT 检查　有助于判断腹腔内出血量及腹膜后损伤情况。

4. 诊断性腹腔穿刺术和腹腔灌洗术　腹膜腔穿刺时，如果抽出的血液不凝固，提示实质性器官破裂出血，因腹膜的脱纤维作用而使血液不凝；穿刺液中若淀粉酶含量增高，提示胰腺损伤；必要时可重复穿刺或改行腹腔灌洗术（图 14-1）。

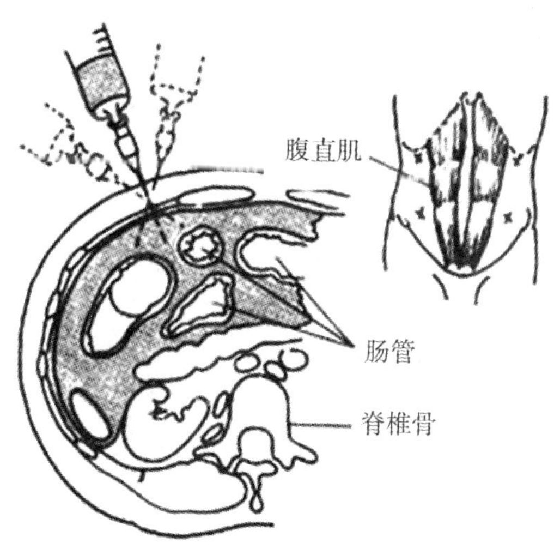

图 14-1　诊断性腹膜腔穿刺术

【护理问题】

1. 恐惧　与突发创伤刺激有关。

2. 急性疼痛　与腹部损伤及手术切口有关。

3. 体液不足　与损伤性渗出，腹腔内出血有关。

4. 潜在并发症　失血性休克，腹腔感染。

【护理措施】

（一） 急救护理

同空腔器官损伤。

（二） 非手术治疗护理

1. 体位　绝对卧床休息，不能随便搬动，以免加重伤情；待病情稳定后改为半卧位。

2. 心理护理　主动关心患者，加强与患者的沟通，向其解释腹部损伤后可能出现的并发症及相关知识，使患者解除焦虑、恐惧心理，情绪稳定，积极配合治疗。

3. 用药护理　遵医嘱应用广谱抗生素防止腹腔感染，开放性损伤注射破伤风抗毒素，血容量严重不足的患者必须迅速补充血容量。观察期间禁用吗啡类止痛剂，以免掩盖病情，怀疑胃肠破裂者禁止灌肠，以免加重病情。

4. 观察病情　每 15~30 min 测定体温、呼吸、脉搏和血压一次，注意有无腹膜炎体征及其程度和范围的变化，了解有无移动性浊音，对疑有腹腔内出血的患者，定时测定红细胞、血红蛋白、红细胞压积、白细胞计数等，动态观察腹腔内有无继续出血及腹腔内感染等情况。密切观察有无内脏损伤，有下列情况之一，考虑有腹腔内脏损伤：①短时间出现明显的失血性休克表现；②腹部有持续性剧烈疼痛，进行性加重伴恶心、呕吐；③腹膜刺激征明显加重；④肝浊音界缩小或消失，有气腹表现；⑤腹部有移动性浊音；⑥有呕血、便血或尿血；⑦直肠指检：盆腔触痛明显，波动感或指套染血。

（三） 术前护理

对于生命体征不稳定者，要及时做好术前准备，如留置胃管、导尿管、备血等准备。

（四） 术后护理

1. 体位　硬脊膜外麻醉后 6 h 或全麻清醒后，若血压、脉搏平稳，改半卧位，以利腹腔引流，改善患者呼吸功能，减轻患者腹部肌肉张力，有利于切口愈合。

2. 监测生命体征　定时测量体温、脉搏、呼吸、血压，观察意识、尿量、记录出入水量。发现异常情况，及时告知医生，并积极配合处理。

3. 止痛　手术后 48 h 内，可给予镇静、止痛剂。

4. 禁饮食、胃肠减压　一般术后需禁食及胃肠减压 2~3 d，由静脉输液，维持水、电解质平衡和营养；待肠蠕动恢复，肛门排气后，拔出胃管，开始进流质饮食，逐渐过渡到进食高蛋白、高热量、高维生素、易消化的普食。

5. 胃肠减压的护理　胃管插入长度要合适，一般成人插入深度 45~55 cm，妥善固定胃肠减压装置，保持胃管通畅，维持有效负压，以 20~30 cm H_2O 为宜，每隔 2~4 h 用生理盐水 10~20 mL 冲洗胃管一次。同时观察引流液的颜色、量和性质，记录 24 h 引流液总量。胃肠减压期间一般禁饮禁食。观察胃肠减压后肠功能恢复情况，通常术后 48~72 h 肠蠕动逐渐恢复，肠鸣音恢复、肛门正常排气、排便后，可拔除胃管。

6. 腹腔引流管的护理　妥善固定引流管，每日更换引流袋一次；观察引流液的量、颜色、性状，如引流量较多或怀疑有消化道瘘时，应适应延长引流时间；注意保持引流管通畅。

（五）健康指导

（1）加强劳动保护、安全生产、安全行车等知识的宣教，避免意外损伤的发生。

（2）普及急救知识，在意外事故发生后能进行简单的救护或自救。

（3）出院后要适当休息，加强锻炼，增加营养，促进康复。如有腹痛、腹胀、肛门停止排便排气等，应立即就诊。

二、空腔器官损伤

空腔脏器损伤是指胃、十二指肠、小肠、结肠、膀胱等空腔器官损伤。当上腹受到碰撞、挤压，胃窦、十二指肠水平部组织可被压在脊柱上而断裂；上段空肠、末段回肠因比较固定而易受伤；充盈的空腔脏器比排空时更易破裂。胃、十二指肠、胆道、小肠、大肠、膀胱等空腔脏器因面积广大，受到暴力更易破裂，由于胃液、肠液、尿液等进入腹腔，易发弥漫性腹膜炎。易损伤的排序依次为：小肠、胃、结肠、膀胱等，直肠因位置较深而损伤的发生率较低。

1. 病理与生理　空腔脏器破裂时，消化液、尿液、血液、胆汁等含有细菌的液体进入腹腔，刺激腹膜发生充血、水肿等反应，继之大量液体渗出，渗出液中所含的中性粒细胞、巨噬细胞、坏死组织、细菌和纤维蛋白等使之逐渐变混浊甚至形成脓性液；大量细菌和毒素加重腹膜炎症并经腹膜吸收，可引起脓毒症，甚至并发感染性休克；腹膜的广泛渗出亦可造成机体脱水和电解质紊乱，严重者导致低血容量性休克，随腹膜炎发展可出现肠麻痹。

2. 治疗原则

（1）单纯性腹壁损伤按一般软组织损伤处理。

（2）非手术治疗：暂不能确定有无内脏损伤者；血流动力学稳定、收缩压在 90 mmHg 以上、心率低于 100 次/min；无腹膜刺激征；未发现内脏合并伤者可采用非手术治疗。

（3）手术治疗：对已确诊为腹腔内空腔脏器损伤；有明显的腹膜刺激征或腹膜刺激征进行性加重；生命体征不稳定者；非手术治疗期间病情加重者应及时手术治疗。腹内活动性大出血者，应在抗休克的同时，迅速剖腹止血。

【护理评估】

（一）健康史

仔细了解患者受伤的原因、时间、地点、部位、姿势、伤情、致伤物的性质及暴力的大小和方向。询问患者受伤后有无采取急救措施，效果如何，受伤后是否出现昏迷、腹痛、腹胀、恶心、呕吐等异常变化。

（二）身体状况

1. 症状　如肠、胃、胆囊、膀胱等破裂或穿孔，主要症状为急性腹膜炎症状。患者出现持续性剧烈腹痛、腹肌紧张、压痛、反跳痛等典型的腹膜炎表现。其严重程度与进入腹腔的内容物有关。一般情况下，胃液、胆汁、胰液刺激最强，腹膜炎表现最明显，肠液次之，血液最轻。患者同时伴有恶心、呕吐，随着病情发展出现体温升高、呼吸急促、脉搏细数、肠麻痹，甚至发生感染性休克。空腔脏器损伤也可有不同程度的出血，胃、十二指肠损伤可有呕血，直肠损伤时出现鲜红色血便等。腹部空腔脏器与实质性脏器损伤的临床特点见表 14-1。

2. 体征　有典型的腹膜刺激征。胃破裂时，腹腔内游离的气体使肝浊音界缩小，肠鸣音减弱或消失。腹腔内继发感染后可出现腹胀。直肠损伤时直肠指诊可发现直肠内有出血。

表 14–1　腹部实质性脏器与空腔脏器损伤的临床特点比较

内　容	实质性脏器破裂	空腔脏器破裂
临床特征	以急性内出血为主	以腹膜炎为主
血常规	红细胞计数减少，血红蛋白下降	白细胞计数增多，中性粒细胞增多
X 线、B 超	腹腔积液及肝脾破裂有关征象	腹腔内积气，膈下游离气体
腹腔穿刺液	不凝固血液	混浊液体，胃肠内容物等

（三） 心理、社会状况

由于发病突然、病情较重、对预后的担心，患者常产生不同程度的紧张、恐惧甚至悲观、绝望等心理反应。了解家属对其关心程度、家庭的经济承受能力等情况。

（四） 辅助检查

1. 实验室检查　合并感染时白细胞总数、中性白细胞可升高。血或尿淀粉酶升高提示胰液或十二指肠损伤。

2. B 超、X 线检查　胃、十二指肠破裂，腹部平片显示膈下游离气体；腰大肌阴影消失提示为腹膜后血肿。

3. CT 检查　有助于判断腹腔内出血量及腹膜后损伤情况。

【护理问题】

1. 恐惧　与突发创伤刺激有关。

2. 急性疼痛　与腹部损伤及手术切口有关。

3. 体液不足　与损伤性渗出、腹腔内出血有关。

4. 潜在并发症　感染性休克。

【护理措施】

（一） 急救护理

腹部损伤合并多发伤或复合伤，抢救时须迅速判断危及生命的情况，如有心搏、呼吸骤停，窒息、开放性气胸、大出血等，应首先处理。开放性腹部损伤者，应妥善处理伤口，及时止血、包扎伤口。伴有腹腔内脏脱出情况，可用消毒或清毒碗覆盖保护后包扎，严禁现场回纳，以免加重腹腔污染。若有大量肠管脱出，肠系膜受牵拉引起或加重休克，应先将其还纳入腹腔，暂行包扎，以免加重休克。

（二） 非手术治疗及术前护理

1. 体位　患者绝对卧床休息，不能随便搬动，以免加重伤情；待病情稳定后改为半卧位。

2. 心理护理　主动关心患者，加强与患者的沟通，向其解释腹部损伤后可能出现的并发症及相关知识，使患者解除焦虑、恐惧心理，情绪稳定，积极配合治疗。

3. 禁食、持续胃肠减压　胃肠穿孔或肠麻痹者应禁食、胃肠减压，以减轻腹胀和减少胃肠液外漏。待病情好转，肠蠕动恢复、肛门排气后，可停止胃肠减压，进流质饮食。禁食期间应充分补液，防止水、电解质失衡。

4. 用药护理　遵医嘱应用广谱抗生素防止腹腔感染，开放性损伤注射破伤风抗毒素，血容量严重不足的患者必须迅速补充血容量。观察期间禁用吗啡类止痛剂，以免掩盖病情，怀疑胃肠破裂者禁止灌肠，以免加重病情。

5. 观察病情　每15~30 min测定体温、呼吸、脉搏和血压一次，注意有无腹膜炎体征及其程度和范围的变化，了解有无移动性浊音。

（三）术后护理

1. 体位　硬脊膜外麻醉后6 h或全麻清醒后，若血压、脉搏平稳，改半卧位，以利腹腔引流，改善患者呼吸功能，减轻患者腹部肌肉张力，有利于切口愈合。

2. 监测生命体征　定时测量体温、脉搏、呼吸、血压，观察意识、尿量，记录出入水量。发现异常情况，及时告知医生，并积极配合处理。

3. 止痛　手术后48 h内，可给予镇静、止痛剂。

4. 禁饮食、胃肠减压　一般术后需禁食及胃肠减压2~3 d，由静脉输液，维持水、电解质平衡和营养；待肠蠕动恢复，肛门排气后，拔出胃管，开始进流质饮食，逐渐过渡到进食高蛋白、高热量、高维生素、易消化的普食。

5. 胃肠减压的护理、腹腔引流管的护理　同实质性脏器损伤。

（四）健康指导

（1）加强劳动保护、安全生产、安全行车等知识的宣教，避免意外损伤的发生。

（2）出院后要适当休息，加强锻炼，增加营养，促进康复。如有腹痛、腹胀等，应立即就诊。

扫码看 PPT

第三节　腹外疝患者的护理

患儿男性，6岁。病情由患儿母亲叙述。因发现右侧阴囊可复性肿块4年入院。病史：患儿2岁时，患“百日咳”后发现右侧阴囊有一“核桃”样的肿块，在哭啼、咳嗽，久立时肿块出现，平卧时消失，无任何不适感。体格检查：体温37℃，心率86次/min，血压95/60 mmHg，发育营养正常，立位时右侧阴囊内可触及一个6 cm×7 cm×7 cm小肿块，光滑柔软，无触痛。透光（-），平卧时肿块消失，外环口增大，压迫内环口肿块不再突出，外环口增大在咳嗽时有冲击感。

问题导向：

（1）作为患儿的责任护士，该患儿是什么疾病？

（2）该患儿如需手术，术后怎样护理？

一、概述

腹外疝是由腹腔内的脏器或组织连同腹膜壁层，经腹壁薄弱点或孔隙，向体表突出所形成。根据发生部位不同，分为腹股沟疝（腹股沟斜疝和腹股沟直疝）、股疝、脐疝、切口疝、白线疝等。腹外疝是腹部外科最常见的疾病之一，其中以腹股沟疝发生率最高，占

90%以上，股疝次之，占5%左右。腹外疝嵌顿或绞窄是外科急腹症，需紧急手术治疗。

1. 病因　腹壁强度降低和腹内压力增高是腹外疝发病的两个主要因素。

（1）腹壁强度降低：有先天性和后天性两种情况。先天性的如腹膜鞘状突未闭，腹内斜肌下缘高位，宽大的腹股沟三角，脐环闭锁不全，腹壁白线缺损等，有些正常的解剖现象，精索穿过腹股沟管，股动静脉穿过股管区，也可造成该处腹壁强度减弱。后天性见于腹部手术切口愈合不良，腹壁外伤后的感染，腹壁神经损伤，老年体弱和过度肥胖致肌肉萎缩等，导致腹壁强度降低。

（2）腹内压力增高：剧烈咳嗽、慢性咳嗽、慢性便秘、排尿困难、腹水、妊娠、举重、婴儿经常啼哭等原因可引起腹内压力增高。在腹壁强度降低的基础上，腹内压力增高是腹外疝发生的重要原因。

2. 腹外疝组成　典型的腹外疝由疝环、疝囊、疝内容物和疝外被盖四部分组成（图14–2）。

（1）疝环：是疝内容物突向体表的门户，即腹壁薄弱区或缺损处。各种疝通常即以疝环部位作为命名依据，如腹股沟疝、股疝、脐疝、切口疝等。

（2）疝囊：是壁层腹膜经疝环向外突出所形成的囊袋，由疝囊颈、疝囊体和疝囊底组成。疝囊颈位置相当于疝环，是比较狭窄的部分，又称疝门，它是疝突向体表的门户。

（3）疝内容物：是进入疝囊的腹内脏器或组织，以小肠最为多见，大网膜次之。其他如盲肠、阑尾、乙状结肠、横结肠、膀胱等，也可作为疝内容物进入疝囊，但较少见。

（4）疝外被盖：是指疝囊以外的各层组织，通常为筋膜、皮下组织和皮肤。

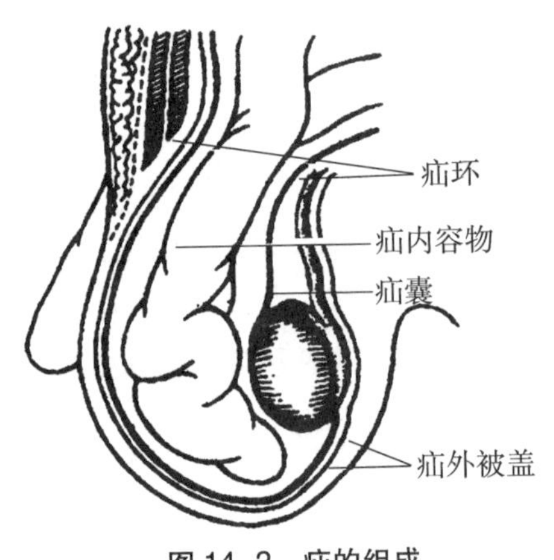

图14–2　疝的组成

3. 病理分型　根据疝回纳的难易程度和血供情况，腹外疝可分为以下类型。

（1）易复性疝：凡疝内容物很容易回纳入腹腔的疝称为易复性疝。

（2）难复性疝：疝内容物不能回纳或不能完全回纳入腹腔者，称难复性疝。其内容物多为大网膜。少数病程较长的疝，因内容物不断进入疝囊时，产生的下坠力量将囊颈上方的腹膜逐渐推向疝囊，导致盲肠、乙状结肠或膀胱随之下移而成为疝囊壁的一部分，这种疝称为滑动性疝，也属难复性疝。

（3）嵌顿性疝　疝环较小而腹内压力骤增时，疝内容物可强行扩张疝囊颈而进入疝囊，因疝囊颈的弹性收缩，将内容物卡住而不能回纳腹腔，称为嵌顿性疝。若为肠管嵌顿，因静脉回流受阻，导致肠管壁淤血、水肿，颜色由鲜红变为深红，囊内可有淡黄色渗液积聚，若能及时解除嵌顿，病变肠管可恢复正常。若嵌顿的内容物仅为部分肠壁，系膜侧肠壁及其系膜并未进入疝囊，肠腔并未完全梗阻，这种疝称为肠管壁疝或 Richter 疝。如嵌顿的小肠是小肠憩室（通常是 Meckel 憩室），则称 Littre 疝。

（4）绞窄性疝　嵌顿若不能及时解除，可使嵌顿组织动脉血流减少，甚至完全阻断，疝内容物缺血坏死，即为绞窄性疝。

4. 治疗原则

（1）非手术治疗：①腹股沟疝：1 岁以内婴儿的小型疝有自愈的可能，无须治疗，但要警惕嵌顿性疝的发生。可采用棉线束带或绷带压住腹股沟管深环，防止疝块突出。年老体弱或伴有其他严重疾病而禁忌手术者，白天在回纳疝内容物后，使用医用疝带压迫疝环，阻止疝块突出。②脐疝：小儿脐疝除了嵌顿或穿破等紧急情况外，在 2 岁之前采取非手术疗法，原则是回纳疝块后，用大于脐环的、外包纱布的硬币或小木片抵住脐环，然后用胶布或绷带加以固定。

（2）手术治疗：①疝囊高位结扎术：如不能自愈或逐渐增大的婴幼儿腹外疝，年龄越小，嵌顿率越高，危险性越大，应早期行单纯疝囊高位结扎术。手术方法是皮下环处小切口显露疝囊颈，予以高位结扎或贯穿缝合疝囊颈。②疝修补术：成人在疝囊高位结扎后，加强或修补薄弱的腹壁缺损区，治疗较为彻底。常用手术方法有传统疝修补术、无张力疝修补术经腹腔镜疝修补术等。

二、腹股沟疝

发生在腹股沟区的腹外疝，统称为腹股沟疝。常见的腹股沟疝包括腹股沟斜疝和腹股沟直疝，其中以斜疝最多见，约占全部腹外疝的 90%左右。疝囊经过腹壁下动脉外侧的腹股沟管（内环）突出，向内、向下、向前斜行经过腹股沟管，再穿出腹股沟管（外环、皮下环），可进入阴囊，称腹股沟斜疝，男性多见，男女发病率之比为 15∶1，以婴幼儿及老年人发病率最高。腹股沟直疝系指腹内器官经直疝三角突出而形成的疝，以老年男性多见。

1. 腹股沟区域解剖特点　腹股沟区是前外下腹壁一个三角形区域，其下界为腹股沟韧带，内界为腹直肌外侧缘，上界为髂前上棘至腹直肌外侧缘的一条水平线。腹股沟疝是指发生在这个区域的腹外疝。

腹股沟区的解剖层次：由浅至深有皮肤、皮下组织和浅筋膜；腹外斜肌；腹内斜肌和腹横机；腹横筋膜；腹膜外脂肪和壁腹膜。

腹股沟管：成人腹股沟管长 4~5 cm，位于腹前壁、腹股沟韧带内上方，相当于腹内斜肌、腹横机弓状下缘与腹股沟韧带之间的斜行裂隙。走向为从外后上方向内前下方斜行，腹股沟管的内口即深环，外口即浅环，其大小一般可容纳一指尖。腹股沟管的走向由外向内、由上向下、由深向浅斜行，女性腹股沟管内有子宫圆韧带通过，男性则有精索通过。

直疝三角：直疝三角的外侧边是腹壁下动脉，内侧边为腹直肌外侧缘，底边为腹股沟韧带。此处腹壁缺乏完整的腹肌覆盖，且腹横筋膜又比周围部分为薄，故易发生疝。

2. 病因　在腹内斜肌和腹横机的弓状下缘与腹股沟韧带之间有一定空隙存在，在腹股沟内侧 1/2 部分无肌肉覆盖，精索和子宫圆韧带通过股管时形成潜在的裂隙，当人体站立时，腹股沟所承受的压力又比平卧时增加3倍，故腹外疝多发生于此区。

（1）腹股沟斜疝：有先天因素和后天因素。先天因素主要在胚胎早期，睾丸位于腹膜后2~3腰椎旁，以后逐渐下降。随着睾丸逐渐下降，带动内环处腹膜下移，形成腹膜鞘状突；婴儿出生后，若鞘状突不闭锁或闭锁不完全，则成为先天性斜疝的疝囊。由于右侧睾丸下降比左侧略晚，鞘突闭锁也较迟，故右侧腹股沟疝较多见；后天原因主要与腹股沟解剖缺损，腹壁肌或筋膜发育不全有关。当腹内压增加时，内环处的腹膜自腹壁薄弱处向外突出形成疝囊，腹腔内器官、组织随之进入疝囊。

（2）腹股沟直疝：由于直疝三角处腹壁缺乏完整的腹肌覆盖，且腹横筋膜又比周围部分为薄，故易发生直疝。老年人由于肌组织发生退行性变而使肌组织更加薄弱，故双侧多见。

【护理评估】

（一） 健康史

注意询问患者有无吸烟史、急慢性咳嗽、便秘、排尿困难、小儿哭闹等引起腹内压增高的病史。同时注意观察以下几点：疝块所处的部位；疝块的大小、质地、有无压痛、能否回纳；有无肠梗阻或肠绞窄征象。

（二） 身体状况

1. 易复性斜疝　主要临床表现是腹股沟区有一突出肿块，肿块常在站立、行走、咳嗽或劳动时出现，多呈梨形，可降入阴囊或大阴唇。平卧或用手向腹腔推送时，肿块可向腹腔回纳而消失。回纳后，用手指通过阴囊皮肤伸入腹股沟浅环，可感浅环扩大。此时嘱患者咳嗽，指尖有冲击感。用手指紧压腹股沟管深环，并让患者站立并咳嗽，疝块不再出现，当移开手指时，则疝块又可出现。

2. 易复性直疝　常见于年老体弱者，一般无自觉症状。主要临床表现是当患者直立时，在腹股沟内侧、耻骨结节外上方出现一半球形的肿块，不降入阴囊。

3. 嵌顿性疝与绞窄性疝　当腹内压骤然升高时，疝块突然增大，剧烈疼痛，平卧或用手推送不能使之回纳。肿块张力高且硬，有明显触痛。如嵌顿的内容物为肠襻，随即伴有腹部绞痛、恶心、呕吐、腹胀、停止排便和排气等机械性肠梗阻的表现。如嵌顿时间过久，疝内容物发生缺血坏死，形成绞窄性疝，此时患者有急性腹膜炎的体征；发生肠管绞窄者可有血便，肠管绞窄穿孔者可因疝块压力骤降，使疼痛暂时缓解，易误认为病情好转，严重者可并发感染性休克。

表14-2　腹股沟斜疝和直疝的鉴别

项目	斜疝	直疝
发病年龄	多见于儿童及青壮年	多见于老年人
突出途径	斜疝经腹股沟管突出，进入阴囊	由直疝三角突出，不进入阴囊
疝块外形	椭圆或梨形，上部呈蒂柄状	半球形，基底较宽
回纳疝块后压住内环	疝块不再突出	疝块仍可突出
精索与疝囊的关系	精索在疝囊后	精索在疝囊前外方
疝囊颈与腹壁下动脉关系	疝囊颈在腹壁下动脉外侧	疝囊颈在腹壁下动脉内侧
嵌顿机会	较多	极少

4. 其他常见腹外疝

（1）股疝：疝囊通过股环，经股管向卵圆窝突出的疝，称为股疝。多见于 40 岁以上女性。在患者的腹股沟韧带下方卵圆窝处可触及一半球形的肿块，平卧回纳内容物后疝块有时并不完全消失，这是因为疝囊外有很多脂肪堆积的缘故，由于囊颈较狭小，股疝易发生嵌顿，并迅速发展为绞窄性疝。

（2）切口疝：是发生于腹壁手术切口处的疝。患者腹壁切口处逐渐膨隆，有肿块出现，平卧时缩小或消失，伴食欲减退、恶心、便秘、腹部隐痛等难复性疝表现。多数切口疝无完整疝囊，疝内容物常与腹膜外腹壁组织粘连而成为难复性疝，因切口疝环宽大，很少发生嵌顿。

（3）脐疝：疝囊通过脐环突出的疝称脐疝。小儿脐疝多见，患儿啼哭时脐疝脱出，安静时肿块消失。多见于中年经产妇女，由于疝环狭小，发生嵌顿或绞窄者较多。

（三） 心理、社会状况

对突发或反复出现的腹部肿物、疼痛等病变，患者及其家属无充分的心理准备，表现为焦虑不安。由于知识缺乏，对疾病治疗缺乏信心，对手术有恐惧心理。因影响患者日常生活及工作，易产生急躁情绪。儿童家长因担心手术有后遗症易产生担忧心理。

（四） 辅助检查

1. 实验室检查　腹外疝发生绞窄时，血白细胞、中性粒细胞增多。

2. X 线检查　嵌顿或绞窄性疝可见肠梗阻 X 线征象。

3. 透光试验　腹股沟斜疝做阴囊透光试验以排除睾丸鞘膜积液。

【护理问题】

1. 疼痛　与腹外疝肿块突出、嵌顿或绞窄有关。

2. 体液不足　与腹外疝发生嵌顿或绞窄引起机械性肠梗阻有关。

3. 潜在并发症　与术后阴囊水肿、切口感染、复发等有关。

【护理措施】

（一） 非手术治疗护理

1. 积极消除腹内压增高的因素　对咳嗽、便秘、排尿困难的患者必须积极治疗，症状控制后再行手术。注意多饮水，食富含粗纤维的食物，如蔬菜、水果等，保持大便通畅。

2. 棉束带压迫护理　婴幼儿在使用棉束带压迫治疗期间，定时检查并保持棉束带适宜的松紧度，过松达不到压迫治疗作用，过紧小儿会感到不适而哭闹不止；棉束带被粪尿污染后应立即更换，避免皮肤浸渍过久发生皮炎。

3. 疝带护理　疝块较大的患者，嘱其卧床休息，减少活动，离床活动时使用医用疝带，将疝带一端的软压垫对着疝环顶住，避免腹腔内容物突出，防止疝嵌顿。小儿要密切观察是否发生疝嵌顿现象。脐疝治疗时用硬币压迫，绷带固定后也应经常检查其松紧度，防止移位导致压迫失效。

4. 病情观察　患者若出现腹痛明显，呈持续性，且伴有疝块突然增大、发硬、触痛明显、不能回纳腹腔时，应高度警惕嵌顿性疝发生的可能，需紧急处理。

（二） 术前护理

1. 备皮　术前嘱患者沐浴，按规定范围备皮，对患者会阴部、阴囊皮肤准备，既要剃尽阴毛，又要防止皮肤破损。手术日晨再次检查皮肤准备情况，如有皮肤破损或有继发化脓性感染，暂停手术。

2. 灌肠　术前晚给患者灌肠，清洁肠道，防止术后腹胀和便秘。

3. 排空小便　进手术室前，嘱患者排尿，以防术中误伤膀胱，必要时留置导尿管。

4. 嵌顿性或绞窄性疝　伴有急性肠梗阻的患者，按急症手术前护理常规，禁食、胃肠减压、输血、输液，使用抗生素等，在积极纠正水、电解质及酸碱平衡失调的同时，准备手术。

（三）术后护理

1. 体位　术后宜取平卧位 3 d，膝下垫一软枕，髋、膝关节略屈曲，以松弛腹股沟切口的张力，从而减轻患者切口疼痛感。

2. 饮食　患者术后 6~12 h 麻醉反应消失，若无恶心、呕吐等不适，进流质饮食，次日进软食或普食。行肠切除吻合术的患者，肠蠕动功能恢复后，进流质饮食，再逐渐过渡到半流质、普食。

3. 活动　患者卧床时间长短，依据疝的部位、大小、腹壁缺损程度及手术方式而定，一般疝修补术后 3~5 d 下床活动。采用无张力疝修补术的患者早期下床活动，但对年老体弱、复发性疝、绞窄性疝、巨大疝患者，卧床时间延长至术后 10 d，方可下床活动，以免疝复发。

4. 防止腹内压增高　术后嘱患者尽量避免咳嗽及用力排便，否则会使腹内压增高，不利于切口愈合，且易导致术后疝复发。术后患者注意保暖，防止受凉而引起咳嗽；保持大小便通畅，便秘者嘱避免用力排便，必要时给予药物通便。

5. 预防阴囊水肿　在腹股沟手术区压迫沙袋（重 0.5 kg）12 h，减轻渗血，并用丁字带将阴囊托起，预防阴囊水肿。

6. 预防切口感染　切口感染是导致疝复发的重要原因。注意保持切口敷料干燥、清洁，避免大小便污染，尤其是婴幼儿更应加强护理，发现敷料脱落或污染应及时更换，必要时在切口上覆盖伤口贴膜，以隔离保护伤口。注意观察患者切口有无红肿、疼痛，一旦发现切口感染应尽早处理。

（四）健康指导

扫码看 PPT

（1）避免生活和工作中可引起腹内压增高的因素，及时治疗咳嗽、便秘、排尿困难等，保持大便通畅，养成定时排便习惯，防止疝的复发。

（2）手术患者出院后注意休息，逐渐增加活动量，避免提重物，3 个月内避免重体力劳动，若疝有复发，及时就诊。

第四节　胃、十二指肠溃疡患者的外科护理

患者男性，50 岁。因上腹部剧烈疼痛 6 h 入院。患者于入院前 6 h 进食后突发上腹部剧痛，伴恶心、呕吐，自服抗酸药无效，且疼痛逐渐加剧。既往病史：患胃溃疡已 2 年，1 个月来疼痛加重。体格检查：患者一般情况尚可。体温 37℃，心率 86 次/ min，呼吸 22 次/ min，血压 100/70 mmHg，满腹压痛、上腹为重，反跳痛、腹肌紧张，肠鸣音消失。

问题导向：

（1）患者出现了溃疡的哪种并发症？首选何种检查？

（2）应选哪种手术方式？如何针对并发症实施护理？

胃、十二指肠溃疡又称消化性溃疡，分为胃溃疡和十二指肠溃疡。若两者同时存在，称为复合性溃疡。绝大多数消化性溃疡是单个发生，若有两个以上溃疡灶，则称为多发性溃疡。其发生与胃酸、胃蛋白酶的消化作用及幽门螺杆菌（HP）感染有关，表现为慢性、周期性、节律性的上腹部疼痛。近年来，纤维内镜技术的不断完善、新型制酸剂和抗幽门螺杆菌药物的合理应用，大多数患者经药物治疗，效果良好，需外科手术治疗的溃疡患者较前显著减少。外科治疗主要用于合并急性穿孔、出血、幽门梗阻、恶性病变及药物治疗无效等情况。

1. 病因

（1）幽门螺杆菌感染：95%以上的十二指肠溃疡与近80%的胃溃疡患者中检出HP感染，有1/6左右的HP感染者发展为消化性溃疡。HP感染破坏了胃黏膜上皮细胞，影响碳酸盐分泌、胃血流、分泌胃泌素和生长抑素的细胞的功能，损害胃酸分泌调节机制，降低胃、十二指肠黏膜屏障的完整性，最终导致胃、十二指肠溃疡。

（2）胃酸分泌过多：胃酸分泌过多，激活胃蛋白酶，可使胃、十二指肠黏膜发生自身消化。十二指肠溃疡可能与迷走神经张力及兴奋性过度增高有关。

（3）非甾体类抗炎药与胃黏膜屏障损害：非甾体类抗炎药、肾上腺皮质激素、胆汁酸盐、酒精等均可破坏胃黏膜屏障，引起胃黏膜水肿、出血、糜烂，甚至溃疡。

（4）其他因素：包括遗传、吸烟、心理压力和咖啡因等。O型血者患十二指肠溃疡比其他血型者为高。

2. 病理生理和分型　本病属慢性溃疡，多为单发。胃溃疡多发生于胃小弯，以胃角多见，胃窦部与胃体也可见，胃大弯、胃底少见。十二指肠溃疡主要发生在球部，球部以下的溃疡称为球后溃疡。典型的胃、十二指肠溃疡可深达黏膜肌层。若溃疡向深层侵蚀，可引起出血或穿孔，幽门处较大溃疡愈合后形成瘢痕可导致胃出口狭窄。根据胃溃疡发生的部位和胃酸的分泌量，可分为四型：

Ⅰ型：最为常见，占50%~60%，低胃酸，溃疡位于胃小弯角切迹附近。

Ⅱ型：约占20%，高胃酸，胃溃疡合并十二指肠溃疡。

Ⅲ型：约占20%，高胃酸，溃疡位于幽门管或幽门前。

Ⅳ型：约占5%，高胃酸，溃疡位于胃上部1/3、胃小弯高位接近贲门处，常为穿孔性溃疡，易发生出血或穿孔。

3. 常见症状与体征　本病具有慢性过程、节律性疼痛与周期性发作三大特点。患者发病与季节、情绪波动、饮食失调等因素有关。

（1）上腹部疼痛：腹痛是胃溃疡的主要症状，但腹痛的节律性不如十二指肠溃疡明显。一般进餐后0.5~1 h疼痛即开始，持续1~2 h后消失。进食不能缓解，有时反使疼痛加重，体检时压痛点常位于上腹剑突与脐连线中点或略偏左，约有5%胃溃疡可以发生恶变。十二指肠溃疡多见于中青年男性。有周期性发作的特点，秋、冬、春季好发。主要表现为上腹部或剑突下的疼痛，有明显的节律性，与进食密切相关，多于进食后3~4 h发作，饥饿痛和夜间痛是十二指肠溃疡的特征性症状，体检时右上腹可有压痛。

（2）胃肠道症状：泛酸、嗳气、食欲减退等。

（3）出血：一般为大便潜血，持续出血可出现贫血症状。

4. 治疗原则

（1）非手术治疗：目的是消除病因，缓解症状，促进溃疡愈合，防止溃疡复发，预防并发症。

（2）手术治疗 ①胃大部切除术：即切除胃远侧2/3~3/4，包括胃体大部、整个胃窦部、幽门和十二指肠球部。胃大部切除术的术式可分为毕Ⅰ式和毕Ⅱ式（图14-3）。毕Ⅰ式适用于治疗胃溃疡，在胃大部切除后，将残胃直接与十二指肠相吻合，其特点是手术操作简单，吻合后的胃肠道接近生理状态，术后因胃肠功能紊乱引起的并发症相对较少。毕Ⅱ式适用于十二指肠溃疡的治疗，在胃大部切除后，将残胃与近端空肠吻合，其缺点为胃空肠吻合改变了正常的解剖生理关系，术后发生胃肠功能紊乱的可能性较毕Ⅰ式大。②胃迷走神经切断术：主要用于治疗十二指肠溃疡。临床上手术类型有迷走神经干切断术、选择性迷走神经切断术和高选择性胃迷走神经切断术。

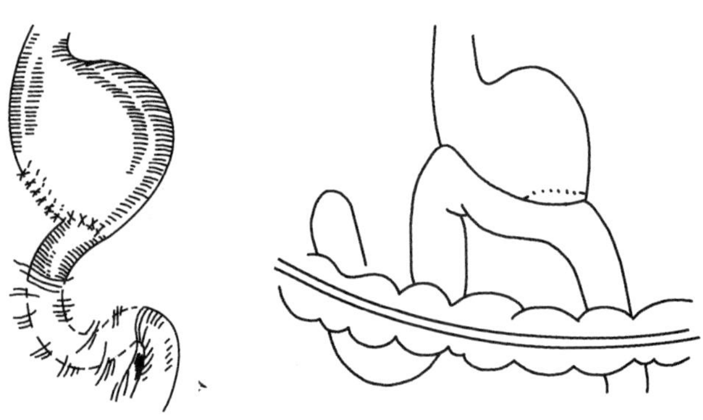

图14-3 毕氏吻合

一、胃、十二指肠溃疡急性穿孔

胃、十二指肠溃疡急性穿孔是指胃、十二指肠溃疡向深部侵蚀、穿破浆膜的结果。是胃、十二指肠溃疡最严重的并发症，起病急、变化快，病情严重，需紧急处理，若诊治不当可危及生命。

1. 病因与病理 90%的十二指肠溃疡穿孔发生在球部前壁，而胃溃疡穿孔60%发生在胃小弯。急性穿孔后，具有强烈刺激性的胃酸、胆汁、胰液等消化液和食物进入腹腔，引起化学性腹膜炎和腹腔内大量液体渗出，6~8 h后细菌开始繁殖并逐渐转化为化脓性腹膜炎。病原菌以大肠杆菌、链球菌为多见。由于剧烈的腹痛、强烈的化学刺激、细胞外液的丢失以及细菌毒素吸收等因素，患者可出现休克。

2. 治疗原则

（1）非手术治疗：对溃疡小穿孔、腹腔渗出少、全身情况好、就诊时腹膜炎已有局限趋势、无严重感染及休克者，可选用非手术疗法。观察6~8 h后病情仍继续加重，应及早进行手术治疗。

（2）手术治疗：①单纯穿孔缝合术：远期效果差，5年内复发率达70%。②胃大部切除术：远期效果满意者可达95%以上。患者一般情况好，有幽门梗阻或出血史，穿孔时间在 12 h 以内，腹腔污染较轻，可进行胃大部切除术。③穿孔单纯缝合加迷走神经切断加胃空肠吻合术，或做高选择性迷走神经切断术，适用于一般情况好的十二指肠溃疡穿孔。

【护理评估】

（一）健康史

了解患者有关的发病情况。年龄、性别、性格特征、职业、饮食习惯。有无长期溃疡病反复发作的病史，发病前有无自觉症状加重，急性穿孔前有无饮酒与暴食、情绪激动、过度劳累、服用皮质类固醇药物等诱因。

（二）身体状况

1. 症状　穿孔是胃、十二指肠最严重的并发症。90%的患者有溃疡病史，穿孔前常有溃疡病症状加重，多突然发生于夜间空腹或饱餐后，以十二指肠溃疡穿孔为多见。主要表现为突发性上腹部刀割样剧痛，并迅速波及全腹，但以上腹为重。患者疼痛难忍，并有面色苍白、出冷汗、脉搏细速、血压下降、四肢厥冷等表现。常伴有恶心、呕吐。当腹腔内大量渗出液稀释漏出的消化液时，腹痛略有减轻，继发细菌感染后腹痛可再次加重。

2. 体征　患者呈急性面容，表情痛苦，微屈膝位、不愿移动；全腹压痛、反跳痛，腹肌紧张呈“板状”强直，以右上腹最明显。听诊肝浊音界缩小或消失，肠鸣音减弱或消失。当腹膜大量渗出积液较多时，可叩出移动性浊音。

（三）心理、社会状况

对突发的腹部剧痛等病变，患者无充分的心理准备，表现为焦虑不安。由于知识缺乏，对疾病治疗缺乏信心，易产生急躁情绪，对手术有恐惧心理。

（四）辅助检查

1. X 线检查　立位 X 线检查是诊断消化性溃疡急性穿孔的重要的检查方法，80%患者有膈下半月形的游离气体。

2. 血常规检查　白细胞计数及中性粒细胞比例增高。

3. 诊断性腹腔穿刺　穿刺抽出液可含胆汁或食物残渣。

【护理问题】

1. 急性疼痛　腹痛与胆汁、食物残渣对腹腔黏膜的刺激有关。

2. 营养失调（低于机体需要量）　与术前、术后禁食有关。

3. 体液不足　与溃疡穿孔后消化液大量丢失有关。

4. 潜在并发症　腹腔内脓肿、吻合口出血、十二指肠残端破裂、倾倒综合征等。

【护理措施】

（一）非手术治疗及术前护理

1. 体位　伴有休克者取平卧位，无休克者取半卧位。

2. 病情观察　注意观察腹痛的情况，包括部位、性质、程度及变化特点。密切观察血压、脉搏、尿量等情况，并做好记录。

3. 禁食、维持有效的胃肠减压　以减少胃肠内容物继续流入腹腔。

4. 用药护理　遵医嘱应用抗生素，静脉补液，合理安排输液种类与输液速度；同时给予营养支持护理。

（二）术后护理

1. 体位　平卧 6~8 h，麻醉作用消失，血压平稳后改半卧位，有利于呼吸和循环。

2. 病情观察　定时测量生命体征，观察肠蠕动情况，病情较重或休克者，注意观察患者的神志、瞳孔、尿量和末梢循环情况等。

3. 保持胃管通畅　注意观察并记录引流液的色、质、量等，待肠蠕动恢复，肛门排气后拔除胃管。胃肠减压期间遵医嘱给予静脉输液，必要时行肠外营养。

4. 饮食护理　由于胃被切除大部分后，重建了胃肠道的吻合，从而引起一些生理功能的改变，诸如胃腔变小，食物机械性搅拌的能力下降，消化液的分泌减少，部分消化液出现物理性反流，食物常过快进入空肠内等。因此，手术后早期必须严格遵循少食多餐、清淡、易消化、高蛋白、低脂、低糖、忌冷、忌辛辣、忌产气、忌酸的原则。拔胃管当日少量饮水，如无不适，次日给流质饮食，术后 1 周改半流质饮食。

5. 胃大部切除术后并发症护理

（1）吻合口出血：术后 24 h 内，从胃管中引流出暗红色或咖啡色胃液，属术后正常现象；如果短期有大量鲜红色血液自胃管内引出，100 mL/h 以上，甚至呕血或黑便，为术中止血不完善并发术后出血。密切观察病情变化，遵医嘱输液、输血，使用止血药物，采用冷盐水洗胃，无效则手术止血。

（2）十二指肠残端破裂：是毕Ⅱ式胃大部切除术严重的并发症，死亡率高。多发生于术后 3～6 d，表现为右上腹突发剧烈腹痛和局部明显压痛，腹肌紧张等急性弥漫性腹膜炎，一旦出现要立即手术。

（3）吻合口梗阻：表现为进食后上腹胀痛、呕吐、呕吐物为食物、多无胆汁。梗阻多因吻合口过小，或缝合时胃肠壁内翻过多，需再次手术扩大吻合口或重新做胃空肠吻合；梗阻若为吻合口黏膜炎症水肿所致，经非手术治疗可使症状消失。

（4）输入段梗阻：①完全性梗阻：输入段肠管扭曲或被粘连带压迫，输入段肠内容不能下行，或输入段肠管过长形成内疝，而形成闭襻性梗阻，严重者可发生肠坏死或穿孔。表现为上腹剧痛，可放射至肩胛、背部，呕吐频繁但不含胆汁；严重者可出现脉快，血压下降，有时出现黄疸，需及早手术解除梗阻。②不完全性梗阻：多因输入段肠管过长、扭曲或过短因牵拉使吻合口处成锐角，使输入段肠内容不能及时排出。表现为：进食 15～30 min后，上腹部突感胀痛，然后大量呕吐，呕吐物以胆汁为主，不含食物，吐后症状缓解。X 线钡餐检查吻合口及输出段空肠顺利通过，而无钡剂进入输入段空肠。处理：应先行非手术疗法，输液、消炎等治疗，如症状数周内不能缓解，行二次手术。

（5）输出段梗阻：多为粘连或炎性肿物压迫而引起输出段空肠梗阻。表现为上腹饱胀，恶心、呕吐，呕吐物为食物和胆汁。X 线钡餐检查可明确梗阻部位。处理：禁食、胃肠减压、输液、消炎等治疗，无效时应再次手术治疗。

（6）倾倒综合征：①早期倾倒综合征：常发生在毕氏Ⅱ式胃大部切除术后。表现为进食（尤其是甜流质饮食）后 10～20 min，出现上腹饱胀，心悸、出汗、头昏、恶心、呕吐、腹痛、腹泻等症状，症状持续 15～60 min，平卧 15～30 min 后，症状逐渐减轻或消失。处理：以调节饮食为主，少量多餐，摄取较干、含糖量较低，含蛋白质较高的清淡易消化饮食，进食后平卧 20～30 min，一般半年至 1 年后症状自行缓解；对不缓解者，考虑再次择期手术治疗。②晚期倾倒综合征：也称为低血糖综合征，多在食后 2～3 h 发作，表现为无力、出汗、饥饿感、嗜睡、眩晕等。发生的原因是由于食物过快地进入空肠内，葡萄糖迅速被吸收，血糖过度增高，刺激胰腺产生过多胰岛素而继发的低血糖现象。处理：控制饮食，症状明显者可用生长抑素奥曲肽 0.1 mg 皮下注射，每日 3 次，可改善症状。

（7）碱性反流性胃炎：术后的一种特殊类型病变，发生率为 5%～35%，常发生于毕罗Ⅱ式术后 1～2 年。由于胆汁、胰液反流，引起胃黏膜炎症、糜烂，甚至形成溃疡。临床表现主要为上腹部持续性烧灼痛，进食后症状加重，抗酸药物服后无效；呕吐胆汁，呕吐后症状不减轻，胃液分析胃酸缺乏；食欲减退，体重减轻，贫血。胃镜检查显示慢性萎缩性胃炎。症状轻者用 H_2 受体拮抗剂等治疗，严重者采用手术治疗。

（8）吻合口溃疡：术后常见的远期并发症。绝大多数发生在十二指肠溃疡术后。其原因与原发溃疡相似，80%～90%仍存在胃酸过高现象。症状与原发溃疡病基本相同，但痛的规律性不明显，在上腹吻合口部位有压痛。内科治疗无效者行手术治疗。

（9）残胃癌：胃、十二指肠溃疡行胃大部切除后 5 年以上，残胃发生的原发癌称残胃癌。多发生在术后 20～25 年，发生原因与胃切除术后低酸，胆汁反流及肠道细菌逆流入残胃引起萎缩性胃炎有关。患者常具有上腹疼痛，进食后饱胀，消瘦和消化道出血，纤维胃镜活检可确诊。对确诊为残胃癌的患者应采用手术治疗。

（三） 健康指导

（1）饮食护理：生活规律，劳逸结合；定时定量，术后以易消化富有营养的食物为主，避免进食刺激性食物，如酸辣、油煎、豆类食物、浓缩果汁等，戒烟酒、咖啡、浓茶，选择不油腻、清淡易消化的食物。

（2）减少生活压力：降低精神心理应激，加强身体锻炼，提高机体功能状态和免疫力。

（3）教会患者自我观察，判断有无并发症，如患者出现腹痛、恶心、呕吐，呕吐物量多，应立即就诊，嘱咐患者出院后要定期复查。

二、胃十二指肠溃疡大出血

胃十二指肠溃疡出血是上消化道大出血中最常见的原因，约占 50%以上，其中 5%～6%需要外科手术治疗。

1. 病因和病理　患者多有典型的溃疡病史。近期可有服用非甾体抗炎药物、疲劳、饮食不规律等诱因。胃溃疡大出血多发生在胃小弯，出血源自胃左、右动脉及其分支；十二指肠溃疡大出血通常位于壶腹部后壁，出血多来自胃十二指肠动脉或胰十二指肠动脉及其分支。大出血后，因血容量减少、血压降低、血流变缓，可在血管破裂处形成血细胞凝集块而暂时止血。由于胃酸、胃肠蠕动和胃十二指肠内容物与溃疡病灶的接触，部分病例可发生再次出血。

2. 治疗原则

（1）非手术治疗：多数患者经非手术治疗，如补液、输血、冰生理盐水洗胃、内镜下出血血管钛夹钳夹、激光治疗、选择性动脉注射血管收缩剂等措施，出血可以停止。

（2）手术治疗：但有下列情况考虑行手术治疗：①溃疡病急性大出血，伴有休克者；②在 6～8 h 输入血液 600～1 000 mL 后情况不见好转，或暂时好转而停止输血后又再度病情恶化者；③不久前曾发生类似的大出血者；④正在内科住院治疗中发生大出血者；⑤年龄在 50 岁以上或有动脉硬化者；⑥大出血合并穿孔或幽门梗阻者。患者病情危重，不允许做胃大部切除术时，可采取单纯贯穿结扎止血法。

【护理评估】

（一） 健康史

了解患者有无溃疡病史及溃疡病反复发作的病史。发病前有无用刺激性药物、暴食、情绪激动、饮酒、进食刺激性食物等诱因。

（二） 身体状况

1. 症状 85%~90%的患者有溃疡病史，主要表现为急性呕血与柏油样便。多数突然发病，出血多不伴有腹痛，患者大多先感觉恶心、眩晕和上腹部不适，随即出现呕血或柏油样便，当失血量占人体总血量10%（约400 mL）时，出现休克代偿期表现，如面色苍白、四肢冰冷、脉搏细速，血压正常而脉压变小。当急性失血量占人体总血量20%（约800 mL）时，可出现休克期表现，如出冷汗、四肢冰凉、脉搏细速、呼吸浅促、血压下降等。

2. 体征 腹部稍胀，上腹部可有轻度压痛，肠鸣音亢进。

（三） 心理、社会状况

对突发的呕血、便血等病变，患者无充分的心理准备，表现为焦虑不安。由于知识缺乏，对疾病治疗缺乏信心，对手术有恐惧心理。因影响患者日常生活及工作，易产生急躁情绪。

（四） 辅助检查

1. 纤维胃镜检查 可明确溃疡及出血部位，并可对溃疡边缘及邻近黏膜做多处活体组织检查，有确诊价值。

2. X线钡餐检查 可在溃疡部位显示一周围光滑、整体的人龛影，或见十二指肠球部变形。

3. 幽门螺旋杆菌检查 幽门螺旋杆菌已成为消化性溃疡的常规检测项目，十二指肠溃疡和胃溃疡的感染率均达到90%以上。

4. 粪便隐血试验 如粪便隐血试验持续阳性，应警惕癌变可能。

【护理问题】

1. 焦虑、恐惧 与突发胃十二指肠溃疡大出血有关。

2. 体液不足 与胃十二指肠溃疡大出血致血容量降低有关。

【护理措施】

（一） 非手术治疗及术前护理

（1）体位：取平卧位，卧床休息，有呕血者，头偏向一侧。

（2）缓解焦虑与恐惧：安慰患者，减轻患者的焦虑与恐惧。及时为患者清理呕吐物，情绪紧张者可适当给予镇静剂。

（3）饮食护理：暂禁食水，持续有效地胃肠减压，出血停止后，可进流质或无渣半流质饮食。

（4）维持体液平衡：建立多条静脉通路，快速输液、输血，补充血容量迅速纠正失血性休克。开始输液时滴速宜快，待休克纠正后减慢输液速度。

（5）遵医嘱应用止血药或给予冰生理盐水洗胃。

（6）病情观察：严密观察血压、脉搏、尿量、中心静脉压和周围循环情况，并做好记录。观察有无鲜红色血液持续从胃管引出，以判断有无活动性出血和止血效果。6~8 h需输血>800 mL方能维持血压和红细胞比容，或停止输液、输血后，病情又迅速恶化者，说明出血仍在继续，应及时报告医生，并做好急诊手术的准备工作，如放置胃管、尿管、备皮等准备。

（二） 术后护理

1. 胃镜止血术后护理 多数患者接受镜下止血治疗，术后护理非常重要。

（1）一般护理：卧床休息，术后可有咽喉部不适或疼痛，或出现声音嘶哑，告诉患者在短时间内会有好转，不必紧张，可用淡盐水含漱。

（2）饮食护理：术后禁食1~3 d，出血停止后可进少量流质，逐渐过渡到半流质饮食，避免生硬、粗糙、辛辣食物，少量多餐，细嚼慢咽。

（3）注意观察有无活动性出血，如呕血、便血、腹痛、腹胀，有无生命体征改变，如心率、血压等。发现异常立即报告医生做相应处理。

2. 手术治疗护理 同胃十二指肠急性穿孔。

三、胃、十二指肠溃疡瘢痕性幽门梗阻

胃、十二指肠溃疡患者，因幽门管或幽门溃疡、十二指肠球部溃疡反复发作形成瘢痕狭窄，合并幽门痉挛、水肿而造成幽门梗阻。

1. 病因和病理 瘢痕性幽门梗阻常见于十二指肠球部溃疡和位于幽门的胃溃疡。溃疡引起幽门梗阻的机制有幽门痉挛、炎性水肿和瘢痕三种，前两种情况属暂时性和可逆，无须外科手术。而瘢痕性幽门梗阻属永久性，需要手术方能解除。梗阻初期，为克服幽门狭窄，胃蠕动增强，胃壁肌层代偿性增厚。后期，胃代偿功能减退，失去张力、胃高度扩张，蠕动减弱甚至消失，由于胃内容物潴留引起呕吐而致水、电解质的丢失，导致脱水、低钾低氯性碱中毒。长期慢性不完全性幽门梗阻者因摄入减少、消化吸收不良而出现贫血和营养障碍。

2. 治疗原则 瘢痕性幽门梗阻，手术是唯一有效的方法，是手术的绝对适应证。手术的目的是解除梗阻，使事物和胃液能进入小肠，从而改善全身状况。常用的手术方法有：①胃空肠吻合术；②胃大部切除术：是主要的手术治疗方法；③迷走神经切断术加胃引流术，或高选择性迷走神经切断术加胃引流术。

【护理评估】

（一） 健康史

了解患者有无长期溃疡病反复发作的病史，发病前有无自觉症状加重，上腹饱胀、呕吐、贫血和营养障碍等症状，患者由于知识缺乏，易有焦虑、恐惧心理。

（二） 身体状况

1. 症状

（1）上腹不适：表现为进食后上腹饱胀不适并出现阵发性胃痉挛性疼痛，伴恶心、嗳气，嗳气带有酸臭味。

（2）呕吐：是最为突出的症状，特点是呕吐量一次达1 000~2 000 mL；呕吐物含大量宿食带腐败酸臭味，不含胆汁；呕吐后患者自觉胃部舒适，故患者常自行诱发呕吐以缓解症状。

（3）营养不良：患者可有脸色苍白、消瘦、皮肤干燥、弹性消失等表现。

2. 体征　上腹部可见胃型和胃蠕动波，用手轻拍上腹部可闻及振水声。

（三）心理、社会状况

由于知识缺乏，对疾病治疗缺乏信心，易产生急躁情绪，对手术有恐惧心理。

（四）辅助检查

1. 胃镜检查　可见胃内大量潴留的胃液和食物残渣。

2. X线钡餐检查　可见胃高度扩张，24 h后仍有钡剂存留（正常4 h排空）。已明确为幽门梗阻者避免做此检查。

【护理问题】

1. 营养失调（低于机体需要量）　与幽门梗阻致摄入不足、禁食和消耗、丢失有关。

2. 体液不足　与大量呕吐、胃肠减压引起水、电解质的丢失有关。

【护理措施】

（一）非手术治疗护理

1. 维持体液平衡　根据医嘱给予静脉输液，合理安排输液种类和速度，并纠正脱水和电解质紊乱。密切观察和记录出入水量。

2. 提供营养支持　非完全性梗阻者可给予无渣半流质饮食；完全梗阻者须禁食，根据医嘱，分别于手术前后输注肠外营养液、输血或其他血制品，以纠正营养不良、贫血和低蛋白血症。

（二）术前护理

完全梗阻者除持续胃肠减压排空胃内潴留物外，须做术前胃的准备，即术前3 d，每晚用300~500 mL温生理盐水洗胃，以减轻胃壁水肿和炎症，利于术后吻合口愈合。

（三）术后护理

同胃十二指肠急性穿孔。

（四）健康指导

（1）饮食护理：术后以易消化、富有营养的食物为主，避免进食刺激性食物，如酸辣、油煎、豆类食物和浓缩果汁等，戒烟酒、咖啡、浓茶，选择不油腻、清淡易消化的食物。

（2）教会患者自我观察，判断有无并发症，如患者出现腹痛、恶心、呕吐等症状要及时就诊。

扫码看PPT

第五节　胃癌患者的护理

患者男性，50岁。因消瘦、乏力、呕吐1个月入院。患者“胃痛”史15年，近1个月来消瘦、乏力，持续性呕吐宿食，胃痛规律改变，伴腰背痛。体格检查：患者体型消瘦，精神欠佳，体温37℃，心率86次/ min，呼吸22次/ min，血压100/70 mmHg，上腹压痛，肠鸣音减弱。X线钡餐检查：胃窦部呈局限性表浅的充盈缺损，边缘不规则的龛影。

问题导向：

（1）患者最可能的诊断是什么？哪种检查方法对诊断最有价值？

（2）最可能出现的电解质酸碱失衡是什么？

（3）如手术，应选哪种手术方式？

胃癌是我国最常见的恶性肿瘤之一，发病年龄以40~60岁为多见，但40岁以下仍占15%~20%。男多于女，发病率之比约为3：1，近年来有减少趋势，但仍居各种恶性肿瘤发病率之首。胃癌好发于胃窦部，约占50%以上，其次为胃小弯、贲门部，胃体及其他部位较少发生。

1. 病因　胃癌的确切病因尚未完全清楚，目前认为与以下因素有关。

（1）幽门螺杆菌感染：1994年WHO属下的国际癌肿研究机构将幽门螺旋杆菌（HP）列为引起胃癌的第一类（肯定）致癌原。目前认为，HP感染是人类非贲门部胃癌发病的重要因素，但仅有其感染还不足以引起胃癌，还必须有其他因素的参与，一些毒力较强的HP菌株感染可能与胃癌发病的关系更密切。

（2）环境因素：流行病学调查资料显示，一些环境因素，如水土中含过多硝酸盐、微量元素比例失调等，可直接或间接通过饮食途径与胃癌相关；饮食习惯的改变可影响胃癌发生危险性：吸烟、饮酒过度，缺乏新鲜蔬菜、水果，经常食用霉变、腌制、熏烤等食物，过多摄入食盐，均可增加胃癌发生的危险性。居住在我国西北地区和东南沿海的人群是胃癌的多发人群。

（3）遗传因素：在胃癌发病中遗传因素的作用不如在结、直肠癌中重要，但胃癌的家族史仍可能是一个危险因素。1%~3%的胃癌属遗传性胃癌易感综合征。

（4）胃癌的癌前变化：癌前病变指一类易发生癌变的胃黏膜病理组织学变化，即异型增生；癌前状态指一些发生胃癌危险性明显增加的临床情况，包括：①萎缩性胃炎：伴或不伴有肠化生和恶性贫血；②慢性胃溃疡：溃疡边缘黏膜反复损伤、修复，增加了细胞恶变的危险性，恶变率为1%~3%；③残胃；④胃息肉；⑤胃黏膜巨大皱襞症等。

2. 病理　胃癌好发于胃窦部，约占50%以上，其次是胃小弯、贲门部，胃体及其他部位较少发生。组织学分型：分为乳头状腺癌，管状腺癌，低分化腺癌，黏液腺癌，印戒细胞癌，未分化癌等。大体分型如下。

（1）早期胃癌：即胃癌仅限于黏膜或黏膜下层者，不论病灶大小或有无淋巴结转移，均为早期胃癌（日本内镜学会1962年提出此定义，沿用至今）。癌灶直径在10 mm以下称小胃癌，5 mm以下为微小胃癌；癌灶更小仅在胃镜黏膜活检时诊断为癌，但切除后的胃标本虽经全黏膜取材未见癌组织，称“一点癌”。

早期胃癌根据病灶形态可分三型：Ⅰ型为隆起型，癌灶突向胃腔；Ⅱ型浅表型，癌灶比较平坦没有明显的隆起与凹陷；Ⅲ型凹陷型，为较深的溃疡。早期胃癌的预后与浸润深度有关，黏膜内癌罕见胃周淋巴结转移，5年生存率接近100%；癌灶侵及黏膜下时发生淋巴结转移的占15%~20%，平均5年生存率为82%~95%。

（2）进展期胃癌：癌组织超出黏膜下层侵入胃壁肌层为中期胃癌；病变达浆膜下层或是超出浆膜向外浸润至邻近脏器或有转移为晚期胃癌。中、晚期胃癌统称进展期胃癌。按国际上采用的Borrmann分型法分四型：Ⅰ型（结节型）：为边界清楚突入胃腔的块状癌灶；Ⅱ型（溃疡限局型）：为边界清楚并略隆起的溃疡状癌灶；Ⅲ型（溃疡浸润型）：为边界模糊不清的浸润性溃疡状癌灶；Ⅳ型（弥漫浸润型）：癌肿沿胃壁各层全周性浸润生长导致边界不清。若全胃受累胃腔缩窄、胃壁僵硬如革囊状，称皮革胃，几乎都是低分化腺癌或印戒细胞癌引起的，恶性度极高。

3. 转移方式　胃癌的转移途径有直接浸润、淋巴转移、血行转移、腹腔种植转移四种方式。其中淋巴转移是胃癌最主要的转移方式，最早转移到胃周淋巴结，汇集到腹腔淋巴结，最后转移到左锁骨上淋巴结。

4. 治疗原则　早期发现，早期确诊胃癌是采取有效针对治疗方法、提高疗效的关键。手术治疗是首选的方法。对中、晚期胃癌，辅以化疗、放疗及免疫治疗等可提高疗效。

（1）手术治疗：①根治性手术：原则为整块切除包括癌灶和可能受浸润胃壁在内的胃的部分或全部，按临床分期标准整块清除胃周围的淋巴结，重建消化道。②姑息性手术姑息性胃切除术：原发灶无法切除，为了减轻由于梗阻、穿孔、出血等并发症引起的症状而做的手术，如胃空肠吻合术、空肠造口、穿孔修补术等。

（2）内镜治疗：纤维胃镜直视下行激光、电灼、微波、局部注射抗癌药物等治疗，目前适用于早期小病灶的胃癌。

（3）其他治疗：放射治疗、化学治疗及支持疗法等。

【护理评估】

（一）　健康史

了解患者的饮食喜好、生活习惯和生活与工作环境；有无吸烟史；询问家庭中有无胃癌或其他肿瘤患者；既往有无慢性萎缩性胃炎、胃溃疡及胃息肉病史。

（二）　身体状况

1. 症状

（1）早期胃癌：早期无明显症状，有时可出现上腹隐痛、嗳气、泛酸、食欲减退等类似消化性溃疡症状，容易被忽视。

（2）进展期胃癌：随着病情进展，症状加重，常见为上腹痛，解痉及抗酸剂无效。伴食欲减退、乏力、体重减轻、贫血等。胃窦部癌，因幽门梗阻而发生严重的恶心、呕吐；贲门癌和高位小弯癌累及食管下端，出现进食梗阻感、吞咽困难；溃疡型胃癌，因癌肿侵蚀血管，造成上消化道出血，常见呕血及黑便；癌肿可破溃致胃黏膜急性穿孔。

2. 体征　早期胃癌无明显体征。患者进展期可有消瘦、精神状态差，晚期可呈恶病质；上腹部可触及坚实、可移动结节状肿块，有压痛；发生肝转移时有肝肿大，并触及坚硬结节；发生腹膜转移时有腹水，表现为移动性浊音；远处淋巴结转移时在左锁骨上内侧触到质硬、固定的淋巴结等。

3. 并发症　可出现胃出血、幽门或贲门梗阻、胃穿孔等。

（三）　心理、社会状况

一旦诊断明确，患者往往会产生恐惧、焦虑甚至绝望的心理。在治疗期间患者会出现各种不适，导致失去信心。了解对患者腹部剧痛、呕血、便血情况，了解患者对诊断的心理承受能力以及家属对患者的关心和支持程度。

（四）　辅助检查

1. 实验室检查　红细胞减少，血红蛋白下降；大便潜血持续阳性；胃液分析无胃酸或低胃酸分泌。

2. 内镜检查　观察病变部位、性质，可取活组织检查。是诊断早期胃癌的最佳方法。

3. X线钡餐检查　早期呈局限性表浅的充盈缺损，边缘不规则的龛影，胃小区模糊不清等；进展期为较大而不规则的充盈缺损，溃疡型为腔内龛影，浸润型为胃壁僵硬，蠕动消失，胃腔狭窄。

4. 胃癌术后病理学检查　是制订科学的术后治疗方案和估计预后的重要依据。

【护理问题】

1. 焦虑　与担心疾病和病情反复发作有关。

2. 营养失调　与饮食不调和摄入营养不足有关；与肿瘤引起代谢增高有关。

3. 潜在并发症　胃大出血、幽门梗阻、穿孔。

【护理措施】

（一）非手术治疗及术前护理

1. 饮食护理　鼓励患者进食易消化、营养丰富的流质或半流质饮食；不能进食或进食不足者，如吞咽困难或中、晚期患者，遵医嘱静脉输注高营养物质。幽门梗阻时，行胃肠减压，遵医嘱静脉补充液体，必要时输清蛋白、全血或血浆等。

2. 病情观察　观察有无头晕、眼花、疲乏、晕厥、气促、呼吸困难、胸闷、胸痛、出汗等。观察腹痛发作的特点，有无上消化道出血、急性穿孔及幽门梗阻等并发症。

3. 术前准备　胃癌患者一般情况较差，术前应纠正贫血及营养不良，提高对手术的耐受力；老年患者，术前检查心肺功能；幽门完全梗阻者术前禁食，行胃肠减压，洗胃；胃癌累及横结肠时要做肠道准备。

4. 术后护理　参照本章第四节中胃大部切除术后护理。

5. 化疗及放疗护理　参见肿瘤患者的护理。

（二）健康指导

（1）向患者及其家属介绍疾病的防治知识，使其了解疾病发生的原因及诱发因素；指导患者以乐观态度面对人生，根据个人特点，制订合理的休息与活动计划，注意劳逸结合。养成锻炼身体的习惯，增强免疫功能。

（2）养成良好的饮食习惯，多食营养丰富、富含维生素C、维生素A等食物；少进咸菜、高盐食物、烟熏及腌制品。避免生、冷、硬、辛辣等刺激性食物。维生素A是人体必需的维生素，多存在于心、肝、瘦肉以及新鲜蔬菜中，它不仅能阻断亚硝酸盐和亚硝胺合成，降低致癌物质亚硝胺类在人体内的含量；还能提高机体免疫力，杀伤癌细胞。

（3）大力推广普及防癌知识，监视易感人群，如40岁以上成人，建议每年做1次胃镜检查。近期发生上腹部不适，或有溃疡病史者，近期出现疼痛规律变化，便潜血试验持续阳性等，及时到医院进行相关检查；癌前病变者，如胃溃疡、萎缩性胃炎、胃息肉等，定期检查。

第六节　急性阑尾炎患者的护理

患者男性，33岁。因转移性右下腹疼痛8 h入院。患者于入院前8 h进食后突然出现上腹部阵发性隐痛，伴恶心、呕吐，自服消炎药物症状无明显缓解，约 2 h 前腹痛转移至右下腹部，伴发热、腹胀，排便有里急后重感。既往体健。体格检查：体温 39 ℃，心率 98 次/min，呼吸 20 次/min，血压 110/70 mmHg，下腹部有压痛、反跳痛及肌紧张，尤以右下腹为重。移动性浊音阴性，肠鸣音减弱。腹腔穿刺抽出少量脓性液体。辅助检查：血常规示白细胞 16.0×10^9/L，中性粒细胞 0.90；腹部 X 线透视可见中腹部有 2 个小气液平面。

问题导向：

（1）作为患者的责任护士，你如何对患者进行护理评估？

（2）该患者目前的护理措施是什么？

急性阑尾炎是腹部外科中最为常见的急腹症之一，任何年龄均可发生，以 20~30 岁为多见。绝大多数患者早期手术收到良好的治疗效果，如延误病情，可引起严重并发症。

阑尾位于右髂窝部，盲肠根部，盲肠内后侧壁，三条结肠带汇合于阑尾根部。阑尾根部的体表投影在脐与右髂前上棘连线中外 1/3 交界处，称麦氏点。阑尾的位置随盲肠位置而变异，以回肠前位、盲肠后位、盲肠内位较为多见。

阑尾管腔阻塞是急性阑尾炎最常见的病因，常由于粪石、异物、食物残渣所致。阑尾管腔阻塞后，细菌繁殖并分泌内毒素和外毒素，损伤黏膜上皮，产生溃疡。致病菌多为肠道内的各种革兰氏阴性杆菌和厌氧菌。

1. 阑尾炎的临床病理分型分以下四种。

（1）急性单纯性阑尾炎：炎症多限于黏膜和黏膜下层。阑尾外观轻度肿胀，浆膜充血并失去正常光泽，表面有少量纤维素性渗出物。

（2）急性化脓性阑尾炎：又称急性蜂窝织炎性阑尾炎。常由急性单纯性阑尾炎发展而来。阑尾肿胀明显，浆膜高度充血，表面覆有脓性渗出物。

（3）坏疽性及穿孔性阑尾炎：是一种重型阑尾炎。阑尾病变进一步加剧，致阑尾管壁坏死或部分坏死，呈暗紫色或黑色。由于管腔梗阻或积脓，压力升高，加重管壁血运障碍，严重者发生穿孔，穿孔多发生在阑尾根部和近端；若穿孔后局部未能被大网膜包裹，感染扩散，可引起急性弥漫性腹膜炎。

（4）阑尾周围脓肿：急性阑尾炎化脓坏疽或穿孔时，大网膜可移至右下腹部，将阑尾包裹并形成粘连，形成炎性肿块或阑尾周围脓肿。

2. 急性阑尾炎的转归　部分急性单纯性阑尾炎，经及时有效的药物治疗后炎症消退；若化脓、坏疽、穿孔性后，阑尾炎被移行的大网膜包裹粘连，炎症局限化，形成阑尾周围脓肿；若炎症重，进展快，未及时手术切除，亦未能被大网膜包裹局限，炎症扩散，可发展为弥漫性腹膜炎；或细菌经血循环扩散至门静脉系统，引起化脓性门静脉炎、细菌性肝脓肿或感染性休克等。

3. 治疗原则　急性阑尾炎诊断明确后，应及早行阑尾切除术；术前和术后应用有效抗菌药予以抗感染治疗。非手术治疗仅适用于早期单纯性阑尾炎或急性阑尾炎的诊断尚未明确，以及有手术禁忌证者。阑尾周围脓肿应先全身应用抗菌药治疗，促进脓肿的吸收，待肿块缩小局限、体温正常 3 个月后手术切除阑尾。如脓肿无局限趋势，则在应用抗菌药治疗的同时行脓肿切开引流手术，待 3 个月后再做Ⅱ期阑尾切除术。

【护理评估】

（一）健康史

了解疾病发生的诱因，有无急性肠炎、慢性炎性肠病、蛔虫病等，以便做好预防指导。了解既往有无类似发作史，如属慢性阑尾炎急性发作，更应给患者解释手术的必要性。

（二）身体状况

1. 症状　主要表现为腹部疼痛、胃肠道反应和全身反应。

（1）腹痛：典型的腹痛发作始于上腹，逐步移向脐部，数小时（6~8 h）后转移并局限在右下腹，70%~80%的患者具有典型的转移性腹痛的特点。

不同类型的阑尾炎，腹痛特点不同：单纯性阑尾炎仅有轻度隐痛；化脓性阑尾炎表现为阵发性胀痛和剧痛；坏疽性阑尾炎呈持续性剧烈腹痛；穿孔性阑尾炎因阑尾腔压力骤减，腹痛可暂时减轻，但出现腹膜炎后，腹痛又呈持续加剧。

（2）胃肠道反应：发病早期可有厌食、恶心或呕吐的发生，但程度较轻。有些患者可发生腹泻或便秘，如盆腔阑尾炎时，炎症刺激直肠和膀胱，引起排便次数增多、里急后重等症状。弥漫性腹膜炎可致麻痹性肠梗阻而表现为腹胀、排气排便停止。

（3）全身表现：炎症重时可出现脉速、发热等中毒症状，但体温多在 38 ℃以下。阑尾穿孔形成腹膜炎者，出现寒战、体温明显升高，若发生门静脉炎则可出现高热和轻度黄疸。

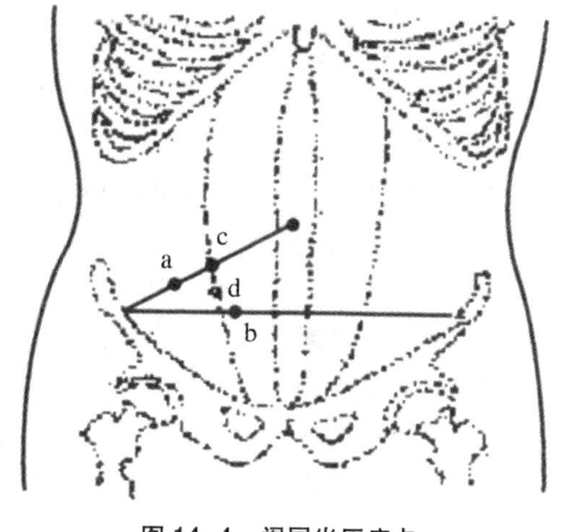

图 14-4　阑尾炎压痛点

a. 麦氏点　b. 兰氏点　c. 莫氏点　d. 中立点

2. 体征

（1）右下腹固定压痛：是急性阑尾炎的重要体征。压痛点通常位于麦氏点，而且位置固定。当炎症波及周围组织时，压痛范围亦相应扩大（图 14-4）。

（2）腹部包块：右下腹扪及压痛性包块，边界不清、固定，多见于阑尾周围脓肿形成者。

（3）腹膜刺激征：包括压痛、反跳痛、腹肌紧张和肠鸣音减弱或消失等，是腹膜受到炎症刺激的一种防御性反应，常表示阑尾炎症加重。但小儿、老人、孕妇、肥胖、虚弱者或盲肠后位阑尾炎时，腹膜刺激征不明显。

（4）间接体征：临床上还可以检查其他的一些体征对阑尾炎的诊断有一定参考价值，如结肠充气试验、腰大肌试验、闭孔内肌试验、直肠指诊等。

3. 特殊类型阑尾炎　小儿急性阑尾炎，病情发展快且较重，穿孔率较高，并发症发生率和死亡率也相应较高。妊娠期急性阑尾炎，炎症刺激子宫，易引起流产或早产，威胁母子安全。老年人急性阑尾炎，因老年人对疼痛感觉迟钝，腹肌薄弱，防御减退，常并发心血管疾病、糖尿病等，使病情复杂严重，容易延误诊断和治疗。

（三）心理、社会状况

因担心疾病对生活、学习、工作等造成影响，担心手术的危险性和术后并发症等，表现出精神紧张、焦虑不安的心理和情绪；尤其是年轻女性，担心术后腹部留有瘢痕，对形体产生影响，精神紧张、焦虑不安的情绪更明显，甚至产生恐惧心理，希望非手术治疗。

（四）辅助检查

1. 实验室检查　血白细胞计数和中性粒细胞比例增高。

2. 影像学检查　阑尾穿孔、腹膜炎时，腹部X线平片可见盲肠扩张和气液平面，可辅助诊断。超声或CT检查可见肿大的阑尾或脓肿。

【护理问题】

1. 焦虑　与担心手术和预后不良有关。

2. 疼痛　与手术切口有关。

3. 潜在并发症　切口感染、粘连性肠梗阻、腹腔脓肿。

【护理措施】

（一）非手术治疗护理

在非手术治疗期间，患者需禁饮食，注意补液，应用抗生素，禁服泻药及灌肠。

1. 病情观察　非手术治疗期间，定时测量体温、脉搏、呼吸和血压，以及血白细胞计数的变化；加强巡视，观察患者的腹部症状和体征，尤其注意腹痛的变化；禁用镇静止痛剂，如吗啡等，以免掩盖病情。若患者腹痛加剧、出现发热等，应及时通知医生。

2. 避免增加肠内压力　疾病观察期间，避免腹部受凉以免肠蠕动加快，避免剧烈咳嗽增高肠内压力，导致阑尾穿孔或炎症扩散。

（二）术前护理

急诊手术患者应每15~30 min测量生命体征1次，观察腹痛的部位、性质和有无腹膜刺激征，如腹痛较重患者，疼痛突然减轻，相继出现明显的腹膜刺激征，且范围扩大，提示阑尾已穿孔，应立即通知医生。手术前按急诊腹部手术常规准备。做好病情及手术治疗的解释工作，减轻患者紧张和恐惧的情绪。患者需卧床休息，禁食水，减少肠蠕动，以利于炎症局限，必要时遵医嘱给予胃肠减压，减轻腹胀和腹痛；禁用吗啡或哌替啶，防止因腹痛减轻而掩盖病情；禁服泻药及灌肠，以免肠内压增加致阑尾穿孔；禁止腹部热敷，防止炎症扩散；妊娠型阑尾炎术前给黄体酮，减少子宫收缩，防止流产和早产；老年患者应检查心、肺、肝、肾等重要脏器功能。

（三）术后护理

1. 体位　患者全麻术后清醒或硬膜外麻醉平卧6 h后，血压、脉搏平稳者，改为半卧位，以减少腹壁张力，减轻切口疼痛，有利于呼吸和引流。

2. 密切监测生命体征及病情变化　定时测量体温、脉搏、呼吸及血压，并准确记录；加强巡视，注意倾听患者的主诉，观察患者腹部体征的变化。

3. 切口和引流管的护理　保持切口敷料清洁、干燥，及时更换被渗血、渗液污染的敷料；观察切口愈合情况及有无出血及感染的征象。若放置引流管，则应妥善固定引流管，防止扭曲、受压，保持通畅；经常从近端向远端挤压引流管，防止血块或脓液堵塞引流管；观察并记录引流液的颜色、性状及量。当引流液量逐渐减少、颜色逐渐变淡至浆液性，患者体温及血象正常，可考虑拔管。

4. 饮食护理　患者术后暂禁食，合并弥漫性腹膜炎者胃肠减压，并经静脉补液，待肠蠕动恢复，肛门排气后，逐步恢复饮食。

5. 抗生素的应用　术后应用有效抗生素，控制感染，防止并发症发生。

6. 早期活动　鼓励患者术后在床上翻身、活动肢体，待麻醉反应消失后即可下床活动，促进肠蠕动恢复，减少肠粘连的发生。

7. 并发症的护理

（1）切口感染：多见于化脓性或穿孔性阑尾炎。感染可通过术中有效保护切口、彻底止血、消灭死腔等措施预防。切口感染表现为术后 3~5 d 体温升高，切口局部胀痛或跳痛、红肿、压痛。治疗原则：先试穿刺抽脓液，或在波动处拆除缝线敞开切口，排出脓液，放置引流，定时换药。一般于短期内可愈合。

（2）粘连性肠梗阻：与局部炎性渗出、粘连性体质和术后长期卧床等因素有关。可采取禁食、胃肠减压，必要时手术治疗。

（3）出血：多因阑尾系膜的结扎线松脱而引起系膜血管出血。临床表现为腹痛、腹胀和失血性休克等。一旦发生出血，应立即输血、补液，紧急手术止血。

（4）腹腔感染或脓肿：多发生于化脓性或坏疽性阑尾炎术后，尤其阑尾穿孔伴腹膜炎的患者。因炎性渗出物常积聚于膈下、盆腔、肠间隙而易形成脓肿。多发生于术后 5~7 d，患者表现为体温升高或下降后又升高，有腹痛、腹胀、腹部压痛、腹肌紧张或腹部包块，亦可出现直肠膀胱刺激症状及全身中毒症状等，应及时和医生联系进行处理。

（四）健康指导

（1）对非手术治疗的患者，应向其解释禁食的目的，教会患者自我观察腹部症状和体征变化的方法。

（2）指导患者术后饮食，鼓励患者摄入营养丰富的食物，以利于切口愈合；饮食种类及量应循序渐进，避免暴饮暴食；注意饮食卫生，避免进食不洁食品。

（3）向患者介绍术后早期离床活动的意义；鼓励患者尽早下床活动，促进肠蠕动恢复。

（4）术后近期内避免重体力劳动，特别是增加腹压的活动，防止形成切口疝。

（5）患者出院后，注意生活规律、劳逸结合，若出现腹痛、腹胀等不适，应及时就诊。

扫码看 PPT

第七节　肠梗阻患者的护理

患者男性，32 岁。因阵发性腹痛，呕粪样物，停止排便排气 3 d 入院。患者 3 d 前突然出现阵发性腹痛，且逐渐加重，呕粪样物，停止排便排气，自服消炎药无效。患者阑尾切除术后半年。体格检查：体温 38 ℃，心率 98 次/min，呼吸 20 次/min，血压 100/70 mmHg，腹膨隆、可见散在压痛、肠鸣音亢进，可闻气过水声，腹部 X 线透视见阶梯状气液平面。

问题导向：

（1）患者初步诊断是什么？非手术护理措施有哪些？

（2）术后如何进行饮食护理？

任何原因引起的肠内容物不能正常运行或通过发生障碍，均称为肠梗阻。是常见的外科急腹症之一。肠梗阻不但可引起肠管本身解剖与功能上的改变，并可导致全身性生理上的紊乱，临床病象复杂多变。

1. 分类　按肠梗阻发生的原因分为以下几种。

（1）机械性肠梗阻：最为常见。是各种机械性原因导致的肠腔变窄而使肠内容物通过障碍。临床以此种类型最常见。主要包括：①肠腔堵塞。如结石、粪块、寄生虫、异物等。②肠管受压。如肠扭转、腹腔肿瘤压迫、粘连引起肠管扭转、腹外疝或腹内疝等。③肠壁病变。如肠肿瘤、肠套叠、先天性肠道闭锁等。

（2）动力性肠梗阻：发病较上类为少。是由于神经反射或毒素刺激引起肠壁肌肉功能障碍，使肠内容物无法正常通过。可分为：①麻痹性肠梗阻。见于急性腹膜炎、腹内手术、低钾血症等。②痉挛性肠梗阻。持续时间短且少，可继发于尿毒症、重金属中毒和肠功能紊乱等。

（3）血运性肠梗阻：较少见。是由于肠管局部血供障碍致使肠道功能受损，肠内容物通过障碍。如肠系膜血栓形成、栓塞或血管受压等。

按肠壁血运有无障碍分为以下几种。

（1）单纯性肠梗阻：只是肠内容物通过受阻，而无肠管血运障碍。

（2）绞窄性肠梗阻：是指梗阻并伴有肠壁血运障碍。除血运性肠梗阻外，还常见于绞窄疝、肠套叠、肠扭转等。

肠梗阻还可按梗阻的部位分为高位（如空肠上段）肠梗阻和低位（如回肠末端和结肠）肠梗阻；按梗阻的程度，分为完全性肠梗阻和不完全性肠梗阻；按梗阻发生的病程，分为急性肠梗阻和慢性肠梗阻。

上述肠梗阻的类型并非固定不变，随着病情的发展，某些类型的肠梗阻在一定条件下可以互相转换。

2. 病理生理

（1）局部变化：急性肠梗阻时，初期梗阻以上肠段蠕动增强，以克服阻力，推动肠内容物通过梗阻部位，肠腔积气、积液导致肠管膨胀，梗阻以下肠管则空虚、瘪陷或仅存少量粪便。肠管膨胀又可影响肠壁微循环，抑制肠液的吸收，从而加剧气、液的积聚。梗阻时间越长，部位越低，肠膨胀越显著。随着梗阻近端肠腔迅速膨胀，肠壁压力不断升高并压迫肠管，最初主要为静脉回流受阻，肠壁水肿、充血，失去正常光泽，呈暗红色，出现散在出血点，腹腔和肠腔内有血性渗出液；若肠腔内压力继续升高，可引起动脉血运受阻，肠壁失去活力，呈紫黑色；最终肠管坏死，破溃穿孔。慢性肠梗阻时，可引起近端肠腔扩张，肠壁肥厚，多无血运障碍。

（2）全身变化：①体液丧失：肠梗阻发生后，由于不能进食及频繁呕吐，大量丢失胃肠道液体，尤以高位肠梗阻为甚。低位肠梗阻时，这些液体不能被吸收而潴留在肠腔内，同时由于组织缺氧，毛细血管通透性增强，致使液体自肠壁渗透至肠腔和腹腔，等于丢失于体外。体液的丢失伴随着电解质的丢失，高位性肠梗阻因严重呕吐丢失了大量胃酸和氯离子，可引起代谢性碱中毒；低位性肠梗阻由于钠、钾离子丢失多于氯离子，并且在脱水和缺氧的情况下，酸性代谢产物剧增，可引起严重的代谢性酸中毒，临床较多见。②感染和中毒：由于梗阻以上的肠腔内细菌繁殖并产生大量毒素，同时肠壁通透性增强，细菌和毒素可以透过肠壁引起腹腔内感染，经腹膜吸收引起全身性感染和中毒。③呼吸和循环功能障碍：肠腔大量积气，积液引起腹内压升高，膈肌上抬，影响肺的通气及换气功能；腹内压的增高阻碍了下腔静脉血的回流，而大量体液的丧失、血液浓缩、电解质紊乱、酸碱平衡失调及细菌的大量繁殖、毒素的释放等均可导致微循环障碍，严重者可导致多器官功能衰竭。

3. 治疗原则

（1）非手术治疗：胃肠减压，纠正水、电解质紊乱及酸碱失衡，防治感染和中毒，中医中药治疗，低压空气或钡灌肠复位法等。

（2）手术治疗：肠粘连松解术，肠切开取除异物，肠套叠或肠扭转复位术，肠切除肠吻合术，短路手术，肠造口或肠外置术。

【护理评估】

（一）健康史

了解患者的一般情况，不同原因的机械性肠梗阻有其各自的发病特点。如肠套叠多见于 2 岁以内的婴幼儿；小肠扭转多见于青壮年；乙状结肠扭转多见于有便秘史的老年人；蛔虫性肠梗阻多见于 2~10 岁的儿童，还应询问有无肠道感染、暴饮暴食后过度活动等诱因，有无腹部疾病、手术史及外伤史。

（二）身体状况

1. 症状

（1）腹痛：单纯机械性肠梗阻的特点是阵发性绞痛，这是由于梗阻部位以上的肠管剧烈蠕动引起的。疼痛发作时，患者自觉腹内有“气块”窜动，并受阻于某一部位，即梗阻部位，此刻绞痛最为剧烈，难以忍受。随病情的进一步发展，可演变为绞窄性肠梗阻，表现为持续性剧烈腹痛阵发性加剧。麻痹性肠梗阻表现为全腹持续性胀痛。

（2）呕吐：与肠梗阻发生的部位、类型有关。早期呕吐多为反射性，呕吐物以胃液及食物为主。高位性肠梗阻呕吐出现早且频繁，呕吐物主要为胃液、十二指肠液、胆汁；低位性肠梗阻呕吐出现迟而少，呕吐物呈粪样；麻痹性肠梗阻的呕吐呈溢出性；绞窄性肠梗阻的呕吐物为血性或棕褐色液体。

（3）腹胀：程度与梗阻部位有关，症状发生时间较腹痛和呕吐迟。高位性肠梗阻由于呕吐频繁，腹胀较轻；低位性肠梗阻腹胀明显；绞窄性肠梗阻腹胀多为不对称；麻痹性肠梗阻则表现为均匀性全腹胀。

（4）停止排便排气：完全性肠梗阻者多停止排便排气，但在高位性肠梗阻早期，由于梗阻以下肠腔内仍残存粪便气体，可在灌肠后或自行排出，故不应因此排除肠梗阻。不完全性肠梗阻可有多次少量排便排气；绞窄性肠梗阻可排血性黏液样便。

2. 体征

（1）局部：①视诊：机械性肠梗阻可见腹部膨隆、肠型和异常蠕动波；绞窄性肠梗阻时可见不对称性腹胀；麻痹性肠梗阻则腹胀均匀。②触诊：单纯性肠梗阻时可有轻度压痛但无腹膜刺激征；绞窄性肠梗阻时可有固定压痛和腹膜刺激征。③叩诊：麻痹性肠梗阻全腹呈鼓音；绞窄性肠梗阻腹腔有渗液时，可有移动性浊音。④听诊：机械性肠梗阻者肠鸣音亢进，有气过水声或金属音；麻痹性肠梗阻者肠鸣音减弱或消失。

（2）全身：肠梗阻患者由于体液丢失可出现相应的脱水体征，如皮肤弹性差、眼窝凹陷、尿少等。严重缺水或绞窄性肠梗阻时，可出现脉搏细速、血压下降、面色苍白、四肢发凉等休克征象。

3. 几种常见机械性肠梗阻的表现特点

（1）粘连性肠梗阻：是肠粘连或腹腔内粘连带压迫所至的肠梗阻，较为常见（图 14-5）。主要病因是腹部手术造成腹腔内出血、损伤、感染和带入异物等因素，其次是腹腔内炎症、损伤、肿瘤等因素所致。肠粘连并非都引起肠梗阻，多有其诱发因素，如饮食不当、剧烈活动、体位突然改变等，使肠襻重量增加，肠袢被拉成锐角而导致梗阻。急性粘连性肠梗阻主要是机械性肠梗阻的表现，多数为单纯性，可以是不完全性或完全性梗阻，少数为绞窄性梗阻。

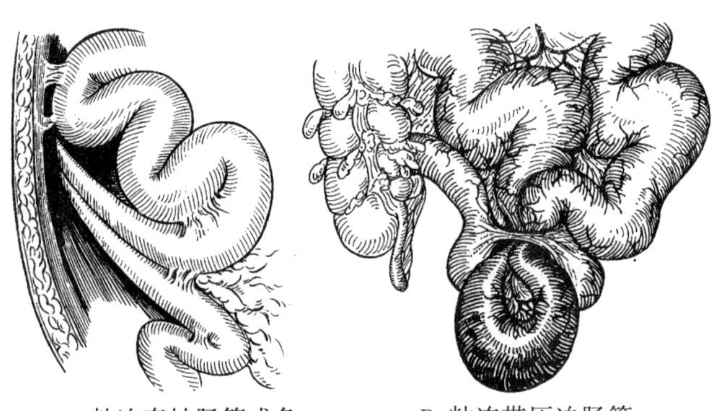

A. 粘连牵扯肠管成角　　B. 粘连带压迫肠管

图 14-5　粘连性肠梗阻

（2）肠扭转：是一段肠管沿其系膜长轴旋转而造成的闭袢性肠梗阻。同时肠系膜血管受压，肠扭转很容易发生绞窄、坏死。因肠扭转发生的部位不同，其临床表现各有特点（图 14-6）。①小肠扭转。多见于青壮年，常在饱餐后立即进行剧烈活动而发病。起病急骤，表现为突发剧烈腹部绞痛，多在脐周围，常为持续性疼痛伴阵发性加重，患者往往不敢平卧，喜取膝胸位或蜷曲侧卧位，呕吐频繁，腹胀不明显，早期即出现休克。腹部可触及有压痛的肠襻。腹部 X 线检查符合绞窄性肠梗阻的表现。②乙状结肠扭转。多见于男性老年人，常有便秘习惯。临床表现除有腹部绞痛外，有明显腹胀，而呕吐一般不明显。若低压灌肠，往往不足 500 mL 便不能灌入。钡剂灌肠 X 线检查见扭转部位钡剂受阻，尖端呈“鸟嘴”状。

（3）肠套叠：一段肠管套入其邻近肠管腔内称为肠套叠。也容易形成绞窄性肠梗阻。原发性肠套叠（急性肠套叠）好发于 2 岁以下的儿童，常与饮食性质改变引起的肠功能紊乱有关。最多见的为回肠末端套入结肠（图 14-7）。肠套叠的三大典型症状是腹痛、血便和腹部肿块。表现为突然发生剧烈的阵发性腹痛、病儿哭闹不安、面色苍白、出汗、伴有呕吐和果酱样血便，腹部检查可扪及腊肠形肿块。空气灌肠显示空气在结肠内受阻。

（4）蛔虫性肠梗阻：是一种单纯机械性肠梗阻。多见于儿童，农村发病率较高。驱虫不当常为诱因，临床表现为阵发性脐周腹痛，伴呕吐，腹胀不明显，腹部可扪及条索状团块，肠鸣音可亢进或正常（图 14-8）。少数肠道蛔虫堵塞的患者可发生肠扭转或肠壁坏死穿孔，蛔虫进入腹腔可引起急性腹膜炎。

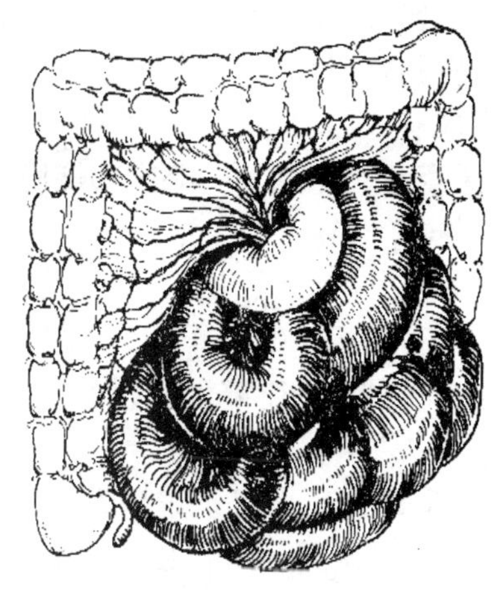

A.全小肠扭转

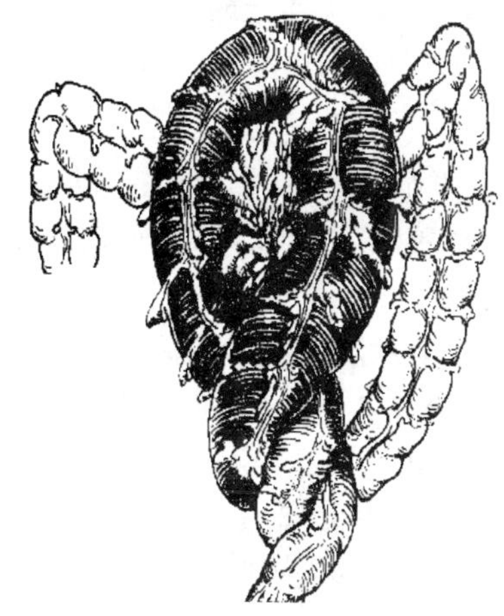

B.乙状结肠扭转

图 14-6　肠扭转

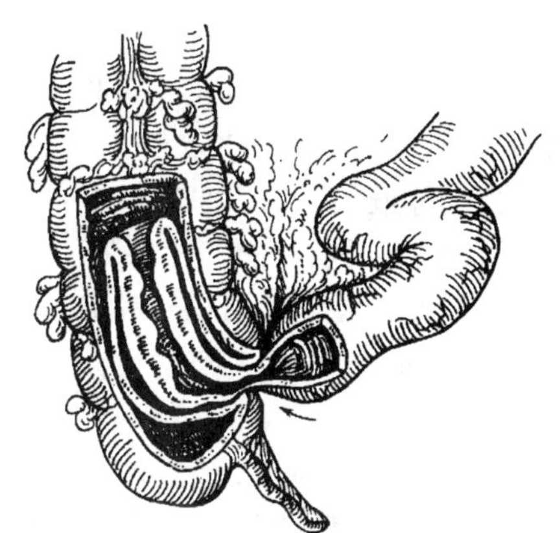

图 14-7　回盲部肠套叠

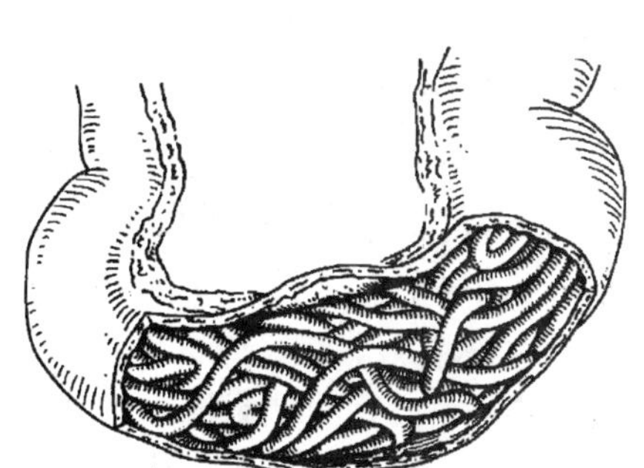

图 14-8　蛔虫团性肠梗阻

（三） 心理、社会状况

急性肠梗阻起病急、病情快、腹痛重，应评估患者的心理情况，有无接受手术治疗的心理准备；有无过度焦虑或恐惧；是否了解围手术期的相关知识。了解家人对肠梗阻的认知程度及对患者经济和心理的支持情况等。

（四） 辅助检查

1. 实验室检查

（1）血常规：肠梗阻患者出现脱水，血液浓缩时可出现血红蛋白，血细胞比容及尿相对密度升高。绞窄性肠梗阻多有白细胞计数和中性粒细胞比例升高。

（2）血气分析及血清电解质检查：可了解电解质酸碱失衡的情况。

2. X 线检查　一般在肠梗阻发生 4~6 h，X 线立位平片可见胀气肠襻及多数阶梯状液平面；空肠胀气可见“鱼类骨刺”状的环形黏膜纹。绞窄性肠梗阻可见孤立、突出胀大的肠襻，不因时间而改变位置。

【护理问题】

1. 急性疼痛　与肠蠕动增强或肠壁缺血、手术创伤有关。

2. 体液不足　与频繁呕吐、肠腔内大量积液及胃肠减压有关。

3. 低效性呼吸型态　与肠膨胀致膈肌抬高及腹痛有关。

4. 潜在并发症　肠坏死、水电解质及酸碱平衡紊乱、休克、多器官功能障碍综合征（MODS）、切口感染或裂开、腹腔脓肿、肠瘘、肠粘连等。

【护理措施】

（一）　非手术治疗及术前护理

1. 体位　当患者生命体征稳定时，可采取半卧位，使膈肌下降，有利于患者呼吸、循环系统功能的改善。

2. 饮食护理　肠梗阻患者应禁食。在梗阻缓解后 12 h 后方可试进少量流质，但忌甜食和牛奶，以免引起肠胀气，48 h 后试进半流质，以后逐渐过渡为软质及普食。

3. 胃肠减压　胃肠减压是治疗肠梗阻的重要措施之一，应及早使用。通过胃肠减压吸出胃肠道内的积气积液，减轻腹胀，降低肠腔压力，改善肠壁血液循环，同时减少肠内细菌和毒素，有利于改善局部和全身情况。在胃肠减压期间应观察和记录引流液的颜色、性状和量，如发现血性液体应考虑有绞窄性肠梗阻的可能。

4. 记录出入液量及合理输液　肠梗阻患者应密切观察并记录呕吐量、胃肠减压量及尿量，结合患者脱水程度，血清电解质和血气分析结果合理输液，必要时输血，以维持水、电解质及酸碱平衡。积极改善患者全身营养状况，保证输液的通畅，并观察输液后反应。

5. 防治感染和解痉止痛　遵医嘱正确使用有效抗生素，同时注意观察用药效果及药物的不良反应。对腹部绞痛明显的肠梗阻患者，若无肠绞窄，可使用阿托品等抗胆碱类药物解除胃肠道平滑肌痉挛，以缓解腹痛。但禁用吗啡类镇痛剂，以免掩盖病情，延误治疗时机。

6. 严密观察病情　定时测量体温、脉搏、呼吸、血压，并详细记录；严密观察患者的腹部症状、体征及全身情况，若出现下列情况之一时，提示有绞窄性肠梗阻的可能，多需紧急手术治疗，应及时报告医生并做好手术前准备工作：①腹痛发作急骤，起始即为持续性剧烈疼痛，或在阵发性腹痛间隙期间仍有持续性疼痛。肠鸣音可不亢进。有时出现腰背部痛，呕吐出现早，剧烈而频繁。②病情发展迅速，早期出现休克，抗休克治疗后改善不显著。③有明显的腹膜刺激征，体温上升，脉率增快，血白细胞计数及中性粒细胞比例增高。④腹胀不对称，腹部有局部隆起或扪及有压痛的肿块。⑤呕吐物、胃肠减压抽出液、肛门排出物为血性，或腹腔穿刺抽出血性液体。⑥经积极的非手术治疗症状体征无明显改善。⑦腹部 X 线检查显示孤立，突出胀大的肠襻，不因时间而改变位置，或有假肿瘤阴影。

（二）　术后护理

1. 体位　患者血压平稳后，取半卧位。

2. 饮食　术后禁食，通过静脉补充营养。待肠蠕动恢复，肛门排气后，可拔除胃肠减压管，开始进少量流质饮食，若无不适，逐步过渡至半流质及普食。应提供易消化的高蛋白、高热量和高维生素的食物。

3. 观察病情　观察生命体征；观察有无腹痛、腹胀、呕吐及肛门排气；观察伤口敷料及引流情况；观察有无切口感染，肠瘘等并发症发生。

4. 下床活动　鼓励患者早期活动，床上勤翻身，病情允许时，早期下床活动，促进肠蠕动恢复，防止肠粘连。

5. 防治感染　遵医嘱应用抗生素。

（三）健康指导

（1）注意饮食卫生，避免暴饮暴食，避免饭后进行剧烈活动。

（2）保持大便通畅，如有腹痛、腹胀等不适，及时就诊。

（3）3 岁以上的小孩易患蛔虫病。蛔虫患儿则表现为肚脐周围疼痛，可有恶心呕吐、晚上磨牙、起皮疹等诸多症状，建议吃杀虫药。另外，从预防的角度，主张 3~7 岁每年吃一次杀虫药。

扫码看 PPT

第八节　大肠癌患者的护理

患者男性，45 岁。因排便不适、下坠感 1 个月入院。患者 1 个月前无明显原因出现排便不适、下坠感，偶有腹泻和便血，无腹痛，有直肠癌家族史。体格检查：患者体型偏胖，体温 36 ℃，心率 88 次/min，呼吸 20 次/min，血压 120/80 mmHg，腹部平软，未触及肿块。直肠指检：距肛门上 4 cm 处可扪及一高低不平的硬结，并带有脓血。大便化验：潜血阳性。

问题导向：

（1）首选的检查是什么？

（2）术后的人造肛门如何护理？

扫码看微课

大肠癌包括结肠癌和直肠癌，是最常见的消化道恶性肿瘤之一，发病年龄在 40~60 岁。在我国以直肠癌发病率最高，其余依次为乙状结肠、盲肠、升结肠、横结肠和降结肠。

1. 结、直肠与肛管的解剖

（1）结肠：结肠包括盲肠、升结肠、横结肠、降结肠和乙状结肠。成人结肠全长平均约 150 cm（120~200 cm）。结肠各部的直径不一，自盲肠端的 7.5 cm 依次减为乙状结肠末端的 2.5 cm。结肠有三个解剖标志，即结肠袋、肠脂垂和结肠带。结肠的肠壁分为浆膜层、肌层、黏膜下层和黏膜层。

（2）直肠：直肠位于盆腔的后部，平第三骶椎处上接乙状结肠，沿骶、尾骨前面下行。穿过盆膈转向后下，至尾骨平面与肛管相连，形成约 90°的弯曲。上部直肠与结肠粗细相同，下部扩大成直肠壶腹，是暂存粪便的部位。直肠长度 12~15 cm，从外科解剖学观点将直肠分为上段直肠和下段直肠。直肠的肌层与结肠相同。

（3）肛管：肛管上自齿状线，下至肛门缘，长 1.5~2 cm。肛管内层为移行上皮、下部为角化的复层扁平上皮。肛管为肛管内、外括约肌所环绕，平时呈环状收缩封闭肛门。

2. 病因　大肠癌发生的确切病因尚不清楚，根据流行病学调查结果和临床观察分析，可能与以下因素有关。

（1）饮食习惯：结直肠癌的发生与高脂肪，高蛋白和低纤维素饮食有一定相关性。此外，过多摄入腌制食品可增加肠道中致癌物质，诱发结直肠癌。

（2）遗传因素：有20%~30%的结、直肠癌患者存在家族史，常见的有家族性多发性息肉病，此类人发生结直肠癌的机会远高于正常人。

（3）癌前病变：多数结直肠癌来自癌前病变，如：绒毛状腺瘤、家族性肠息肉病、溃疡性结肠炎、克罗恩病及血吸虫性肉芽肿等。

3. 病理分类　根据肿瘤的大体形态可分为：①肿块型。肿瘤生长缓慢，转移较迟，恶性程度较低，预后较好。②溃疡型。肿瘤分化程度低，转移出现早，是结直肠癌最常见的类型。③浸润型。转移较早，分化程度低，预后差。

根据组织学分型有：①腺癌。占结直肠癌的大多数，预后较好。②黏液癌。预后较腺癌差。③未分化癌。易侵入小血管和淋巴管，预后最差。

4. 转移途径　转移途径有直接蔓延、淋巴转移、血行转移、种植转移。

5. 分期　目前常采用Dukes分期法。A期：癌浸润深度限于肠壁内，未超出浆肌层，无淋巴结转移；B期：癌肿超出浆肌层，亦可侵入浆膜外或周围组织，但尚能整块切除，无淋巴结转移；C期：癌肿侵犯肠壁全层，伴有淋巴结转移；D期：癌肿已侵犯邻近脏器且有远处转移。

6. 治疗原则　大肠癌治疗采用以手术切除为主的综合治疗。

（1）手术治疗

1）结肠癌根治术：切除范围包括癌肿所在的肠襻及其所属系膜和区域淋巴结，具体术式有：①右半结肠切除术：适用于盲肠、升结肠、结肠肝曲癌；②横结肠切除术：适用于横结肠癌；③左半结肠切除术：适用于横结肠脾区、降结肠癌；④乙状结肠癌的根治切除术：适用于乙状结肠癌（图14-9）。

2）直肠癌根治术：切除范围包括癌肿及两端足够的肠段、受累器官的全部或部分及四周可能被浸润的组织。具体有：①局部切除术：适用于瘤体小、分化程度高、局限于黏膜或黏膜下层的早期直肠癌。②腹会阴联合直肠癌根治术（Miles手术）：主要适用于腹膜反折以下的直肠癌，切除乙状结肠下部及其系膜和直肠全部、所属淋巴结及被侵犯的周围组织，将乙状结肠近端拉出，于左下腹行永久性人工肛门。③经腹腔直肠癌切除术（Dixon手术）：适用于癌肿下缘距齿状线5 cm以上的直肠癌，切除乙状结肠和大部分直肠，直肠和乙状结肠行端端吻合。④经腹直肠癌切除、近端造口、远端封闭手术（Hartmann手术）：适用于全身一般情况很差，不能耐受Miles手术，或急性梗阻不宜行Dixon手术患者。

3）姑息性手术：癌肿发生转移或局部浸润无法根治但局部癌肿尚能切除者，可做癌肿肠段局部切除术。

4）结肠癌并发急性肠梗阻：可做梗阻近端肠管与远端肠管端吻合术，或梗阻近端做结肠造口术。

（2）其他：包括放射治疗、化学药物治疗、中医治疗和局部介入治疗等。

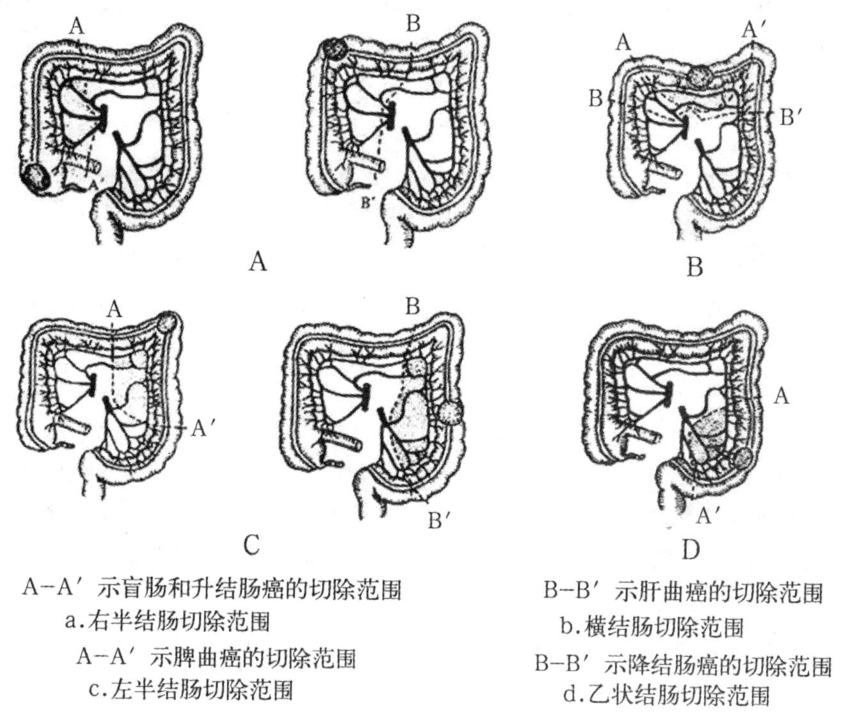

A-A′ 示盲肠和升结肠癌的切除范围
a.右半结肠切除范围

B-B′ 示肝曲癌的切除范围
b.横结肠切除范围

A-A′ 示脾曲癌的切除范围
c.左半结肠切除范围

B-B′ 示降结肠癌的切除范围
d.乙状结肠切除范围

图 14-9　结肠癌根治术切除范围

【护理评估】

（一）健康史

了解患者的年龄、性别、生活习惯及饮食嗜好，既往有无便血、排便习惯改变及溃疡性结肠炎等结直肠的慢性炎症；询问其家族中有无结直肠癌或其他肿瘤病史。

（二）身体状况

1. 结肠癌　早期多无明显特异性表现易被忽视。

（1）排便习惯和粪便性状改变：常为首先出现的症状。多表现为大便次数增多，粪便不成形或稀便。可出现腹泻与便秘交替现象。常表现为血性、脓性或黏液性粪便。

（2）腹痛：也是常见的早期症状。疼痛部位常不确切，程度多较轻，为持续性隐痛或仅为腹部不适或腹胀感。当癌肿并发感染时或肠梗阻时则腹痛加剧，甚至出现阵发性绞痛。

（3）腹部肿块：肿块通常较硬，位于横结肠或乙状结肠的癌肿可有一定活动度。若癌肿穿透肠壁并发感染，可表现为固定压痛的肿块。

（4）肠梗阻：多为晚期症状。一般呈慢性、低位、不完全性肠梗阻，表现为便秘、腹胀、有时伴腹部胀痛或阵发性绞痛，进食后症状加重。当发生完全性梗阻时，症状加剧，部分患者可出现呕吐，呕吐物为粪样。

（5）全身症状：由于长期慢性失血，癌肿破溃，感染以及毒素吸收等，患者可出现贫血、消瘦、乏力、低热等全身性表现。部分结肠癌穿透肠壁后，还可侵入其他空腔脏器，引起肠瘘和营养物质的流失，致使患者出现严重的水、电解质、酸碱平衡失调和营养不良等。疾病发展至晚期可出现恶病质。

由于癌肿病理类型和部位的不同，临床表现也有区别。右半结肠癌以全身症状、贫血、腹部包块为主要表现；左半结肠癌肿多倾向于浸润型生长引起环状缩窄，临床以肠梗阻、便秘、腹泻、便血等症状为显著。

2. 直肠癌　早期仅有少量便血或排便习惯改变，易被忽视。当病程发展并伴感染时，才出现显著症状。

（1）直肠刺激症状：癌肿刺激直肠产生频繁便意，引起排便习惯改变，排便时常有肛门下坠、里急后重和排便不尽感；晚期可出现下腹部痛。

（2）黏液血便：为直肠癌患者最常见的临床症状，80%~90%患者在早期即出现便血。癌肿破溃后，可出现血性和或黏液性大便，多附于粪便表面；严重感染时可出现脓血便。

（3）粪便变细和排便困难：癌肿增大引起肠腔缩窄，表现为肠蠕动亢进、腹痛、腹胀、粪便变细和排便困难等慢性肠梗阻症状。

（4）转移症状：当癌肿穿透肠壁，侵犯前列腺，膀胱时可发生尿道刺激征、血尿、排尿困难等。浸润骶前神经则发生骶尾部，会阴部持续性剧痛，坠胀感。女性直肠癌可侵及阴道后壁，引起白带增多。若穿透阴道后壁，则可导致直肠阴道瘘，可见粪质及血性分泌物从阴道排出。晚期出现肝转移时可有腹水，肝大、黄疸、贫血、消瘦、水肿、恶病质等。

（三）心理、社会状况

结、直肠癌患者除焦虑和恐惧外，由于本病症状涉及排泄等个人隐私，使患者产生较严重的烦躁或抑郁情绪。若需要做永久性人工肛门时，患者会因此感到自我形象受损而失去对生活、工作的信心，会产生“不完全感”或失落感，把自己当作“废人”，感到悲观和绝望。

（四）辅助检查

1. 直肠指检　是诊断直肠癌最直接和最重要的方法。在我国低位直肠癌约占75%以上，只需通过直肠指检便可初步了解癌肿与肛缘的距离、大小、硬度、形态及其与周围组织的关系。女性直肠癌患者应行阴道检查及双合诊检查。

2. 实验室检查

（1）大便隐血试验：为早期发现直肠癌的有效措施。可作为高危人群的初筛方法及普查手段。持续阳性者应行进一步检查。

（2）血液检查：癌胚抗原（CEA）测定对大肠癌的诊断有一定价值，特异性不高，但有助于判断患者疗效及预后。一般而言，术前CEA明显升高者术后复发率较正常者高，预后差。

3. 影像学检查

（1）X线钡剂灌肠或气钡双重对比造影检查：是诊断结肠癌的重要检查方法，可观察到结肠壁僵硬，皱襞消失，存在充盈缺损及小龛影。但对直肠癌诊断价值不大。

（2）B超和CT检查：有助了解直肠癌的浸润深度及淋巴转移情况，还可提示有无腹腔种植转移，是否侵犯邻近组织器官或肝、肺转移灶等。

4. 内镜检查　可通过直肠镜、乙状结肠镜或纤维结肠镜检查，观察病灶的部位、大小、形态、肠腔狭窄的程度等，并可在直视下获取活组织行病理学检查，是诊断结直肠癌最有效、可靠的方法。

【护理问题】

1. 焦虑　与对癌症治疗缺乏信心及担心结肠造口影响生活和工作有关。

2. 营养失调（低于机体需要量）　与癌肿慢性消耗、手术创伤及放化疗反应有关。

3. 体象紊乱　与结肠造口、排便方式改变有关。

4. 知识缺乏　缺乏有关术前准备知识及结肠造口术后的护理知识。

5. 潜在并发症　切口感染、吻合口瘘、尿潴留及泌尿系统感染、结肠造口出血、坏死、狭窄、肠粘连等。

【护理措施】

（一）非手术治疗护理

1. 心理护理　应关心体贴患者，及时解答患者提出的问题，尽量满足其提出的合理要求。对需做结肠造口的患者，要让患者了解术后对消化功能并无影响，并解释造口的部位及有关护理的知识，使其了解只要护理得当，人工肛门并不会对其日常生活，工作造成太大影响，以消除其恐慌情绪，增强治疗疾病的信心，提高适应能力。同时应争取社会，家庭的积极配合，从多方面给以关怀和心理支持。

2. 加强营养支持　给予高蛋白、高热量、高维生素、易消化的少渣饮食。必要时遵医嘱给予少量多次输血，以纠正贫血和低蛋白血症。出现肠梗阻的患者有明显脱水时，应及时纠正水、电解质及酸碱平衡紊乱，提高机体对手术的耐受性。

（二）术前护理

1. 肠道准备　术前清洁肠道目的是为了减少术中污染，防止术后腹胀和切口感染，有利于吻合口愈合，是结直肠癌手术前护理的重点。一般通过控制饮食，口服肠道抗生素及缓泻剂，多次灌肠等方法来完成。

（1）传统肠道准备法：术前 3 d 进少渣半流质饮食，术前 2 d 起进流质饮食，以减少粪便的产生，有利于肠道清洁，术前 12 h 禁食、4 h 禁水。术前 3 d 口服肠道抗生素，如新霉素、甲硝唑、庆大霉素等，抑制肠道细菌。由于控制饮食及服用肠道抗生素，使维生素 K 的合成及吸收减少，于术前 3 d 开始肌内注射维生素 K。术前 1 d 口服 1 次缓泻剂，如液体石蜡或蓖麻油 20~30 mL，或硫酸镁 15~20 g，也可用番泻叶 6 g 代茶饮，以排出肠道内积存的粪便。术前 2 d 晚用 1%~2%肥皂水灌肠 1 次，术前 1 d 晚及手术日晨清洁灌肠，灌肠时，宜选用粗细合适的橡胶肛管，轻柔插入，禁用高压灌肠，以防刺激肿瘤导致癌细胞扩散。若患者有慢性肠梗阻症状，应适当延长肠道准备的时间。

（2）全肠道灌洗法：为免除灌肠造成癌细胞扩散的可能，可选用全肠道灌洗法。于术前 12~14 h 开始口服 37 ℃左右等渗平衡电解质溶液（用氯化钠、碳酸氢钠、氯化钾配制，也可加入抗生素），引起容量性腹泻，以达到彻底清洗肠道的目的。一般灌洗全过程需 3~4 h，灌洗液量不少于 6 000 mL。对年老体弱，心、肾等重要器官功能障碍和肠梗阻的患者不宜选用。

（3）口服甘露醇肠道准备法：该法较简便，于术前 1 d 午餐后 0. 5~2 h 口服 5%~10%甘露醇 1 500 mL 左右，因甘露醇为高渗性溶液，口服后可保留肠腔水分不被吸收，并能促进肠蠕动，产生有效腹泻，达到清洁肠道的效果。本法不需服用泻剂和灌肠，也基本不改变患者饮食，但因甘露醇在肠道内可被细菌酵解，产生易爆气体，手术中使用电刀时应予注意。对年老体弱，心、肾功能不全者禁用。

2. 坐浴及阴道冲洗　直肠癌患者术前 2 d 每晚用 1：5 000 高锰酸钾溶液坐浴。女性直肠癌患者遵医嘱于手术前 3 d 每晚冲洗阴道，以备手术中切除子宫及阴道。

3. 手术日晨放置胃管和留置导尿管　术前常规放置胃管，有肠梗阻症状的患者应及早放置胃管，减轻腹胀。留置导尿管可预防手术时损伤膀胱，并可预防手术后尿潴留。

4. 其他　协助医师做好手术前各项检查及常规准备。准备手术中使用的抗肿瘤药物。

（三）术后护理

1. 体位　术后病情平稳，可改为半卧位，以利呼吸和腹腔引流。

2. 饮食　应禁食，持续胃肠减压，通过静脉补充水、电解质及营养。术后 2~3 d 肠蠕动恢复，肛门排气或结肠人工肛门开放后拔除胃管，进流质饮食，1 周后改为半流质，2 周左右方可进普食，且食物以高蛋白、高热量、高维生素及易消化的少渣饮食为主。

3. 严密观察病情　术后每 15~30 min 测生命体征 1 次，病情平稳后可延长间隔时间，做好记录。术后应观察腹腔引流液及骶前引流液的颜色、性状和量，同时要观察腹部及会阴部创面敷料，如局部出血较多需及时处理。

4. 留置导尿管护理　直肠癌根治术后，导尿管一般放置 1~2 周。必须保持其通畅。防止扭曲、受压，观察尿液情况，并详细记录。做好导尿管护理。每日冲洗膀胱 1 次。尿道口护理 2 次，防止泌尿系统感染，拔管前先试行夹管。每 3~4 h 或患者有尿意时开放，以训练膀胱舒缩功能，防止排尿功能障碍。

5. 排便护理　术后尤其是 Dixon 手术后患者，可出现排便次数增多或排便失禁，应指导患者调整饮食，进行肛门括约肌舒缩练习，便后清洁肛门，并在肛周皮肤涂抹氧化锌软膏以保护肛周皮肤。

6. 结肠造口（人造肛门）护理　造口护理是手术后护理的重点。

（1）观察造口有无异常：结肠造口一般于术后 2~3 d 待肠蠕动恢复后开放。造口开放前应注意肠段有无回缩、出血、坏死等情况，因造口的结肠若张力过大、缝合不严、血运障碍等，均可导致上述情况。

（2）保护腹壁切口及造口周围皮肤：开放造口时，一般宜取左侧卧位，并用塑料薄膜将腹壁切口与造口隔开，以防流出的稀薄粪便污染腹壁切口而引起感染，及时清除流出的粪液。造口开放及排便后，应清洗消毒造口周围皮肤，并在其周围皮肤涂氧化锌软膏，以防粪液刺激造成皮肤炎症及糜烂。造口与皮肤愈合后改用人工肛门袋。

（3）正确使用人工肛门袋：患者起床活动时，协助佩戴人工肛门袋。应选择袋口合适的人工肛门袋，袋口对准造口并与皮肤贴紧，袋囊朝下，用有弹性的腰带固定人工肛门袋，当人工肛门袋的 1/3 容量被排泄物充满时须及时更换，每次更换新袋前先用中性皂液或 0.5%氯己定（洗必泰）溶液清洁造口周围皮肤，再涂上氧化锌软膏，同时注意造口周围皮肤有无红、肿、破溃等现象，患者可备 3~4 个人工肛门袋用于更换，使用过的人工肛门袋可用中性洗涤剂和清水洗净，用 0.1%氯己定溶液浸泡 30 min，擦干、晾干备用，也可使用一次性人工肛门袋，使用一次性人工肛门袋应剪好与造口一样粘贴薄膜口。

（4）饮食指导：注意饮食卫生，避免食物中毒等原因引起腹泻；避免食用产气性食物，有刺激性食物或易引起便秘的食物。鼓励患者多吃新鲜蔬菜、水果。

扫码看微课

（5）并发症的观察与护理：①造口感染、坏死：观察造口血液循环情况，有无出现黏膜颜色变暗、发紫、发黑等异常。用凡士林或 0.9%氯化钠溶液纱布外敷结肠造口，外层敷料渗湿后应及时更换，防止感染。②造口狭窄：为预防造口狭窄，手术后1周或造口处伤口愈合后，每日扩张造瘘口1次，防止造口狭窄。③便秘：患者术后1周后，应下床活动，锻炼定时排便。若患者进食后3~4 d未排便，可用液状石蜡或肥皂水低压灌肠，注意橡胶肛管插入造口不超过10 cm，压力不能过大，以防肠道穿孔。④切口感染及裂开：观察患者体温变化及局部切口情况，保持切口清洁、干燥，及时更换敷料。加强营养支持，促进伤口愈合。Miles手术后，下肢外展适当限制，以免造成会阴部切口裂开，会阴部可于骶前引流管拔除后，开始用温热的1∶5 000高锰酸钾溶液坐浴，每日2次，手术后常规使用抗生素预防感染。⑤吻合口瘘：结肠癌切除术后或直肠癌Dixon手术后可能发生吻合口瘘。多因手术前肠道准备不充分，低蛋白血症及手术造成局部血供差等所致。常发生于术后1周左右。应注意观察患者有无腹膜炎的表现，有无腹腔内或盆腔内脓肿的表现，有无从切口渗出或引流管引流出稀粪样肠内容物等。对进行肠吻合手术患者，术后7~10 d内严禁灌肠，以免影响吻合口的愈合。若发生瘘，应保持充分、有效的引流。若引流不畅，必要时可手术重新安置引流管；使用有效抗生素控制感染；给予TPN以加强营养支持。

（四） 健康指导

（1）合理安排饮食，应摄入产气少、易消化的少渣食物，忌生冷、辛辣等刺激性食物，避免饮用碳酸饮料，饮食必须清洁卫生，积极预防腹泻或便秘。

（2）定期进行体格检查，建议40岁以上的人群，每年做一次肠镜检查，积极预防和治疗结直肠的各种慢性炎症及癌前病变；注意饮食卫生，多进新鲜蔬菜、水果等高纤维、高维生素饮食，减少食物中的脂肪摄入量。

（3）教会患者人工肛门的护理，介绍结肠造口的护理方法和护理用品。目前自然排便法采用的人工肛门袋可分为一件式和两件式。一件式肛门袋的背面有胶质贴面，可直接贴在皮肤上，其优点是用法简单，缺点是容易刺激皮肤，可使用造口护养胶片保护皮肤。两件式肛门袋是在养护胶片上配有凸面胶环，与便袋上的凹面小胶环吻合，不漏气、不漏液，容易更换。此外防漏药膏、防臭粉等可提高防瘘、防臭效果。指导患者用适量温水（500~1 000 mL）经导管灌入造口内，定时结肠造口灌洗以训练有规律的肠道蠕动，从而养成类似于正常人的排便习惯。当患者的粪便成形或养成排便规律后，可不带肛门袋，用清洁敷料覆盖结肠造口即可。

（4）出院后每1~2周扩张造口1次，持续2~3个月。若发现造口狭窄、排便困难时，应及时到医院检查处理。

（5）参加适量活动，保持心情舒畅。避免自我封闭，尽可能融入正常人的生活和社交活动中。建议造口患者出院后组织或参加造口患者协会，互相学习，交流彼此的经验和体会，使患者重拾自信。

（6）每3~6个月门诊复查1次。继续化疗的患者要定期检查血常规。

第九节　直肠肛管疾病患者的护理

患者男性，36岁。因便血及间断块状物脱出2年就诊。患者2年前，排便后有少量鲜血滴出，无痛，便后出血自行停止，近半年来偶有块状物自肛门脱出，便后自行回缩。体格检查：体温37℃，心率80次/min，呼吸20次/min，血压110/80 mmHg，腹部平软，未触及肿块。直肠指检：距肛门上2 cm处可扪及一光滑的肿物，并带有少量脓血。大便化验：潜血阳性。

问题导向：

（1）最可能的诊断是什么？

（2）非手术疗法的护理措施有哪些？

直肠肛管良性疾病主要有痔、肛裂、直肠肛管周围脓肿、肛瘘、直肠息肉等，为常见病、多发病，随着生活水平的提高，该病发病率直线上升。由于部位隐蔽，羞于就诊，疾病长期困扰，往往给患者身心造成很大影响。因此，护理人员要耐心细致地评估患者现存或潜在的健康问题，制定合理的护理措施，促进患者早日康复。

1. 解剖生理概要　直肠为大肠的末端，上连乙状结肠，下连肛管，全长12～15 cm。肛管上达齿状线，下至肛门缘，长约3～4 cm。肛门内括约肌为直肠纵肌的延伸，受内脏神经支配，属不随意肌；肛门外括约肌呈环状环绕肛管，并分为皮下部、浅部、深部，属于横纹肌，受脊神经支配，为随意肌。切断外括约肌皮下部、浅部并不引起肛门失禁，如果切断由外括约肌深部、直肠纵肌的下部、耻骨直肠肌和肛提肌共同组成的肛管直肠环，即可引起肛门失禁。

2. 检查体位

（1）左侧卧位：患者向左侧卧位，左下肢略屈，右下肢屈曲贴近腹部，是直肠指诊、结肠镜检查常用的体位。

（2）膝胸位：患者双膝跪于检查床上，头颈部垫枕，肘关节贴床，臀部抬高，大腿垂直床面，与髋关节成60°，头偏一侧，是检查直肠肛管的常用体位。

（3）截石位：患者仰卧于专门的检查床上，双下肢抬高并外展，屈髋屈膝，是直肠肛管手术的常用体位，需要做双合诊时亦选择该体位。

（4）蹲位：取下蹲排大便姿势，用于检查内痔和脱肛最严重的情况。蹲位时直肠肛管承受压力最大，可使直肠下降1～2 cm，因而可见到内痔和脱肛最严重的情况，有时也可扪到较高位置的直肠肿物。

（5）弯腰前俯位：双下肢略分开站立，身体前倾，双手扶于支撑物上，该方法是肛门视诊最常用的体位。

3. 直肠、肛管疾病的症状　便秘、排便疼痛、便中带血或黏液、便意频繁、里急后重、营养不良等。

一、痔

痔是指直肠下端黏膜下和肛管皮肤下静脉丛发生扩张、迂曲所形成的静脉团块，是最常见的肛肠疾病。

1. 病因

（1）解剖因素：直肠下端的直肠上静脉丛处于肝门静脉系统最低位，且无静脉瓣。直肠黏膜下组织松弛，对静脉缺乏支持，当经常站立工作时，静脉血回流困难，血液淤滞。另外，直肠上、下静脉丛壁薄、位浅，易于扩张形成痔。

（2）腹内压增高：便秘、妊娠、前列腺肥大、腹腔积液及腹腔肿块等均可造成腹内压增高，影响直肠静脉血液回流，而易发生痔。

（3）其他因素：如直肠下端和肛管的慢性感染引起长期的每日排便次数增加，以及局部感染使静脉本身及周围组织纤维化，失去弹性，引起回流障碍，发生扩张而形成痔。年老体弱或长期疾病引起营养不良使局部组织萎缩无力，静脉易扩张。长期饮酒及喜食辛辣刺激性食物而引起局部充血，也是痔发生的因素。

2. 病理及分类　根据痔所在部位不同可分为内痔、外痔和混合痔（图 14-10）。内痔由直肠上静脉丛形成，位于齿状线上方，表面为直肠黏膜所覆盖，好发于截石位 3、7、11 点。外痔由直肠下静脉丛形成，位于齿状线下方，表面为肛管皮肤所覆盖，包括血栓性外痔、结缔组织性外痔、静脉曲张性外痔和炎性外痔，其中血栓性外痔最常见。混合痔位于齿状线上下，兼有内痔和外痔的表现，内痔发展到Ⅲ期以上多形成混合痔。

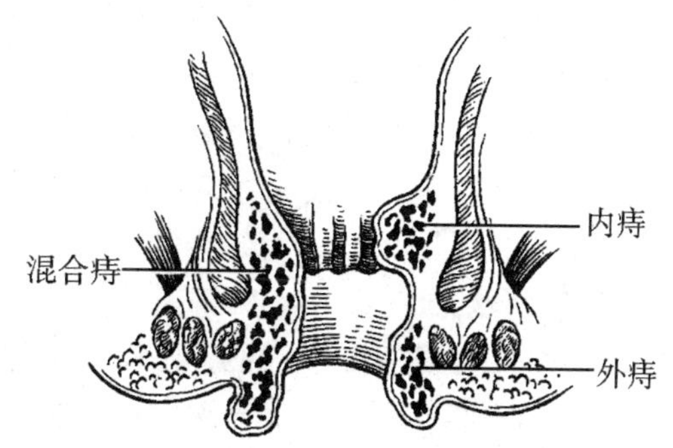

图 14-10　痔的分类

3. 治疗原则

（1）非手术治疗：包括注射疗法：适用于Ⅰ、Ⅱ期内痔，注射硬化剂（5%石炭酸植物油、5%鱼肝油酸钠、5%盐酸奎宁尿素水溶液、4%明矾水溶液）于黏膜下痔血管周围，产生无菌性炎性反应，使黏膜下组织、静脉丛纤维化，使痔萎缩而愈；从而红外线凝固疗法；胶圈套扎法：适用于各期内痔。

（2）手术治疗：有痔单纯切除术；痔环形切除术；血栓性外痔剥离术。

【护理评估】

（一）　健康史

了解患者的饮食习惯，是否有长期饮酒、好食辛辣等刺激性食物史；有无长期站立、便秘、前列腺增生、腹水、妊娠和盆腔肿瘤等使腹内压增高因素；用药史和治疗经过。

（二）　身体状况

1. 内痔　主要表现是便血和痔块脱出。便血的特点是无痛性间歇性便后出鲜血，便血较轻时为粪便表面附血或便纸带血，重者则可出现喷射状出血，长期出血患者可发生贫血。单纯性内痔无痛，当发生感染、嵌顿或水肿时，可伴有肛门剧痛。临床上按病情轻重可分为四期（表 14-3）。

表 14-3　各期内痔表现特点

内痔分期	特点
Ⅰ期（Ⅰ度）	无明显自觉症状，以排便时出血或排便后滴血为主，痔核不脱出肛门外
Ⅱ期（Ⅱ度）	便时间歇带血、滴血或喷血，出血量中等，排便时痔核脱出肛门外，排便后可自行还纳
Ⅲ期（Ⅲ度）	偶有便血，排便、用力屏气、咳嗽、行走等增加腹内压时，痔核脱出，不能自行还纳，需用手推回或卧床休息后才能将其复位
Ⅳ期（Ⅳ度）	偶有便血，痔块长期脱出于肛门，无法回纳或回纳后又立即脱出

2. 外痔　主要表现为肛门不适、潮湿，有时伴局部瘙痒。若形成血栓性外痔，则有剧痛，排便、咳嗽时加剧，数日后可减轻，在肛门表面可见红色或暗红色硬结。

3. 混合痔　同时兼有内痔和外痔的表现特点。

（三） 心理、社会状况

痔患者除焦虑外，由于本病症状涉及排泄等个人隐私，使患者产生烦躁或抑郁情绪。由于痔反复发作导致的疼痛、便血、排便困难等症状，严重影响患者的生活质量，患者会产生失落、无助等不良心理。

（四） 辅助检查

1. 肛门视诊　内痔除Ⅰ期外，其他三期都可在肛门视诊下见到。血栓性外痔为肛周暗紫色长条圆形肿物，表面皮肤水肿、质硬、压痛明显。

2. 直肠指检　检查肛管直肠壁有无肿块、触痛，注意指套有无黏液血迹。

3. 肛门镜检查　不仅见到痔块的情况，还可观察到直肠黏膜有无充血、水肿、溃疡、肿块等。

【护理问题】

1. 疼痛　与黏膜受损感染、血栓性外痔形成、手术创伤有关。

2. 便血　与饮酒、过食辛辣食物、便秘、粪便感应等因素有关。

3. 贫血　与反复便血有关。

4. 舒适改变　与肛门瘙痒、痔核脱出、黏液刺激肛门有关。

5. 潜在并发症　术后尿潴留、出血、伤口感染、大便失禁等。

【护理措施】

（一） 非手术治疗护理

1. 观察便血情况　便血的量、性质（滴血还是射血），长期出血者有无头昏、眼花、乏力等贫血表现。注意防止患者在排便或淋浴时晕倒。

2. 保持大便通畅　指导患者多吃富含纤维素的蔬菜、水果，鼓励其多饮水，养成每日定时排便习惯，纠正排便时看书看报等使排便时间过长的不良习惯。告知习惯性便秘者，轻症可每日服用适量蜂蜜，重症可用缓泻剂，如液状石蜡、酚酞等药物。粪便干结有排便困难者，应及时灌肠通便。通便类食物有绿色蔬菜、番薯（红薯）、酸奶、南瓜等。通便类水果有香蕉、核桃、蜂蜜、青梅干、苹果、西瓜、甘蔗等。这些食物和水果含有较多的维生素和矿物质，铁含量也很高，具有利五脏、通血脉、润肠的作用。

3. 缓解疼痛　对有剧烈疼痛的患者，可于肛管内注入有消炎止痛作用的药膏或栓剂，肛门周围冷敷。

4. 预防并发症　痔长期出血会致贫血。指导患者正确使用肛门栓剂，遵医嘱用止血药；严重贫血时需输血，平时注意饮食营养。并注意防止患者在排便时或坐浴时晕倒受伤，应有人陪伴。

（二） 术前护理

1. 肛门坐浴　肛门温水坐浴是手术前后常用的辅助治疗。坐浴可清洁肛门，改善血液循环，促进炎症吸收，促进裂口愈合，并能缓解括约肌痉挛、缓解疼痛。可用 1∶5 000 高锰酸钾温水坐浴，坐浴的盆具应足够大，能盛放 3 000 mL 溶液，消毒后放入已降温至 40～45 ℃的沸水，然后将整个肛门会阴部浸泡在温水中，一般每日 2 次，每次 15～20 min。如肛门或周围有暴露的伤口，或Ⅲ期内痔继发感染时或有肛窦炎者，可用1：5 000高锰酸钾溶液或0.1%苯扎溴铵溶液坐浴。对年老体弱患者要搀扶坐下或起身，以免跌倒。

2. 术前准备　行痔手术时，术前3 d进流质饮食，术前1 d晚给予缓泻剂，术日晨禁食，术前排空大便，必要时手术当日早晨清洁灌肠。患者行灌肠时肛管应轻轻插入，以防擦伤黏膜，引起痔出血。

（三） 术后护理

1. 体位　平卧位或侧卧位，臀部垫气圈，以防伤口受压引起疼痛。

2. 饮食　术后禁食1 d，24 h后可进流质饮食，2~3 d少渣饮食。

3. 观察病情　对施行内痔切除术的患者，手术后12 h内应警惕继发性出血，可查看创口敷料渗血情况，测血压、脉搏、呼吸及观察面色变化。如有出血征象，应及时通知医生，并准备好凡士林纱布，做填塞直肠肛管压迫止血用。

4. 减轻疼痛　肛门对痛觉非常敏感，加上有止血纱条的压迫，术后患者常有疼痛，可遵医嘱给予止痛剂，并告诉患者不要穿过紧的内裤。

5. 保持大便通畅　术后一般不控制排便，但要保持大便通畅，并告诉患者有便意时尽快排便。痔手术后2~3 d可服阿片酊，以适当减少肠蠕动，有控制排便的作用，手术后3 d内通过饮食管理等尽量不解大便，以保证手术切口良好愈合。直肠肛管手术后，一般在7~10 d不灌肠。

6. 换药与坐浴　术后应保持局部清洁，肛门伤口要每日换药。可在排便后更换敷料，因排便时伤口易被粪便污染，便后应用温水坐浴，坐浴后再更换敷料。

7. 防止肛门狭窄　术后5~10 d可行扩肛，每日1次，并鼓励患者有便意时尽快排便。

（四） 健康指导

（1）指导患者养成每日定时排便的习惯，鼓励多饮水，多吃蔬菜、水果等粗纤维食物，避免辛辣、刺激性食物，不宜饮烈性酒。粪便干结时宜口服缓泻剂。

（2）保持肛门局部清洁，养成每日或便后清洗肛门的习惯，常做温水坐浴。

（3）鼓励年老体弱的患者进行适当的活动，长久站立或坐位工作的人要坚持做保健体操，做肛门括约肌锻炼活动。

（4）如有排便困难，应及时到医院检查。

二、肛裂

肛裂是齿状线下肛管皮肤层裂伤后形成的小溃疡。多见于青中年人，好发于肛管的后正中线，可分为急性肛裂和慢性肛裂。急性肛裂是指新近发生的肛裂，裂口边缘整齐、底红、无瘢痕形成；慢性肛裂因损伤反复发生或由肛窦、肛腺炎症向下蔓延而成，裂口边缘增厚纤维化，底部肉芽组织苍白。

肛裂治疗原则包括非手术治疗与手术治疗。非手术治疗包括服用通便药物、肛门坐浴、扩肛疗法。手术治疗包括肛裂切除术和肛管内括约肌切断术。

【护理评估】

（一） 健康史

了解患者的饮食习惯，是否有长期不喜饮水、好食辛辣等刺激性食物史；是否有长期便秘和用力排便后大便带血、疼痛等病史；了解用药史和治疗经过。

（二）身体状况

1. 疼痛　为主要症状，患者表现规律性的便时痛和便后痛。排便时由于干硬粪便刺激裂口内神经末梢，肛门出现烧灼样或刀割样剧烈疼痛；便后略缓解，数分钟后由于肛门括约肌出现反射性痉挛，再次出现剧痛，常持续 30 min 至数小时，直至括约肌疲劳、松弛后，疼痛缓解。

2. 便秘　肛裂形成后患者往往因惧怕疼痛而不愿排便，故而更加重便秘，粪便更干结，形成恶性循环。

3. 出血　排便使溃疡裂隙加深而有出血，鲜血可见于粪便表面，便纸上或排便过程中滴血。

4. 肛裂"三联征"　肛门视诊在肛管的后正中线可发现溃疡裂隙；溃疡裂隙上端的肛瓣和肛乳头水肿，形成乳头肥大；溃疡裂隙下端皮肤因炎症、水肿及静脉、淋巴回流受阻，形成袋状的赘生物突出于肛门之外，称为"前哨痔"。溃疡裂隙，肛乳头肥大和"前哨痔"，合称为肛裂"三联征"（图 14-11）。

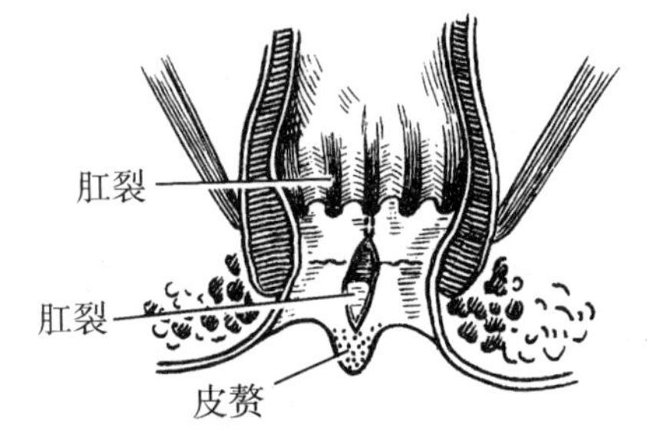

图 14-11　肛裂

5. 视诊　可见"前哨痔"及后正中线的典型溃疡，应避免直肠指检或肛镜检查，以免增加患者痛苦。

（三）心理、社会状况

肛裂患者除焦虑外，易者产生烦躁或抑郁情绪。由于肛裂反复发作导致的疼痛、便血、排便困难等症状，严重影响患者的生活质量，患者会产生失落感。

【护理问题】

1. 疼痛　与肛裂排便时肛门扩张和刺激肛门括约肌痉挛有关。
2. 便秘　与惧怕排便疼痛或出血及饮水和纤维素摄入不足有关。
3. 出血　与干硬的粪便刺激创面有关。
4. 焦虑、恐惧　与排便时和排便后剧烈疼痛及担心预后有关。

【护理措施】

（1）保持大便通畅、肛门坐浴、术前准备等，参照痔的护理措施。

（2）局麻下用手指扩肛，有缓解括约肌痉挛及止痛作用，亦可促进裂口愈合。

（3）做好术后创面护理，术后第 2 日开始用温水坐浴，每日 2 次，直至创面愈合。

（四）健康指导

（1）养成每日定时排便的良好习惯。

（2）保持排便通畅。

（3）教会患者掌握正确坐浴的方法。

三、直肠、肛管周围脓肿

直肠、肛管周围脓肿是指直肠、肛管周围软组织或其周围间隙发生的急性化脓性感染。绝大部分直肠、肛管周围脓肿由肛腺感染引起，肛腺开口于肛窦，因肛窦开口向上，便秘、腹泻时易引发肛窦炎，炎症极易蔓延，扩散至直肠肛管周围间隙，向上形成骨盆直肠间隙脓肿，向下导致肛门周围脓肿，是最常见的脓肿，向外则形成坐骨肛管间隙脓肿（图 14–12）。

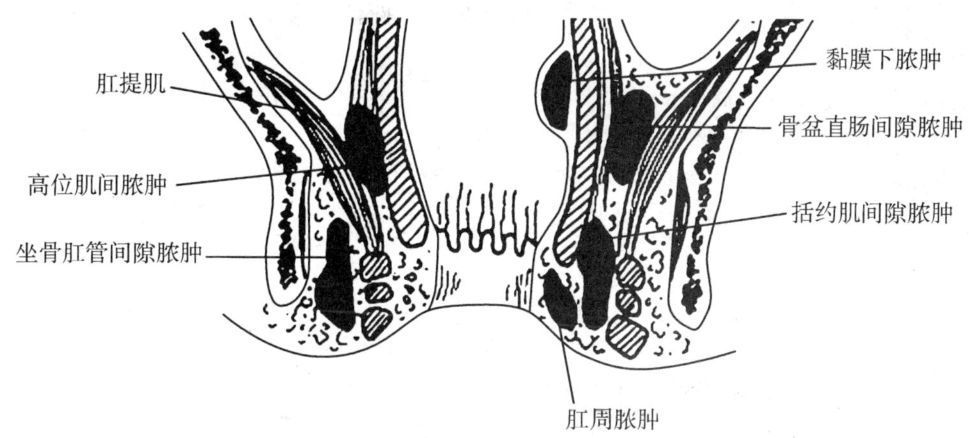

图 14–12　直肠肛管周围脓肿

直肠、肛管周围脓肿治疗原则包括非手术治疗与手术治疗。非手术治疗包括抗生素治疗，肛门坐浴，局部理疗，口服缓泻剂或液状石蜡以减轻排便时疼痛。手术治疗包括脓肿切开引流、瘘管切除术、挂线疗法。

【护理评估】

（一）　健康史

了解患者有无肛周皮肤感染、损伤、肛裂、内痔、药物注射等病史；了解患者有无肛门周围有无红肿、疼痛、发热等病史；了解用药史和治疗经过。

（二）　身体状况

1. 肛门周围脓肿　肛门周围脓肿最常见，主要症状为肛周持续性跳痛，行动不便，坐立不安，全身感染症状不明显。早期病变处明显红肿，有硬结和压痛，脓肿形成后则有波动感，穿刺时抽出脓液。

2. 坐骨肛管间隙脓肿　坐骨肛管间隙脓肿较常见，脓肿位于肛提肌以下的坐骨、肛管之间的软组织间隙内，患者在发病初期就出现寒战、高热、头痛、乏力、食欲减退、恶心等全身感染症状，病变局部由持续性胀痛发展为明显跳痛，炎症波及膀胱和直肠时可出现排尿困难和里急后重。早期无明显局部体征，以后出现患处红肿及深压痛。较大脓肿可穿入肛管周围间隙，并穿出皮肤，形成肛瘘。

3. 骨盆直肠间隙脓肿　骨盆直肠间隙脓肿较少见，脓肿位于肛提肌以上的坐骨、直肠间隙内，由于脓肿位置深，引起的全身感染症状较重而局部症状不明显。早期就可出现持续性高热、恶心、头痛等全身中毒症状。局部表现为会阴和直肠坠胀感，排便不尽，排便时尤感不适，常伴排尿困难。

（三）　心理、社会状况

直肠、肛管周围脓肿患者易产生烦躁或抑郁情绪。由于直肠、肛管周围脓肿反复发作导致的疼痛、发热、排便不畅、乏力等症状，严重影响患者的生活质量，患者会产生失落无助感。

（四） 辅助检查

1. 直肠指检　对直肠肛管周围脓肿有重要意义。病变位置表浅时可触及压痛性肿块，甚至波动感；深部脓肿可有患侧深压痛，有时扪及局部隆起。

2. 实验室检查　血常规检查可见白细胞计数和中性粒细胞比例增高，严重者出现核左移及中毒颗粒。

3. B 超　有助于深部脓肿的判断。

4. 诊断性穿刺　局部穿刺抽出脓液则可确诊。

【护理问题】

1. 疼痛　与炎症的刺激和压迫有关。

2. 发热　与感染有关。

3. 潜在并发症　感染扩散或形成肛瘘。

【护理措施】

1. 卧床休息　急性炎症期应卧床休息。

2. 抗生素　应用抗生素控制感染。

3. 坐浴　保持肛门清洁，局部热敷或热水坐浴，每日 2 次。

4. 脓肿切开引流术后　每日更换敷料 2 次，保持引流通畅。更换敷料前用 1∶5 000 高锰酸钾溶液坐浴，擦干后伤口覆盖敷料，外盖消毒棉垫，然后用“丁”字带妥善固定。

5. 瘘管切除术、挂线疗法术后　每日按时换药，保持局部清洁、干燥。挂线疗法应注意保持橡皮筋的弹力，如有松动及时调整。瘘管切除术后，换药时要使伤口深部能充分引流，以免残留无效腔。

（五） 健康指导

（1）注意个人卫生，勤洗、勤换内裤。

（2）便后清洁肛门周围皮肤。

四、肛瘘

肛瘘是指肛门周围的肉芽肿性管道，由内口、瘘管、外口三部分组成。多见于青壮年男性。

绝大多数的肛瘘由直肠肛管周围脓肿发展而来，少数是结核菌感染或由损伤引起。按瘘管位置高低分类，以肛门外括约肌深部为界，瘘管位于外括约肌深部以下者为低位肛瘘，瘘管位于外括约肌深部以上者为高位肛瘘；按瘘口与瘘管的数目分类，则以一个内口、一条瘘管和一个外口为单纯性肛瘘，有多个瘘口和瘘管为复杂性肛瘘（图 14–13）。

肛瘘治疗原则：肛瘘不能自愈，必须手术治疗，方法有瘘管切开术、肛瘘切除术、挂线疗法（适用于高位肛瘘）等。

【护理评估】

（一） 健康史

了解患者有无直肠肛管周围脓肿、肛周皮肤感染等病史；了解患者有无反复发作的肛门周围红肿、疼痛、排脓、发热等病史；了解用药史和治疗经过。

（二） 身体状况

1. 症状　患者常有肛周脓肿的病史，因脓性、血性分泌物刺激肛门周围皮肤而引起局

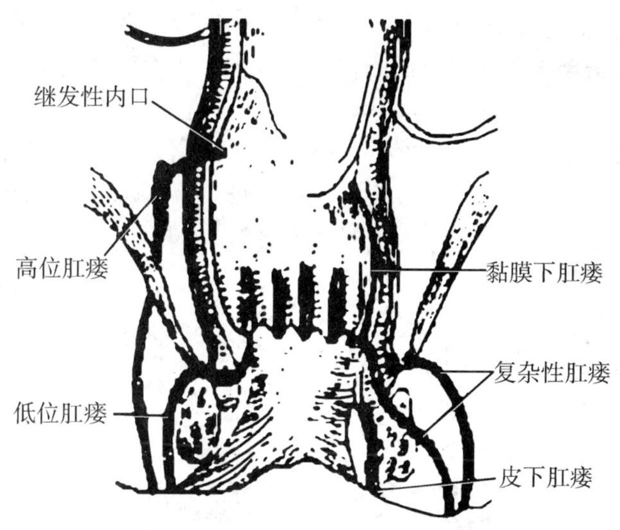

图 14-13　肛瘘分类

部瘙痒。较大的高位肛瘘外口可排出粪便或气体。当外口因假性愈合而暂时封闭时，可再次形成脓肿，出现直肠肛管周围脓肿症状，脓肿破溃后脓液排出，则症状缓解。上述症状反复发作是肛瘘的特点。

2. 体征　肛门周围可见一个或数个外口，排出少量脓性、血性或黏液性分泌物，部分患者可发生湿疹。外口呈红色乳头状隆起，压之可排出少量脓液或脓血性分泌物，可有压痛。

（三） 心理、社会状况

肛瘘患者易产生烦躁或抑郁情绪。由于肛瘘反复发作导致的疼痛、发热、乏力、排脓、瘙痒等症状，严重影响患者的生活质量，患者会产生失落无助感。

（四） 辅助检查

1. 直肠指检　瘘管位置表浅时可触及硬结样内口及条索样瘘管，在内口处有轻压痛。

2. 肛门镜检查　可发现内口。

3. 特殊检查　若无法判断内口位置，可将白色纱布条填入肛管及直肠下端，并从外口注入美蓝溶液，根据蓝色部位确定内口。

【护理问题】

1. 舒适的改变　疼痛、瘙痒等与外口排出的液体刺激肛周皮肤有关。

2. 发热　与急性感染有关。

3. 潜在并发症　创面感染、术后肛门失禁。

【护理措施】

1. 术前应适当休息、少吃辛辣刺激性食物、保持大便通畅、坐浴、抗生素应用等。

2. 术后 2~3 d 进半流质少渣食物，3 d 后可口服液状石蜡，以软化大便，防止便秘；排便后用 1∶5 000 高锰酸钾溶液坐浴；伤口愈合后期，每隔数日可扩张肛管，以防出现假性愈合。

3. 忌食辛辣刺激、油腻、生冷及热性食品。如辣椒、大蒜、烟酒、豆制品、羊肉，以及冷饮、凉拌菜、毛蚶等。不宜食用香燥煎烤的食物，如油煎的食物及炒货等；不宜食温补之品，而宜食滋补之品，如核桃、莲子、大枣等；宜食用偏凉性的食物，如蔬菜、水果等；宜食用纤维素较为丰富的及具有润肠作用的食物，如荠菜、白木耳等；宜食易于消化而质地较软的食物。

4. 并发症的观察与护理　肛瘘手术如切断肛门直肠环，可造成肛门失禁，患者排便无法控制。由于失禁后粪汁外流，易造成局部皮肤糜烂，应保持肛周皮肤清洁干燥，局部涂以氧化锌软膏保护皮肤。

（五） 健康指导

保持大便通畅，注意保持局部清洁。

（常风云）

扫码做练习

扫码看 PPT

第十五章

肝胆胰疾病患者的护理

学习目标

掌握：门静脉高压、原发性肝癌、细菌性肝脓肿、胆道疾病、急性胰腺炎、胰腺癌疾病的临床表现、护理。

熟悉：肝胆胰疾病各种疾病的病因、诊断要点及处理原则。

了解：肝胆胰各器官组织的解剖生理概要。

第一节 门静脉高压患者的护理

患者男性，55 岁。因腹胀、乏力半年，呕血 1 次入院。平车推入病房。患者半年前无明显诱因感觉腹胀、乏力，休息后症状减轻，未经任何治疗，于 15 d 前呕血一次，量约 600 mL，在当地医院用止血药、输血治疗后出血停止。患者乙肝病史 20 余年，平时喜饮酒，厌油腻食物。体格检查：体温 36.3 ℃，心率 90 次/min，呼吸 18 次/min，血压 100/70 mmHg。神清语利，消瘦，面色苍白，皮肤黏膜无黄染及蜘蛛痣。心肺无异常，腹部柔软，移动性浊音阴，肠鸣音 5 次/min，下肢无水肿，四肢末梢温暖。实验室检查：白细胞 6.0×10^9/L，血红蛋白 94 g/L，血小板 366×10^9/L，肾功能正常，甲、乙、丙、丁、戊型肝炎病毒标志阴性，甲胎蛋白阴性。乙肝六项均阴性，丙肝抗体阴性，肝酶及胆红素正常。胃镜：食管及胃底静脉中度曲张。彩色多普勒 B 超：肝大小正常，肝实质回声增强，肝门静脉内径变细，走行迂曲侧支循环形成。

问题导向：

(1) 作为患者的责任护士，你如何对患者进行护理评估？

(2) 该患者目前的护理措施是什么？

扫码看微课

正常门静脉压力为 1.27～2.35 kPa（13～24 cmH_2O），门静脉高压症（portal hypertension）是指门静脉血流受阻、血液淤滞、门静脉系统压力增高，继而引起脾肿大及脾功能亢进、食管胃底静脉曲张或破裂出血、腹水等一系列表现。

门静脉主干由肠系膜上静脉和脾静脉汇合而成，为肝脏的主要供血来源，约占肝总血量的75%，在肝门处分为左、右二支分别入左右半肝，其小分支和肝动脉小分支的血流汇合于肝小叶内的肝窦，然后流入肝小叶的中央静脉，再经肝静脉流入下腔静脉。因此，门静脉系位于两个毛细血管网之间：一端是胃、肠、脾、胰的毛细血管网，另一端是肝窦（肝的毛细血管网）。门静脉系与腔静脉系之间存在四个交通支：胃底、食管下段交通支；直肠下端、肛管交通支；前腹壁交通支；腹膜后交通支。其中，最主要的是胃底、食管下段交通支。这些交通支在正常情况下都很细小，血流量很少。

在我国约90%以上的患者有长期的肝炎与肝硬化病史。在长江中下游地区的患者，主要是血吸虫病性肝硬变，其他地区则主要是肝炎后肝硬变。

1. 病理　门静脉的血流阻力增加，常是导致门静脉高压症的始动因素。根据门静脉血流受阻因素所得部位，门静脉高压症分为肝前、肝内和肝后三型。肝内型又可分为窦前、窦后和窦型。门静脉高压症形成后，可发生以下病理变化。

（1）脾淤血肿大：为最先出现的变化。门静脉血流受阻后，门静脉高压形成后，首先出现脾充血、肿大。脾窦长期充血发生脾内纤维组织增生、脾髓细胞再生、引起脾功能亢进，使血液中红细胞、白细胞和血小板均减少。

（2）静脉交通支扩张：由于门静脉无瓣膜，门静脉高压时，上述四个交通支开放并扩张，形成静脉曲张。其中，以胃底食管下段交通支承受压力差最大、静脉曲张改变最严重，当患者腹腔内压突然升高时，如咳嗽、呕吐、用力排便、负重等，可引起曲张静脉破裂、导致致命性大出血。直肠上、下静脉丛扩张可表现为痔。

（3）腹水：腹水的形成与毛细血管床的滤过压增高、肝淋巴液生成增多、低蛋白血症、醛固酮和垂体后叶分泌的抗利尿激素分泌增多等有关。

2. 治疗原则　以内科综合治疗为重点。但发生食管、胃底曲张静脉曲张破裂引起的上消化道大出血及肝硬化引起的顽固性腹水须外科手术处理。

（1）非手术治疗：并发急性上消化道出血的患者，原则上首先采取非手术治疗控制出血，紧急处理措施包括：患者绝对卧床休息、保持呼吸道通畅、快速输液或输血、应用止血和保肝药物，应用三腔管压迫止血以及可采取介入放射疗法。

（2）手术治疗：①食管胃底曲张静脉破裂出血的治疗：采用的手术方式有以下 2 类。分流术：通过手术吻合血管的方法，使门静脉血液分流到压力较低的腔静脉内，以降低门静脉压力，制止出血。常用分流手术包括：门腔静脉分流术；脾肾静脉分流术；脾腔静脉分流术；肠系膜上、下腔静脉分流术。因门静脉血的分流减少了肝的灌注量及肠道产生的氨被部分或全部吸收后不再经肝解毒而直接进入体循环，可引起肝性脑病，甚至肝昏迷。此外，由于门腔静脉分流未能同时切除脾，而无法消除脾功能亢进；因此，此种手术仅适用于无活动性肝病及肝功能代偿良好者。断流术：方式多、阻断部位及范围各不同，其中以贲门周围血管离断术最为有效，不仅离断了食管胃底的静脉侧支，还保存了门静脉的入肝血流。适合于门静脉系统中无可供与体静脉吻合的通畅静脉、肝功能较差（child C 级）

及不适合做分流术的患者。②腹水的外科治疗：对肝硬化引起的顽固性腹水，有效的治疗方法是肝移植。其他疗法包括 TIPS 和腹腔-静脉转流术。该手术是利用胸腹腔间的压力差使腹水随呼吸有节律地流入上腔静脉。③脾肿大、脾功能亢进：明显的脾功能亢进，多见于晚期血吸虫病患者，因肝功能多较好，单纯脾切除效果良好，因脾切除术主要用于消除脾功能亢进。

【护理评估】

（一） 健康史

术前主要评估患者有无慢性肝炎、肝硬化、血吸虫病史、长期大量饮酒史等。术后评估患者麻醉方式、手术方式、术中出血、输血、输液等情况。

（二） 身体状况

1. 症状

（1）脾肿大、脾功能亢进：所有患者出现不同程度的脾肿大。在门静脉高压症的早期即可出现脾脏充血、肿大，程度不一，在左肋缘下可扪及，后期可伴有脾功能亢进。

（2）呕血和黑便：由食管胃底曲张静脉突然破裂发生大出血所致，属门静脉高压症最凶险的并发症，一次出血量可达 1 000~2 000 mL。肝功能损害导致的凝血功能障碍及脾功能亢进导致的血小板计数减少，因此患者一旦发生出血，将难以自止。此情况一旦发生，患者表现为呕吐暗红色血液或者排出柏油样黑便。大出血、休克和贫血可致肝细胞严重缺氧坏死，极易诱发肝性脑病。

（3）消化道症状：患者常伴有腹胀腹泻、恶心呕吐、食欲减退等消化和吸收功能障碍的表现。

（4）其他：患者常有疲乏无力、体重下降、贫血营养不良的表现，可伴有肝肿大、黄疸、蜘蛛痣、腹壁静脉曲张、痔等。

2. 体征　患者可见出现黄疸、蜘蛛痣、肝掌、皮肤色素沉；腹水形成较多时患者可有腹部膨胀、腹壁静脉怒张，腹部触诊可扪及肿大的脾脏，移动性浊音阳性。

（三） 心理、社会状况

疾病导致患者出现情绪的改变，主要表现为患者会对突然大量出血感到紧张、恐惧；患者会对疾病反复发作，工作和生活受到影响出现焦虑不安和悲观、失望情绪。注意询问患者及其家属对门脉高压症知识的了解程度，以及家庭成员能否提供足够的心理和经济支持。

（四） 辅助检查

1. 常规检查　脾功能亢进时，血液白细胞及血小板计数减少。

2. 肝功能检查　常见血浆白蛋白水平降低而球蛋白增高，出现白、球蛋白比例倒置，活动性肝病还可见凝血酶原时间延长、血清转氨酶升高等。

3. 影像学检查　B 超检查可了解肝脏硬化的程度，脾脏肿的形态、大小、有无腹水及门静脉扩张。食管吞钡 X 线检查：可发现食管和胃底静脉曲张的征象。腹腔动脉（静脉相）或肝静脉造影：可确定门静脉受阻部位及侧支回流情况。

【护理问题】

1. 焦虑或恐惧　与长期患病、担心手术及疾病预后有关，呕血、便血等原因导致。

2. 体液不足　与上消化道大量出血有关。

3. 营养失调（低于机体需要量） 与肝功能损害、营养素摄入不足、消化吸收障碍有关。

4. 知识缺乏 缺乏预防上消化道出血的有关知识以及康复指导知识。

5. 潜在并发症 上消化道大出血、肝肾功能损害或肝性脑病、术后出血、腹腔或伤口感染、静脉血栓形成等。

【护理措施】

（一） 非手术治疗及术前护理

1. 心理护理 应及时了解患者的心理状态，解除患者长期患病对战胜疾病的信心不足，以及并发急性大出血时产生的极度焦虑、恐惧。因此在积极治疗的同时，做好患者的心理护理，减轻焦虑，稳定其情绪，使其做到能配合各项诊疗及护理。

2. 预防上消化道出血 休息与活动：合理休息与适当活动，避免过于劳累，一旦出现头晕、心慌和出汗等不适，立即卧床休息。饮食：禁烟、酒，少喝咖啡和浓茶；避免进食粗糙、干硬和带骨、渣或鱼刺，以及油炸及辛辣食物；饮食不宜过热，以免损伤食管黏膜而诱发上消化道出血；避免腹内压升高的因素，如剧烈咳嗽、打喷嚏、便秘、用力排便等，以免诱发曲张静脉破裂出血。

3. 控制出血、维持体液平衡

（1）恢复血容量：迅速建立静脉通路，输血、输液，恢复血容量，保证心、脑、肝、肾等重要器官的血流灌注，避免不可逆性损伤。宜输新鲜血，因其含氨量低、凝血因子多，有利于止血及预防肝性脑病。

（2）控制出血：严密观察病情，监测血压、脉搏、每小时尿量及中心静脉压的变化。可采用局部灌洗：用冰盐水或冰盐水加血管收缩剂，如肾上腺素，做胃内灌洗以及药物止血，达到止血的目的。

（3）做好三腔二囊管的护理。

（4）腹水患者的护理：限制液体和钠的摄入，每日钠摄入量限制在500~800 mg（氯化钠1.2~2.0 g），进液量约为1 000 mL，少食含钠高的食物；每日在同一部位、时间及体位，测腹围一次，每周测体重一次；按医嘱使用利尿剂。

4. 改善营养状况，保护肝脏 肝功能尚好者，宜给高蛋白、高热量、高维生素、低脂饮食；肝功能严重受损者，补充支链氨基酸，限制芳香族氨基酸的摄入；贫血严重或凝血功能障碍者可输注新鲜血和肌肉注射维生素K，改善凝血功能，血浆白蛋白低下者，可静脉输入人体白蛋白等；遵医嘱给予肌苷、乙酰辅酶A等保肝药物，避免使用红霉素、巴比妥类等对肝脏有损的药物。

5. 预防肝性脑病 可服用肠道不吸收的抗生素如新霉素或链霉素等，用轻泻剂刺激排泄或生理盐水灌肠，以减少肠道细菌量，及时清除肠道内的积血减少氨的产生，诱发肝性脑病。

（二） 分流手术前护理

除以上护理措施外，术前2~3 d口服新霉素或链霉素等肠道不吸收的抗生素，以减少肠道氨的产生、预防术后肝性脑病；术前1 d晚清洁灌肠，避免术后肠胀气而致血管吻合口受压；脾-肾分流术前要检查明确肾功能是否正常。

（三）术后护理

1. 观察病情变化　密切观察患者神志以及生命体征的变化；注意观察胃肠减压引流和腹腔引流液的性状与量，若引流出新鲜血液量较多，应考虑是否发生内出血，同时注意观察是否发生其他术后并发症。

2. 保护肝脏　术后应予吸氧，避免缺氧加重肝功能损害，禁用或少用吗啡、巴比妥类等有损肝脏的药物。

3. 体位与活动　分流术后 48 h 内，患者取平卧位或 15°低坡卧位，2~3 d 后改半卧位；手术后一般需卧床休息 1 周左右，不宜过早下床活动，以防血管吻合口破裂出血。

4. 饮食　患者饮食遵循从流质开始逐步过渡到正常饮食，保证热量供给。分流术后患者应限制蛋白质，每日不大于 30 g，禁烟、酒、咖啡，忌食粗糙和过热食物。

5. 观察和预防并发症　肝性脑病：分流术易诱发肝脑病：若发现患者有神志淡漠、嗜睡、谵妄，应立即通知医生进行处理。静脉血栓形成：脾切除后血小板迅速增高，有诱发静脉血栓形成的危险。术后 2 周内每日或隔日复查 1 次血小板，若超过 600×10^9/L，立即通知医生，协助抗凝治疗。脾切除术后应防血栓形成，不用维生素 K 和其他止血药物。注意用抗凝药物前后的凝血时间变化。

（四）健康指导

（1）指导患者注意休息，避免劳累和较重的体力活动。

（2）进食高热量、富含维生素饮食，禁烟酒、避免粗糙、干硬、过热、辛辣食物等刺激性食物，以免损伤食管和胃黏膜，诱发出血。

（3）避免腹内压增高的因素，注意自我保护防外伤。

（4）按医嘱服用保肝药物，定期复查肝功能。

（5）保持心情愉快。

扫码看 PPT

第二节　原发性肝癌患者的外科护理

患者男性，47 岁。因右上腹痛半年，加重伴食欲减退，上腹包块 1 个月。半年前无明显诱因出现右上腹钝痛，为持续性，有时向右肩背部放射，无恶心、呕吐或其他不适，自服去痛片可缓解，未予注意。体格检查：体温 36.8 ℃，心率 79 次/min，呼吸 19 次/min，血压 114/70 mmHg。营养可、皮肤无黄染，未触及浅表肿大淋巴结。腹软，无腹壁静脉曲张，右上腹饱满，轻度压痛，无肌紧张。肝脏肿大，肋下 5 cm，边缘钝、质韧，有触痛。Murphy 征（-），脾未触及，腹叩鼓音，无移动性浊音，肝上界叩诊在第 5 肋间，肝区叩痛，听诊肠鸣 8 次/min，双锁骨上窝未触及肿大淋巴结、肛门指诊未发现异常。实验室检查：Hb 88 g/L，WBC 5.5×10^9/L，ALT 84 IU/L，ALP 188 IU/L，AFP 880 ng/ mL。腹部 B 超：肝右叶实性占位，直径约 8 cm，肝内外胆管不扩张。

问题导向：

（1）作为患者的责任护士，你如何对患者进行护理评估？

（2）该患者目前的护理措施是什么？

原发性肝癌指的是发生于我国常见的恶性肿瘤之一，高发于东南沿海地区。我国肝癌患者的中位年龄为40~50岁，男性比女性多见。其病因和发病机制尚未确定。

1. 病因　原发性肝癌的病因尚未明确。目前认为与肝硬化、肝炎病毒感染、黄曲霉素污染、饮水污染等有关。

2. 病理　肝癌的大体类型分为结节型、块状型、弥漫型和小肝癌型四种。以结节型多见。组织学分型分为肝细胞型肝癌、胆管细胞型肝癌和混合型肝癌三类。最常见的是肝细胞型，约占90%。转移途径有肝内播散、血行转移、淋巴道转移、直接蔓延和腹腔种植性转移。

3. 治疗原则　以手术为主的综合治疗。

（1）手术治疗

1）肝切除术：癌肿局限于一个肝叶内，可做肝叶切除；已累及一叶或刚及邻近肝叶者，可做半肝切除；若已累及半肝，但无肝硬变者，可考虑做三叶切除；位于肝边缘的肿瘤，亦可做肝段或次肝段切除或局部切除；对伴有肝硬变的小肝癌，可采用距肿瘤2 cm以外切肝的根治性局部肝切除术。肝切除手术一般至少要保留30%的正常肝组织，对有肝硬变者，肝切除量不应超过50%。

2）手术探查不能切除肝癌的手术：可做液氮冷冻、激光气化、微波或做肝动脉结扎插管，以备术后做局部化疗。也可经皮下植入输注泵、术后连续灌注化疗。

3）根治性手术后复发肝癌的手术：肝癌根治性切除术后5年复发率在50%以上。在病灶局限、患者尚能耐受手术的情况下，可再次施行手术治疗。复发性肝癌再切除是提高5年生存率的重要途径。

4）肝移植：原发性肝癌是肝移植的指征之一，但术后极易复发，约60%的患者在6个月内复发，预后差，一般不考虑。

（2）非手术治疗

1）局部治疗：由于肝硬化、受肝功能的限制，一些小肝癌不能采取手术治疗，可在肿瘤局部注入药物或用加热和冷冻的方法杀灭癌细胞，对全身及肝功能影响小，多数患者可耐受。现采用较多的是B超引导下经皮穿刺肿瘤内注射无水酒精、微波加热、射频治疗等。

2）肝动脉栓塞化疗（Transcatheter Arterial Chemoembolization，TACE）：原则上肝癌不做全身化疗。TACE为不能手术切除肝癌者的首选治疗方法；经肝动脉插管化疗，同时做肝动脉结扎，可提高疗效。抗癌药物常选用氟尿嘧啶、丝裂霉素、阿霉素、表阿霉素、顺铂、卡铂等。经栓塞化疗后，癌组织坏死较明显，有些中晚期肝癌经治疗后肿瘤缩小，为二期手术创造了条件。但重复多次的肝动脉栓塞化疗能加重肝功能损害、食管静脉曲张出血及消化性溃疡。对有顽固性腹水、黄疸及门静脉瘤栓的患者则不适宜。

3）放射治疗：对一般情况较好、肝功能尚好、不伴肝硬变、黄疸、腹水、脾功能亢进和食管静脉曲张，癌肿较局限，尚无远处转移而又不适于手术者，或手术后肝断面仍有残癌或手术切除后复发者，可采用放射为主的综合治疗。常用60钴、深部X线或其他高能射线照射。

4）其他　还可采用免疫治疗、中医中药治疗、基因治疗等。

【护理评估】

（一）健康史

评估患者的年龄、性别、婚姻和职业；是否居住于肝癌高发区。有无肝炎、肝硬化；饮食和生活习惯，有无进食含黄曲霉素的食品、有无亚硝胺类致癌物的接触史等；家族中有无肝癌或其他肿瘤患者。疼痛发生的时间、部位、性质、诱因和程度，疼痛是否位于右上腹，疼痛是否呈间歇性或持续性钝痛或刺痛，与体位有无关系，是否夜间或劳累时加重，有无牵涉痛。是否伴有消化道症状，如嗳气、腹胀；近期有无乏力、食欲减退等。有无其他部位肿瘤病史或手术史；有无其他系统伴随疾病。有无用（服）药史、过敏史等。

（二）身体状况

1. 症状

（1）肝区疼痛：为最早、最常见、最主要症状，多呈间歇性或持续性钝痛或刺痛。主要是由于肿瘤迅速生长，使肝包膜张力增加所致，左侧卧位明显，夜间或劳累时加重。位于肝右叶顶部的癌肿累及横膈时疼痛可牵涉至右肩背部。

（2）消化道和全身症状：常表现为食欲减退、腹胀、恶心、呕吐或腹泻等症状，易被忽视。可有不明原因的持续性低热或不规则发热，抗菌药治疗无效；早期，患者消瘦、乏力不明显；晚期，体重呈进行性下降，可伴有贫血、黄疸、腹水、下肢水肿、皮下出血等恶病质表现。肝癌破裂出血时，患者突然出现急性腹膜炎及内出血表现。

2. 体征　肝肿大，为中、晚期肝癌的主要临床体征。肝呈进行性肿大、质地较硬、表面高低不平、有明显结节或肿块。晚期患者可出现黄疸和腹水。

3. 其他　患者还可出现肝性脑病、上消化道出血、癌肿破裂出血及继发性感染等并发症。

（三）心理、社会状况

患者对手术过程、手术可能导致的并发症及疾病预后所产生的恐惧、焦虑程度和心理承受能力。家属对本病及其治疗方法、预后的认知程度及心理承受能力。患者对拟采取的手术方式、疾病预后及手术前、后康复知识的了解和掌握程度。家庭对患者手术、化疗、放疗等的经济承受能力。

（四）辅助检查

1. 甲胎蛋白（AFP）测定　是原发性肝癌普查、诊断及治疗后随诊的重要方法，阳性率约为 90%，是目前诊断原发性肝癌最常用、最重要的方法。

2. 影像学检查

（1）B 超：能发现直径为 2~3 cm 或更小的病变，可显示肿瘤的部位、大小、形态及肝静脉或门静脉有无栓塞等；诊断正确率可达 90%，是目前肝癌定位检查中首选的一种方法。

（2）CT 和 MRI 检查：能显示肿瘤的位置、大小、数目及其与周围器官和重要血管的关系，有助制订手术方案。

（3）肝动脉造影检查：属侵袭性检查手段。适用于定性诊断疑为肝癌而其他非侵入性定位诊断方法未能明确定位者、肝内占位病变使用非侵入性定位诊断方法未能鉴别诊断者。

3. 肝穿刺活组织检查　多在 B 超引导下行细针穿刺活检，具有确诊的意义，但有出血、肿瘤破裂和肿瘤沿针道转移的危险。

4. 其他　放射性核素扫描、腹腔动脉造影检查等，经各种检查未能确诊而临床又高度怀疑肝癌者，必要时可行腹腔镜探查以明确诊断。

【护理问题】

1. 焦虑或恐惧　与担心疾病预后有关。

2. 疼痛　与肿瘤迅速增大、肝包膜张力增加有关。

3. 潜在并发症　出血、肝性脑病、腹腔脓肿。

【护理措施】

（一）非手术治疗及术前护理

在非手术治疗期间，患者需做好患者的心理护理、病情观察、疼痛的护理，改善患者营养状况等。

1. 心理护理　非手术治疗期间，护士应减轻患者的焦虑和恐惧的心理，全面了解患者的饮食、睡眠、精神状态等，告知患者手术切除可使早期肝癌患者获得根治的机会；肝癌的综合治疗有可能使以前不能切除的大肝癌转变为可以手术治疗，使不治之症转变为可治之症，患者有望获得较长的生存时间。

2. 病情观察　严密观察患者的生命体征、腹部情况等，注意患者可能发生肝癌破裂、肝性脑病、上消化道出血等并发症。

3. 疼痛的护理　遵医嘱按三级止痛原则给予镇痛药物，用药期间注意应观察疗效和不良反应。

4. 改善营养状况　术前给予高蛋白、高热量、高维生素饮食，改善患者营养状况，提高手术耐受力。术后禁食、胃肠减压，待肠蠕动恢复后逐步给予流质、半流质饮食，直至正常饮食。禁食期间进行肠外营养支持。

5. 介入治疗的护理

（1）介入治疗前准备：向患者解释介入治疗的目的、方法及治疗的重要性和优点，帮助患者消除紧张、恐惧的心理，争取主动配合。向患者解释肝动脉插管化疗的目的及注意事项。注意出凝血时间、血象、肝肾功能、心电图等检查结果，判断有无禁忌证。穿刺处皮肤准备，术前禁食 4 h，备好一切所需物品及药品，检查导管的质量，防止术中出现断裂、脱落或漏液等。

（2）预防出血：术后嘱患者平卧位，穿刺处沙袋加压 1 h，穿刺侧肢体制动 6 h。注意观察穿刺侧肢体皮肤的颜色、温度及足背动脉搏动，注意穿刺点有无出血现象。

（3）导管护理：①妥善固定和维护导管；②严格遵守无菌原则，每次注药前消毒导管，注药后用无菌纱布包扎，防止细菌沿导管发生逆行性感染；③为防止导管堵塞，注药后用肝素稀释液 2~3 mL（25 U/mL）冲洗导管。

（4）栓塞后综合征的护理：肝动脉栓塞化疗后多数患者可出现发热、肝区疼痛、恶心、呕吐、心悸、白细胞下降等，称为栓塞后综合征。①发热是由于被栓塞的肿瘤细胞坏死吸收引起，一般为低热，若体温高于 38.5 ℃，可予物理、药物降温。②肝区疼痛多因栓塞部位缺血坏死、肝体积增大、包膜紧张所致，必要时可适当给予止痛剂。③恶心呕吐为化疗药物的反应，可给予胃复安、氯丙嗪等。④当白细胞计数$<4\times10^9$/L 时，应暂停化疗，并应用升白细胞药物。⑤介入治疗后嘱患者大量饮水，减轻化疗药物对肾的毒副作

用，观察排尿情况。

（5）并发症防治：密切观察生命体征和腹部体征，观察患者的意识状态、黄疸程度，注意补充高糖、高能量营养素，积极给予保肝治疗，防止肝功能衰竭。

（6）拔管护理：拔管后局部加压 15 min，卧床 24 h，防止局部出血。

（二）术后护理

1. 一般护理

（1）严密观察病情变化：术后动态观察患者生命体征的变化，注意腹腔引流管的情况，有无血液及胆汁流出，一旦发现异常及时通知医生处理。

（2）体位：手术后患者血压平稳，可给予半卧位，为防止术后肝断面出血，一般不鼓励患者早期活动。术后 24 h 内卧床休息，避免剧烈咳嗽，以免引起术后出血。

（3）加强营养：术后禁食、胃肠减压，待肠蠕动恢复后逐步给予流质、半流质，直至正常饮食。患者术后肝功能受影响，易发生低血糖，禁食期间应从静脉输入葡萄糖液或营养支持。术后 2 周内适量补充白蛋白和血浆，以提高机体抵抗力。

（4）维持体液平衡：准确记录患者 24 h 液体的出入量，每天观察、记录体重及腹围变化。对肝功能不良伴腹水者，积极保肝治疗，严格控制水和钠盐的摄入量。

2. 疼痛的护理　注意估计患者疼痛的程度、观察疼痛的发作及缓解的因素，帮助患者缓解疼痛，必要时遵医嘱给予止痛药物。

3. 预防感染　手术后常规给予有效抗生素至体温、血象正常。

4. 引流液的观察　肝叶切除术后，肝断面和手术创面有少量渗出，常放置引流管，应加强对引流液的观察。一般情况下，手术后当日可从肝旁引流管引流出血性液体 100～300 mL，若血性液体增多，应警惕腹腔内出血。若明确为凝血机制障碍性出血，可遵医嘱给予凝血酶原复合物、纤维蛋白原，输新鲜血，纠正低蛋白血症。若短期内或持续引流较大量的血液，或经输血、输液，患者血压、脉搏仍不稳定时，应做好再次手术止血的准备。

5. 并发症的护理

（1）出血：手术后出血是肝切除术常见的并发症之一，因此，术前需了解患者的出凝血时间、凝血酶原时间和血小板数等，术前 3 d 给维生素 K_1 肌内注射，以改善凝血功能，预防术中、术后出血。一般情况下，手术后当日可从肝旁引流管引流出血性液体 100～300 mL，若血性液体增多，应警惕腹腔内出血。若明确为凝血机制障碍性出血，可遵医嘱给予凝血酶原复合物、纤维蛋白原、输新鲜血、纠正低蛋白血症。若短期内或持续引流较大量的血液，或经输血、输液，患者血压、脉搏仍不稳定时，应做好再次手术止血的准备。

（2）肝性脑病：术后应注意观察患者有无肝昏迷的早期症状，若出现性格行为变化，如欣快感、表情淡漠或扑翼样震颤等前驱症状时，及时通知医生。

（3）胆漏：观察腹腔引流管有无胆汁漏出，患者是否出现腹膜刺激征，发现异常及时通知医生。

（三）健康指导

（1）注意防治肝炎，不吃霉变食物。有肝炎肝硬化病史者和肝癌高发区人群应定期体格检查，做 AFP 测定、B 超检查；以期早期发现，及时诊断。

（2）坚持后续治疗。患者及其家属应了解肝癌虽然是严重疾病，但不是无法治疗的疾病，目前已有不少患者被治愈，应树立战胜疾病的信心，根据医嘱坚持化疗或其他治疗。患者应注意休息，如体力许可，可做适当活动或参加部分工作。

（3）注意营养，多吃含能量、蛋白质和维生素丰富的食物和新鲜蔬菜、水果。食物以清淡、易消化为宜。若有腹水、水肿，应控制食盐的摄入量。保持大便通畅，防止便秘，可适当应用缓泻剂，预防血氨升高。

（4）自我观察和定期复查。嘱患者/家属注意有无水肿、体重减轻、出血倾向、黄疸和疲倦等症状，必要时及时就诊。定期随访，每 2~3 个月复查 AFP、胸片和 B 超检查。若发现临床复发或转移迹象，患者情况良好，可再次手术治疗。

第三节　细菌性肝脓肿患者的护理

患者男性，38 岁。因急性阑尾炎入院，入院后拒绝手术，予以抗感染治疗后，出现右上腹压痛，肝肿大，肝区叩击痛明显。实验室检查白细胞数 $20\times10^9/L$，中性粒细胞比例 0.90。B 型超声波检查示肝占位病变。

问题导向：

（1）作为患者的责任护士，你如何对患者进行护理评估？

（2）该患者目前的护理措施是什么？

细菌性肝脓肿系指细菌引起的肝内化脓性感染。常见致病菌为大肠杆菌和金黄色葡萄球菌，其次为链球菌、类杆菌属等。致病菌以革兰氏阴性菌最多见，其中 2/3 为大肠埃希杆菌，粪链球菌和变形杆菌次之；革兰氏阳性菌以金葡菌最常见，感染常为混合性。

1. 病因　病原菌进入肝脏，可经由下列途径：胆道系统为我国患者目前最重要的感染途径。全身任何部位的感染，都可因血行播散而形成肝脓肿，特别是腹腔感染如坏疽性阑尾炎、溃疡性肠炎、菌痢、痔核等，可引起门静脉属支的血栓性静脉炎，其脓毒性的栓子脱落后可沿门静脉系统进入肝脏，引起肝脓肿。由于抗生素的广泛应用，此途径的感染已少见。

2. 处理原则　细菌性肝脓肿患者应加强全身支持疗法，补充营养、纠正体液失衡，必要时输全血、血浆，补充维生素。应用有效的抗生素。脓肿形成后，可在 B 超引导下穿刺抽脓或置管引流，如疗效不佳宜手术切开引流。

【护理评估】

（一）　健康史

了解患者既往有无胆道结石、蛔虫病、腹腔内感染、痔核等疾病发作史。

（二）　身体状况

细菌性肝脓肿多无典型临床表现，急性炎症期常被原发病所掩盖。本病一般起病较急，由于肝脏血运丰富，一旦发生化脓性感染后，大量毒素进入血循环，引起全身脓毒性反应。临床上常继某种先驱化脓性感染（如胆道炎症、化脓性阑尾炎等）以后突然寒战、高热和肝区疼痛等。

1. 症状

（1）寒战和高热：多为最早症状，也是最常见的症状。患者在发病初期骤感寒战，继而高热，发热多呈弛张型，体温在 38～40 ℃，最高可达 41 ℃，伴大量出汗，脉率增快，一天数次，反复发作。

（2）肝区疼痛：炎症引起肝脏肿大，导致肝被膜急性膨胀，肝区出现持续性钝痛；脓肿早期为持续钝痛，后期常为锐利剧痛，随呼吸加重者常提示肝膈顶部脓肿；有时疼痛可向右肩放射，左肝脓肿也可向左肩放射。

（3）乏力、食欲减退、恶心和呕吐：由于伴有全身性毒性反应及持续消耗，乏力、食欲减退、恶心和呕吐等消化道症状较为常见。少数患者在短期内表现精神萎靡等较严重病态，也有少数患者出现腹泻、腹胀或较顽固性的呃逆等症状。

2. 体征　肝区压痛和肝大为最常见，右下胸部和肝区有叩击痛，有时出现右侧反应性胸膜炎或胸腔积液。如脓肿位于肝表面，其相应部位的肋间皮肤呈红肿、饱满、触压痛及凹陷性水肿；如脓肿位于右下部，常见有右季肋部或右上腹部饱满，甚至可见局限性隆起，常能触及肿大的肝脏或波动性肿块，并有明显的触痛和腹肌紧张等；左肝脓肿时，上述体征则局限在剑突下。严重者可出现黄疸，病程较长者常有贫血。

（三）心理、社会状况

由于起病突然或病程长，疾病所产生的疼痛，同时因担心疾病对生活、学习、工作等造成影响，同时担心疾病的预后，疾病的治疗费用等对家庭产生的经济负担，患者及其家属会出现精神紧张、焦虑不安的心理和情绪。

（四）辅助检查

1. 实验室检查　血白细胞计数增高，中性粒细胞可高达 90% 以上，有核左移现象。肝功能检查可见轻度异常。

2. 影像学检查　X 线检查可发现肝脏阴影增大，如果脓肿位于右肝叶，可观察到膈肌抬高、运动受限、肋膈角模糊或胸腔少量积液、右下肺炎症或肺不张等。B 超：能分辨肝内直径 2 cm 的液性病灶，还可以帮助了解脓腔的部位、大小及距体表的深度。放射性核素扫描：CT、MRI 和肝动脉造影对诊断肝脓肿有帮助。

3. 诊断性肝穿刺　必要时可在肝区压痛最剧处或在超声探测引导下，选择最佳穿刺点施行诊断性穿刺，抽出脓液即可证实。

【护理问题】

1. 体温过高　与细菌性肝脓肿急性感染有关。

2. 营养失调（低于机体需要量）　与疾病导致的高代谢消耗有关。

3. 潜在并发症　腹膜炎、膈下脓肿、休克、胸腔内感染。

【护理措施】

（一）一般护理

1. 病情观察　加强对生命体征和腹部体征的观察，注意脓肿是否破溃引起腹膜炎、膈下脓肿、胸腔感染等并发症。

2. 营养支持　鼓励患者多食高蛋白、高热量、富含维生素和膳食纤维的食物，保证足够的液体摄入，必要时经静脉输注血制品或提供肠内、外营养支持。

3. 高热的护理　保持病室空气新鲜，定时通风，维持室温于 18～22 ℃，湿度为50%～

70%。出汗后及时帮助换衣服，注意保暖，勿穿盖过多。鼓励患者多饮水。采用头枕冰袋、乙醇擦浴等物理降温的方法，必要时用药物退热、并给予吸氧。高热时加强对患者的体温的动态监测。

4. 引流管的护理　采用半卧位，有利于呼吸和引流，按引流管的常规护理进行。细菌性肝脓肿，每日用生理盐水多次或持续冲洗脓腔，观察和记录脓腔引流液的色、质和量，当脓腔引流液少于 10 mL 时，可拔除引流管，改为凡士林纱条引流，适时换药，直至脓腔闭合。

（二） 健康指导

（1）使患者树立战胜疾病的信心。

（2）讲解肝脓肿的预防、治疗、护理相关知识。

（3）指导患者出院后定期复查，有明显不适应及时就诊。

第四节　胆道疾病患者的护理

患者女性，27 岁。因右上腹绞痛阵发加剧，伴寒热及黄疸 18 d，近 2 d 加重入院。于入院前 18 d（产后 10 d），无明显诱因，开始右上腹部剧烈绞痛，阵发加剧，疼痛向右肩及腰背放射，伴有恶心呕吐，所吐为胃内容物，无蛔虫。畏寒发烧，皮肤巩膜发黄，口苦咽干，不思饮食，大便秘结，小便如茶。病后 1 周曾在某院诊为胆囊炎。经往院治疗 6 d，病情缓解出院，5 d 后病情又加重，即急诊入院。既往有多年心窝部疼痛史。体格检查：体温 39 ℃，心率 96 次/min，血压 83/50 mmHg，急性痛苦病容，神志淡漠，发育营养一般，明显脱水，巩膜、皮肤明显黄染，心肺基本正常，腹部略膨满，右上腹部及剑突下有压痛、肌紧张及反跳痛。肝、胆、脾未扪及，肠鸣音正常。实验室检查：白细胞 19.2×10^9/L，总胆红素及黄疸指数未测。腹部平片未见结石影。

问题导向：

（1）作为患者的责任护士，你如何对患者进行护理评估？

（2）该患者目前的护理措施是什么？

扫码看微课

胆道系统起于胆小管，其终末端与胰管汇合，开口于十二指肠乳头，包括肝内、外胆管、胆囊、Oddi 括约肌等部分。

1. 肝内胆管　起自于肝内的胆小管，逐级汇集成小叶间胆管、肝段、肝叶胆管及肝内部分的左右肝管，其行径与肝内动脉、肝门静脉及其分支分布及走行基本一致，三者一同为一结缔组织鞘（Glisson 鞘）包裹。肝内胆管的左、右肝管为一级支，左内叶、左外叶、右前叶、右后叶胆管为二级支，各肝段胆管为三级支。

2. 肝外胆道

（1）左、右肝管及肝总管：肝内左、右肝管出肝后，于肝门处汇合形成肝总管。左肝管细长，长 2.5~4 cm，与肝总管间形成约 90°的夹角；右肝管粗短，长 1~3 cm。在肝门处，一般是左、右肝管在前，肝左、右动脉居中，门静脉左、右主干在后；左、右肝管的汇合点位置最高，左、右门静脉主支的分叉点稍低；肝左、右动脉的分叉点最低。肝总管直径为 0.6~0.8 cm，其下端与胆囊管汇合形成胆总管。

（2）胆囊和胆囊管：胆囊外观呈梨形，位于肝脏面的胆囊窝内，长 8.0~12.0 cm，宽 3~5 cm，容积 40~60 mL，分为底、体、颈三部，底部为盲端，向左上方延伸为体部，体部向前上弯曲变窄形成胆囊颈，三者间无明显界线。颈上部呈囊性扩大，称 Hartmann 袋，胆囊结石常滞留于此处。胆囊管由胆囊颈延伸而成，长 2~3 cm，直径 0.2~0.4 cm。胆囊管、肝总管、肝下缘所构成的三角区称为胆囊三角（Calot 三角）。胆囊动脉、肝右动脉、副右肝管在此区穿过，是胆道手术极易发生误伤的区域。

（3）胆总管：胆总管、肝总管与胆囊管汇合形成胆总管，长 7.0~9.0 cm，直径 0.6~0.8 cm。80%~90%人的胆总管与主胰管在肠壁内汇合，膨大形成肝胰壶腹，亦称乏特（Vater）壶腹。壶腹周围有 Oddi 括约肌包绕，末端通常开口于十二指肠大乳头。Oddi 括约肌主要包括胆管括约肌、胰管括约肌和壶腹括约肌，它具有控制和调节胆总管和胰管的排放，以及防止十二指肠内容物反流的重要作用。胆道系统具有的功能分泌、贮存、浓缩与输送胆汁，对胆汁排放进入十二指肠具有重要的调节作用。

随着影像学诊断技术的不断发展提高，胆道疾病的诊断有了明显的改善，目前常用的特殊检查主要有以下几种。

1. 超声检查　B 超是胆道疾病的首选诊断方法，是一种安全、快速、简便、经济且准确的检查方法，在胆囊结石、胆囊炎、胆道肿瘤、胆道蛔虫、胆道畸形及黄疸的鉴别诊断中有重要的价值，手术中 B 超可提高肝脏疾病的诊断率。检查前患者应禁食 12 h、禁饮 4 h。超声检查应在钡餐造影和内镜检查之前或钡餐检查日之后进行，以免影响检查效果。

2. 放射学检查

（1）腹部 X 线平片：15%的胆囊结石患者可在腹部平片上显影。因其显示率较低，一般不作为常规检查手段。

（2）口服法胆囊造影（OC）：口服碘番酸经肠道吸收后进入肝脏并随胆汁排入胆囊，经胆囊浓缩后可以显示胆囊影像。正常胆囊脂餐后，胆囊影缩小至原来的 1/2 以上。由于该检查结果受多种因素影响，故近年来已逐渐被超声波检查所替代。

（3）静脉法胆道造影（IVC）：造影剂经肝脏分泌的胆汁排入胆道，可使胆道在 X 线下显影。改法可用于观察胆管有无狭窄、扩张、充盈、缺损等病理改变。该方法可受多种因素影响而显影率较低，故现已被核素胆道造影、内镜 逆行胰胆管造影、经皮肝穿刺胆管造影等方法所取代。

（4）经皮肝穿刺胆道造影（PTC）：在 X 线超声引导下，利用特制穿刺针经皮肤经肝穿刺将造影剂直接注入肝内胆管，显示整个胆道系统。该法为有创检查，有发生胆汁漏、出血、胆道感染等并发症的可能，故术前应检查凝血功能及注射维生素 K 2~3 d，30%泛影葡胺 1 mL 作碘过敏试验，作普鲁卡因过敏试验，必要时应用抗生素。术前晚服缓泻剂，术晨禁食。术后注意观察并发症的发生。

（5）内镜逆行胰胆管造影（ERCP）是指在纤维十二指肠镜直视下，找到十二指肠乳头，由活检管道内插入造影导管至乳头开口部，注入造影剂后 X 线摄片，以显示胰胆管的技术。目的是诊断胆道及胰腺疾病，取活体组织、收集十二指肠液、胆汁和胰液做理化及细胞学检查、取除胆道结石。适应证：胆道疾病伴有黄疸。疑为胆源性胰腺炎、肝胰壶腹部肿瘤。胆胰先天性异常。由于该方法可能诱发急性胰腺炎和胆管炎等并发症，故术后及次日早晨各测血清淀粉酶 1 次，并注意观察有无发热、腹痛、腹膜刺激征等现象，发现异常应及时处理。

(6) 电子计算机体层扫描（CT）、磁共振成像（MRI）：属于无创伤性的检查，具有成像无重叠、对比分辨率高，能清晰地显示肝、胆、胰的形态和结构，其内结石、肿瘤或梗阻的情况。但其费用高，主要适用于 B 超检查诊断不清而又怀疑肿瘤的患者。

(7) 术中及术后胆管造影：胆道手术时，可经胆囊管插管至胆总管做胆道造影。目的是检查胆道有无残余结石、狭窄、异物，了解胆总管下端或胆肠吻合口通畅与否。

3. 核素扫描检查　为无创检查，辐射剂量小，对患者无损害。系将放射性药物经静脉注射，示踪迹经肝脏分泌、随胆汁进入胆道，用 γ 相机或单光子束发射计算机断层扫描仪连续摄影，做动态观察。适用于肝内外胆管及肝脏病变的检查，如肝内胆管结石、急慢性胆囊炎、胆道畸形、胆道术后观察以及黄疸的鉴别诊断。

一、胆囊炎

胆囊炎是较常见的疾病，发病率较高。根据其临床表现和临床经过，又可分为急性的和慢性的两种类型，常与胆石症合并存在。

急性胆囊炎是指胆囊发生的急性化学性和（或）细菌性炎症，约 95% 的患者合并有胆囊结石，称结石性胆囊炎，小部分未合并结石的患者称非结石性胆囊炎。

（一）急性结石性胆囊炎

1. 常见原因　①胆囊管的梗阻：结石嵌顿或突然阻塞胆囊管或者胆囊颈，嵌顿的结石可直接导致受压部位的黏膜引起炎症，致使胆汁排出受阻，胆汁淤积、浓缩，其中高浓度的胆汁酸盐因具有细胞毒性，导致细胞损害，加重黏膜的炎症、水肿甚至坏死。②细菌感染：继发性感染多见，致病菌主要以革兰氏阴性杆菌多见，其中以大肠杆菌最常见，其他有绿脓杆菌、肠球菌等，厌氧菌感染也较常见。致病菌侵入的途径为通过胆道侵入胆囊的逆行性感染，或者经血液循环或者淋巴途径侵入胆囊。

2. 病理类型

(1) 急性单纯性胆囊炎：表现为因病变导致胆囊管梗阻，胆囊肿大以及压力升高，黏膜充血水肿、渗出增加。

(2) 化脓性胆囊炎：炎症继续加重，累及胆囊壁，导致胆囊壁水肿、血管扩张，甚至浆膜面有纤维素和脓性渗出物。

(3) 坏疽性胆囊炎：若胆囊内的梗阻未解除，压力继续升高，压迫胆囊壁导致血液循环障碍，引起胆囊缺血坏疽。

(4) 胆囊穿孔：胆囊壁发生血供障碍时，可致囊壁坏死穿孔，导致胆汁性腹膜炎。穿孔部位常为胆囊颈和底部。

3. 临床表现

(1) 症状：女性多见，50 岁以前男女之比为 1∶3，50 岁以后为 1∶1.5，男女发病率随年龄的变化而变化。急性发作的典型表现为发病初期有中上腹和右上腹阵发性绞痛，常在饱餐、进食油腻食物后，或者夜间发作。并有右肩胛下区的放射痛，常伴恶心和呕吐、轻度发热无寒战，少数患者可有轻度黄疸，白细胞计数常有轻度增高，如病变发展为胆囊坏疽，穿孔，并导致胆汁性腹膜炎时，全身感染症状可明显加重，并可出现寒战、高热，脉搏增快和白细胞计数明显增加。

(2) 体征：见右上腹有不同程度的压痛反跳痛及肌紧张，墨菲（Murphy）征阳性，有的患者在中、右上腹可摸及肿大和触痛的胆囊；如胆囊病变慢，可因大网膜粘连包裹胆囊，形成边界不清、固定的压痛性包块；如病变发展迅速，胆囊发生坏死、穿孔，可表现为局部体征有右上腹压痛和肌紧张的范围扩大、程度加重，发展为弥漫性腹膜炎表现。

4. 处理原则　采用手术治疗是急性结石性胆囊炎的最终治疗，但是手术时机及手术方式的选择应根据患者的具体情况而定，对症状较轻微的急性单纯性胆囊炎，可考虑先用非手术疗法控制炎症，待进一步查明病情后进行择期手术。对较重的急性化脓性或坏疽性胆囊炎或胆囊穿孔，应及时进行手术治疗。

(1) 非手术疗法：禁食、解痉镇痛，抗生素的应用，纠正水、电解质和酸碱平衡失调，以及全身的支持疗法。在非手术疗法治疗期间，必须密切观察病情变化，如症状和体征有发展，应及时改为手术治疗。

(2) 手术治疗：手术时机的选择，发病在48~72 h者，经非手术治疗无效且病情恶化者，出现胆囊穿孔、弥漫性腹膜炎、急性化脓性胆管炎或急性坏死性胰腺炎等并发症者，应采取急诊手术，但是对于老年患者或伴有其他疾病的患者，应争取在患者处于最佳状态时行择期手术。手术方法有两种，一种为胆囊切除术，在急性期胆囊周围组织水肿，解剖关系常不清楚，操作必须细心，此免误伤胆管和邻近重要组织。另一种手术为胆囊造口术，主要应用于一些老年患者，一般情况较差或伴有严重的心肺疾病，估计不能耐受胆囊切除手术者，有时在急性期胆囊周围解剖不清而致手术操作困难者，也可先做胆囊造口术。胆囊造口手术可在局麻下进行，其目的是采用简单的方法引流胆囊炎症，使患者度过危险期，待其情况稳定后，一般于胆囊造口术后3个月，再做胆囊切除以根治病灶。对胆囊炎发急性胆管炎者，除做胆囊切除术外，还须同时做胆总管切开探查和T管引流。

（二）　慢性胆囊炎

大多数继发于急性胆囊炎，是急性胆囊炎反复发作的结果，70%~95%合并胆囊结石。

1. 病理　胆囊炎症反复发作，胆囊壁有炎性细胞浸润和纤维组织增生，胆囊壁增厚；长此以往，胆囊萎缩，失去收缩和浓缩胆汁的功能，并与周围组织粘连。

2. 临床表现　常不典型，多数患者有典型胆绞痛史。表现为腹胀不适、厌食油腻、嗳气等消化不良症状及右上腹和肩背部隐痛。体检示右上腹轻压痛。

3. 处理原则　症状明显且伴结石者行胆囊切除术。症状轻且无结石者可先非手术治疗，用抗生素控制感染，待症状缓解后，有计划地择期手术。对年老体弱不能耐受手术者，可采用非手术疗法，包括限制油腻饮食，服用消炎、利胆、解痉药物，也可应用中草药，针刺疗法等。

二、胆石病

胆石病指发生在胆囊和（或）胆管的结石。在我国属于常见病、多发病。

（一）　胆石病的病因

常见的病因有：①胆道感染：各种原因所致的胆汁滞留、细菌或寄生虫入侵胆道而致感染。②代谢异常：正常情况下，胆汁内的主要成分为胆盐、卵磷脂和胆固醇，保持相对高的浓度而又呈溶解状态，其中胆固醇一旦代谢失调，即可使胆固醇呈过饱和状态，析出结晶，沉淀为胆固醇结石。

（二） 胆结石的部位及类型

按结石的组成成分不同分为胆固醇结石、胆色素结石和混合性结石。胆固醇结石以胆固醇为主要成分，占结石总数的50%，其中以胆囊结石多见约占80%，结石呈白黄、深灰黄色或黄色，质硬，呈多面体、圆形或椭圆形；胆色素结石以胆红素为主，占结石总数的37%，其中75%的发生于胆管，结石呈棕黑色或棕褐色，大小不一，为粒状或长条形，质软，松散不成形者为泥沙样结石；混合性结石由胆红素、胆固醇、钙盐等多种成分混合而成，占结石总数的6%，其中发生于胆囊约60%，其余在胆管，结石剖面呈层状。

胆管结石根据病因不同，可分为原发性胆管结石和继发性胆管结石；根据结石所在的部位，可分为肝外胆管结石和肝内胆管结石。

1. 肝外胆管结石　多位于胆总管下端，其病理改变主要为：①胆管梗阻：多为不完全性梗阻，梗阻近侧的胆管出现不同程度的扩张，管壁增厚，胆汁淤积。②继发性感染：胆管发生梗阻后，胆管壁出现充血、水肿，炎性渗出，导致梗阻加重，继发化脓性感染。③肝细胞损害：胆道的化脓性炎症可致肝细胞坏死或肝脓肿形成。④胆源性胰腺炎：胆石嵌顿于胆总管壶腹部时，致胰液排出受阻甚或逆流，可引起胰腺炎。

2. 肝内胆管结石　可广泛分布于两叶，左叶明显多于右叶，也可局限于一叶肝内胆管。肝内胆管结石者多合并肝外胆管结石，除具备肝外胆管结石的病理改变外，还可具有肝内胆管狭窄、胆管炎或肝胆管癌的病理变化。

（三） 临床表现

取决于有无感染及梗阻，一般平时可无症状，患者也可出现如上腹隐胀不适、呃逆、嗳气等非特异性消化道症状，若结石阻塞胆管并继发感染时，患者的典型表现为夏柯（Charcot）三联征，即腹痛、寒战高热和黄疸。

1. 症状　腹痛位于剑突下或右上腹部，呈阵发性、刀割样绞痛，或持续性疼痛伴阵发性加剧。疼痛向右后肩背部放射，伴有恶心、呕吐；胆管梗阻继发感染后，出现寒战、高热，体温可高达39～40 ℃，呈弛张热。结石堵塞胆管后，胆红素逆流入血，患者出现黄疸。黄疸的轻重程度与梗阻的程度、是否继发感染及阻塞的结石是否松动有关，因此临床上，黄疸多呈间歇性和波动性变化。

单纯性肝内胆管结石，可无症状或有肝区和患侧胸背部持续性胀痛，合并感染时除有Charcot三联征外，还易并发胆源性肝脓肿、胆管支气管瘘；感染反复发作可导致胆汁性肝硬化、门静脉高压症等，甚至并发肝胆管癌。

2. 体征　肝外胆管结石表现为剑突下或者右上腹部有深压痛，如胆管内压过高，感染严重者可出现不同程度和范围的腹膜刺激征象，并可出现肝区叩痛，常可触及肿大的胆囊，有触痛。单纯的肝内胆管结石仅表现为肝区不对称性肿大、伴压痛及叩击痛。

（四） 治疗原则

1. 手术治疗　采取以手术治疗为主，常用手术方法：胆总管探查或切开取石、T管引流术：单纯胆管结石，胆管上、下端通畅，无狭窄或其他病变者适用此术；胆总管空肠Roux-en-Y吻合术；Oddi括约肌成形术；经内镜Oddi括约肌切开取石术：胆石嵌顿于壶腹部和胆总管下端良性狭窄者适用此术。

2. 非手术治疗

（1）一般治疗：胆管结石并发感染症状较轻时可采取禁食、胃肠减压、补液、记出入水量、抗生素控制感染，解痉止痛等措施，症状控制后再行择期手术治疗。

（2）取石、溶石：术后胆管内出现残留结石者，可在窦道形成后拔除T管，可经T管窦道插入纤维胆道镜直视下取石。对于难以取净的结石，可经T管灌注溶石药物溶石。

（3）中西医结合疗法：可用消炎利胆类中药、针灸等方法治疗。

三、急性梗阻性化脓性胆管炎

急性胆管炎是细菌感染引起的胆道系统的急性炎症，大多是在胆道梗阻的基础上，如若梗阻没有解除，感染未被控制，病情进一步发展，则发展为急性梗阻性化脓性胆管炎（acute obstructive suppurative cholangitis，AOSC），亦称急性重症型胆管炎（acute cholangitis severet ype，ACST），急性胆管炎和AOSC是同一疾病的两个不同发展阶段。

在我国常见原因是胆道结石，其次为蛔虫、胆管狭窄或胆管、壶腹部的肿瘤等。

（一）病因病理

本病的基本病理改变时胆管完全梗阻和胆管内的化脓性感染，梗阻可发生于肝内和（或）肝外胆管。完全梗阻后引起梗阻以上胆管扩张，胆管壁充血、水肿、增厚；黏膜糜烂，形成溃疡；肝脏充血、肿大、肝细胞肿胀、变性，肝内胆 小管内胆汁淤积。继发感染后，胆管腔内充满脓性胆汁；胆道内压力升高，当升至1.96 kPa（20 cmH_2O）时，胆管内细菌和毒素可渗出至腹腔淋巴管；超过3.92 kPa（40 cmH_2O）时，胆管内细菌和毒素即可逆行入肝窦，造成肝急性化脓性感染、肝细胞坏死，并发多发性胆源性细菌性肝脓肿。胆小管破裂可与肝门静脉形成瘘，引起胆道出血。少数患者的脓性胆汁穿越破碎的肝细胞进入肝静脉，再进入肺内，导致肺内发生胆砂性血栓。大量细菌、毒素进入胸导管、血循环，可导致脓毒症和感染性休克，甚至发生多脏器功能障碍或衰竭。

（二）临床表现

1. 症状　患者多有胆道疾病或者胆道疾病手术史，一般起病急骤，突然发作剑突下和（或）右上腹部持续性疼痛，伴恶心及呕吐，继而出现寒战和发热，半数以上的患者有黄疸。典型的患者均有腹痛、寒战及发热、黄疸等charcot三联征，近半数患者出现神志淡漠、烦躁不安、意识障碍、血压下降等征象。

腹痛比较常见，为本病的首发症状。常有反复发作的病史。疼痛的部位一般在剑突下和（或）右上腹部，为持续性疼痛阵发性加重，可放射至右侧肩背部。发热是最常见的症状，少数患者因病情危重，出现感染中毒性休克。黄疸其发生率约占80%。黄疸出现与否及黄疸的程度，取决于胆道梗阻的部位和梗阻持续的时间。恶心及呕吐是Charcot三联征以外的常见的伴发症状。

2. 体征　体格检查可以发现患者急性病容，神志改变，全身发绀；体温持续升高，可达39~40 ℃，呈弛张热，脉搏细速，可达120次/min，血压下降；腹部触诊有不同程度及范围的腹膜刺激征，墨菲征阳性，肝区叩击痛阳性。若不及时治疗可导致患者死亡。

（三）治疗原则

紧急手术抢救患者生命。迅速解除胆道梗阻并置管引流，达到有效减压和减轻感染的目的。通常采用胆总管切开减压、取石、T管引流术。

四、胆道蛔虫病

胆道蛔虫上行钻入胆道后所引起的一系列临床症状，多发于儿童和青少年，农村发病率高于城市。

（一） 病因和病理

蛔虫寄生于小肠中、下段，偶尔进入上消化道，当胃肠功能紊乱、饥饿、发热、妊娠、驱虫不当等，可导致蛔虫上窜进入十二指肠，蛔虫常经胆总管开口钻入胆道，引起患者出现胆绞痛、胆道感染或是形成结石，甚至钻入胆囊的蛔虫还可引起胆囊穿孔。

（二） 临床表现

1. 症状　腹痛是本病的主要症状，常位于剑突下的中上腹，呈阵发性钻顶样剧烈绞痛，患者辗转反侧、坐卧不安、大汗淋漓，患者常采取弯腰屈膝体位，以手按腹，呻吟不止。一般疼痛持续数分钟或10余分钟后缓解，发作过后缓解期患者可毫无症状如同常人或轻度右上腹隐痛。这种发作时剧痛难忍和间歇期如同常人的明显差别，是本病的特点之一。腹部绞痛的同时，常伴恶心、呕吐或干呕，呕吐物为胃内容物和胆汁，约1/3患者吐出蛔虫，后者对本病的诊断具有特殊价值。部分病例整个虫体进入胆管亦可无痛。无或仅轻度黄疸是本病的另一特点。因为虫体圆滑活动，不易完全堵塞胆道。若后期继发感染及炎症引起胆管梗阻可伴有明显黄疸，这见于20%病例。寒战、发热多发生于发病24 h后伴胆道感染者。

2. 体征　本病早期剑突下或右上腹仅有轻微固定压痛，无反跳痛及肌紧张。严重的症状、轻微的体征是本病的又一特点。皮肤巩膜可有轻度黄染。如压痛范围扩大，需警惕继发胆道感染的可能。

（三） 治疗原则

以非手术治疗为主。主要目的是解除胆道及Oddi括约肌痉挛缓解疼痛排出钻入胆管内的蛔虫预防和治疗感染及驱蛔治疗。疼痛发作时可注射阿托品或山莨菪碱（654-2）等抗胆碱能药可使平滑肌松弛，解除胆管痉挛，必要时可使用哌替啶。其他方法，如乌梅丸（汤）、食醋、30%硫酸镁、经胃管灌注氧气等亦有驱虫镇痛作用。内镜治疗：经内镜逆行性胰胆管造影术（ERCP）不仅有利于该病的诊断还能进行有效的治疗。

【护理评估】

（一） 健康史

收集患者的基本资料，如年龄、性别、出生地、居住地、饮食习惯、营养状况、工作环境、劳动强度、妊娠史等；评估患者有无出现泛酸、嗳气、饭后饱胀、厌油腻食物等，或因此而诱发的腹痛发作史；有无出现呕吐蛔虫或粪便中排出蛔虫史；既往有无胆石症、胆囊炎发作病史以及黄疸；患者家族中有无类似的疾病史。术后评估了解手术所采用的麻醉方式、手术的名称、术中情况、引流管安置的位置以及数量。

（二） 身体状况

局部：出现右上腹疼痛的诱因、部位、性质以及有无放射痛；局部有无出现腹膜刺激征等。全身：患者的意识状态有无出现，神志淡漠、烦躁、谵妄、昏迷等；发热、寒战的情况，以及是否伴有食欲减退、恶心呕吐、体重减轻、贫血、黄疸、腹水等症状。

（三） 心理、社会状况

了解患者对疾病的认知，具体表现为对疾病的发展、医疗及护理措施了解的程度；患者的心理承受能力，表现为对本次发病的心理状态，如有无烦躁不安、焦虑、恐惧等情绪变化。其应对能力如何；社会支持系统，家庭的经济承受能力，家庭和社会对患者的支持程度。

（四） 辅助检查

胆道系统特殊检查及重要脏器功能检查的结果，注意白细胞计数是否升高。

【护理问题】

1. 焦虑、恐惧　与病情反复发作或加重，担心手术效果及预后等有关。

2. 疼痛　与胆道结石、胆道结石梗阻、蛔虫活动、胆道感染等有关。

3. 体温过高　与胆道感染、炎症反应有关。

4. 营养失调（低于机体需要量）　与发热、恶心、呕吐、食欲减退、手术创伤等有关。

5. 潜在并发症　黄疸、胆道出血、胆瘘、肝功能障碍、体液平衡紊乱等。

【护理措施】

（一） 非手术治疗及术前护理

1. 病情观察　密切观察患者病情变化，若出现寒战、高热、腹痛加重、腹痛范围扩大等，应考虑病情加重，要及时报告医生，积极进行处理。

2. 缓解疼痛　指导患者卧床休息，采取舒适卧位。注意观察患者的疼痛的变化，针对患者疼痛的部位、性质、程度、诱因、缓解和加重的因素，有针对性地采取措施以缓解疼痛，先用非药物缓解疼痛的方法止痛，必要时遵医嘱应用镇痛药物，并评估其效果。

3. 改善和维持营养状态　非手术治疗者，根据病情再决定饮食种类，营养不良会影响术后伤口愈合，应给予高蛋白、高碳水化合物、高维生素、低脂的普通饮食或半流质饮食，不能经口饮食或进食不足者，可经胃肠外营养途径补充足够的热量、氨基酸、维生素、电解质，以维持患者的营养状态。手术者需禁食、积极补充液体和电解质，以维持体液平衡。

4. 并发症的预防　拟行胆肠吻合术者，术前 3 d 口服卡那霉素、灭滴灵等，术前 1 d 晚行清洁灌肠。观察药物疗效及不良反应。肌内注射维生素 K_1 10 mg，每日 2 次。纠正凝血功能障碍，应观察其疗效及有无不良反应出现。

5. 心理护理　观察并了解患者及其家属对手术的心理反应，有无出现烦躁不安、焦虑、恐惧的等心理。耐心倾听患者及其家属的诉说，并向其详细解释，说明手术的重要性、疾病的转归，以消除其顾虑，积极配合手术。

（二） 术后护理

1. 病情观察　生命体征、意识状态：注意观察患者的神志、生命体征，尤其是心率和心律变化，注意有无因肝功损害、低血糖、脑缺氧、休克等所致的意识障碍。胆道出血及胆汁渗出：注意观察引流液的颜色、量、性状以及有患者有无休克征象。黄疸程度、消退情况：观察和记录大便的颜色，检测胆红素的含量，了解胆汁是否流入十二指肠，黄疸加重，可能是胆汁引流不畅。注意观察腹部症状、体征的变化。

2. T 管引流的护理　胆总管探查或切开取石术后，在胆总管切开处放置 T 管引流，一

端通向肝管，一端通向十二指肠，由腹壁戳口穿出体外，接引流袋。主要目的是：引流胆汁；引流残余结石；支撑胆道。护理措施如下。

（1）妥善固定：T 管接引流袋后，用胶布固定于腹壁皮肤上，防管道脱落。但不可固定于床上，防因翻身、活动、搬运时牵拉而导致引流管脱落，烦躁的患者应专人守护或者适当约束，避免将 T 管拔出。

（2）保持 T 管有效引流：T 管不可受压、扭曲、折叠，应经常挤捏。平卧位引流管高度应低于腋中线，站立或活动时应低于腹部切口，防引流液逆流。定时更换体位，防引流管斜面紧贴组织造成引流不畅。血块及小结石堵塞管腔时，应反复挤压引流管或等渗盐水缓慢低压冲洗。

（3）观察并记录引流液的色、量、性状：正常成人每日胆汁分泌量为 600～1 000 mL 或 800～1 200 mL，呈黄色、稠厚无渣。术后 24 h 内引流量约为 300～500 mL，恢复饮食后可达到每日 600～700 mL，以后逐渐减少至每日 200 mL 左右。术后 1～2 d 胆汁呈混浊的淡红色或淡黄色，以后逐渐加深，呈黄色。

（4）严格无菌操作，预防感染：按无菌操作更换引流袋。在改变体位或活动时注意引流管的水平高度不要超过腹部切口高度，防引流液返流。遵医嘱预防性用抗生素。

（5）保护引流管口周围皮肤：每日用 75%酒精或 0.5%碘伏消毒，T 管周围垫以无菌纱布，局部涂氧化锌软膏或皮肤保护膜，防止胆汁浸渍皮肤引起破溃或感染，保持敷料清洁干燥，如有渗液，及时更换敷料。

（6）拔管：拔管指征：术后 2 周，患者无腹痛、发热，黄疸消退，血象、血清胆红素正常；胆汁引流是减少，每日少于 200 mL，色清亮胆道造影显示胆管通畅，或胆道镜证实胆管无狭窄、结石、异物；夹管试验阴性：饭前饭后各夹管 1 h，逐渐增加到全天夹管 1～2 d 无不适主诉即可拔管。拔管前先行 T 管造影，如显示通畅，再开放引流 2～3 d，使造影剂完全排出。继续夹管 2～3 d，仍无症状后给予拔管。拔管后护理：拔管后局部伤口用凡士林纱布堵塞，1～2 d 会自行封闭。拔管 1 周内，观察患者体温、有无黄疸及腹部症状，应警惕胆汁性腹膜炎的发生。

3. 并发症的观察及护理

（1）黄疸：在 T 管引流通畅情况下，术后黄疸时间处长，可能是肝功能受损、胆管狭窄或术中损伤胆管等。应密切观察血清胆红素，肌内注射维生素 K_1，防抓伤皮肤，保持皮肤清洁。

（2）出血：术后早期出血多由于止血不彻底或结扎血管线脱落所到，后期出血可能为 T 管压迫胆总管形成溃疡或局部炎症出血。应密切观察出血量，若每小时超过 100 mL、持续 3 h以上，或患者血压下降、脉搏细速、面色苍白等休克征象，应立即通知医生并配合抢救。

（3）胆瘘：多因胆管损伤、胆总管下段梗阻、T 管脱出所致。注意观察腹腔引流情况，若切口处有黄绿色胆汁样引流物，每小时 50 mL 以上者，提示有胆瘘发生。长期有胆瘘者，要保持水电解质酸碱平衡，纠正营养失调。

4. 心理护理　鼓励患者保持乐观情绪，正确对待疾病和预后，尤其对晚期胆囊癌患者，心理上给予开导，生活上给予关心照顾，尽量满足其要求，鼓励其主动配合治疗，提高生活质量。

（三）健康指导

（1）向患者解释 T 管放置的重要性，置管的时间，以便患者主动配合。

（2）嘱患者尽量穿宽松柔的衣服，以防引流管受压。

（3）引流管及引流袋始终保持在出口以下平面，防止引流液返流。

（4）带管出院指导：每日在同一时间更换引流袋，用碘伏消毒管口，记录引流液的颜色、量及性状。引流管口定期换药，周围皮肤涂氧化锌软膏，若敷料渗湿，及时到医院处理。在 T 管出皮肤处标明记号，嘱患者随时观察是否脱出。长期带 T 管者，应定期去医院冲洗。避免提举重物或过度活动，防止牵拉 T 管而致其脱出。定期复查，若发现引流液异常或身体不适等，应及时就诊。

扫码看 PPT

第五节　胰腺炎患者的护理

患者男性，50 岁。因暴饮暴食后突发上腹部持续性刀割样疼痛 1 d，疼痛向左腰背部放射，呈束带状，伴腹胀、频繁呕吐，呕吐物为胃内容物。体格检查：体温 39.5 ℃、心率 128 次/min、呼吸 25 次/min、血压 85/55 mmHg。血淀粉酶 7230 u/L，血清钙 1.9 mmol/L，白细胞明显增高。患者烦躁不安，痛苦面容，皮肤巩膜无黄染。腹膨隆，上腹压痛、反跳痛（+）。诊断性腹腔穿刺抽出混浊血性液体，移动性浊音阳性。CT 示：急性出血坏死性胰腺炎。

问题导向：

（1）作为患者的责任护士，你如何对患者进行护理评估？

（2）该患者目前的护理措施是什么？

扫码看微课

胰腺炎是胰腺因胰蛋白酶的自身消化作用而引起的疾病，急性胰腺炎（acute pancreatitis，AP）是指多种原因引起的胰酶激活，继以胰腺局部炎症反应为主要特征，伴或不伴有其他器官功能改变的疾病，是临床上常见的急腹症之一。临床上可分为轻症急性胰腺炎（MAP）和重症急性胰腺炎（SAP）；按病理变化可分为急性水肿性胰腺炎和急性出血坏死性胰腺炎。

急性胰腺炎的病因较复杂，胆道疾病和急性酒精中毒分别是我国和西方国家最常见的病因。胆道疾病：胆道结石、急性和慢性胆囊炎或胆管炎、胆道蛔虫症等均可引起急性胰腺炎，又称胆源性急性胰腺炎（biliary acute pancreatitis）。酒精中毒和饮食不当：酒精和高蛋白、高脂肪食物可刺激胃酸分泌，进而使促胰液素和胰液、胰酶分泌增多，并引起十二指肠乳头水肿和 Oddi 括约肌痉挛，导致胰管内压增高，胰液引流受阻，导致胰腺炎的发生。代谢异常：5%~20% 的急性胰腺炎患者存在高脂血症；甲状旁腺功能亢进或其他原因可致高钙血症。后者可以刺激胰酶分泌和活化、引起胰管内钙盐沉积、胰管钙化和形成结石、堵塞胰管；其他包括壶腹乳头括约肌功能不良；药物和毒物；逆行性胰胆管造影术（ERCP）后；十二指肠乳头旁憩室；外伤性；腹部手术后；胰腺分裂、壶腹周围癌；胰腺癌；血管炎；感染性；自身免疫性等。经临床与影像、生化等检查不能确定病因者称为特发性急性胰腺炎。

1. 病理生理和分类　包括局部和全身性病理生理改变。胆汁、胰液返流或胰管内压增高，使胰腺导管破裂、上皮受损，胰液中的胰酶被激活而起自身消化作用，出现胰腺充血、水肿及急性炎症反应。重症急性胰腺炎（SAP）者胰腺及其周围组织有出血和坏死，并导致多器官功能受损。根据急性胰腺炎所致的病理生理变化程度，急性胰腺炎可分为单纯水肿性胰腺炎和出血坏死性胰腺炎。

扫码看微课

2. 治疗原则　急性胰腺炎患者尚未继发感染者，均首先采用非手术治疗，急性出血坏死性胰腺炎继发感染者需采用手术治疗。

（1）非手术治疗：目的是减少胰腺分泌。轻症急性胰腺炎一般采用非手术治疗。具体措施包括：①禁食与胃肠减压：可减少胰酶和胰液的分泌，还可减轻恶心、呕吐和腹胀，一般为期 2~3 周。②补液、防治休克：根据病情，快速经静脉输入晶体液、血浆、人体白蛋白等。③抑制胰腺分泌及抗胰酶疗法：可应用抑制胰腺分泌或胰酶活性的药物。抑肽酶有抑制胰蛋白酶合成的作用、生长抑素如奥曲肽能有效抑制胰腺的外分泌功能，因其价格昂贵，可用于病情较严重的患者。H_2 受体阻滞剂如西咪替丁，可间接抑制胰腺分泌。④镇静、解痉：对诊断明确、腹痛较重的患者酌情给予盐酸哌替啶，但是勿用吗啡，以免引起 Oddi 括约肌痉挛。⑤抗菌药物的运用：确诊后应立即使用抗生素预防和治疗。⑥营养支持：根据患者营养状况和胃肠功能情况，合理、科学地制订个体化的营养支持方案。⑦腹腔灌洗：对腹腔内有大量渗出液者可做腹腔灌洗。⑧中医中药：采用中药制剂，可降低血管通透性、抑制巨噬细胞和中性粒细胞活化，清除内毒素。

（2）内镜治疗：作为胆道紧急减压引流及去除嵌顿胆石的非手术治疗方法，可去除胆源性急性胰腺炎的病因，降低病死率。

（3）手术治疗：主要适用于胰腺坏死继发感染者，采用外科手术清除坏死组织及渗出液或处理胆道病变，去除原发病灶。在重症监护和强化保守治疗的基础上，经过 72 h，患者的病情仍未稳定或进一步恶化的重症病例，是进行手术治疗或腹腔冲洗的指征，具体手术方式根据病情确定。

【护理评估】

（一） 健康史

注意评估患者的饮食习惯，有无嗜油腻、饮酒或酗酒，发病前有无暴饮暴食，既往有无胆道疾病等。

（二） 身体状况

1. 症状

（1）腹痛：是急性胰腺炎的主要症状，常在饱餐后或饮酒后突然发作，位于上腹部正中或偏左，常向腰背部放射，有时呈束带状。

（2）腹胀、恶心、呕吐：与腹痛同时存在。多数患者有此症状，发作频繁，早期为反射性，内容为食物、胆汁。晚期是由于麻痹性肠梗阻引起，呕吐物为粪样。如呕吐蛔虫者，多为并发胆道蛔虫病的胰腺炎。酒精性胰腺炎者的呕吐常于腹痛时出现，胆源性胰腺炎者的呕吐常在腹痛发生之后。

（3）其他：约 20% 的患者于病后 1~2 d，出现不同程度的黄疸。发热多为中度热，38~39 ℃，一般 3~5 d 后逐渐下降，但重型者则可持续多日不降，提示胰腺感染或脓肿形成，并出现中毒症状，严重者可体温不升，合并胆管炎时可有寒战、高热。低血压及休克临床常见于重症急性胰腺炎。极少数患者休克可突然发生，甚至猝死，其他全身并发症包括肺不张、胸腔积液、呼吸衰竭、少尿和急性肾功能衰竭、消化道出血、胰性脑病等。

2. 体征

轻症者中上腹仅为轻压痛。出血坏死性胰腺炎者压痛明显，腹膜刺激征明显，叩诊可有移动性浊音；肠鸣音减弱或消失，出现 Grey-Turner 征和 Cullen 征。出现急性呼吸窘迫综合征（ARDS）时可出现呼吸增快、呼吸音减弱、发绀等表现。

（三） 心理、社会状况

本病急性发作，痛苦大，特别是急性重症胰腺炎患者，病情凶险、病程长、患者卧床、禁食时间长，住院时间久、经济压力大，常使患者及其家属产生焦虑、恐惧、烦躁等不良心理。

（四） 辅助检查

1. 实验室检查

（1）血清淀粉酶：在发病 3~12 h 即开始升高，24~48 h 达高峰，2~5 d 后逐渐降至正常。升高若超过 500 U/dL（正常值 40~180 U/dL，Somogyi 法），即提示本病。但其高低与病变的严重程度不一定成正比。

（2）尿淀粉酶：尿淀粉酶在发病 24 h 才开始上升，48 h 达高峰，下降较缓慢，1~2 周恢复正常。尿淀粉酶若超过 300 U/dL（正常值 80~300 U/dL，Somogyi 法），具有诊断意义。可测定 24 h 尿中的淀粉酶排出量和尿淀粉酶与肌酐排出的比例，以提高正确率。

（3）血生化检查：血清钙能反映病情的严重性和预后，当血钙低于 2.0 mmol/L（8 mg/dL），常预示病情严重。血糖早期升高系肾上腺皮质激素的应激反应，胰高血糖素代偿性分泌增多所致，后期则为胰岛破坏、胰岛素分泌不足所为。血气分析指标异常等。

2. 影像学检查

（1）腹部 B 超：首选，可发现胰腺肿胀，同时有助于判断有无胆道疾病。

（2）胸、腹部 X 线平片：可见横结肠、胃十二指肠明显充气扩张，左侧膈肌升高，左胸腔积液等。

（3）腹部 CT 检查：对急性胰腺炎有重要诊断价值。有助明确坏死部位、胰外侵犯程度和诊断。

3. 腹腔穿刺：对有腹膜炎体征而诊断困难者可行腹腔穿刺。穿刺液行淀粉酶测定，若明显高于血清淀粉酶水平，表示胰腺炎严重。

【护理问题】

1. 疼痛　与胰腺及其周围组织炎症、胆道梗阻有关。
2. 有体液不足的危险　与炎性渗出、出血、呕吐、禁食等有关。
3. 营养失调（低于机体需要量）　与恶心、呕吐、禁食和大量消耗有关。
4. 知识缺乏　缺乏疾病的防治以及康复的相关知识。
5. 潜在并发症　感染、休克、MODS、出血、胰瘘或肠瘘。

【护理措施】

（一）非手术治疗的护理

1. 心理护理　腹痛患者易引起紧张、焦虑、恐惧心理，护理人员应予同情、安慰与支持，向患者讲述疼痛知识及腹部疼痛过程，使患者心中有数，并教患者分散注意力，如听音乐等使大脑皮层兴奋灶转移以缓解疼痛；患者卧床、禁食时间长，住院时间久，易产生焦虑、烦躁心理，护理人员要与患者多沟通，耐心听取患者主诉，认真解答患者问题，帮助患者树立战胜疾病的信心。

2. 疼痛护理　禁食、胃肠减压以减少胰液的分泌，绝对卧床休息。遵医嘱给予抗胰酶和解痉止痛药物。协助患者变换体位以缓解疼痛、为患者按摩背部等。

3. 防治休克，维持水、电解质平衡　密切观察患者各项相关指标、准确记录24 h液体的出入量，了解水、电解质失衡情况，及时予以纠正。定时测量生命体征，预防休克的发生。患者如已出现休克，配合医生进行积极抢救如备好抢救物品、维持有效呼吸型态、保持静脉通路通畅等。

4. 营养支持　根据病情予相应饮食或肠内外营养支持。

（二）术后护理

1. 病情观察　密切观察患者的病情变化，发现异常及时通知医生处理。

2. 体位　麻醉未醒时，根据麻醉要求给予合适体位，麻醉作用消除，血压平稳后采取半卧位。

3. 饮食　术后暂禁食，待肠蠕动恢复肛门排气后，血尿淀粉酶化验正常，无不良反应后可进食流质饮食，再逐步过渡到普食，但应限制高脂肪膳食。

4. 引流管护理　急性胰腺炎患者术后安置了多根引流管，应分清每根导管的名称、放置部位及其作用，防止引流管扭曲、堵塞和受压。定时更换并对引流液的色、质、量进行观察记录。

5. 防治感染　监测体温和血白细胞计数变化，根据医嘱给予抗生素，并评估效果。协助并鼓励患者多翻身，深呼吸、有效咳嗽及排痰；加强口腔和尿道口护理。

6. 并发症的观察与护理　及时发现防治术后并发症，如休克、多器官功能衰竭、大出血、胰外瘘和胰腺脓肿或假性囊肿等。

（三）健康指导

（1）帮助患者及其家属正确认识胰腺炎易复发的特性。出院后4~6周，避免举重物和过度疲劳。避免情绪激动，保持良好的精神状态。

扫码看 PPT

（2）积极治疗胆道结石，消除诱发胰腺炎的因素。戒烟酒、避免暴饮暴食，养成良好的饮食习惯，少吃多餐。

（3）指导患者遵医嘱用药。注意腹部体征，若出现左上腹剧烈疼痛应及时就诊。

第六节　胰腺癌患者的护理

患者男性，80岁。上腹疼痛不适一月余，尿色加深1 d入院。患者1个月前无明显诱因出现上腹部疼痛不适，以上腹部及偏左为著，为持续性隐痛，无阵发性加重，无放射。

不伴发热、胸痛、呼吸困难，无恶心、呕吐、泛酸、嗳气，无腹泻、里急后重、便血。不伴皮肤巩膜黄染。自行服用胃药，效果不佳。入院前 1 d 晨起排尿，发现尿色加深，无尿频、尿急、尿痛。既往有高血压病史 20 年，否认糖尿病史。体格检查：体温 36.7 ℃，心率 74 次/min，呼吸 18 次/min，血压 120/70 mm Hg，CT 示：胰头占位性病变及主胰管、肝内外胆管扩张、胆囊增大。肿瘤标志物检查：CA19-9>1 200 U/L，CEA 5.57 ng/ mL。

问题导向：

（1）作为患者的责任护士，你如何对患者进行护理评估？

（2）该患者目前的护理措施是什么？

扫码看微课

胰腺癌（pancreatic cancer）是一种较常见的恶性肿瘤。40 岁以上好发，男性比女性多见，头癌约占 2/3，早期诊断困难，手术切除率偏低，预后很差。壶腹部癌的恶性程度明显低于胰头癌，手术切除率和 5 年生存率都明显高于胰头癌。

胰头癌的病因尚未确定，好发于高蛋白、高脂肪摄入及嗜酒、吸烟，长期接触某些金属、石棉、N-亚硝基甲烷及糖尿病、慢性胰腺炎和胃大部分切除术后。吸烟是发生胰腺癌的主要危险因素。

1. 病理　依据胰腺癌发作部位，可分为胰头癌、胰体癌、胰尾癌及全胰癌。胰头癌占胰腺癌的 70%~80%。90%为导管细胞癌，黏液性囊腺瘤和腺泡细胞癌少见。

2. 转移途径　淋巴转移和癌浸润最常见。淋巴转移：胰头前后、幽门上下、肝十二指肠韧带内、肝总动脉、肠系膜根部及腹主动脉旁的淋巴结，晚期可至锁骨上淋巴结。直接浸润：邻接的脏器如胰腺内的胆总管（呈围管浸润）、胃、十二指肠、肠系膜根部、胰周腹膜、神经丛，浸润或压迫门静脉、肠系膜上动、静脉，下腔静脉及腹主动脉。癌肿远端的胰管内转移。腹腔内种植。血行转移：肝、肺、骨、脑等。

3. 处理原则　手术治疗为首选。胰头癌的根治性手术为胰头 十二指肠切除术（Wipple 手术），切除范围包括胰头、远端胃、十二指肠、上段空肠、胆囊和胆总管。晚期患者无法行根治性手术时，可行姑息性手术，对黄疸者行胆-肠内引流术，也可经内镜下放置支架以解除黄疸。对同时伴有十二指肠梗阻者，同时施行胃-空肠吻合术。胰腺癌多数患者在发现时病程已属晚期，手术切除率低，预后差。另外还可采用化学药物治疗、放疗、免疫疗法、中医中药等辅助治疗。

【护理评估】

（一）健康史

胰腺癌无特异性症状，当患者出现临床症状时，往往已属于晚期。

（二）身体状况

1. 症状

（1）上腹部饱胀不适与上腹痛：是最早出现的症状。腹痛多呈阵发性，位于上腹部、钝痛，疼痛可向肩背部或后腰部放射。晚期呈持续性疼痛，日夜不止，影响饮食、睡眠，患者常彻夜取坐位或躬背侧卧。

（2）黄疸：无痛性黄疸是胰头癌最突出的症状，约占 30%左右。黄疸呈持续性，进行性加深。尿呈红茶色，大便呈陶土色，出现皮肤瘙痒。壶腹部癌的黄疸深浅呈波浪式变化的特点。

（3）消化道症状：早期上腹饱胀、食欲减退、消化不良，可出现腹泻。腹泻后上腹饱胀不适并不消失。后期无食欲，并出现恶心、呕吐、呕血或黑便，常系肿瘤压迫或浸润胃和十二指肠所致。

（4）其他：①消瘦、乏力：由于食量减少、消化不良和肿瘤消耗所致。②发热：胰腺癌伴发热者不多见，一般为低热，而壶腹部癌患者常有发热、寒战史，为胆道继发感染所致。

2. 体征　约半数患者可有肝肿大。晚期胰腺癌常可扪及上腹部肿块，可有腹水征。

（三）心理、社会状况

胰腺癌的病情重、治疗困难、时间长、预后差的特点，给患者及家属带来了极大的心理压力，容易出现精神紧张、焦虑不安的心理和情绪，甚至丧失战胜疾病的信心以及绝望的心理。

（四）辅助检查

1. 实验室检查　可有血清碱性磷酸酶增高；血清胆红素进行性增高。免疫学检查可有癌胚抗原（CEA）及胰胚抗原（POA）增高。

2. B 超　是首选的检查方法。胰腺有增大肿块，胆管、胰管扩张，胆囊肿大等，可检出直径在 2 cm 以上的癌肿。

3. CT　是检查胰腺疾病的可靠方法，能较清晰地显示胰腺的形态、肿瘤的位置、肿瘤与邻近血管的关系，以及腹膜后淋巴结转移情况。

4. 磁共振胆胰管成像（MRCP）　能显示胰、胆管梗阻的部位和胰胆管扩张的程度。

5. ERCP　可了解十二指肠乳头部及胰管、胆管情况，了解阻塞部位和性质。

【护理问题】

1. 焦虑　与担心胰腺癌预后有关。
2. 疼痛　与癌肿侵犯周围组织、脏器等有关。
3. 营养失调（低于机体需要量）　与食欲减退、肿瘤消耗等有关。
4. 潜在并发症　术后出血、胰瘘、胆瘘、继发性糖尿病、切口感染等。

【护理措施】

（一）手术前护理

1. 营养支持　术前给予患者高热量、高蛋白、高维生素饮食，必要时采取肠外营养支持。

2. 改善肝功能及凝血功能　术前 1 周开始护肝治疗，手术前要使凝血酶原时间正常，注意补充维生素 K，以纠正凝血功能。

3. 对症护理　黄疸致皮肤瘙痒者，可用止痒药物涂抹，避免指甲抓伤皮肤。疼痛者给予有效止痛护理。

4. 控制糖尿病　部分胰腺癌患者手术前合并糖尿病。遵医嘱用胰岛素控制血糖在 7.2~8.9 mmol/L，尿糖为（-）~（+），无酮症酸中毒时考虑安排手术。

5. 预防感染　遵医嘱手术前 1 d 开始使用抗生素。

6. PTCD　手术前 2~3 d 即要用药。必要时手术前 3 d 口服肠道抗生素，手术前 1 d 清洁灌肠。术后遵医嘱继续应用抗生素预防感染。

7. 其他　手术前安置胃管，做好其他常规术前准备的护理。

（二）手术后护理

1. 病情观察　术后密切观察体温、呼吸、脉搏、血压 2~3 d，监测尿量、血常规、肝肾功能，注意意识和黄疸的变化，注意监测血糖、尿糖和酮体变化。

2. 输液护理　给予静脉输液，维持水、电解质和酸碱平衡；根据需要适当补给全血、血浆或清蛋白等。

3. 预防感染　术后遵医嘱继续应用抗生素预防感染。

4. 做好引流护理　了解各种引流管的部位和作用，如胃肠减压管、胆道引流管、胰管引流管、腹腔引流管等。注意妥善固定，观察与记录各种引流管每日引流量和引流液的色泽、形状，警惕胆瘘和胰瘘的发生。腹腔引流管一般放置 5~7 d，胃肠减压管一般留至胃肠蠕动恢复，胆管引流管约需 2 周左右；胰管引流在 2~3 周后可拔除。

5. 并发症的观察与护理　术后可能出现各种并发症发生，如消化道出血、腹腔内出血、胰瘘、胆瘘、继发性糖尿病、切口感染等，注意做好观察和护理。

（三）健康指导

40 岁以上患者，出现持续性上腹痛、闷胀、食欲减退、消瘦，应及时到医院就诊；患者出院后如出现消化不良、腹泻等，多是由于胰腺切除后，剩余胰腺功能不足，适当应用胰酶可减轻症状；出院后按时复诊。

（高茹）

扫码做练习

扫码看 PPT

第十六章 急腹症患者的外科护理

学习目标

掌握：急腹症患者的临床表现、护理。
熟悉：急腹症的辅助检查、处理原则。
了解：急腹症的病因、病理生理。

患者男性，50 岁。被汽车撞伤 2 h，腹痛，胸闷气短。脉搏 120 次/min，呼吸 22 次/min，血压 70/50 mmHg。意识尚清楚，面色苍白，全身冷汗，四肢发冷。挤压胸廓在胸左侧壁第 7、8 肋处有疼痛。左季肋区可见皮肤擦伤，全腹有压痛、反跳痛、肌紧张，移动性浊音（+），肠鸣音减弱。其他查体未见异常。

问题导向：

（1）作为患者的责任护士，你如何对患者进行护理评估？

（2）该患者目前的护理问题和护理措施是什么？

第一节 概述

急腹症是一类以急性腹痛为突出表现，需早期诊断和紧急外科处理的腹部疾病。急腹症的主要表现形式为腹痛，处理的正确与否对患者安危有很大的关系。病因极为复杂，包括炎症、肿瘤、出血、梗阻、穿孔、创伤及功能障碍等。急腹症有发病急、进展快、变化多、病情重的特点。

（一） 腹痛的病因

引起急腹症的疾病种类繁多，外科和妇产科疾病常成为诱因，如腹部损伤和腹腔内脏病变导致的腹腔内急性感染、腹腔内脏破裂、穿孔、梗阻、扭转、缺血和出血等，但亦有少部分急腹症可由内科疾病、误服腐蚀性或异物等诱发。

1. 感染性疾病

（1）外科疾病：急性胆囊炎、胆管炎、胰腺炎、阑尾炎、胃肠穿孔、胆囊穿孔。

（2）妇产科疾病：急性盆腔炎。

（3）内科疾病：急性胃肠炎或大叶性肺炎。

2. 出血性疾病

（1）外科疾病：腹部外伤致肝脾破裂、腹腔内动脉瘤破裂、肝癌破裂、肠破裂等。

（2）妇产科疾病：异位妊娠破裂。

3. 空腔脏器梗阻　常见于外科疾病，如急性肠梗阻、胆道蛔虫病、胆道结石、肾输尿管结石等。

4. 缺血性疾病

（1）外科疾病：肠扭转、肠系膜静脉血栓形成、肠系膜动脉栓塞。

（2）妇产科疾病：卵巢或卵巢囊肿扭转。

（二）腹痛的病理生理

1. 腹痛的生理学基础

（1）脏层腹膜：交感、副交感神经。

（2）腹壁、壁层腹膜：相应脊神经支配。

2. 腹痛的类型

（1）内脏疼痛：由内脏神经感觉纤维传入引起的疼痛。内脏感觉纤维分布稀少，兴奋刺激阈值较高，传导速度慢，支配的范围不明显，其特点包括：①出现缓慢持续，较迟钝，疼痛定位不精确；②疼痛感觉特殊，对刺、割、灼等刺激不敏感，但对压力、牵拉、膨胀、收缩、缺血所致疼痛敏感；③常伴有恶心、呕吐等迷走神经兴奋症状。

（2）牵涉痛：又称放射痛。指在急腹症发生内脏痛的同时，体表的某一部位也出现疼痛感觉。因这些部位的痛觉神经纤维与支配腹腔内病变器官的神经通过同一脊髓段的神经根进入脊髓的后角。如急性胆囊炎出现右上腹疼痛的同时常伴有右肩背部疼痛。

（3）躯体痛：由躯体神经痛觉纤维传入的疼痛。特点：多锐痛，程度较剧烈；位置明确；局部可有肌紧张、压痛与反跳痛。

（三）临床表现

腹痛是急腹症的主要临床症状，常同时伴有恶心、呕吐、腹胀等消化道症状或发热。腹痛的临床表现、特点和程度随病因或诱因、发生时间、始发部位、性质、转归而不同。

1. 外科急腹症　特点为先有腹痛后有发热。

（1）胃十二指肠穿孔：突发性上腹部刀割样疼痛且拒按，腹部呈舟状；十二指肠后壁穿透性溃疡患者可伴有 T_{11} ~ T_{12} 右旁区域牵涉痛。

（2）胆道系统结石或感染：急性胆囊炎、胆石症患者为右上腹疼痛，呈持续性，伴右侧肩背部牵涉痛；胆管结石及急性胆管炎患者有典型的 Charcot 三联征，即腹痛、寒战、高热和黄疸；急性梗阻性化脓性胆管炎患者除有 Charcot 三联征外，还可伴精神神经症状和休克，即 Reynolds 五联征。

（3）急性胰腺炎：为上腹部持续性疼痛，伴左肩或左侧腰背部束带状疼痛；患者在发病早期即伴恶心、呕吐和腹胀。急性出血坏死性胰腺炎患者可伴有休克症状。

（4）肠梗阻、肠扭转和肠系膜血管栓塞：肠梗阻、肠扭转时多为中上腹部疼痛，呈阵发性绞痛，随病情进展可表现为持续性疼痛、阵发性加剧，伴呕吐、腹胀和肛门停止排便、排气；肠系膜血管栓塞或绞窄性肠梗阻时呈持续性胀痛，呕吐物、肛门排出物和腹腔穿刺液呈血性液体。

（5）急性阑尾炎：转移性右下腹痛伴呕吐和不同程度发热。

（6）内脏破裂出血：突发性上腹部剧痛，腹腔穿刺液为不凝固的血液。

（7）肾或输尿管结石：上腹部和腰部钝痛或绞痛，可沿输尿管行经向下腹部、腹股沟区或会阴部放射，可伴呕吐和血尿。

2. 妇产科急腹症　常见于异位妊娠或巧克力囊肿破裂。特点为突发性下腹部撕裂样疼痛，向会阴部放射，伴恶心、呕吐和肛门坠胀感，亦可伴有阴道不规则流血等其他症状；出血量大者可出现休克症状。

3. 内科急腹症　特点为先有发热后有腹痛，腹痛多无固定部位。

（1）急性胃肠炎：表现为上腹部或脐周隐痛、胀痛或绞痛，伴恶心、呕吐、腹泻和发热。

（2）心肌梗死：部分患者表现为上腹部胀痛，伴恶心和呕吐，严重者可出现心力衰竭、心律失常和休克。

（3）腹型过敏性紫癜：除皮肤紫癜外，以腹痛为常见表现，呈脐周、下腹或全腹的阵发性绞痛，伴恶心、呕吐、呕血、腹泻和黏液血便等。

（四）辅助检查

1. 实验室检查　白细胞计数检查可提示有无炎症、中毒；红细胞、血红蛋白、血细胞比容的连续观察用以判断有无腹腔内出血；尿中大量白细胞提示泌尿系统损伤或结石；尿胆红素阳性说明存在梗阻性黄疸；疑有急性胰腺炎时，血、尿或腹腔穿刺液淀粉酶明显增高；腹腔穿刺液涂片检查可帮助诊断，如溶血性链球菌可能为原发性腹膜炎，革兰阴性杆菌常提示继发感染；人绒毛膜促性腺激素测定可为诊断异位妊娠提供帮助。

2. 影像学检查

（1）X 线检查：是急腹症辅助诊断的重要项目之一。胸腹立位片或透视可观察有无肺炎、胸膜炎、膈肌位置及运动，膈下有无游离气体，小肠有无积气、液气平面，有无阳性结石影等。膈下游离气体是消化道穿孔或破裂的证据；多个液气平面或较大液气平面说明存在机械性小肠梗阻；异常的钙化影见于肾或输尿管结石、胆石病等。

（2）超声检查：B 超或彩超检查是肝、胆、胰、脾、肾、输尿管、阑尾、盆腔内病变迅速评价的首选方法。

（3）CT 检查：在急腹症诊断中迅速增加。其诊断速度与 B 超相似，且不受肠管内气体干扰，对某些急腹症的诊断和鉴别具有重要的诊断价值。

（4）动脉造影：对疑有肝破裂出血、胆道出血或小肠出血等的患者可采用选择性动脉造影确定诊断，部分出血性病变还可采用选择性动脉栓塞止血。

3. 内镜检查　根据检急腹症的特点，采用不同种类的内镜检查。

（1）胃镜：可发现胃、十二指肠的疾病。

（2）经内镜逆行胰胆管造影（ERCP）有助于明确胆、胰疾病。

（3）肠镜：可发现小肠和结、直肠病变。

（4）腹腔镜：有助于部分疑难急腹症或疑有妇科急腹症的诊断。

4. 诊断性穿刺

（1）腹腔穿刺：用于不易明确诊断的急腹症。在任何一侧下腹部，脐与髂前上棘连线的中外1/3交界处做穿刺，若抽出不凝固血性液体，多提示腹腔内脏出血；若是混浊液体或脓液，多为消化道穿孔或腹腔内感染；若系胆汁性液体，常是胆囊穿孔；若穿刺液的淀粉酶测定结果阳性即为急性胰腺炎。

（2）阴道后穹穿刺：女性患者疑有盆腔积液、积血时，可经阴道后穹穿刺协助诊断，异位妊娠破裂时经阴道后穹穿刺可抽得不凝血液。盆腔炎患者的阴道后穹液则为脓性。

（五） 处理原则

外科急腹症发病急、进展快、病情危重，处理应及时、准确、有效。包括非手术治疗和手术治疗。

1. 非手术治疗　适用于诊断明确、病情较轻者；诊断不明，但病情尚稳定、无明显腹膜炎体征者。可给予禁食、输液、胃肠减压、解痉及抗生素等治疗，同时应加强观察和实验室监测，以助诊断和判断病情变化，对伴有休克者，在休克同时，做好术前准备。

2. 手术治疗　适用于诊断明确、需立即处理的急腹症；诊断不明，但病情危急，腹痛和腹膜炎体征加重，全身中毒症状明显者。手术前应加强准备，尽可能使患者的内环境接近稳定。

第二节　急腹症患者的外科护理

【护理评估】

（一） 术前评估

1. 健康史　了解腹痛发生的病因和诱发因素、发生时间、与饮食和活动的关系；腹痛的特点，与腹痛加剧或缓解相关的因素；有无消化道或全身伴随症状；疼痛与活动和睡眠的关系；了解既往有无类似发作史，如属慢性阑尾炎急性发作，更应给患者解释手术的必要性。

2. 身体状况

（1）局部：①腹痛部位：腹痛位于上腹部还是下腹部，是左侧还是右侧，是局限于某一部位还是波及全腹。通常腹痛开始或最显著的部位与腹腔内病变部位相一致。胃、十二指肠、胆道、胰腺疾病的腹痛大多位于中上腹或剑突下；小肠病变所致腹痛多位于脐周；急性阑尾炎病变常始于脐周，后固定于右下腹；心肌梗死引起的疼痛多位于剑突下或上腹部；盆腔内病变引起的腹痛多位于中下腹。②腹部形态：腹式呼吸是否存在，腹壁有无手术瘢痕、腹部呈隆起或舟状，是否对称，有无肠型或异常蠕动波。如急性胃穿孔患者常呈舟状腹、腹式呼吸消失，肠扭转患者的腹部可不对称，肠梗阻患者的腹壁可见肠型或异常蠕动波。③腹膜刺激的程度：有无腹膜刺激征，如肌紧张和反跳痛。外科和妇产科急腹症患者多伴有腹膜刺激征，如急性胃穿孔患者的腹肌可呈板样强直；内科急腹症患者则多无腹膜刺激征，如急性胃肠炎。④其他：肠鸣音亢进还是消失；肝浊音界是否缩小或消失；腹股沟区有无肿块；有无阴道出血和宫颈举痛。

（2）全身：患者生命体征是否平稳；有无恶心、呕吐；呕吐物的颜色和性状：为咖啡色、血性、宿食还是粪汁样，是否含胆汁；有无排便排气或腹泻；粪便颜色和性状；为水样还是果酱样。有无寒战、高热；巩膜和皮肤有无黄染或皮肤苍白、湿冷。

（3）辅助检查：血红蛋白水平、血细胞比容和血黏度是否正常，白细胞计数和中性粒细胞比例是否升高；尿常规检查有无异常；粪便检查是否显示隐血阳性或见白细胞；肝酶谱和胆红素水平有无升高；重要脏器功能的检测结果；影像学和其他辅助检查有无异常发现。

3. 心理、社会状况　患者及其家属对本次疾病的认知和担忧、心理承受程度及期望。

（二）术后评估

有无腹腔残余脓肿、出血和瘘等并发症。

【护理问题】

1. 腹痛　与腹腔内器官炎症、扭转、破裂、出血、损伤和手术有关。

2. 有体液不足的危险　与腹腔内脏破裂出血、腹膜炎症导致的腹腔内液体渗出、呕吐或禁食、胃肠减压等所致的液体丢失有关。

3. 恐惧和焦虑　与未曾经历过此类腹痛有关。

4. 知识缺乏　与缺乏相关的应对知识和方法有关。

5. 潜在并发症　腹腔内残余脓肿、瘘和出血。

【护理措施】

1. 加强心理护理　主动关心和安慰患者，向患者解说引起腹痛的可能原因，在做各项检查和治疗前耐心解释，使患者了解其意义并积极配合，以稳定其情绪；并创造良好氛围，减少环境改变所致恐惧感。

2. 严密观察病情

（1）定时监测生命体征的变化，注意有无脱水等体液紊乱表现。

（2）密切监测腹部症状和体征，同时注意有关伴随症状等，注意有无腹腔脓肿形成。

（3）记录 24 h 出入量。

3. 减轻或有效缓解疼痛

（1）非休克患者取半卧位，有助减轻腹壁张力，减轻疼痛。

（2）禁食和胃肠减压：禁食并通过胃肠减压抽吸出胃内残存物，减少胃肠内的积气、积液，减少消化液和胃内容物自穿孔部位漏入腹膜腔，从而减轻腹胀和腹痛。

（3）对疼痛剧烈的急腹症患者或术后切口疼痛患者，可遵医嘱落实止痛措施，注意评估镇痛效果和观察不良反应。

（4）采取放松疗法，如按摩、指导患者有节律地深呼吸；分散注意力法，如默念数字或听音乐；暗示疗法、催眠疗法和安慰剂疗法等缓解疼痛。

4. 维持体液平衡

（1）消除病因：有效控制体液的进一步丢失。

（2）迅速建立静脉通路，根据医嘱正确、及时和合理安排晶体和胶体液的输注种类和顺序。若有大量消化液丢失，先输注平衡盐溶液；有腹腔内出血或休克者，应快速输液并输血，以纠正血容量。

（3）大出血有休克体征者取头低脚高卧位。

5. 严格执行“四禁”　外科急腹症患者在诊断没有明确前必须严格执行“四禁”，即禁用吗啡类镇痛剂、禁饮食、禁服泻剂及禁止灌肠，以免掩盖病情，使炎症扩散或加重病情。

6. 并发症的观察、预防和护理

（1）腹腔内残余脓肿和瘘：①体位：腹部或盆腔疾病患者取斜坡卧位，是使腹腔内炎性渗出、血液或漏出物积聚并局限于盆腔，因盆腔腹膜吸收毒素的能力相对较弱，可减轻全身中毒症状并有利于积液或脓液的引流。②有效引流：腹腔内置引流管时，须保持引流通畅，并观察引流物的量、色和质。③加强观察：若引流物为肠内容物或浑浊脓性液体、患者腹痛加剧，出现腹膜刺激征，同时伴发热、白细胞计数及中性粒细胞比例上升，多为腹腔内感染或瘘可能，应及时报告医生。④有效控制感染：遵医嘱合理、正确地使用抗菌药物。⑤处理发热：对伴有高热的患者，可用物理或药物方法降温，以减少患者的不舒服。

（2）出血：①加强生命体征的观察并做好记录。包括患者的呼吸、脉搏、血压、体温和尿量变化、若脉搏增快、面色苍白、皮肤湿冷，多为休克征象；若血红蛋白值及血压进行性下降，提示有腹腔内出血。②根据医嘱输液、输血、补充血容量和应用止血药物。③记录每小时尿量。

7. 其他

（1）加强基础处理：①对生活自理能力下降或缺失者，加强基础护理和生活护理。②对神志不清或躁动者，做好保护性约束。③对长期卧床者，预防压疮的发生。

（2）营养支持护理：对估计 7 d 以上不能恢复正常饮食的患者，尤其年老、体弱、低蛋白血症和手术后可能发生并发症的高危患者，在积极提供肠内、外营养支持的同时，应观察和预防与营养支持相关的并发症，以提高其抗病能力。

8. 健康指导　向患者及其家属介绍有关病变的病因、转归、目前处理原则及护理措施；解释相关检查的方法、意义和注意事项；强调饮食管理的重要性，争取患者及其家属的支持、配合。

（黄蕾）

第十七章 周围血管疾病患者的护理

学习目标

掌握：下肢静脉曲张、血栓闭塞性脉管炎的临床表现、护理。
熟悉：下肢静脉曲张、血栓闭塞性脉管炎的病因、辅助检查、处理原则。
了解：下肢静脉曲张、血栓闭塞性脉管炎的病理生理。

第一节　下肢静脉曲张患者的护理

患者女性，38岁，理发师。下肢酸胀、沉重5年，活动或休息后减轻。体检见小腿内侧有蚓状团块，足靴区有色素沉着。

问题导向：

(1) 该患者出现此病的诱因是什么？

(2) 该患者目前的护理诊断是什么？

(3) 针对此病，应该怎样预防？

下肢静脉曲张是指下肢浅静脉因血液回流障碍，导致静脉迂曲和扩张，常并发小腿皮肤炎症、浅静脉炎或经久不愈的顽固性溃疡，是外科的一种常见病。多见于长期从事体力劳动或站立工作的人。下肢浅静脉曲张大多发生在大隐静脉，少数合并小隐静脉曲张或单独发生在小隐静脉。分为原发性（单纯性）和继发性（代偿性）两种。

（一）　解剖生理

1. 下肢静脉　由深静脉、浅静脉、穿通静脉和交通静脉组成。深静脉在肌肉之间与同名动脉伴行。浅静脉在浅筋膜浅面，分大隐静脉与小隐静脉。大隐静脉起自足背静脉网内侧，经内踝前方，沿小腿、膝和大腿内侧上行，在腹股沟卵圆窝处注入股静脉；小隐静脉起自足背静脉网外侧，沿外踝后缘上行，经小腿后中份，在腘窝注入腘静脉。下肢深、浅之间存在十余支穿通静脉，主要位于大腿下 1/3 至足背。在下肢深、浅静脉之间，以及大、小隐静脉之间有许多交通静脉。

2. 下肢静脉瓣膜　在下肢深、浅静脉和穿通静脉内，有静脉瓣膜存在，这些瓣膜呈单向开放，保持血流从远端向近端或由浅向深部流动，阻止静脉血逆流。

3. 静脉壁结构　静脉壁由外膜、中膜和内膜组成。外膜主要为结缔组织，内膜为内皮细胞，中膜为肌层，与静脉壁的强弱与收缩功能相关。下肢远侧深静脉及小腿浅静脉分支的管壁较近侧薄，而承受的静脉血柱压力比近侧静脉高，故易发生静脉曲张。

4. 下肢血流动力学　下肢静脉血流能对抗重力而向心回流，主要依赖于静脉瓣膜向心单向开放功能、肌关节泵的动力功能、心脏的搏动和胸腔内负压对周围静脉血的向心吸引作用。

（二）病理生理

静脉壁薄弱、静脉瓣缺陷及浅静脉内压力升高，是浅静脉曲张的主要原因。静脉壁薄弱、静脉瓣缺陷与遗传因素有关。由于浅静脉壁肌层薄，缺乏周围组织支持，当长期站立工作、重体力劳动、妊娠、慢性咳嗽、便秘都可使浅静脉内压力升高引起浅静脉扩张，导致瓣膜闭锁不全，出现血液反流；长期反流破坏了远端的静脉瓣膜，最终导致静脉伸长、扩张、迂曲而形成静脉曲张。病情进展后出现血栓性静脉炎、足靴区湿疹及溃疡形成和急性出血等并发症。

【护理评估】

（一）健康史

了解患者的性别、年龄、职业等，有无长期站立工作、久坐少动、重体力劳动、妊娠、盆腔肿瘤、慢性咳嗽、习惯性便秘等造成腹内压增高的因素。

（二）身体状况

下肢静脉曲张以大隐静脉曲张多见，单独的小隐静脉曲张较少见；左下肢多见，但双下肢可先后发生。主要表现为下肢浅静脉曲张、蜿蜒扩张、迂曲。

发病早期患者感觉下肢沉重发胀、小腿酸痛、乏力、足部水肿等。可见下肢浅静脉扩张、弯曲、呈蚯蚓状；病程较长者，皮肤可发生营养障碍，表现为足靴区皮肤营养性改变，皮肤萎缩、脱屑、瘙痒、色素沉着、湿疹和慢性溃疡形成等。若并发血栓性浅静脉炎，患部疼痛，皮肤红肿，局部压痛，呈硬条索状或硬团块。静脉曲张因溃疡侵蚀或外伤致破裂，可发生急性出血。

（三）心理-社会状况

本病为慢性病程，病变肢体常感酸胀不适，静脉曲张，甚至继发湿疹和经久不愈的溃疡，可影响患者正常生活和工作，使患者产生忧虑、悲伤等心理变化。注意了解患者及其家人对疾病的认识及对治疗、预后的反应等。

（四）辅助检查

1. 特殊检查　为了解下肢深静脉是否通畅、浅静脉及交通静脉瓣膜功能状态，通常进行以下检查。

（1）深静脉通畅试验：患者站立，于大腿上 1/3 处扎止血带，以阻断浅静脉，曲张静脉充盈后，让患者连续用力做下蹲、站立或交替伸屈膝关节 10 次，如果深静脉通畅，充盈的浅静脉程度减轻或消退，表示可以手术；如果深静脉阻塞，则浅静脉充盈更加明显，并有胀痛不适（图 17-1）。

（2）大隐静脉瓣膜功能试验：患者仰卧，抬高患肢，使浅静脉血液回流排空，在大腿根部扎止血带以阻止大隐静脉血液回流，然后让患者站立，10 s 内放开止血带，若出现自上而下的静脉逆流充盈，表示大隐静脉瓣膜功能不全（图 17-2）。若未放开止血带前，止血带下方的静脉在 30 s 内已充盈，则表明交通静脉瓣膜关闭不全（图 17-3）。根据同样的原理在腘窝部扎上止血带，可以检测小隐静脉瓣膜的功能。

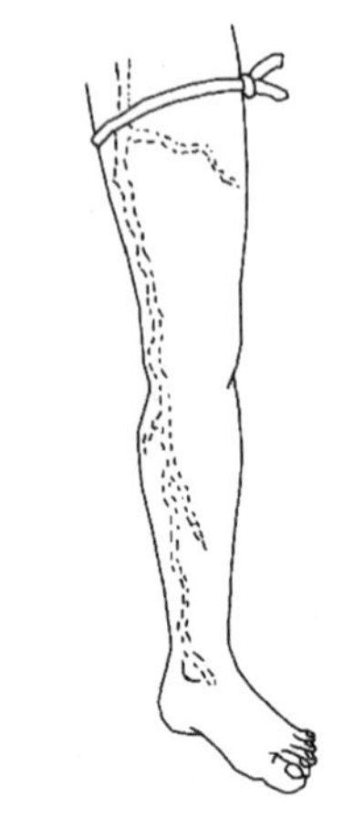

图 17-1　深静脉通畅试验

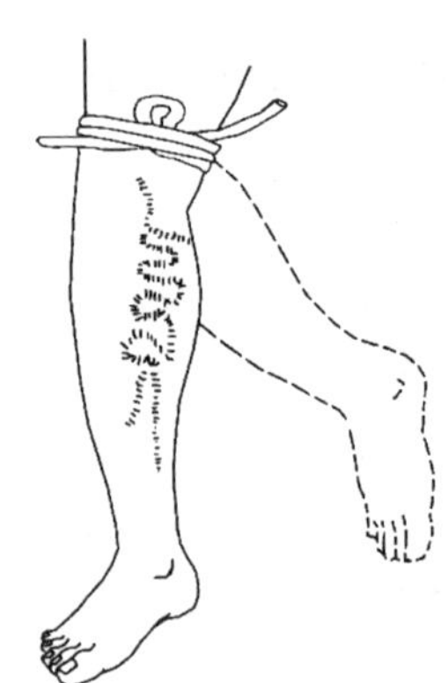

图 17-2　大隐静脉瓣膜功能试验

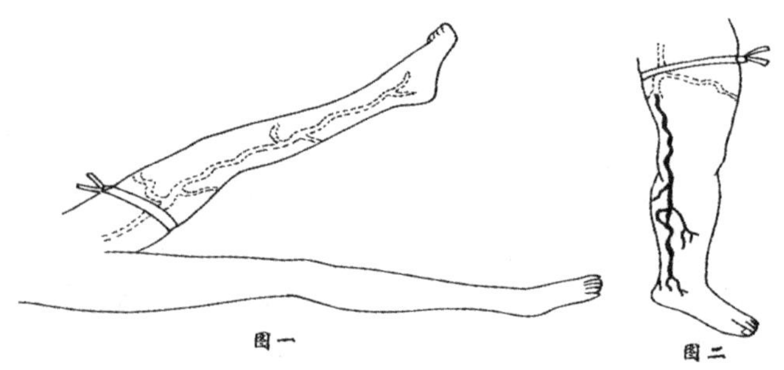

图 17-3　交通支瓣膜功能试验

（3）穿通静脉瓣膜功能试验：患者仰卧，抬高患肢，在大腿根部扎止血带。然后从足趾向上至腘窝缚缠第 1 根弹力绷带，再自止血带处向下缠第 2 根弹力绷带。让患者站立，一边向下解开第 1 根弹力绷带，一边向下继续缚缠第 2 根弹力绷带，如果在 2 根绷带之间的间隙内出现曲张静脉，提示该处有功能不全的交通静脉（图 17-4）。

2. 其他检查　必要时行超声多普勒、下肢静脉压测定、容积扫描检查等，下肢静脉造影对诊断与鉴别最为重要。

（五）　治疗要点

1. 非手术治疗　只能改善症状。适用于：①病变局限，症状较轻；②妊娠期间发病；③症状虽明显，但不能耐受手术者。

（1）促进静脉回流：避免久站、久坐，间歇性抬高患肢。患肢穿弹力袜或用弹力绷带，使曲张静脉萎瘪。

（2）注射硬化剂及压迫治疗：适用于病变范围小且局限者，亦可作为手术的辅助治疗，处理残留的曲张静脉。将硬化剂注入曲张的静脉后局部加压包扎，利用硬化剂造成的静脉炎症反应使其闭塞。常用的硬化剂有鱼肝油酸钠、酚甘油液等。

图 17-4　穿通静脉瓣膜功能试验

2. 手术治疗　适用于深静脉通畅、无手术禁忌证者，是治疗下肢静脉曲张的根本方法。

手术方式为大隐静脉或小隐静脉高位结扎及曲张静脉剥脱术。已确定交通静脉功能不全者，可选择筋膜外、筋膜下或腔镜下做交通静脉结扎术。对合并小腿慢性溃疡合并者，应积极换药，控制急性感染及早手术；若溃疡仍不愈合，则应行溃疡切除、植皮，患处多能愈合。

【护理问题】

1. 活动无耐力　与下肢静脉曲张、静脉回流不畅有关。

2. 皮肤完整性受损　与静脉回流障碍、皮肤营养不良、并发感染有关。

3. 潜在并发症　小腿曲张静脉破裂出血、湿疹、慢性溃疡、深静脉血栓形成。

【护理措施】

（一）　非手术疗法及术前护理

1. 一般护理　注意休息，避免久站久坐或长时间行走；指导患者适当运动，在平卧时将下肢抬高 20°~30°，促进血液回流，有利于减轻患肢的酸胀、沉重感。

2. 穿弹力袜或使用弹力绷带　指导患者正确长期使用弹力绷带或穿弹力袜，使曲张静脉保持萎瘪状态，达到控制和延缓病情发展的目的。使用弹力绷带或穿弹力袜时应注意：①宽度和松紧度适宜。弹力绷带松紧度以能将一个手指伸入缠绕的圈内为宜，弹力袜的选择必须符合患者腿部周径，穿着时保证平整无皱褶，短袜在膝下 3 cm 处结束，长袜应在腹股沟下 3 cm 结束。②包扎前应使静脉排空，故以清晨起床前进行为好。③包扎时从肢体远端开始，逐渐向上缠绕。④使用中注意观察肢端的皮肤色泽、患肢肿胀情况，以判断效果。

3. 硬化剂注射疗法的护理　注射前准备 1% 聚桂醇、弹力绷带等物品；注射后穿弹力袜或缠绕弹力绷带，嘱患者立即开始主动活动。

4. 慢性溃疡的护理　注意卧床休息，患肢抬高，促进静脉回流；局部加强换药，小溃疡可用生理盐水或 3% 硼酸溶液湿敷，每日 2~3 次，保持创面清洁；溃疡面积较大时，宜彻底清创，每日给予换药，手术日晨将溃疡处再换药 1 次，并用无菌治疗巾包好，以免污染手术野。同时手术前按医嘱使用抗生素控制感染。

5. 术前准备　对有出血倾向或血液病史，进行出凝血时间、凝血酶原时间等测定。术前 1 d 认真仔细地做好患侧下肢手术野（上至脐平，下至足趾）的皮肤准备。用甲紫或记号笔画出曲张静脉的行径。若手术中需植皮时，还应做好供皮区的皮肤准备。

（二）　术后护理

1. 一般护理　术后卧床休息，患肢抬高 20°~30°，以利静脉回流。

2. 活动　术后早期指导患者进行足背伸屈活动，以促进静脉血回流，减轻肢体肿胀；如无异常不适，术后1~2 d鼓励患者下床行走活动，防止深静脉血栓形成，但要避免过久站立、静坐或静立不动。对行大隐静脉高位结扎加植皮者，应推迟下床活动时间，以保证植皮的成活。

3. 严密观察　观察末梢血液循环和弹力绷带的松紧度（一般弹力绷带需维持2周左右，防止静脉剥脱部位出血），患肢远端皮肤色泽、温度及足背搏动情况；手术后第1日患侧足背若有水肿，多因静脉回流不畅或患肢绷带包扎过紧所致。如患肢疼痛，应及时松开弹力绷带重新包扎。发现切口出血、感染、静脉炎或深静脉血栓形成等并发症的征象时，应及时报告医生，并协助妥善处理。

4. 加强换药　对术前有慢性溃疡者，术后继续换药，促进创面愈合。

（三）健康指导

（1）指导患者正确穿弹力袜或用弹力绷带。非手术治疗者应坚持长期使用，术后患者宜继续使用1~3个月。

（2）平时应保持良好的坐姿，避免久站、久坐或负重劳动，坐时避免双膝交叉过久，休息时适当抬高患肢。

（3）进行适当的肢体活动，保护好患肢，避免外伤。

（4）去除影响下肢静脉回流的因素，保持大便通畅，避免肥胖，避免用过紧的腰带和穿紧身衣物。

第二节　血栓闭塞性脉管炎患者的护理

患者男性，39岁。较长距离步行后，感下肢疼痛，肌肉抽搐，休息后症状消失，再走一段路后症状又出现。平时有右足发凉、怕冷及麻木感。检查右足背动脉较左侧搏动减弱。

问题导向：

（1）该患者目前的护理诊断是什么？

（2）如何对其护理？

血栓闭塞性脉管炎又称Buerger病，是一种累及血管的炎症性、节段性和周期发作的慢性闭塞疾病。我国北方较多见，好发于青壮年男性。病变主要累及四肢中、小动脉，以动脉为主，伴行静脉亦常受累，尤其是下肢血管。

主要侵犯下肢的中小动脉，病变呈节段性分布，由远端向近端进展。早期以血管痉挛为主，继而血管内膜增厚并有血栓形成，进一步导致血管完全闭塞。晚期血管壁炎症病变向周围扩展，血管周围纤维组织增生硬化，将动脉、静脉及其周围的神经粘连在一起。在血栓闭塞形成的同时，可有代偿性侧支循环形成，症状可暂时缓解，或周期性加重，最终可造成肢体远端坏疽和溃疡形成。

【护理评估】

（一）健康史

本病确切原因至今尚不清楚，可能与下列因素有关：①外来因素：主要有吸烟、寒冷与潮湿的生活环境、慢性损伤和感染等。主动或被动吸烟是诱发本病发生和发展的重要因素，持续吸烟可加速病情恶化，而在坏疽前戒烟能明显缓解症状，甚至完全缓解，再吸烟后病情可复发。②内在因素：神经内分泌紊乱、自身免疫功能异常、性激素和前列腺素失调等因素。

（二） 身体状况

本病起病隐匿，进展缓慢，常呈周期性发作。根据肢体缺血程度可分为三期。

1. 局部缺血期　由于动脉痉挛，患肢供血不足，出现肢端发凉、怕冷、小腿部酸痛、足趾有麻木感。尤其是在行走一定距离后，肌肉耗氧增多，代谢增强，但患肢供血不能相应增加，代谢产物聚积，引起刺激性疼痛和肌肉抽搐，被迫停下来，休息一定时间后，局部代谢产物被清除，疼痛等症状可缓解，但再行走后又可发作，这种现象称为间歇性跛行（intermittent claudication），为此期的典型表现。少部分患者可伴有游走性静脉炎。此期患者足背、胫后动脉搏动明显减弱。

2. 营养障碍期　此期除血管痉挛加重外，并有明显的血管壁增厚及血栓形成，即使休息也不能满足局部组织的血液供应，患肢出现持续性疼痛，尤以夜间为甚，患者不能安睡，常弯腰抱膝而坐，或将患肢置于下垂位，以增加血供缓解疼痛，这种现象称为静息痛（rest pain）。此期足部和小腿皮肤苍白、干冷、肌肉萎缩、趾甲增厚或脆裂。足背、胫后动脉搏动消失。

3. 坏疽期　患肢动脉完全闭塞，血液循环中断，以致发生干性坏疽，先见于足趾尖端，逐渐累及全趾，甚至足部或更高平面。此后，坏死组织可自行脱落，形成经久不愈的溃疡。当继发腐败菌感染时，可转为湿性坏疽，患处红、肿、热、痛，流出恶臭脓液，并有全身感染中毒症状。

（三） 心理-社会状况

患者可因患肢疼痛及病变加重而产生忧虑、急躁、悲观反应；后期因疼痛剧烈，一般止痛剂难以奏效，发生肢端坏疽后须截肢，而对治疗、生活丧失信心；也可由于使用麻醉性镇痛剂，出现药物成瘾。

（四） 辅助检查

1. 一般检查

（1）跛行距离和跛行时间试验。

（2）皮肤温度测定：双侧肢体对应部位皮肤温度相差 2 ℃以上，提示皮温降低侧有动脉血流减少。

（3）肢体抬高试验（Buerger 试验）：患者平卧，患肢抬高 45°，3 min 后若出现麻木、疼痛、足趾和足掌皮肤呈苍白或蜡黄色为阳性，再让患者坐起，下肢自然下垂于床沿，足部皮肤出现潮红或发绀者提示患肢有严重供血不足。

（4）解张试验：通过蛛网膜下腔或硬脊膜外腔阻滞麻醉，对比麻醉前后下肢的温度变化。阻滞麻醉后皮肤温度升高明显，为动脉痉挛因素；若无明显变化，说明病变动脉已处于严重狭窄或完全闭塞。

2. 特殊检查　超声多普勒、肢体血流图、动脉造影等检查，可明确病变血管的部位、范围、程度和侧支循环等。

（五） 治疗要点

治疗原则主要是解除痉挛，促进侧支循环建立，改善患肢的血液循环，防治局部感染，尽可能保全肢体，减少伤残程度。一般采用多种方法综合治疗，如中、西药物，手术及高压氧疗法等。

1. 一般治疗　绝对戒烟，防寒保暖，但不宜热敷或热疗，以免加重症状。患肢做Buerger 运动，促进侧支循环的建立。

2. 药物治疗　应用的药物较多，血管扩张剂可缓解血管痉挛，促进侧支循环建立，改善血液循环。低分子右旋糖酐可降低血液黏稠度，改善微循环，防止血栓的发展和蔓延。中医中药根据辨证论治后选择活血化瘀等药物。并发感染者，选用有效抗生素防治感染。

3. 高压氧治疗　提高血氧量，增加肢体供氧，减轻疼痛和促进伤口愈合。

4. 手术治疗　目的是重建肢体动脉血流通路，改善肢体缺血。可根据病情选用交感神经节切除术、血栓内膜剥脱术、动脉旁路移植术、大网膜移植术、静脉动脉化等。截肢（指、趾）术适用于溃疡无法愈合、感染无法控制的晚期患者。

5. 溃疡与坏疽的处理　对干性坏疽，不宜包扎，可任其干燥；对感染创面和湿性坏疽，应注意通畅引流，全身和局部应用有效抗生素；组织坏死已有明确界线者，应做截肢（指、趾）术。

【护理问题】

1. 疼痛　与动脉痉挛、管腔狭窄或闭塞造成组织缺血有关。
2. 组织完整性受损　与肢端坏疽、脱落有关。
3. 焦虑　与患肢缺血、组织坏死造成剧痛有关。
4. 知识缺乏　缺乏患肢锻炼方法的知识及本病的预防知识。
5. 潜在并发症　术后切口出血和栓塞等。

【护理措施】

（一） 非手术疗法及术前护理

1. 控制和缓解疼痛　绝对戒烟，缓解烟碱对血管的收缩作用；肢体保暖，避免寒冷刺激，但注意不能用热水袋或热水给患肢直接加温，以免增加局部组织的耗氧量，加重局部缺血、缺氧；早期轻症患者，可口服妥拉苏林、烟酸，或静脉注射前列腺素 E1 、硫酸镁等扩血管药物，缓解血管痉挛；应用低分子右旋糖酐，以减少血液黏稠度和改善微循环；对疼痛剧烈者，可使用麻醉性镇痛药物。

2. 指导患者进行肢体运动，促进侧支循环建立　患者平卧，抬高患肢 45°，坚持 2~3 min，然后双足下垂床边 2~3 min，再将患肢平放 2~3 min。同时进行踝部和足趾运动，如此反复锻炼 20 min，每日 3~4 次。

3. 保护患肢　注意保暖，避免受冷、受潮和外伤。避免搔抓，严防损伤，保持足部清洁、干燥，及时治疗足癣。对已发生坏疽部位，应注意保持干燥，局部消毒后无菌敷料包扎。对已发生感染的创面，可选用抗生素湿敷。

4. 控制血管病变　在血管重建术前必须用药物治疗，使血管病变趋于稳定，注意观察药物疗效和不良反应。

5. 心理护理　关心体贴患者，帮助患者消除悲观情绪，树立战胜疾病的信心，使其能积极配合治疗和护理。

6. 术前护理 根据手术方式和麻醉方式进行常规术前准备，改善周围循环，避免血管痉挛和保护患肢，如需植皮，注意供皮区的皮肤准备。

（二） 术后护理

1. 体位与活动 静脉血管重建术后需抬高患肢30°，以利静脉血液回流，卧床制动1周。动脉手术者，术后患肢平置，卧床并制动2周。自体血管移植术后卧床制动时间可适当缩短。鼓励患者坚持作踝部伸屈运动，促进小腿部静脉血液回流。

2. 病情观察 密切观察血压、脉搏、肢体温度及切口渗血情况；观察肢体温度时应两侧对照，并做好记录；动脉血栓内膜剥脱术及血管重建术后应观察患肢末梢循环状况，发现异常及时报告医生。

（三） 健康指导

（1）指导患者坚持戒烟，以消除烟碱对血管刺激。

（2）避免久站久坐、多做肢体运动。

（3）周围血管病变发生并发症常因没有加强预防措施所致。要告诫患者避免肢体损伤，如洗澡或洗脚时水不宜过热，以免烫伤；不可赤脚走路，以防受伤；被蚊虫叮咬时应避免用手抓而造成明显伤口；使用软性肥皂；以润肤液涂抹手、足、腿部，以防皮肤干燥、皲裂、趾甲变厚等。

（4）指导患者进行肢体运动，以促进侧支循环的建立。方法是：患者平卧，抬高患肢45°，维持1～2 min，然后双足下垂床边2～3 min，同时做踝及趾的伸屈运动，再将患肢放平休息2 min，如此反复锻炼5次，每日3～4次。

扫码做练习

（5）合理使用止痛药物，防止成瘾。

（黄蕾）

第十八章 泌尿及男性生殖系统疾病患者的护理

学习目标

掌握：泌尿系统损伤、尿路结石、前列腺增生症、膀胱肿瘤的临床表现、护理。
熟悉：泌尿、男性生殖系统各种疾病的病因、诊断要点及处理原则。
了解：尿路结石、前列腺增生症的病因病理。

第一节 概述

泌尿、男性生殖系统因其解剖和生理的特点，患病后常表现出一些特有症状，如排尿改变、尿液改变、尿道分泌物、疼痛和肿块等。在泌尿、男性生殖系统疾病的诊断和检查方面，除超声波、X 线、电子计算机体层扫描（CT）、磁共振成像（MRI）、放射性核素显像等影像学检查方法外，还常采用一些专业性的器械检查如导尿、尿道扩张、膀胱镜、输尿管镜、肾镜及尿流动力学等检查方法。

一、主要症状

1. 排尿改变

（1）尿频：即排尿次数增多但每次尿量较少。正常成年人白天排尿 3～5 次，夜间 0～1 次，每次尿量 300～400 mL。尿频多由泌尿道炎症、膀胱结石或肿瘤、前列腺增生等引起。若排尿次数增加而每次尿量并不减少，甚至增多，可能是生理性的，如饮水过多、进食利尿食品；也可能是病理性因素如糖尿病、尿崩症或肾浓缩功能障碍等引起；精神紧张也是引起尿频的原因之一。

（2）尿急：指有尿意即迫不及待地要排尿且难以自控，但尿量却很少，常与尿频同时存在。多因尿道、膀胱炎症或异物刺激所致，也可由膀胱的顺应性降低引起，常伴有尿痛。

（3）尿痛：尿痛是指排尿时感到尿道和会阴部疼痛。其疼痛程度有轻有重，常呈烧灼样，重者痛如刀割。常见于尿道炎、前列腺炎、精囊炎、膀胱炎、尿路结石、肾盂肾炎等。尿频、尿急、尿痛常同时存在，三者合称膀胱刺激征。

（4）排尿困难：尿液不能通畅排出即为排尿困难。表现为排尿延迟、费力，尿线变细，射程短，滴沥等，见于膀胱以下的尿路梗阻。

（5）尿潴留：膀胱内积有大量尿液而不能排出，称为尿潴留。急性尿潴留可因膀胱出口以下尿路急性梗阻或腹部、会阴部手术刺激引起。慢性尿潴留可由膀胱出口以下尿路不完全梗阻或神经源性膀胱所致，可出现充溢性尿失禁。

（6）尿流中断：指排尿过程突然中断并伴有疼痛，多见于膀胱结石。

（7）尿失禁：尿液不能控制而自行由尿道外口流出即为尿失禁。可分为以下几种情况：①真性尿失禁：膀胱失去控尿能力，膀胱空虚。常见原因为外伤、手术或先天性疾病引起的膀胱颈和尿道括约肌损伤等；还可见于女性尿道异位开口、膀胱阴道瘘等。②压力性尿失禁：即当腹压增加如咳嗽、打喷嚏、大笑、突然起立时，尿液不随意地流出，多见于经产妇。③充溢性尿失禁：由于膀胱过度充盈，膀胱内压力超过尿道阻力，使得尿液不断溢出。见于前列腺增生等所致慢性尿潴留患者。④急迫性尿失禁：见于严重尿频、尿急的患者，因膀胱不受意识控制而发生收缩引起，与膀胱的严重感染有关。

2. 尿液改变

（1）血尿：尿液中含有血液即为血尿。可由泌尿系统感染、结石、肿瘤、肾炎、泌尿系损伤等引起。根据含血量的多少，可分为镜下血尿和肉眼血尿。①镜下血尿：指显微镜下见到尿中含红细胞，一般认为离心尿每高倍视野中红细胞超过 3 个即有病理意义。②肉眼血尿：指肉眼看到尿液呈血色或有血块，一般在 1 000 mL 尿中含 1 mL 血液即呈肉眼血尿。

（2）脓尿：尿中含有白细胞即为脓尿，一般认为离心尿沉渣每高倍视野中白细胞超过 5 个即可确诊，是泌尿系统感染的表现。

（3）乳糜尿：乳糜尿指尿中含有乳糜或淋巴液，呈乳白色。若同时含有血液则呈红褐色，称为乳糜血尿，见于丝虫病患者。

（4）晶体尿：晶体尿是指尿液中盐类呈过饱和状态，有机或无机物质沉淀、结晶，尿液可呈石灰水样，静置后有白色沉淀物。

（5）尿量改变：正常成年人 24 h 尿量 1 000～2 000 mL，超过 2 000 mL 为多尿，少于 400 mL 为少尿，少于 100 mL 为无尿。多尿见于肾衰竭多尿期、尿崩症、糖尿病或使用利尿剂的患者，也可见于大量饮水的正常人；少尿或无尿见于肾衰竭少尿期或体液不足的患者。

3. 尿道分泌物　尿道分泌物的性质与病因有关，如大量黄色、黏稠的脓性分泌物是急性淋菌性尿道炎的典型症状；少量无色或白色稀薄分泌物，多为支原体、衣原体所致的非淋菌性尿道炎所致；男性在晨起排尿前或大便后尿道口有少量乳白色、黏稠分泌物，为慢性前列腺炎的表现；尿道出现血性分泌物，提示尿道癌。

4. 疼痛　疼痛为常见的重要症状。疼痛可位于病变器官所在部位，也可放射到其他部位。

（1）肾和输尿管痛：肾脏病变引起的疼痛，常位于肋脊角、腰部或上腹部，一般为持续性钝痛。肾盂输尿管连接处或输尿管急性完全性梗阻时，可引起肾绞痛，表现为突发剧烈的腰部绞痛、辗转不安、大汗，伴有恶心、呕吐，疼痛可沿输尿管行经放射至下腹、膀胱区，甚至外阴或大腿内侧；疼痛一般持续几分钟到几十分钟，间歇期可无任何症状。

（2）膀胱痛：膀胱病变引起的疼痛常位于耻骨上区域，也可在盆腔内。急性尿潴留表现为持续性胀痛，而慢性尿潴留可仅有不适感。膀胱炎症引起的疼痛，可为锐痛、烧灼痛，常放射到阴茎头部及远端尿道。

（3）前列腺痛：前列腺炎可引起会阴、直肠、腰骶部、耻骨上区、腹股沟区及睾丸的疼痛和不适。

（4）阴囊痛：睾丸和附睾的病变可引起阴囊坠胀、不适或疼痛。睾丸扭转或急性附睾炎时，可引起阴囊剧烈疼痛。肾绞痛或前列腺炎症时，可引起放射性阴囊痛。

二、检查方法

1. 导尿检查　导尿检查主要适用于：①收集尿培养标本；②测定膀胱容量、压力、残余尿量；③探测尿道有无狭窄或梗阻；④进行造影检查或灌注药物；⑤解除尿潴留。急性尿道炎时禁忌导尿检查。

2. 尿道扩张　一般首选 18~20 F 探条，以免过细探条损伤尿道。操作时动作应轻柔，避免反复多次扩张，两次扩张的间隔时间不少于 3 d。可有尿道出血、假道形成及尿道热等并发症。

3. 膀胱镜检查　膀胱镜检查能直接窥查到尿道及膀胱内的病变，可取活体组织做病理检查，还可做膀胱内异物钳取或破碎结石等。通过插管镜经双侧输尿管口插入输尿管，可做逆行肾盂造影或收集肾盂尿送检，亦可进行输尿管套石术或放置输尿管支架管行内引流。特殊的尿道膀胱镜包括电切镜等，可实施尿道、膀胱、前列腺、输尿管和肾的比较复杂的操作。尿道狭窄、膀胱炎症或膀胱容量过小者，不宜做这项检查。可能的并发症有尿道损伤、出血、急性尿路感染和急性尿潴留。

4. 输尿管镜和肾镜检查　输尿管镜一般经尿道、膀胱置入输尿管及肾盂。肾镜通过经皮肾造瘘进入肾盏。输尿管镜和肾镜检查可直接窥查输尿管、肾盂内的病变，也可直视下取石或碎石、切除或电灼肿瘤、取活体组织检查等。适用于泌尿系统结石、原因不明的肉眼血尿或细胞学检查阳性、造影显示输尿管充盈缺损等患者。对全身出血性疾病、前列腺增生、病变以下输尿管梗阻及有膀胱镜检查禁忌证者，不宜做此项检查。

5. 尿动力学测定　尿动力学测定是依据流体力学和电生理学的基本原理和方法，测定尿路各部压力、尿流率及生物电活动，从而了解尿路输送、储存、排出尿液的功能，为分析排尿障碍的原因、选择治疗方法、评定治疗效果提供客观依据。现代尿动力学研究系通过尿动力仪完成。上尿路尿动力学检查包括经皮肾盂穿刺灌注测压和尿路造影时动态影像学观察；下尿路尿动力学检查可分别或同步测定尿流率、膀胱压力容积、压力/流率、尿道压力和肌电图等，亦可与影像学同步检查。

6. 检查护理

（1）检查前：准备好检查器械、消毒用物、标本收集瓶及其他必需用品。器械检查均为有创检查，应向患者做好解释工作，消除其恐惧心理。指导患者彻底清洗会阴部，除导尿检查外均应排空膀胱。

（2）检查时：协助患者取合适体位，严格遵守无菌操作原则，配合检查医生消毒，提供检查所需物品，做好检查中的配合工作，收集并妥善保存标本。

（3）检查后：应指导患者多饮水，遵医嘱常规应用抗生素 2~3 d，以预防感染；尿道扩张和内腔镜检查后，多数有肉眼血尿，告知患者不要紧张，2~3 d 即可自愈；对严重损伤、出血、尿道热者，应留院观察，并给予输液及抗生素治疗，必要时留置尿道导尿管或行膀胱造瘘。

三、影像学检查

1. 超声波检查　超声波检查方便、无创，已被广泛应用于泌尿、男性生殖系统疾病的诊断、介入治疗及随访。对肿块性质的确定、结石和肾积水的诊断、肾移植术后并发症的鉴别、残余尿量测定及前列腺测量等，能提供较为准确的信息。腔内超声探头在膀胱或直肠内做 360°旋转，有助于膀胱和前列腺疾病的诊断及肿瘤的分期。多普勒超声仪可得到体内血流的频谱，确定动静脉走向，显示血管内血流情况和计算阻力指数，用于肾血管疾病、睾丸扭转的诊断及移植肾排异的鉴别等。介入性超声可对脏器或病灶插入穿刺针或导管等，进行活检、引流及其他治疗。

2. X 线检查

（1）尿路平片（KUB）：常规尿路平片包括两侧肾脏、输尿管、膀胱及后尿道，能显示肾的轮廓、大小及位置，腰大肌阴影，脊柱及骨盆，肿瘤骨转移，钙化及尿路结石等。侧位片有助于确定不透光阴影位于腹腔还是腹膜后。腰大肌阴影消失，提示腹膜后炎症或肾周感染。

（2）静脉尿路造影（IVU）：又称排泄性尿路造影。腹部加压下静脉注射有机碘对比剂，分别于注射后 5 min、15 min、30 min、45 min 摄片。排泄性尿路造影能显示尿路形态，还可同时做排尿造影、观察分侧肾功能等。妊娠及肾功能严重损害者，禁行此项检查。

（3）逆行肾盂造影（RP）：通过尿道膀胱镜行输尿管插管，再经插管注入有机碘对比剂，亦可注入气体作为阴性比衬。逆行肾盂造影能清晰地显示肾盂、输尿管的形态，适用于排泄性尿路造影显影不清晰或有禁忌证者。急性尿路感染及尿道狭窄者，禁做此项检查。

（4）顺行肾盂造影（AP）：通常在 B 超引导下经皮穿刺肾盂，注入对比剂，能较好地显示上尿路形态。顺行肾盂造影适用于排泄性尿路造影显影不良、逆行肾盂造影失败或有上述两种检查的禁忌证而又怀疑为上尿路梗阻性病变者。

（5）膀胱造影：膀胱造影是经导尿管向膀胱内注入有机碘对比剂，可显示膀胱形态及其病变，如损伤、肿瘤、结石、瘘管、畸形、憩室及神经源性膀胱等。排泄性膀胱尿道造影可显示膀胱输尿管反流及尿道病变。

（6）肾血管造影：有直接穿刺、经皮动脉穿刺插管、选择性肾动脉或肾静脉造影及数字减影血管造影等几种方法。肾血管造影用于肾血管疾病、肾损伤、肾实质肿瘤等诊断，还可对某些肾肿瘤行栓塞治疗。数字减影血管造影能清晰地显示，包括肾实质内 1 mm 直径的血管影像，可精确地诊断肾动脉及其分支的细小病变。

（7）淋巴造影：经足背或阴茎淋巴管注入碘苯酯，可显示腹股沟、盆腔、腹膜后淋巴管和淋巴结。淋巴造影可了解泌尿、男性生殖系统肿瘤患者的淋巴结转移、淋巴管梗阻情况，还可了解乳糜尿患者的淋巴通路。

3. CT 扫描　CT 扫描有平扫、增强扫描和造影扫描三种方法。能为泌尿、男性生殖系肿瘤的诊断与分期提供可靠依据，还可鉴别肾实质性和囊性疾病、肾错构瘤和肾癌，并能显示腹部和盆腔转移而肿大的淋巴结、静脉内癌栓等。

4. 磁共振成像（MRI）　通过三个切面观察图像，组织分辨力更高，无须造影，无 X 线辐射。MRI 能显示被检查器官的组织结构和功能，还可显示脏器血流灌注信息。用途同于 CT，但提供较 CT 更为可靠的数据。磁共振血管成像（MRA）能较好地显示肾动脉，可用于肾动脉瘤、肾动脉狭窄、肾动静脉瘘、肾静脉血栓形成等的诊断，也可用于肾癌分期，特别是适合了解肾血管受侵犯情况及肾移植术后血管通畅情况等。磁共振尿路成像（MRU）又称水成像，无需对比剂和插管即能显示肾盏、肾盂、输尿管的结构和形态，是了解上尿路梗阻的无创性检查。

5. 放射性核素显像　是通过体内器官对放射性示踪剂的吸收、分泌和排泄过程而显示其形态和功能。主要包括：

（1）肾图：用于测定肾小管分泌功能和显示上尿路有无梗阻，也是一种检测分侧肾功能、了解尿路通畅及尿排出速率情况的常用方法。

（2）肾显像：静态显像仅显示核素在肾内的分布图像；动态显像显示肾吸收、浓集和排泄的全过程。通过显像清晰度、核素分布特征、显像和消退时间，能显示肾形态、大小及有无占位病变等，可了解肾功能、测定肾小球滤过率和有效肾血流量。单光子束发射计算机断层照相能动态观察器官功能的全过程，亦能摄取矢状、冠状及横断面的结构图像及功能状况。

（3）肾上腺显像：肾上腺皮质和髓质核素显像，有助于肾上腺疾病的诊断。

（4）阴囊显像：用于睾丸扭转或精索静脉曲张的诊断。

（5）骨显像：可显示全身骨骼系统有无肿瘤转移，尤其对判断肾癌、前列腺癌的骨转移有意义。

6. 影像学检查护理

（1）检查前：根据检查方法的需要，遵医嘱指导患者禁饮食、排尿或憋尿、灌肠、做碘过敏试验、准备抢救物品等，并说明检查的过程和配合的方法。

（2）检查时：应态度和蔼，安慰患者，减轻其紧张情绪；安置合适体位、保护患者免受损伤、遵医嘱注射对比剂等。

（3）检查后：根据需要指导患者休息，观察有无不良反应及并发症等。造影检查后，嘱患者多饮水，必要时遵医嘱输液，以促进对比剂的排出。

扫码看 PPT

第二节　泌尿系统损伤患者的护理

患者男性，38 岁。因车祸致右腰及下腹部疼痛 2 h 入院。患者于入院前 2 h 骑自行车时被摩托车从背部撞击，出现右腰、下腹部阵发性隐痛，伴肉眼血尿、恶心、呕吐，呼叫救护车后急诊入院。体格检查：体温 37.8 ℃，心率 98 次/min，呼吸 25 次/min，血压 95/70 mmHg，右腰部有软组织损伤、压痛，右下腹有压痛反跳痛及肌紧张。触诊移动性浊音阴性，肠鸣音正常。辅助检查：腹部 X 线透视可见下腹部有液平面。

问题导向：

（1）该患者医疗诊断是什么？需做哪些辅助检查？

（2）该患者目前的护理措施是什么？

泌尿系统损伤包括上尿路和下尿路。上尿路包括肾及输尿管，下尿路包括膀胱和尿道。泌尿系统损伤以男性尿道损伤最多见，肾、膀胱损伤次之，输尿管损伤最少见。泌尿系统损伤大多是胸部、腹部、腰部或骨盆严重损伤的合并伤。因此，当有上述部位损伤时，应注意有无泌尿系统损伤。

一、肾损伤

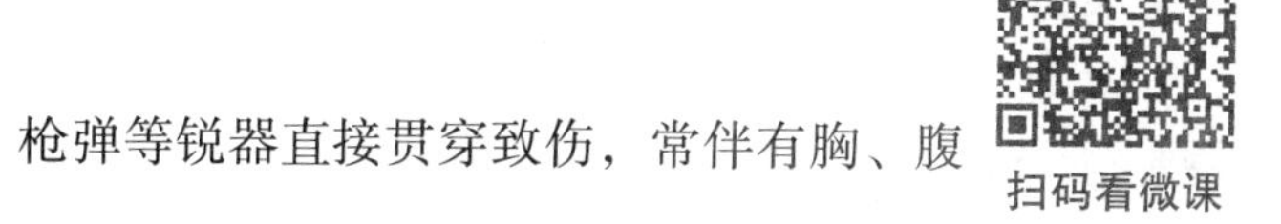

扫码看微课

1. 病因和分类

（1）开放性损伤：多由刀刃、枪弹等锐器直接贯穿致伤，常伴有胸、腹部损伤，伤情复杂而严重。

（2）闭合性损伤：多由直接暴力（如撞击、跌打、挤压或肋骨、椎骨横突骨折等）或间接暴力（如对冲伤、突然暴力扭转等）引起。肾脏本身存在病变如肾积水、肾肿瘤、肾结核或肾囊肿时，更易受损伤。

2. 病理　根据肾损伤的程度可分为四种病理类型。

（1）肾挫伤：肾实质轻微受损，形成肾瘀斑、包膜下血肿，肾包膜及肾盂黏膜完整；若损伤涉及肾集合系统，可有少量血尿，大多数患者属此类损伤。

（2）肾部分裂伤：肾实质部分裂伤伴有肾包膜或肾盂肾盏黏膜破裂，可形成肾周血肿或明显的血尿。

（3）肾全层裂伤：肾实质深度裂伤，肾包膜、肾盂、肾盏黏膜均破裂，常引起严重的肾周血肿、血尿和尿外渗；肾横断或碎裂时，可引起部分肾组织缺血。

（4）肾蒂损伤：较少见。若肾蒂血管部分或全部撕裂，可发生大出血，往往来不及诊治而死亡。

3. 治疗原则

（1）非手术治疗：适用于肾挫伤、轻型肾裂伤及无其他脏器合并损伤的患者。①伴休克者，应迅速给予输液、输血等，并确定是否合并其他脏器损伤，做好手术探查准备；②绝对卧床休息；③密切观察生命体征、血尿颜色和腰腹部肿块的变化；④及时补充血容量和能量；⑤应用广谱抗生素，开放性损伤者注射 TAT，以预防感染；⑥使用止痛、镇静和止血药物等。

（2）手术治疗：若明确为严重肾粉碎伤或肾盂破裂、肾动脉造影示肾蒂损伤及合并腹腔脏器损伤等，须尽快手术治疗。在非手术治疗期间发生以下情况者，应进行手术治疗：①经积极抗休克后生命体征未见改善；②血尿逐渐加重，血红蛋白和血细胞比容继续降低；③腰、腹部肿块明显增大；④怀疑腹腔脏器损伤。手术方式包括肾修补、肾部分切除或肾切除术。若出现肾周脓肿，则行脓肿引流术。

【护理评估】

（一） 健康史

了解疾病发生的情况，钝性暴力所致的肾损伤多为闭合性损伤。由于肾深藏于肾窝，得到周围组织的良好保护，故大多数患者属于轻度损伤。锐器或火器可致开放性损伤，多见于战时，常合并胸腹等其他器官组织的损伤，

（二） 身体状况

1. 休克　严重肾裂伤、肾蒂损伤或合并其他脏器损伤时，因创伤和失血，常发生休克。

2. 血尿　肾挫伤时血尿轻微，严重肾裂伤则呈大量肉眼血尿。血尿与损伤程度可不一致，血块堵塞输尿管、肾盂或输尿管断裂、肾蒂血管断裂、肾动脉血栓形成时，血尿可不明显或无血尿。血尿停止后，可因感染或过早起床活动而出现继发性血尿。

3. 疼痛、肿块、发热　肾包膜张力增加、肾周围软组织损伤、出血或尿外渗等，可引起腰腹部疼痛、腰肌强直；血液、尿液渗入腹腔或合并腹腔内脏器损伤时，可出现全腹疼痛和腹膜刺激征，并伴发热；血块通过输尿管时可发生肾绞痛。血液、尿液外渗至肾周围组织，可使局部肿胀，形成肿块；若继发感染，则形成肾周围脓肿，引起发热等全身中毒症状。

（三） 心理、 社会状况

因突发暴力致伤无心理准备，或出现大量颜色较深的肉眼血尿、疼痛、腰腹部包块等表现，患者常感焦虑、紧张，甚至恐惧，给患者带来很大的心理压力，因此应加强患者及其家属对伤情、治疗及护理的认知程度。

（四） 辅助检查

1. 实验室检查　尿中含有多量红细胞；血红蛋白与血细胞比容降低，合并感染时血白细胞计数和中性粒细胞比例可增高。

2. 影像学检查　B 超、CT 检查可对肾损伤的范围、程度及尿外渗情况作出判断，排泄性尿路造影不但有助于肾损伤的诊断，而且可了解对侧肾功能。

【护理问题】

1. 组织灌注量改变　与创伤、大出血、腹膜炎、尿外渗感染等有关。

2. 焦虑、恐惧　与突发意外事件、大量血尿、担心预后等有关。

3. 潜在并发症　感染。

【护理措施】

（一） 非手术治疗护理

1. 卧床休息　安置患者绝对卧床休息 2~4 周，待病情稳定、血尿消失后方可离床活动。

2. 防治休克　迅速建立两条静脉通路，遵医嘱快速输液、输血等，防治休克，还应给氧、保暖，给予止痛、止血药物等。

3. 预防感染　遵医嘱给予抗菌药物，开放性肾损伤者注射 TAT。

4. 观察病情　密切观察生命体征、面色、尿量、尿色、腹痛、腹膜刺激征、尿外渗和肿块的变化；定时采集血液、尿液标本送实验室检查。一旦发现上述症状加重，有休克或感染征象、实验室检查显示血尿和贫血加重，应及时做好手术治疗准备。

5. 心理护理　针对产生焦虑、恐惧、情绪不稳定等心理反应的原因，正确引导和及时纠正异常的心理变化，增强患者的信心，减轻恐惧及焦虑，安心接受治疗和护理。

（二）术前护理

配合医生做好排泄性尿路造影等影像学检查前的准备工作，做好必要的术前常规准备工作。

（三）术后护理

1. 卧床休息　肾切除术后卧床休息 2~3 d；肾修补或部分切除术后需卧床休息 2~4 周；合并骨盆骨折者卧床休息时间延长至 6~8 周。卧床期间注意定时变换体位，以防发生压疮。

2. 观察病情　观察生命体征是否平稳，尤其注意有无发热、切口红肿或热痛等感染征象。观察尿量，注意肾功能情况。

3. 预防感染　遵医嘱继续使用抗菌药物。

4. 引流管护理　肾周引流管应妥善固定，观察引流液的性质和量，保持引流通畅，及时更换引流管口处敷料，当引流液明显减少、无发热及血白细胞计数增高等感染征象时，即可拔管。

（四）健康指导

1. 预防并发症　应定时翻身、多饮水、锻炼深呼吸和有效咳嗽、进行关节锻炼和肌肉舒缩活动等，以减少压疮、泌尿系统感染、肺部感染、深静脉血栓形成等并发症的发生。

2. 康复指导　非手术治疗患者，出院后 3 个月内避免从事体力劳动或竞技运动；肾切除术后患者，应注意保护对侧肾脏，防止外伤，避免使用对肾脏有损害的药物。

二、膀胱损伤

膀胱损伤是指膀胱在受到外力的作用时发生膀胱壁的破裂，引起膀胱腔完整性破坏，血尿外渗。

1. 病因和分类　膀胱空虚时位于骨盆深处，不易受损伤。膀胱充盈时，壁变薄，且膨至下腹部耻骨联合以上，在外力作用下可发生膀胱损伤。

（1）开放性损伤：多由锐器或子弹贯通所致，易形成腹壁尿瘘、膀胱直肠瘘或膀胱阴道瘘。

（2）闭合性损伤：可由撞击、挤压等直接暴力引起，膀胱充盈时容易受伤；骨盆骨折、尿道膀胱器械检查或治疗、下腹部手术等也可导致医源性膀胱损伤。

2. 病理　根据损伤的程度可分为两种病理类型。

（1）膀胱挫伤：仅伤及黏膜或肌层，膀胱壁未穿破，局部出血或形成血肿，可出现血尿。

（2）膀胱破裂：腹膜内膀胱破裂，膀胱壁与覆盖的腹膜一并破裂，尿液流入腹腔，可引起腹膜炎，多见于膀胱顶部和后壁损伤；腹膜外膀胱破裂，腹膜完整，尿液外渗到膀胱周围组织，可引起腹膜外盆腔炎或脓肿。

扫码看微课

3. 治疗原则

（1）非手术治疗：①伴休克者，应给予输血、输液、镇静、止痛等抗休克治疗；②膀胱挫伤或造影时仅有少量尿外渗而症状轻微者，可插导尿管持续引流尿液 7~10 d，多可自愈；③尽早应用抗生素，开放性损伤者注射 TAT，以预防感染。

（2）手术治疗：较重的膀胱破裂，需尽早手术治疗。包括清除外渗尿液、修补膀胱裂口、做耻骨上膀胱造瘘、安放膀胱周围引流管等。

【护理评估】

（一） 健康史

询问患者受伤的病史。有无受暴力撞击、锐器刺伤、难产等情况；有无盆腔手术、腹股沟修补术、阴道手术及膀胱镜检时意外伤及膀胱的病史。

（二） 身体状况

1. 休克　骨盆骨折大出血、膀胱破裂导致尿外渗感染或腹膜炎，可出现休克。

2. 腹痛　腹膜外破裂时，可有下腹部疼痛、压痛及肌紧张，直肠指检可有直肠前壁饱满感和触痛。腹膜内破裂时，可出现腹膜刺激征，并有移动性浊音。

3. 排尿异常　有尿意，但不能排尿或仅排出少量血尿；开放性损伤可出现伤口或直肠、阴道漏尿。

（三） 心理、 社会状况

膀胱损伤常发生于暴力事件之后，血尿、排尿困难等使患者多有焦虑、恐惧的心理反应。

（四） 辅助检查

1. 导尿试验　是诊断膀胱破裂的可靠方法；将导尿管插入膀胱，可仅流出少量血尿，注入生理盐水 200 mL，5 min 后抽吸，若液体进出量差异很大，提示膀胱破裂。

2. X 线检查　腹部平片可发现骨盆或其他骨折；经导尿管将造影剂注入膀胱后摄片，可发现造影剂漏到膀胱外。

【护理问题】

1. 恐惧与焦虑　与外伤打击、害怕手术和担心预后不良有关。

2. 组织灌注量改变　与膀胱破裂、骨盆骨折损伤血管出血、尿液外渗或腹膜炎有关。

3. 潜在并发症　感染。

4. 排尿型态异常　与膀胱破裂不能贮存尿液有关。

【护理措施】

（一） 非手术治疗护理

1. 卧床休息　安置患者卧床休息，若合并骨盆骨折应卧硬板床。

2. 纠正休克　有休克者，遵医嘱给予输血、输液、镇静、止痛、给氧等抗休克措施，并观察休克的症状和体征有无好转或加重。在纠正休克的同时做好手术前准备。

3. 导尿管护理　膀胱挫伤者，遵医嘱插导尿管，并做好导尿管、尿道口和会阴部护理，一般引流 7~10 d 即可拔除。

4. 预防感染　尽早应用抗生素，开放性损伤者注射 TAT，以预防感染。

（二） 术前护理

在纠正休克，应用抗生素预防感染的同时，留置尿管、备皮，迅速完成急诊手术前常规准备。

（三） 术后护理

1. 膀胱造口管护理 应定时观察，保持引流通畅；定时更换造瘘口处敷料；遵医嘱送尿常规检查和尿培养。造瘘管一般留置 10 d 左右即可拔除，拔管前先夹闭管道，观察患者排尿情况，若无异常再拔管。拔管后用凡士林纱条填塞腹壁瘘口，并观察有无尿液外渗，一般 2~3 d 即可愈合。

2. 膀胱周围引流管护理 膀胱损伤尿液渗入膀胱周围，手术后留置引流管进行引流。应观察引流液的性质和量，保持引流通畅，及时更换引流管口处敷料，当引流液明显减少，无发热及血白细胞计数增高等感染征象时，即可拔管。

3. 观察病情 观察有无发冷、发热、切口红肿或疼痛、血白细胞升高等感染征象。

4. 预防感染 遵医嘱继续使用抗菌药物。

（四） 健康指导

（1）膀胱造口或留置尿管在拔出前要夹闭导尿管，以使膀胱扩张到一定的容量，达到训练膀胱机能的目的后再拔出导管。

（2）膀胱破裂合并骨盆骨折者有部分患者发生勃起功能障碍，患者在伤愈后须加强训练心理性勃起及采取辅助性治疗。

三、尿道损伤

扫码看微课

尿道损伤多见于男性。在解剖上男性尿道以尿生殖膈为界，分为前、后两段。前尿道包括球部和阴茎部，后尿道包括前列腺部和膜部。前尿道损伤多发生在球部，而后尿道损伤多在膜部。早期处理不当，常产生尿道狭窄、尿瘘等并发症。

1. 病因 根据损伤后皮肤黏膜与外界是否相通，可分为开放性损伤和闭合性损伤。

（1）开放性损伤：可因弹片、锐器伤所致，常伴有阴茎、阴囊、会阴部贯通伤。

（2）闭合性损伤：常因外来暴力引起，多为挫伤或撕裂伤；会阴部骑跨伤，将尿道挤向耻骨联合下方，可引起尿道球部损伤；骨盆骨折引起尿生殖膈移位，产生剪力，可引起膜部尿道撕裂或撕断；经尿道的诊疗器械操作不当，可引起医源性尿道损伤。

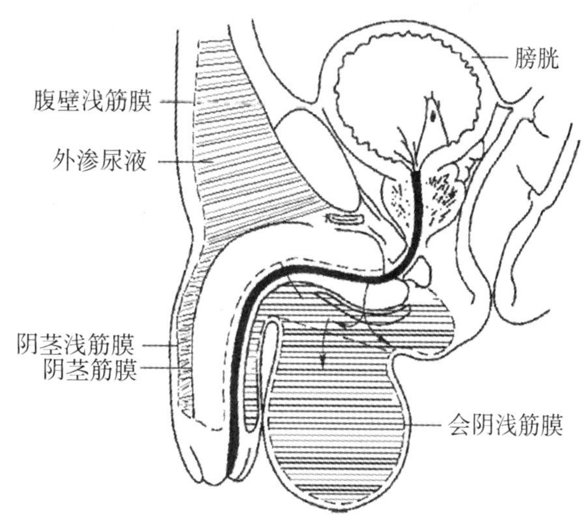

图 18-1 前尿道损伤后尿液外渗

2. 分类

（1）根据损伤的程度分为：①尿道挫伤，尿道内层损伤，阴茎筋膜完整，仅有水肿和出血，可以自愈；②尿道裂伤，尿道壁部分全层断裂，引起尿道周围血肿和尿外渗，愈合后可引起瘢痕性尿道狭窄；③尿道断裂，尿道完全离断，断端退缩、分离，血肿和尿外渗明显，可发生尿潴留。

（2）按损伤的部位分为：①前尿道损伤，血液及尿液渗入会阴浅筋膜包绕的会阴浅袋，使会阴、阴茎、阴囊和下腹壁肿胀、淤血（图 18-1）；②后尿道损伤，可因骨盆骨折及盆腔血管丛损伤而发生大出血，在前列腺和膀胱周围形成大血肿，尿液外渗至耻骨后间隙和膀胱周围（图 18-2）。

3. 治疗原则

（1）非手术治疗：①伴休克者，采取输血、输液、镇静、止痛等抗休克措施；②骨盆骨折患者须平卧，勿随意搬动，以免加重损伤；③有排尿困难或不能排尿，但导尿管插入成功者，留置尿管引流 1~2 周即可自愈；尿潴留不宜导尿或不能立即手术者，可行耻骨上膀胱穿刺，吸出膀胱内尿液，待时机成熟再手术治疗；④应用抗生素，开放性损伤者尚需注射 TAT，以预防感染。

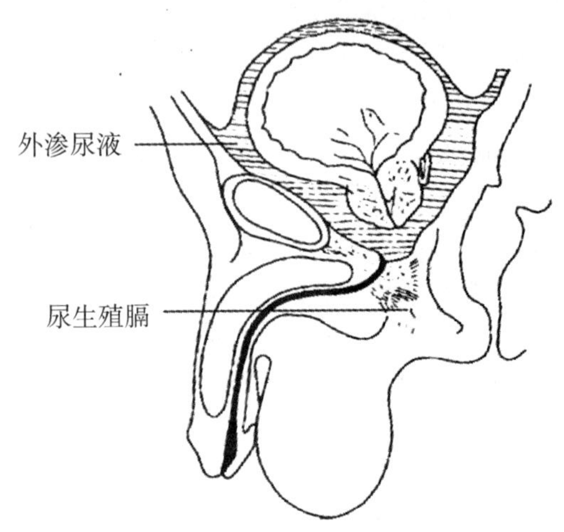

图 18-2　后尿道损伤后尿液外渗

（2）手术治疗：对尿道断裂者，应采用手术治疗。前尿道断裂者行经会阴尿道修补或断端吻合术，同时在尿外渗区做多个皮肤切口引流外渗尿液，术后留置导尿管 2~3 周。后尿道断裂者可先做耻骨上膀胱造口术，3 个月后施行尿道瘢痕切除和尿道断端吻合术；也可施行尿道会师复位术，其方法是：自膀胱和尿道内分别插入尿道探子，当二者相碰后，尿道内探子可被引入膀胱。在其前端套上一条普通导尿管，再后退尿道内探子，将导尿管引出尿道口。将引出的普通导尿管与一条多孔导尿管的头端用细线连接在一起，牵拉普通导尿管将多孔导尿管引入膀胱。用粗线穿过前列腺尖缝合一针，缝线的两端穿出会阴部，用胶布固定于大腿内侧做牵引。同时放置耻骨后引流管，引流膀胱周围尿外渗。术后尿道内导尿管留置 3~4 周。

【护理评估】

（一） 健康史

询问患者有无会阴部骑跨伤、骨盆骨折、锐器伤、器械检查或手术史。

（二） 身体状况

1. 休克　后尿道损伤者，常合并骨盆骨折，创伤和出血较重，可出现休克。

2. 疼痛　前尿道损伤可有伤处疼痛和尿道口放射痛，排尿时加重；后尿道损伤可出现下腹部疼痛，局部肌紧张、压痛，伴骨盆骨折者，移动时疼痛加剧。

3. 排尿异常　前尿道破裂者可见尿道外口流血；后尿道破裂者可无流血或仅有少量血液流出。尿道挫裂伤时因局部水肿或疼痛性括约肌痉挛，出现排尿困难；尿道断裂时因不能排尿而发生急性尿潴留。

4. 血肿　尿道骑跨伤常发生会阴部、阴囊处肿胀、瘀斑及蝶形血肿。

5. 尿外渗　尿道断裂后，用力排尿时，尿液可从裂口处渗入周围组织，形成尿外渗。尿外渗、血肿并发感染，则出现脓毒症。若为开放性损伤，则尿液可从皮肤、肠道或阴道创口流出，最终形成尿瘘。

（三） 心理、社会状况

尿道损伤患者可因疼痛、排尿困难，或因并发尿道狭窄等而出现烦躁、焦虑。

（四）辅助检查

1. 导尿检查　若导尿管能顺利进入膀胱，说明尿道连续性未完全破坏，可为挫伤或裂伤；否则为尿道断裂。

2. X 线检查　骨盆摄片可显示骨盆骨折；若从尿道口注入对比剂，可确定尿道损伤部位及类型。

【护理问题】

1. 组织灌注量改变　与创伤、骨盆骨折损伤血管出血、尿液外渗或腹膜炎有关。

2. 排尿型态异常　与尿路感染、尿道损伤、尿瘘、尿道狭窄等有关。

3. 潜在并发症　感染、尿道狭窄。

【护理措施】

（一）非手术治疗护理

1. 配合紧急处理　对尿潴留不宜导尿或不能立即手术者，应准备耻骨上膀胱穿刺包、无菌手套、消毒用品、局麻药物等，配合医生做耻骨上膀胱穿刺造瘘。穿刺期间应陪同患者，并给予安慰和鼓励。

2. 导尿管护理　对尿道挫伤者，需留置导尿管 1~2 周，应做好导尿管、尿道口和会阴部护理。

3. 其他　纠正休克、卧床休息、预防感染、膀胱造瘘管护理等，同膀胱损伤。

（二）术前护理

对尿道裂伤或断裂者，应在纠正休克的同时做好常规手术前准备。

（三）术后护理

1. 导尿管护理　尿道修补或尿道吻合后，需留置导尿管 2~3 周，尿道会师复位术后需留置 3~4 周。应按常规做好导尿管护理。

2. 尿外渗引流护理　前尿道多切口引流者，应观察敷料渗液性质和量，随时更换，以保持清洁、干燥，防止感染。尿道会师复位术后，应保持耻骨后引流管通畅，观察引流液的性质和量，定时更换引流管口处敷料；当引流液明显减少，无发热、血白细胞增高等感染征象时，即可拔管。

3. 控制感染　遵医嘱继续使用抗菌药物，并鼓励患者多饮水。

4. 并发症护理　观察患者排尿情况，若有排尿困难，可能出现尿道狭窄，应配合医生进行尿道扩张。扩张前，应向患者说明尿道扩张的重要性，遵医嘱给予镇静、镇痛药物，准备尿道扩张器、消毒用品、无菌手套、无菌液状石蜡、黏膜麻醉药物（如利多卡因）等。扩张期间，应陪同患者，与患者聊天，以分散其注意力，减轻痛苦。扩张后，应指导患者多饮水，并告知下次扩张的时间。

（四）健康指导

1. 指导自我护理　长期带引流管是为了保证受伤部位有足够恢复时间，应妥善保护，防止拽出，引流袋要置于低位，不要超过引流管出口水平，以防引流管内液体倒流引起感染，还应按照医嘱定期更换引流袋。

扫码看 PPT

2. 康复指导　尿道狭窄者应定期接受尿道扩张，开始每周 1 次，1 个月后逐渐延长间隔时间。晚期尿道狭窄、膀胱或尿道直肠瘘者，应在 3~6 个月后施行手术治疗。骨盆骨折出现阴茎勃起障碍者，应接受专科指导和治疗。

第三节　尿石症患者的护理

患者男性，39 岁。因运动后左腰持续性绞痛、血尿 1 d 入院。患者于入院前 1 d 运动后出现左腰疼痛，呈持续性绞痛，向左侧大腿内侧放射，伴恶心、呕吐，尿液呈洗肉水样。体格检查：左侧肾区有轻度叩击痛，腰腹部未触及肿块，B 超显示：左侧输尿管中段结石声影，约 0.6 cm×0.4 cm，左肾轻度积水。

问题导向：

（1）该患者医疗诊断是什么？如何做护理评估？

（2）该患者目前的护理措施是什么？

尿石症（urolithiasis）是肾结石、输尿管结石、膀胱结石和尿道结石的总称，是常见的泌尿外科疾病之一。在我国，南方地区较北方地区多见，上尿路（肾、输尿管）结石较下尿路（膀胱、尿道）结石发病率明显增高。按结石成分可分为草酸钙结石、磷酸钙结石、磷酸镁铵结石、尿酸结石、胱氨酸结石等。上尿路结石以草酸钙结石多见，膀胱及尿道结石以磷酸镁铵结石多见。

尿石症的病因复杂，形成机制尚未完全清楚。认为尿中形成结石结晶的盐类呈过饱和状态、抑制结晶形成物质不足和核基质的存在是形成结石的主要因素。

一、肾及输尿管结石

扫码看微课

肾、输尿管结石亦称上尿路结石，以单侧单发多见，双侧结石占 10%左右。肾结石绝大多数位于肾盂内或肾盏。输尿管结石主要来自肾脏，易停留在肾盂输尿管连接处或输尿管越过髂外动静脉、输尿管膀胱壁部等狭窄处。因输尿管下段狭窄，故下段结石多见。结石导致尿路梗阻和感染，最终使肾实质受压而发生功能障碍。

1. 病因

（1）病史：有尿路反复感染、留置尿管的病史，先天尿道狭窄更易致感染。

（2）代谢障碍：甲状旁腺机能亢进、长期卧床引起高血钙、高钙尿与尿盐沉积。

（3）饮食习惯：饮水过少致尿液浓缩，尿盐浓度增高而沉积；喜食过多肉类和糖类食物，能促进肠道吸收过多的钙、嘌呤，增加了尿酸和降低 pH 值，易形成尿酸结石；菠菜含草酸较多，大量食用易致草酸钙结石。

（4）地区：南方发病高于北方。尿石症以 25～40 岁多见，男性多于女性，约 3∶1。高温作业者、飞行员、海员、外科医生、办公室工作人员等发病率相对较高。山区、沙漠和热带地域尿路结石发病率较高。

2. 病理　尿路结石可引起泌尿道的直接损伤、梗阻、感染和恶性变。结石损伤尿路黏膜可导致出血。结石位于尿路较细处如肾盏颈、肾盂输尿管连接处、输尿管或尿道，可造成尿路梗阻。急性上尿路梗阻可导致平滑肌痉挛，引起肾绞痛，及时解除梗阻可无肾损害；慢性不完全性梗阻可导致肾积水，使肾实质逐渐受损而影响肾功能。尿路梗阻时易继发感染，感染与梗阻又促使结石迅速长大或再形成结石。结石长期刺激肾盂可引起黏膜恶性变。

3. 治疗原则

（1）非手术治疗：适用于结石直径小于 0.6 cm、光滑、无尿路梗阻、无感染、纯尿酸或胱氨酸结石的患者。90%的表面光滑、直径小于 0.4 cm 的结石，可以自行排出。

1）饮食与运动：饮食结构应根据结石成分、生活习惯等进行调整；大量饮水，以保持每日尿量在 2 000 mL 以上为宜，不但有利于结石排出、冲刷尿路延缓结石增长和复发，还有利于控制尿路感染。适当进行跳跃性运动，可促进结石排出。

2）药物治疗：①解痉止痛：肾绞痛发作可单独或联合应用阿托品、哌替啶，辅以钙离子阻滞剂、吲哚美辛、黄体酮等缓解疼痛。②控制感染：根据尿细菌培养及药物敏感试验选用抗生素。③调节尿 pH：如口服枸橼酸钾、碳酸氢钠等碱化尿液，可防治尿酸和胱氨酸结石；口服氯化铵使尿液酸化，有利于防治磷酸钙结石及磷酸镁铵结石。④调节代谢药物：如别嘌呤醇可降低血、尿的尿酸含量，D 青霉胺、α-巯丙酰甘氨酸、乙酰半胱氨酸有降低尿胱氨酸及溶石作用。⑤中医中药：常用中药有金钱草、石苇、滑石、车前子、鸡内金、木通、瞿麦等，也可配合针刺肾俞、膀胱俞、三阴交、阿是穴等，有促进排石作用。

3）体外冲击波碎石（ESWL）：是通过 X 线或 B 超对结石进行定位，利用高能冲击波聚焦后作用于结石，使其裂解，然后随尿流排出，是一种无痛、安全而有效的非侵入性治疗。95%以上的上尿路结石适用此法，最适宜于直径<2.5 cm 的结石。

（2）手术治疗

1）非开放性手术：①经皮肾镜取石或碎石术：适用于直径>2.5 cm 的肾盂结石及下肾盏结石，可与 ESWL 联合应用治疗复杂性肾结石。②输尿管肾镜取石或碎石术：适用于因肥胖、结石硬、停留时间长而不能采用 ESWL 的中、下段输尿管结石。③腹腔镜输尿管取石：适用于直径大于 2.0 cm 的输尿管结石，原考虑开放性手术，或经 ESWL、输尿管镜手术失败者。

2）开放性手术：少数患者需要开放手术治疗。适用于结石远端存在梗阻、部分泌尿系统畸形、结石嵌顿紧密、非手术治疗失败、肾积水感染严重或病肾无功能等尿路结石患者。手术方式有输尿管切开取石术、肾盂切开或肾窦内肾盂切开取石术、肾部分切除术、肾切除术等。

【护理评估】

（一） 健康史

询问患者的饮食习惯、排尿习惯、有无甲状腺旁腺疾病、长期卧床、细菌感染、异物与梗阻、使用糖皮质激素和磺胺药等既往史。

（二） 身体状况

1. 症状

（1）好发部位与年龄：好发于 20~50 岁。单侧者约占 90%。肾结石位于肾盂和肾盏中；输尿管结石常停留或嵌顿于 3 个生理狭窄处，并以输尿管下 1/3 处最多见。主要症状是与活动有关的疼痛和血尿。其程度与结石的部位、大小、活动与否及有无损伤、感染、梗阻等有关。

（2）疼痛和血尿：是主要症状。体积大、移动小的肾结石，可引起上腹和腰部钝痛；结石活动或引起输尿管完全性梗阻时，可出现肾绞痛。典型表现为剧痛难忍，阵发性发作，位于腰部或上腹部，并沿输尿管行径放射至同侧腹股沟，还可累及同侧睾丸或阴唇，伴出汗、恶心、呕吐，有明显肾区叩击痛。在活动或绞痛后，可出现肉眼或镜下血尿，以后者常见；有时活动后镜下血尿是上尿路结石的唯一表现。

2. 体征　结石引起肾积水时，可触到增大的肾脏；继发急性肾盂肾炎或肾积脓时，可有发热、畏寒、脓尿、肾区压痛；双侧上尿路完全性梗阻时，可导致无尿。

（三）心理、社会状况

肾绞痛时，患者常坐立不安、疼痛难忍；患者可因排尿困难、剧烈疼痛而感烦躁、焦虑；反复发作、合并感染、血尿或面临手术，患者可出现焦虑甚至恐惧。

（四）辅助检查

1. 实验室检查　尿常规检查可有镜下血尿，伴感染时可见脓尿，有时可发现结晶尿；必要时测定 24 h 尿钙、尿磷、尿酸、肌酐、草酸等；伴感染者尿细菌培养可有阳性结果。血液检查如测定肾功能、血钙、血磷、肌酐、碱性磷酸酶、尿酸和蛋白等，有助于诊断。

2. 影像学检查　常用的有 X 线尿路平片、排泄性尿路造影、逆行肾盂造影、B 超、肾图等，能帮助确定结石的部位、数目，并了解尿路的解剖形态，为确定诊断和选择治疗方法提供依据。其中尿路平片能显示 95%以上的结石。

3. 输尿管肾镜　用于其他方法不能确诊或同时进行治疗的患者。

【护理问题】

1. 疼痛　与结石引起的尿路感染、损伤、梗阻等因素有关。

2. 有感染的危险　与结石引起梗阻、尿液淤积和侵入性诊疗有关。

3. 知识缺乏　缺乏预防尿石症复发的知识。

【护理措施】

（一）非手术治疗护理

1. 配合紧急处理　对肾绞痛急性发作者，应尽快遵医嘱给予阿托品、哌替啶、钙离子阻滞剂、吲哚美辛、黄体酮等缓解疼痛；安置患者卧床休息，叮嘱多饮水，必要时遵医嘱输液、应用抗生素。用药后观察腹痛是否减轻或消失、结石有无排出，并注意有无尿路感染征象。

2. 生活指导　告知患者大量饮水，以增加尿量，稀释尿液，减少尿中晶体沉积，成人应保持每日尿量在 2 000 mL 以上，尤其是睡前及夜间饮水，效果更好，并适当进行跳跃性运动，以促进结石排出。对含钙结石者，告知其宜食用富含纤维的食物，限制牛奶、奶制品、豆制品、巧克力、坚果等含钙量高和浓茶、菠菜、番茄、土豆、芦笋等含草酸量高的饮食，避免大量摄入动物蛋白、精制糖和动物脂肪。告知尿酸结石者，不宜食用动物内脏等含嘌呤高的食物。

3. 药物治疗　遵医嘱给予抗生素控制感染，并定期观察血白细胞、尿中白细胞和细菌学检查结果，以判断治疗效果；给予枸橼酸钾、碳酸氢钠、氯化胺、别嘌呤醇、D-青霉胺、α-巯丙酰甘氨酸、乙酰半胱氨酸等，以预防结石增长、复发或进行溶石治疗；给予中草药及针刺疗法，以促进结石的排出。

4. ESWL 患者的护理

（1）碎石前护理：告知患者接受治疗前 3 d 忌食产气性食物，前 1 d 服缓泻剂，术日晨禁饮食。向患者说明 ESWL 是一种简单、安全、有效、无痛苦的治疗方法，治疗中应按照要求保持固定体位，不要随意移动。以使患者心中有数，主动配合治疗。

（2）碎石后护理：根据情况向患者说明：①取患侧卧位，若无不适可正常进食，应多饮水，并适当活动和变换体位，以促进碎石的排出；若为肾下盏结石，应取头低位，并叩击背部，以加速排石；②碎石后出现淡红色血尿时不必紧张，可自行消失；③用纱布过滤尿液收集结石碎渣，以便进行结石成分分析；④遵医嘱摄腹部 X 线平片，若仍有结石，可在 7 d 后再次接受治疗；⑤巨大肾结石碎石后，短时间内大量碎石充填输尿管，可引起“石街”和继发感染，甚至导致肾功能改变，若出现腹部疼痛或尿量减少，应及时复诊。

（二） 术前护理

做好心理护理，帮助患者解除思想顾虑，减轻恐惧心理。对输尿管结石者，在进入手术室前应再摄 X 线平片，以确定结石的位置。对继发性结石或老年患者，应努力改善全身状况，做好原发病护理，以提高对手术的耐受能力。

（三） 术后护理

1. 卧位　安置侧卧位或半卧位，以利引流；肾实质切开取石者，应绝对卧床休息 2 周，减轻肾的损伤，防止再发出血。

2. 观察病情　除观察生命体征、面色、意识等基本情况外，还应观察和记录尿色、尿量及患侧肾功能情况。

3. 饮食与输液　术后禁饮食 1~2 d，肠蠕动恢复后恢复饮食；告知患者多饮水，保证成人每日尿量在 3 000 mL 以上，必要时应用利尿剂，以促进排尿和改善肾功能。禁饮食期间，静脉输液，维持水电解质平衡。

4. 引流管护理　参见本章第二节泌尿系统损伤。

（四） 健康指导

1. 生活指导　指导患者多饮水，最好睡前和半夜饮水，保证每日尿量在 3 000 mL 以上，以预防结石的形成；适当进行跳跃性运动，可促进结石的排出；遵照医嘱调整饮食成分和结构，消除结石的复发因素。

2. 治疗指导　遵医嘱预防性用药，定期做尿液化验、X 线或 B 超检查等，若发现结石复发或有残余结石，应到医院重复治疗；若出现肾绞痛，应及时就医。

二、膀胱、尿道结石

扫码看微课

膀胱、尿道结石又称为下尿路结石。原发性膀胱结石好发于 10 岁以下男孩，近年来发病率有所下降；继发性膀胱结石常见于前列腺增生、膀胱憩室、神经源性膀胱、异物或肾、输尿管结石排入膀胱。尿道结石绝大多数来自肾和膀胱，多见于男性，结石多位于前尿道。

1. 病因

（1）原发性：患儿多有包茎及尿路感染史，同时伴有身体虚弱，营养缺乏、低蛋白血症。

（2）继发性：多见于老年患者，多数继发于前列腺增生。

2. 病理　结石在膀胱内形成，结石可引起泌尿道的直接损伤、梗阻、感染和恶性变。结石损伤尿路黏膜可导致出血。尿路梗阻时易继发感染，感染与梗阻又促使结石迅速长大或再形成结石。结石长期刺激膀胱黏膜可引起黏膜恶性变。

3. 治疗原则　①膀胱结石：去除病因；小结石采用膀胱镜、激光等碎石；结石过大、过硬者，经耻骨上膀胱切开取石。②尿道结石：前尿道结石，在麻醉下经尿道口注入无菌液体石蜡，然后用手挤出或钩取、钳出结石。后尿道结石，在麻醉下用尿道口探条将结石推入膀胱，然后按膀胱结石处理。尿道结石尽量不做尿道切开取石术，以免引起尿道狭窄。

【护理评估】

（一） 健康史

询问患儿有无包茎、尿路感染，老年人有无前列腺增生病史，了解患者饮食习惯、排尿习惯，一般健康状况，有无营养不良等情况。

（二） 身体状况

1. 膀胱结石　多发于男性。继发性结石多见，结石的发生与膀胱出口梗阻、膀胱憩室、异物、神经源性膀胱有关，或为肾结石排入膀胱所致；原发性结石少见，可见于男性小儿，多由营养不良所致。主要症状是尿频、尿急、尿痛和排尿终末疼痛等膀胱刺激症状；典型症状为排尿突然中断，并感疼痛，疼痛常放射至远端尿道和阴茎头部，小儿常搓拉阴茎，经跑跳或改变体位后，能使疼痛缓解，且继续排尿。常有终末血尿，合并感染时可出现脓尿。直肠指诊可触及较大膀胱结石。

2. 尿道结石　绝大多数来自肾和膀胱。主要表现为排尿困难，点滴状排尿及尿痛；结石完全梗阻尿道时，可发生急性尿潴留，伴会阴部剧痛。直肠指检可触及后尿道结石。

（三） 心理、 社会状况

膀胱与尿道结石的患者，可因排尿中断、剧烈疼痛而感烦躁、焦虑；反复发作或面临手术，患者可出现焦虑甚至恐惧。

（四） 辅助检查

1. 尿道探子检查　经尿道插入金属尿道探子能探测尿道、膀胱内的结石，同时还可了解尿道有无狭窄。

2. 直肠指诊　可触及后尿道和膀胱内较大的结石。

3. B 超检查　可显示膀胱内结石部位、数目，还可了解前列腺的情况。

4. X 线检查　尿路平片能显示 95%以上的结石。

5. 膀胱镜检查　用于其他方法不能确诊或同时进行治疗的患者。

【护理问题】

1. 排尿异常　与结石刺激膀胱黏膜有关。

2. 潜在并发症　尿路感染，尿路狭窄。

【护理措施】

1. 一般护理　按医嘱给予解经止痛药物；嘱患者多饮水；使用有效的抗生素；解除尿潴留：对嵌顿在尿道内的结石影响排尿者，应协助医生在无菌条件下行耻骨上膀胱穿刺抽出尿液。

2. 术后护理　观察切口有无渗血、渗液；保持有效引流，观察记录尿量、颜色；耻骨上引流条一般在术后 24~48 h 拔除；膀胱造口引流管一般保留 10~14 d，拔管前常规夹管 2 d，能自行顺利排尿方可拔除。

3. 健康指导 参见肾输尿管结石有关内容。

扫码看 PPT

第四节 泌尿系统肿瘤患者的护理

泌尿及男性生殖系统各部均可发生肿瘤，大多数为恶性。最常见的是膀胱癌，其次是肾癌，我国前列腺癌有明显增多趋势，而阴茎癌逐渐减少。

一、肾癌

肾癌（renal carcinoma）指肾细胞癌，也称肾腺癌，是最常见的肾脏恶性肿瘤。

肾癌的病因尚不清楚，目前认为与环境接触、职业暴露、染色体畸形、抑癌基因缺失等有关。流行病学调查显示吸烟是重要的危险因素；石棉、皮革等也与其发病有关。高发年龄为 50~70 岁，男女发病比例约为 2∶1。

肾癌常累及一侧肾脏，多为单发的类圆形实体肿瘤，外有假包膜，切面黄色，少数呈囊状，可有出血、坏死和钙化。肾癌发生于肾小管上皮细胞，细胞类型有 3 种，即透明细胞、颗粒细胞和梭形细胞。单个癌内可有多种细胞，临床上以透明细胞最为多见。若肾癌以梭形细胞为主，其恶性程度高、预后差。肿瘤穿透假包膜后可发生转移，如直接扩展至肾静脉、下腔静脉可形成癌栓；经血液和淋巴途径可转移至肺、脑、骨、肝等，其中肺是最常见的转移部位，肾蒂淋巴结为肿瘤细胞最先到达的部位。

肾癌的治疗原则：根治性肾切除术是最主要的治疗方法。切除范围包括患肾及肾周围筋膜、区域淋巴结。肾上极癌累及肾上腺者，一并切除同侧肾上腺组织。肾上、下极肾癌，直径小于 3 cm 者，可行肾部分切除术。

【护理评估】

（一） 健康史

询问患者家族中无肾系列癌发病者，男性是否有吸烟、应酬过多、熬夜、生活不规律等情况。初步判定肾癌的发生时间，有无对生活质量产生影响。

（二） 身体状况

1. 血尿、疼痛和肿块 被称为肾癌三联征。间歇性无痛性肉眼血尿为常见症状，表明肿瘤已侵入肾盏、肾盂。疼痛常为腰部钝痛或隐痛，因肿瘤生长牵张肾包膜或侵犯腰肌、邻近脏器所致；血块通过输尿管时可引起绞痛。肿瘤较大时在腹部或腰部可触及肿块。上述三种症状都是较晚期的表现，多数患者仅出现一项或两项，三项都出现者占 10%。

2. 肾外症状 表现有低热、高血压、红细胞沉降率增快、消瘦、贫血等。若肾静脉和下腔静脉有癌栓，同侧阴囊可见精索静脉曲张。约有 10%患者因转移灶症状，如病理性骨折、神经麻痹、咯血及转移部位疼痛等为首发症状。

（三） 心理、社会状况

患者因知识缺乏，担心得不到有效的诊治、担心预后不良而表现为恐惧、焦虑；了解患者家庭经济情况，对患者支持的程度，对治疗的承受能力，有无参加医保。

（四） 辅助检查

1. 实验室检查　血、尿常规检查可提示贫血、血尿、血沉增快。

2. 影像学检查

（1）B 超：能够准确区分肿瘤和囊肿，对于直径<0.5 cm 的病灶也能够较清楚地显示。

（2）CT 检查：优于超声检查。可明确肿瘤部分、肾门情况、肾周围组织与肿瘤的关系、局部淋巴结等，有助于肿瘤的分期和手术方式的确定。

（3）静脉尿路造影：能显示肾盂、肾盏受压的情况，并能了解双侧肾功能，是患者能否接受手术的重要参考指标之一。

（4）肾动脉造影：可显示肿瘤新生血管、也可同时进行肾动脉栓塞，能降低手术难度和减少术中出血。

（5）MRI 检查：作用与 CT 相近，但对血管如下腔静脉等显像中，其作用明显优于 CT 检查。

【护理问题】

1. 营养失调，低于机体需要量　与长期血尿、癌肿消耗、手术创伤等有关。

2. 恐惧、焦虑　与对癌症的恐惧、害怕手术、尿流改道等有关。

3. 知识缺乏　缺乏手术后康复的有关知识。

4. 潜在并发症　术后出血、感染。

【护理措施】

（一） 术前护理

1. 心理护理　根据患者的心理特点做好心理护理。

2. 营养支持　指导患者摄取营养丰富的饮食；对胃肠功能障碍者，手术前应给予肠外营养；贫血者可多次少量输注红细胞或全血，以提高对手术的耐受力。

（二） 术后护理

1. 卧位与休息　麻醉作用消失、血压平稳后，可取半卧位。根治性肾切除术后，需卧床休息 5~7 d，肾部分切除术后需卧床休息 2 周，避免过早下床活动引起出血。

2. 观察病情　监测生命体征、意识、面色、尿量和尿色、引流液的颜色和量等，尤应注意有无出血征象，一旦发现异常，尽快配合处理。

3. 饮食和营养　禁饮食 1~2 d，待肛门排气后，开始摄入营养丰富的饮食。禁饮食期间，给予静脉输液和营养支持。开始饮食后，还应告知患者多饮水，以增加尿量，冲刷尿路。

4. 预防感染　肾肿瘤以老年人居多，术后容易发生呼吸道、泌尿道、皮肤、口腔等部位的感染，应采取有效预防措施。还应遵医嘱使用抗菌药物，观察体温及血白细胞变化，注意有无感染迹象，一旦发现异常，及时协助处理。

5. 引流管护理　按常规做好引流管护理，若 2~3 d 无引流液排出，即可拔除。

（三） 健康指导

（1）指导患者适当锻炼身体，加强营养，增强体质。

（2）定期进行肝、肾、肺等脏器检查，以及早发现转移病灶。

（3）遵医嘱进行放疗、化疗，定期做血常规检查，以及早发现和处理骨髓抑制。

二、膀胱癌

患者男性，58 岁。发现肉眼血尿并伴有血块后 1 周就诊。门诊检查 B 超提示：膀胱后壁占位 1.5 cm×3.1 cm。尿路造影显示：膀胱后壁充盈缺损约 2.0 cm×2.3 cm。CT 显示：膀胱占位，肿瘤呈外生性生长，膀胱壁形态正常，盆腔未见肿大淋巴结。膀胱镜检：膀胱后壁有一个 1.8 cm×2.8 cm 的菜花状肿瘤，蒂较细，病理结果为膀胱移行细胞癌一级。

扫码看微课

问题导向：

（1）该患者的临床诊断可能是什么？采取哪些措施来治疗？

（2）治疗前后的护理措施有哪些？

膀胱癌（carcinoma of bladder）是泌尿系统最常见的肿瘤。高发年龄为 50~70 岁，男女发病比例约为 4∶1。引起膀胱癌的危险因素较多，主要为：吸烟；接触有害物质，如染料、橡胶、塑料、油漆等；膀胱慢性感染与异物，如膀胱结石、膀胱憩室、埃及血吸虫病、膀胱炎等。

1. 病理 膀胱癌绝大多数来自上皮细胞的乳头状癌，少数为鳞癌和腺癌；非上皮肿瘤（多为肉瘤）极少见，好发于儿童。病理分期和临床预后主要取决于癌肿浸润的深度。癌肿局限在膀胱黏膜称为原位癌，预后好；当癌肿浸润至膀胱壁浅肌层，约 50%淋巴管内已有癌细胞；浸润至深层，几乎全部淋巴管内均可见癌细胞；一旦浸润至膀胱周围组织，大多已有区域淋巴结转移，或经血行转到肝、肺、骨处，预后差。

2. 治疗原则 采取以手术治疗为主的综合性治疗。

（1）手术治疗：原则上浅表肿瘤，可采用保留膀胱的手术；较大、多发、多次复发以及浸润肿瘤，应行膀胱全切除术。①经尿道膀胱肿瘤切除术（TURBT）：是治疗膀胱肿瘤的首选方法，对单发、分化好、非浸润性癌，单纯使用此法即可。②膀胱部分切除术：适用于肿瘤比较局限、浸润性生长、位于膀胱侧后壁或顶部者。③根治性膀胱全切除术：切除范围在男性包括膀胱、膀胱周围的脂肪、韧带、前列腺、精囊等，在女性包括全子宫、阴道前穹、尿道、卵巢等。膀胱全切术后需行尿流改道，常用方法有回肠膀胱术、可控膀胱术、输尿管皮肤造口术等。

（2）灌注化疗：凡接受保留膀胱手术者，术后 2 年内复发率在 50%以上。因此，术后应常规进行膀胱灌注化疗，常用丝裂霉素、阿霉素、塞替派、羟喜树碱等抗癌药及卡介苗等免疫抑制剂，以预防或推迟肿瘤复发。

【护理评估】

（一） 健康史

询问患者家族中无泌尿系统肿瘤发病者，患者有无长期接触联苯胺的橡胶行业，男性患者是否吸烟。初步判定肾癌的发生时间，有无恶病质及影响生存质量的症状等。

（二） 身体状况

1. 血尿 是最常见和最早出现的症状。常表现为间歇性无痛性肉眼血尿，有时尿内混有“烂肉”样坏死组织。

2. 尿频、尿急、尿痛　为膀胱癌的晚期症状，因肿瘤坏死、溃疡或合并感染所致。少数广泛原位癌或浸润癌，早期即有这些症状，提示预后不良。膀胱三角区及膀胱颈部肿瘤可堵塞膀胱出口，引起排尿困难，甚至尿潴留。

3. 其他　晚期浸润癌可在耻骨上区扪及坚硬肿块；广泛浸润盆腔或转移时可出现腰骶部疼痛；肿瘤阻塞输尿管口可引起肾积水。

（三）心理、社会状况

患者因担心得不到有效的诊治、担心预后不良而表现为恐惧、焦虑；了解患者家庭经济情况，对患者支持的程度，对治疗的承受能力。

（四）辅助检查

1. 尿液检查　尿脱落细胞检查可找到肿瘤细胞，但分化良好者不易检出；利用尿行端粒酶、膀胱肿瘤抗原（BTA）、核基质蛋白（NMP22）及 BLCA-4 等检查，有助于提高膀胱癌的检出率。

2. 膀胱镜检查　能直接观察肿瘤位置、大小、数目、形态、浸润范围等，并可取活组织检查，有助于确定诊断和治疗方案。

3. 影像学检查　如 B 超、排泄性尿路造影、CT、MRI 检查等有助于膀胱肿瘤和肾功能的判断。

【护理问题】

1. 恐惧、焦虑　与对癌症的恐惧、害怕手术、尿流改道等有关。

2. 营养失调（低于机体需要量）　与长期血尿、癌肿消耗、手术创伤等有关。

3. 自我形象紊乱　与膀胱全切尿流改道有关。

4. 潜在并发症　术后出血、感染。

【护理措施】

（一）术前护理

1. 心理护理　对担心预后产生恐惧的患者，应向其说明膀胱癌的治疗方法和治疗效果，减轻患者的恐惧心理。告知膀胱癌属于中等恶性，早期治疗效果满意。

2. 肠道准备　对拟行膀胱全切除回肠膀胱术的患者，按肠切除术做好术前肠道准备。

3. 皮肤准备　手术前护理除按腹部手术做好手术前准备，对拟行双侧输尿管腹壁皮肤造口术的患者，应彻底清洁皮肤，以保证成形皮肤乳头的成活及预防发生感染。

（二）术后护理

1. 卧位与休息　麻醉作用消失、血压平稳后，可取半卧位。膀胱全切除术后，卧床 8~10 d，避免引流管脱落出现漏尿。

2. 观察病情　监测生命体征、意识、面色、尿量和尿色、引流液的颜色和量等，尤应注意有无术后出血迹象，一旦发现异常，及时协助处理。膀胱全切除回肠膀胱术后，应分别观察和记录两侧肾的排尿量，以对肾功能进行较为准确的评估。

3. 饮食和营养　经尿道膀胱肿瘤电切者，术后 6 h 即可正常进食。膀胱部分切除和膀胱全切双输尿管皮肤造口术者，待肛门排气后，开始摄入营养丰富的饮食。回肠膀胱术、可控膀胱术者，应按肠吻合术后，指导患者进食。禁饮食期间，给予静脉输液和营养支持。开始饮食后，还应告知患者多饮水，以增加尿量，冲刷尿路。

4. 预防感染　遵医嘱使用抗菌药物，并观察药物的不良反应。

5. 引流管护理

（1）带多种引流管时，应贴好标签，分别记录引流情况。

（2）回肠膀胱术和可控膀胱术后，因肠黏膜分泌黏液易堵塞引流管，应注意定时挤压，促进黏液排出，有贮尿囊者可每 4 h 用生理盐水冲洗 1 次。

（3）输尿管皮肤造口术后，若皮肤乳头成活良好，术后 2 周可拔除输尿管引流管。回肠膀胱术后，10~12 d 拔除输尿管引流管和回肠膀胱引流管，改为佩带皮肤接尿器。可控膀胱术后，8~10 d 拔除肾盂输尿管引流管，12~14 d 拔除贮尿囊引流管，2~3 周拔除输出道引流管，训练自行导尿。

6. 膀胱灌注化疗　让患者排空膀胱后，安置仰卧位；用 50 mL 注射器，将化疗药物稀释至 40~50 mL 备用；按无菌操作插入一次性导尿管，将化疗药物注入膀胱；指导患者每 15 min 更换 1 次体位（俯卧、仰卧、左侧卧、右侧卧），使药物与膀胱壁充分接触，以发挥更好的疗效；药物在膀胱内保留 2 h 后，嘱患者自行排出。若患者有尿频、尿急、尿痛症状，应暂停灌注化疗，以防尿管刺激尿道和膀胱加重上述症状。

（三） 健康指导

1. 康复指导　①指导患者适当锻炼身体，加强营养，增强体质；自我调节情绪，逐渐接受和适应新的排尿方式。②定期进行肝、肾、肺等脏器检查，以及早发现转移病灶。③腹部佩带接尿器者，应保持局部皮肤清洁，防止接尿器的边缘压迫造瘘口，并定时更换集尿袋；可控膀胱术后，开始每 2~3 h 导尿 1 次，逐渐延长至每 3~4 h/次，导尿时要保持清洁，定期用生理盐水冲洗贮尿囊，清除黏液及沉淀物，以防发生上行感染。

2. 后续治疗　经尿道电切或膀胱部分切除术后，应遵医嘱接受膀胱灌注化疗，以预防复发，一般术后半月开始灌注，开始每周灌注 1 次，共 6 次，以后每月 1 次，持续 2 年；期间还应定期进行膀胱镜检查，一旦发现复发，应及时采取进一步治疗。化疗期间，应定期检查血常规，以及早发现和处理骨髓抑制。

扫码看 PPT

第五节　良性前列腺增生症患者的护理

良性前列腺增生，简称前列腺增生，是老年男性常见病。男性在 35 岁以后前列腺可有不同程度的增生，50 岁以后可出现轻重不等的临床症状。

1. 病因　引起前列腺增生的原因尚不完全清楚，目前公认老龄和有功能的睾丸是发病的基础。前列腺间质细胞和上皮细胞相互影响，各种生长因子的作用，伴随年龄增长而出现的体内雄、雌激素平衡失调，是前列腺增生的重要病因。

2. 病理　良性前列腺增生起源于围绕尿道精阜部的腺体，常以纤维细胞增生开始，继之其他组织亦增生。增大的腺体使尿道弯曲、伸长、受压而发生机械性梗阻；前列腺内尤其是围绕膀胱颈增生的富含 α-肾上腺素能受体的平滑肌收缩，可引起功能性梗阻。为克服上述阻力，逼尿肌增强其收缩力，逐渐呈现代偿性肥大，黏膜面出现小梁、小室和假性憩室。逼尿肌代偿性肥大，可出现不稳定收缩，使膀胱内高压，甚至出现尿失禁。逼尿肌失代偿，则不能排空膀胱而出现残余尿，严重时膀胱收缩无力，出现充溢性尿失禁。长期排尿困难使膀胱高度扩张或膀胱内压增高，可发生膀胱输尿管返流，最终引起肾积水和肾功能损害。由于梗阻后膀胱内尿液潴留，容易继发感染和结石。

3. 治疗原则

（1）非手术治疗：对梗阻较轻或难以耐受手术治疗的患者，可采取非手术治疗。①药物治疗，常用有α-受体阻滞剂、5α-还原酶抑制剂和植物药等；其中以α-受体阻滞剂特拉唑嗪、非那雄胺为常用，对症状较轻的病例有良好疗效。②其他，如激光治疗、经尿道球囊高压扩张术、前列腺尿道网状支架、经尿道热疗、体外高强聚焦超声等，可根据病情选择使用。

（2）手术治疗：对前列腺增生梗阻严重、药物治疗无效、膀胱残余尿超过 50 mL 或曾经出现过急性尿潴留者，应手术治疗。常用手术有经尿道前列腺切除术（TURP）、耻骨上经膀胱前列腺切除术、耻骨后前列腺切除术等。对有尿路感染、肾积水、肾功能不全者，应先留置导尿管或行膀胱造口引流尿液，待上述情况好转后再择期手术治疗。

【护理评估】

（一）健康史

询问患者有无长期吸烟史、饮酒史；平时饮水习惯；是否有定时排尿或憋尿的习惯；近期有无因受凉、劳累、久坐、喜食辛辣饮食、情绪变化等发生尿潴留的诱因；有无尿道梗阻、睾丸功能异常等病史。

（二）身体状况

1. 尿频　是最初症状，夜间较明显。早期因前列腺充血刺激引起，以后随着梗阻的加重，残余尿量增多，膀胱有效容量减少，尿频更加明显。

2. 排尿困难　进行性排尿困难是前列腺增生最重要的症状，发展缓慢。轻度梗阻时排尿迟缓、断续、尿后滴沥；严重梗阻时排尿费力、射程缩短，尿线细而无力，终呈滴沥状。

3. 尿潴留　梗阻严重者膀胱残余尿增多，长期可导致膀胱收缩无力，发生慢性尿潴留，并可出现充溢性尿失禁。前列腺增生的任何阶段，可因受凉、劳累、饮酒等使前列腺突然充血、水肿，发生急性尿潴留。

4. 其他　如无痛性血尿、膀胱刺激症状、肾积水、肾功能不全，还可并发腹外疝、痔或脱肛等。

（三）心理、社会状况

发病早期，症状不明显，患者往往不重视，误认为是老年男性“正常现象”，随着病情发展，受排尿困难、尿潴留、尿路感染等影响，患者常感烦躁、焦虑及失眠。家庭、社会经济和心理支持力度也会影响患者的心理。

（四）辅助检查

1. 直肠指检　直肠指检是重要的检查方法，可发现前列腺增大，表面光滑，质韧，有弹性，边缘清楚，中央沟消失。

2. B 超检查　B 超检查可经腹壁、直肠途径进行，能测量前列腺的体积，显示增生的腺体是否突入膀胱，还可测定膀胱残余尿量。

3. 尿动力学检查　尿流率测定可初步判断梗阻程度；若最大尿流率小于 15 mL/s，说明排尿不畅；小于 10 mL/s，提示梗阻严重，必须治疗。

4. 血清前列腺特异抗原（PSA）测定　PSA 测定可筛查前列腺癌或与前列腺癌相鉴

别。

【护理问题】

1. 排尿型态异常　与膀胱出口梗阻、逼尿肌损害等有关。

2. 焦虑　与排尿异常、对手术和预后担忧等有关。

3. 潜在并发症　术后出血、TUR 综合征、尿失禁等。

【护理措施】

（一）非手术治疗护理

1. 心理护理　向患者解释疾病的原因、治疗的方法，稳定患者的情绪，使其能积极配合治疗和护理，树立战胜疾病的信心。

2. 生活指导　指导患者注意休息，避免受凉，保持心情舒畅；摄取易消化、高营养饮食，并辅以粗纤维食品，忌饮酒及刺激性食物；多饮水，勤排尿，保持大便通畅。

3. 遵医嘱用药　遵医嘱给予 α-受体阻滞剂、5α-还原酶抑制剂和植物药等抗前列腺增生药物。对治疗效果不好者，应遵医嘱做好其他治疗准备。

4. 配合导尿或膀胱造瘘　对出现急性尿潴留者，应配合医生行导尿术或膀胱造瘘术，并做好导尿管、造瘘管的护理。

（二）术前护理

采取术前常规准备，全面检查心、肝、肺、肾等重要器官的功能，若发现异常及时处理；训练深呼吸、有效咳嗽、肢体活动和床上排便等，以减少卧床并发症。

（三）术后护理

1. 卧位　平卧 2 d 后，改半卧位，以防患者坐起或肢体活动时，三腔气囊管的气囊移位，失去对膀胱颈口的压迫作用而导致出血。

2. 观察病情　严密观察意识状态、生命体征，固定好各种引流管，保持通畅，并观察引流液的颜色和量，若发现生命体征改变、引流液颜色为鲜红色血液，应警惕术后出血，及时通知医生，并协助处理。

3. 饮食护理　若无恶心、呕吐，术后 6 h 即可进流质饮食，1~2 d 后可恢复正常饮食。应鼓励患者多饮水，以增加尿量，冲刷尿路。

4. 气囊导尿管的护理　三腔气囊导尿管有压迫止血、引流尿液和施行膀胱冲洗三种作用。一般是适当牵拉气囊尿管，将其用胶布固定在患者一侧大腿内侧，牵引 8~10 h。告知患者不可自行松开或蜷腿，以使气囊导管保持一定的牵引力，压迫前列腺窝，起到止血作用。

5. 膀胱冲洗　术后用生理盐水持续冲洗膀胱 3~5 d。①冲洗速度应根据尿色而定，色深则快、色浅则慢；②确保冲洗管道通畅，若引流不畅应及时施行高压冲洗、抽吸血块，以免造成膀胱充盈、膀胱痉挛而加重出血；③准确记录冲洗量和排出量，尿量 = 排出量 - 冲洗量。

6. 膀胱痉挛的护理　膀胱痉挛可引起阵发性剧痛、诱发出血，主要由逼尿肌不稳定、导管刺激、血块堵塞冲洗管等原因引起。使用患者自控镇痛泵，遵医嘱给予硝苯地平、丙胺太林、地西泮口服，或异搏定加入生理盐水内做膀胱冲洗等，均可消除膀胱痉挛，减轻疼痛。

7. 各种引流管护理　同本章第二节泌尿系统损伤。但应注意：①经尿道前列腺切除术后 3~5 d，尿液颜色清澈时，即可拔除导尿管；②开放手术后，耻骨后引流管术后 3~4 d，引流量很少时可拔除；耻骨上前列腺切除术后 5~7 d、耻骨后前列腺切除术后 7~9 d 拔出导尿管；若排尿通畅，术后 10～14 d 可拔除膀胱造口管，拔管后用凡士林油纱布填塞瘘口，排尿时用手指压迫瘘口处敷料以防漏尿，2～3 d 瘘口可自愈。

8. 预防感染　遵医嘱使用抗菌药物，做好尿道口护理；观察有无畏寒、发热、附睾肿大及疼痛等感染征象，一旦发现异常及时通知医生，并协助处理。

9. 并发症护理　①术后出血：前列腺切除术后早期都有肉眼血尿，以后逐渐变淡，若血尿色深红或逐渐加深，说明有活动性出血，应及时协助处理，手术 1 周后，逐渐离床活动，避免用力及便秘，禁止灌肠或肛管排气，以免刺激前列腺窝引起迟发性出血。②TUR 综合征：原因是术中大量的冲洗液被吸收使血容量急剧增加，形成稀释性低钠血症，患者可在几小时内出现烦躁、恶心、呕吐、抽搐、昏迷，严重者出现肺水肿、脑水肿、心力衰竭等，一旦发现上述情况，应立即减慢输液速度，给予利尿剂、脱水剂等对症处理。③尿失禁：拔除导尿管后，患者可出现尿频和尿失禁，为减轻这一症状，应从术后 2～3 d 开始，指导患者进行腹肌、臀肌及肛门括约肌收缩练习，也可辅以针灸或理疗等，一般在术后 1～2 周症状可缓解。

（四） 健康指导

1. 生活指导　同非手术治疗患者的护理。另外，还应告知患者术后 1～2 个月避免剧烈活动，如跑步、骑自行车、性生活等，以防继发性出血；前列腺切除术后常会出现逆行射精，不影响性交；少数患者出现阳痿，应查明原因，进行对症治疗。

2. 康复指导　①前列腺窝的修复需 3～6 个月，因此术后可能仍有排尿异常，应多饮水，定期做尿常规、尿流率检查及残余尿量测定；②对尿失禁的患者，应指导其有意识地进行肛门的舒缩运动，以尽快恢复尿道括约肌功能。

（常风云）

扫码做练习

扫码看 PPT

第十九章

骨与关节疾病患者的护理

学习目标

掌握：骨折与关节疾病的临床表现、护理措施；牵引术、石膏绷带固定术的护理。
熟悉：骨折与关节疾病的病因、分类、护理评估、护理诊断及治疗原则。
了解：骨折与关节疾病的病理、辅助检查及健康指导。

患者女性，60岁。因不慎摔伤左腕部疼痛2 h入院。体格检查：体温37 ℃，心率80次/min，呼吸20次/min，血压130/80 mmHg，左腕部肿胀、活动受限，局部青紫，疼痛明显，远端向背侧及桡侧移位。

问题导向：

（1）作为护士，你认为该患者目前最主要的护理问题是什么？

（2）针对上述情况应采取哪些护理措施？

第一节　骨折患者的护理

一、概述

骨折（fracture）是指骨的完整性或连续性中断。

（一）病因

1. 直接暴力　暴力作用的部位发生骨折，如车祸或撞伤。
2. 间接暴力　骨折处远离暴力的部位，通过力的传导、杠杆或旋转引起的骨折。
3. 肌牵拉　肌剧烈收缩时拉断附着部位的骨折。
4. 疲劳性骨折　骨持续受到长期轻度反复创伤，可累积应力导致骨折。

5. 病理性骨折 骨质本身的病变，受到轻微外力或肌的拉力而发生的骨折。

（二） 分类

按骨折线的形态分类，有横形骨折、斜形骨折、螺旋形骨折、粉碎性骨折、嵌入性骨折、压缩性骨折、凹陷性骨折、骨骺分离（图 19-1）。

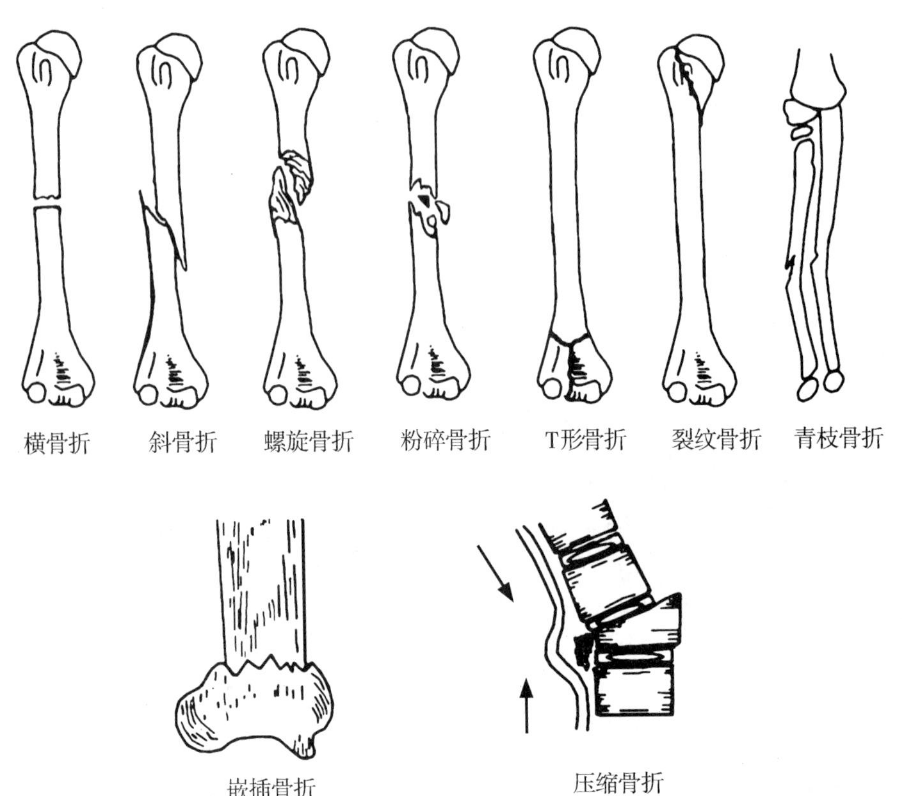

图 19-1 常见骨折类型

1. 按骨折的程度 ①不完全骨折：骨的完整性或连续性部分中断。②完全骨折：骨的完整性或连续性全部中断。

2. 按骨折的稳定程度分类 ①稳定性骨折：骨折端不易移位或复位后不易移位者，如青枝骨折、裂缝骨折。②不稳定性骨折：骨折端易移位或复位后再移位，如粉碎性骨折、螺旋形骨折。

3. 按骨折处与外界是否相通分类 ①开放性骨折：骨折处皮肤黏膜破裂，骨折端与外界相通，感染的可能性较大。②闭合性骨折：骨折处有软组织覆盖与外界不通。

（三） 临床表现

1. 全身表现

（1）休克：骨折后大量出血可引起失血性休克，剧烈疼痛可引起神经性休克。

（2）发热：骨折后大量出血，血肿的吸收引起低热，但一般不超过 38 ℃，开放性骨折发热超过 38 ℃应考虑感染的可能性。

2. 局部表现

（1）一般表现：疼痛、肿胀、瘀斑、功能障碍。

（2）三大特有体征：①畸形：骨折段移位使患肢外形发生改变，有缩短、成角、旋转等畸形。②异常活动：正常情况下肢体不能活动的部位，骨折后有不正常的活动。③骨擦音或骨擦感：骨折端相互摩擦产生的声音或感觉。

（四）　辅助检查

1. X 线　明确骨折的形态、移位、类型、伴发脱位、撕脱、游离碎骨片等情况。

2. CT　准确地了解骨折移位及游离碎骨片等情况，还可三维重建。

3. MRI　能更清楚地了解骨折区域内的软组织损伤情况。多用于检查脊髓的损伤程度。

（五）　并发症

1. 早期并发症

（1）休克：多处骨折、骨盆骨折、股骨干骨折等出血量较大及疼痛引起的休克。

（2）感染：开放性骨折发生化脓性感染和厌氧菌感染的可能性较大。

（3）重要血管、神经损伤：骨折断端容易直接伤害附近的血管、神经。较易发生的血管损伤是肱动脉、腘动脉，较易损伤的神经是桡神经、正中神经、尺神经、腓总神经。

（4）脂肪栓塞：长形管状骨骨折部位的骨髓组织被破坏，脂肪滴进入破裂的静脉窦内，进入血液循环所致。栓塞可能发生在肺部、脑部或周边部位。

（5）骨筋膜室综合征：即由骨、骨间膜、肌间隔和深筋膜形成的骨筋膜室内肌和神经因急性缺血而产生的一系列早期综合征。最多见于前臂掌侧和小腿，常由创伤骨折的血肿和组织水肿使其室内内容物体积增加或包扎过紧、局部压迫使骨筋膜室容积缩小而导致骨筋膜室内压力增高所致。

2. 晚期并发症

（1）坠积性肺炎：骨折患者长期卧床，多见于老年体弱和伴有慢性病的患者。

（2）压疮：严重骨折，长期卧床，身体骨凸处受压，局部血循环障碍导致。

（3）骨化性肌炎：由于关节扭伤、脱位或关节附近骨折，骨膜剥离形成骨膜下血肿，处理不当使血肿扩大、机化并在关节附近软组织内骨化，造成严重关节活动功能障碍。

（4）创伤性关节炎：关节内骨折，关节面遭到破坏，又未能解剖复位，骨愈合后使关节面不平整，长期磨损引起，关节活动时出现疼痛。

（5）关节僵硬：患肢长时间固定，静脉和淋巴回流不畅，关节周围组织中浆液纤维性渗出和纤维蛋白沉积，发生纤维粘连，并伴有关节囊和周围肌挛缩，导致关节活动障碍。

（6）急性骨萎缩：是指损伤所致关节附近的痛性骨质疏松，亦称反射性交感神经性骨营养不良。好发于手、足骨折后，典型症状是疼痛和血管舒缩紊乱。

（7）缺血性骨坏死：骨折使某一骨折段的血液供应被破坏，而发生该骨折段缺血性坏死。常见的有腕舟状骨骨折后近侧骨折段缺血性坏死，股骨颈骨折后股骨头缺血性坏死。

（8）缺血性肌挛缩：是骨折最严重的并发症之一，是骨筋膜室综合征处理不当的严重后果。也可由骨折和软组织损伤直接所致，更常见于骨折处理不当，特别是外固定过紧。对骨筋膜室综合征的认识和及时正确处理是防止此并发症发生的关键。发生后治疗困难，效果极差，可致严重残废，典型的畸形是爪形手和爪形足。

（六）　现场急救

急救的目的在于简单而有效地抢救生命，尽可能地保存患肢，安全而迅速地转运到附近医疗机构。

1. 一般处理　疑有骨折的患者均应按骨折处理，一切动作要谨慎、轻柔、稳妥，如骨折合并有其他组织和器官的损伤，应迅速了解患者的呼吸、循环和意识状态，如发现呼吸困难、窒息、大出血、休克、昏迷等，应立即给予相应的急救措施，不必脱去闭合性骨折患者的衣服、鞋袜等，以免过多搬动患肢，增加疼痛，如肿胀较剧的可剪开衣袖和裤管。

2. 包扎伤口　伤口出血用绷带压迫包扎即可止血。发现伤口可用无菌敷料或当时认为最清洁的布类包扎。大出血时可用止血带，应记录止血带的时间。如果骨折端已外露出伤口，不应当立即回纳，以免污染物带进伤口内导致污染。如果在包扎过程中自行还纳，送患者到医院后必须向医生说明情况。

3. 妥善固定　骨折或可疑骨折的患者可以用夹板、木板、自身肢体等妥善固定受伤的肢体，如条件不允许可就地取材，如树枝、木棍等都适用于做夹板用，固定的目的在于避免运输中过多地损伤组织和器官，缓解疼痛，便于运输。

4. 迅速运输　患者妥善处理后应迅速送往有治疗条件的医疗机构。

（七）治疗原则

1. 复位　将移位的骨折段恢复正常或近乎正常的解剖关系，重建骨的支架作用。根据骨折的部位和类型，选用手法复位、牵引复位或手术切开复位，主要用对位和对线来衡量。完全恢复到正常解剖学位置称为解剖复位，虽未达到解剖关系的对合，功能无明显影响者称为功能复位。

2. 固定　将骨折维持在复位后的位置，使其在良好对位的情况下达到愈合。已复位的骨折必须持续地固定在良好的位置，直至骨折愈合。骨折固定的方法有两类，即外固定和内固定，外固定是用于身体外部的固定；内固定是用于身体内部的固定。外固定主要用于骨折经手法复位后的患者，也有些骨折经切开复位内固定手术后，需加用外固定者。常用的外固定方法有小夹板、石膏绷带、外展架、持续牵引和外固定器等。内固定主要用于切开复位后，采用金属内固定物，如接骨板、螺钉、髓内钉或带锁髓内钉和加压钢板等，将骨折段与解剖复位的位置予以固定。

3. 功能锻炼　是在不影响固定的情况下，尽快地恢复患肢肌、肌腱、韧带、关节囊等软组织的舒缩活动。功能锻炼是骨折治疗的重要阶段，是防止发生并发症和及早恢复功能的重要保证。必须充分发挥患者的主观能动性，指导患者按一定方式循序渐进地进行功能锻炼。

（1）骨折早期：骨折 1~2 周，局部有肿胀、疼痛，骨折未愈合，关节活动不稳，而且受外固定的限制，妨碍了患肢和关节的活动。此期功能锻炼据骨折的部位和严重程度而异，主要是使固定肢体中的肌肉做等长舒缩，每次做 5~20 min，每日数次。活动范围是在外固定之外的肢体末端关节，骨折部上下关节暂不活动，而身体其他各部位关节、肢体均应进行功能锻炼。

（2）骨折中期：骨折 2 周以后，局部疼痛减轻，骨折部位渐趋稳定，此时应开始骨折上、下关节活动，根据骨折和稳定程度，其活动强度和范围应缓慢增加，并在医护人员的帮助和指导下进行。

（3）骨折后期：骨折已达临床愈合标准，去除外固定，此期是康复的关键时期，锻炼的目的是增强肌力、克服挛缩与恢复关节活动度，要在抗阻力下进行锻炼，可借助器械练习，也可辅以物理治疗和外用药物熏洗等措施。

二、常见骨折

（一）锁骨骨折

好发于锁骨中外 1/3 处，儿童多为青枝骨折，成人多为斜形骨折，应注意臂丛神经及锁骨下血管的损伤。骨折后近端受胸锁乳突肌的牵拉而向上、向后移位，远端因受上肢重量的影响而向下移位（图 19-2）。

1. 临床表现　局部疼痛、肿胀、肩关节活动时疼痛加重。畸形、异常活动、患侧肩下垂。检查时可扪及骨折断端有局限性压痛及骨擦音。

2. 治疗原则　无移位的锁骨骨折可采用三角巾悬吊 3 周。有移位的锁骨骨折，使患者维持双肩后伸的体位，然后采用横 8 字绷带包扎固定。有手术指征时，可考虑切开复位固定。

（二）肱骨髁上骨折

肱骨髁上骨折由间接暴力所致，可分为伸直型和屈曲型骨折（图 19-3）。

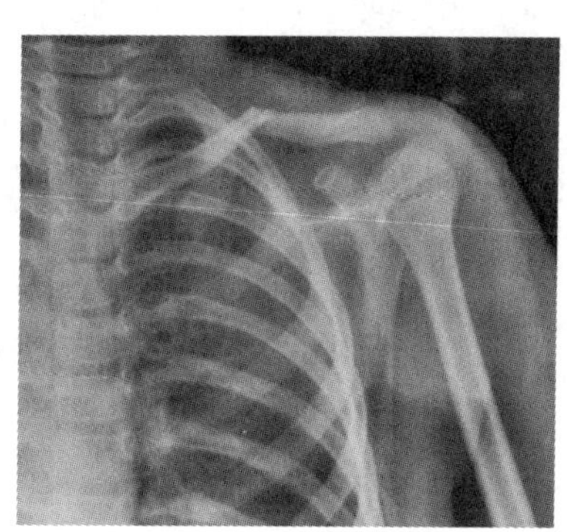

图 19-2　锁骨骨折

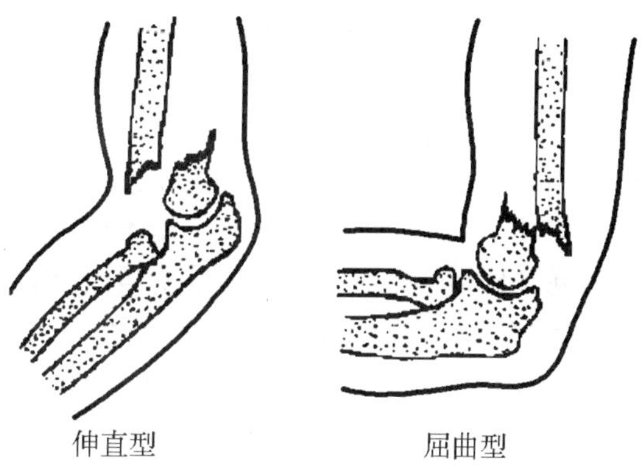

图 19-3　肱骨髁上骨折

跌倒时，肘关节呈半屈曲状或伸直位，手掌着地，暴力经前臂传导而达肱骨下端，导致髁上部伸直型骨折。其骨折近端向前移位，远端向后移位，骨折近端常损伤肱前肌、肱动静脉、正中神经和桡神经。此类骨折较常见。当跌倒时，肘关节屈曲，肘后着地，暴力由后下方向前上方尺骨鹰嘴直接撞击肱骨下端导致髁上部屈曲型骨折。骨折的近端向后，远端向前。此型骨折少见，合并血管神经损伤者较少。

1. 临床表现　肘关节肿胀明显，疼痛、功能障碍，有时可出现皮下瘀血和张力性水疱。肘后三角关系正常，如果合并有正中神经、尺神经、桡神经损伤则出现前臂相应的神经支配区的感觉减弱或消失以及相应的功能障碍。

2. 治疗原则　肘部肿胀轻、桡动脉搏动正常者可行手法复位石膏托固定。肘部肿胀严重，已有张力性水疱者，受伤时间较长，末梢血供良好者可行尺骨鹰嘴牵引。肿胀消退后再行手法复位石膏托固定。手法复位失败或伴有血管、神经损伤者可行切开复位交叉克氏针内固定手术。

（三）Colles 骨折

Colles 骨折也叫伸直型骨折，指距桡骨远端关节面 3cm 内的骨折，并且远端向背侧移位，多见于中、老年有骨质疏松者，多由间接暴力所致（图 19-4）。

1. 临床表现　伤后局部疼痛、肿胀，可出现典型的畸形姿势，即侧面看呈“银叉”

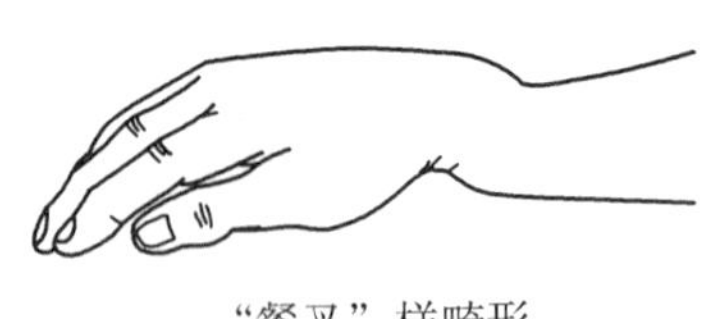
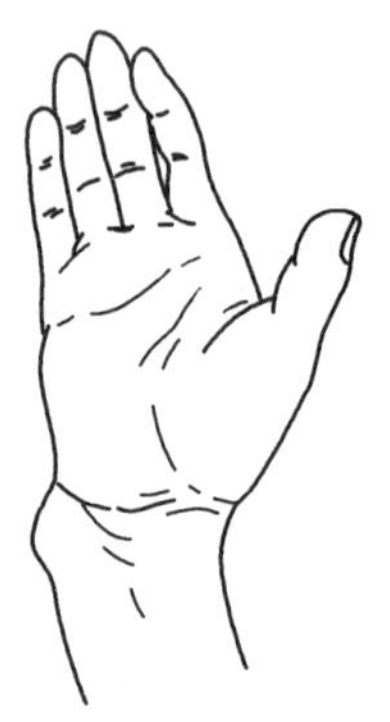

“餐叉”样畸形　　“枪刺”样畸形

图 19-4　Colles 骨折

畸形，正面看呈“枪刺样”畸形。局部压痛明显，腕关节活动障碍。

2. 治疗原则　可在牵引下进行外固定手法复位，复位后背侧面用石膏托或特制小夹板固定腕关节于旋前、屈腕、尺偏位。有手术指征者应切开复位，用松质骨螺钉或钢针固定。

（四）股骨颈骨折

股骨颈骨折是指股骨颈与基底部之间的骨折，多发生于中、老年人，与骨质疏松有关。按骨折线的部位分类可分为头下型骨折、经颈型骨折和基底部骨折。头下型和经颈型易造成股骨头缺血性坏死。按骨折线的角度分类可分为内收型骨折和外展型骨折。内收型骨折线远端与两髂嵴联线形成的角度（Pauwells 角）大于 50°；外展型骨折，Pauwells 角小于 30°（图 19-5）。

1. 临床表现　患髋部出现疼痛，不能站立或行走，患肢有短缩、内收、外旋畸形。患髋有压痛，足跟部或大粗隆部叩打时髋部疼痛。股三角处有压痛。

2. 治疗原则　无明显移位的外展嵌插骨折适用于持续皮牵引。对于内收型和有移位的骨折应尽早给予复位，行经皮多枚骨圆针或加压螺纹钉内固定术。60 岁以上的老人，股骨头下骨折有明显移位或旋转者适用于人工股骨头置换术（图 19-6）。

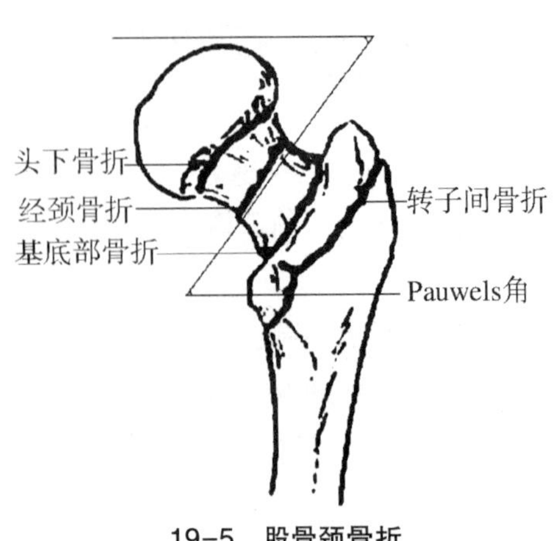

19-5　股骨颈骨折

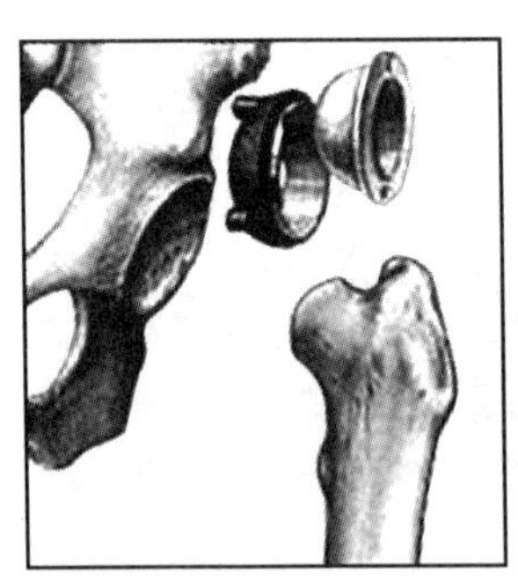
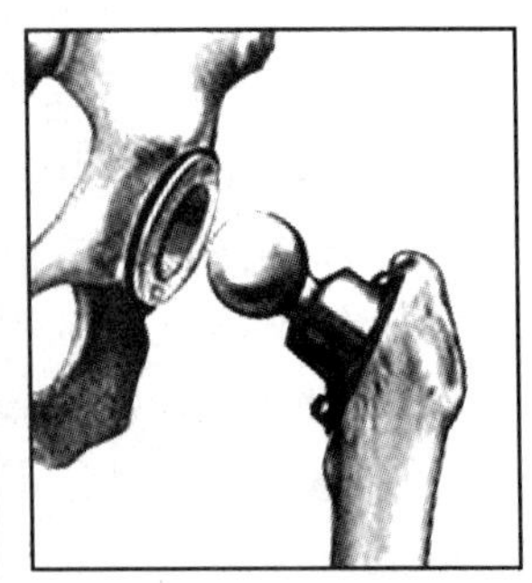

图 19-6　人工股骨头置换

（五）股骨干骨折

股骨干骨折是指股骨小转子以下、股骨髁以上部位的骨折，多见于青壮年。

1. 临床表现 伤后患肢疼痛、肿胀、皮下瘀斑，局部出现成角、短缩、旋转等畸形，活动受限，有异常活动、骨擦音。内出血 500~1 000 mL，出血多者可伴有休克。

2. 治疗原则 3 岁以内的儿童，用垂直悬吊皮牵引；成人可采用骨牵引。非手术治疗失败或合并有神经、血管的损伤或伴有多发性损伤、不宜卧床过久的老年人可采用切开复位内固定术。

（六） 胫腓骨干骨折

胫腓骨干骨折是指胫骨平台以下到髁上的部分发生的骨折，青壮年、儿童多见（图 19-7）。

1. 临床表现 局部疼痛、肿胀、反常活动、畸形和活动受限。有腓总神经、胫神经损伤时，可出现足下垂或仰足的表现。伴有胫前及胫后动脉损伤时，则足背动脉和胫后动脉搏动消失，趾端苍白、冰凉。如果继发有骨筋膜室综合征，远端肢体出现疼痛、肿胀、麻木、肢体苍白、感觉消失。

2. 治疗原则 横断形或短斜形骨折可以进行手法复位，长腿石膏或小夹板外固定。斜形、螺旋形或轻度粉碎性骨折可先行跟骨结节牵引，待纤维愈合后，用长腿石膏托或小夹板继续外固定。手法复位失败者可采用切开复位内固定。开放性或粉碎性严重的可采用骨外固定术。

（七） 脊柱骨折

脊柱骨折又称脊椎骨折，绝大多数由间接暴力引起，少数因直接暴力所致。若伴有脊髓损伤可导致截瘫，还会继发其他系统并发症，危及患者生命（图 19-8）。

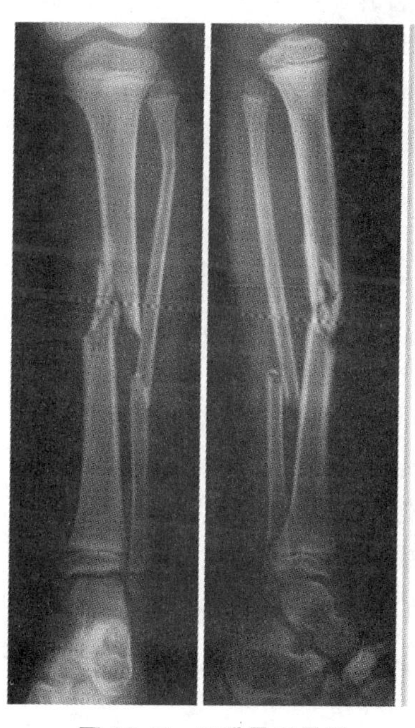

图 19-7 胫腓骨干骨折

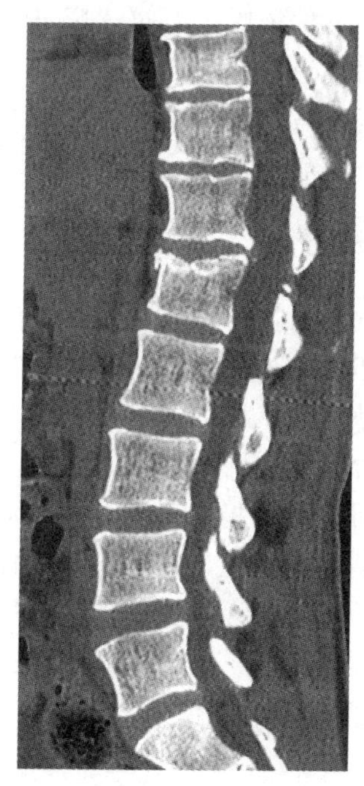

图 19-8 脊柱骨折

1. 临床表现

（1）局部疼痛、肿胀、畸形、棘突间隙加宽及局部有明显触痛、压痛和叩击痛，脊柱活动受限。

（2）合并脊髓损伤时，有脊髓损伤的症状和体征，可伴有四肢的感觉、运动、肌张力、腱反射及括约肌功能异常等。①脊髓震荡：损伤平面以下的感觉、运动、反射及括约肌的功能完全丧失。在数分钟或数小时内可完全恢复。②脊髓挫伤、出血：与受压表现为受伤平面以下单侧或双侧同一水平的感觉、运动、反射及括约肌的功能全部暂时消失或减弱。其预后取决于脊髓挫伤程度、出血量及受压程度及解除压迫的时间。③脊髓圆椎损伤：会阴部表现为皮肤鞍状感觉障碍，大小便失禁或潴留和性功能障碍。双下肢感觉、运动正常。④脊髓断裂：损伤平面以下的感觉、运动、反射及括约肌功能完全丧失。⑤马尾神经损伤：平面以下弛缓性瘫痪，有感觉及运动功能障碍，括约肌功能丧失，肌张力降低，腱反射消失。⑥胸段脊髓损伤：表现为截瘫。⑦颈段脊髓损伤：表现为四肢瘫痪，上颈椎损伤的四肢瘫均为痉挛性瘫痪，下颈椎损伤上肢表现为弛缓性瘫痪，下肢为痉挛性瘫痪。

2. 治疗原则

（1）伴有其他严重多发伤，如颅脑、胸腹腔器官损伤或休克时，应优先处理，以挽救生命。

（2）颈椎骨折：症状较轻稳定型颈椎骨折可用枕颌带悬吊卧位牵引复位，有明显压缩脱位者，采用持续颅骨牵引复位。爆破型颈椎骨折有神经症状者应早期手术切除碎骨片、减压、植骨及内固定。

（3）胸腰椎骨折：椎体压缩不到 1/3 或年老体弱不能耐受复位及固定者，可仰卧于硬板床上，骨折部位垫厚枕，使脊柱过伸，3 d 后开始锻炼腰背肌，第 3 个月开始可稍下地活动，但以卧床休息为主，3 个月后开始逐渐增加下地活动时间。椎体压缩超过 1/3 的青少年和中年受伤者，可采用两桌法或双踝悬吊法复位，复位后包石膏背心，固定 3 个月。有神经症状和有骨折片挤入椎管者，不宜复位，需手术治疗。

三、护理

【护理评估】

1. 健康史　了解患者的年龄、受伤时间、方式、性质、程度，受伤时的体位及环境，伤后立即出现的功能障碍及其发展情况，救治经过等。既往有无骨骼疾病史。

2. 身体状况　了解骨折的类型、局部体征和患肢功能状况、固定情况、过敏及循环状况，生命体征是否平稳，有无合并其他部位损伤或并发症，是否伴有休克、发热等全身症状，开放性骨折失血量的估计、是否伴有感染等。了解麻醉、手术的方式、术中补液、补血情况，术后的愈合及功能情况。了解辅助检查结果。

3. 心理社会状况　了解患者及其家属对骨折的心理反应、认知情况和对骨折复位后康复知识的了解及支持程度。

【护理问题】

1. 疼痛　与肌肉、骨骼的损伤有关。

2. 焦虑/恐惧　与疼痛、长期卧床及担忧预后有关。

3. 有感染的危险　与皮肤受损、开放性骨折及内固定有关。

4. 皮肤完整性受损的危险　与骨折后躯体活动受限有关。

5. 潜在并发症　脂肪栓塞、骨筋膜室综合征、坠积性肺炎、骨化性肌炎、创伤性关节炎、缺血性骨坏死、缺血性肌挛缩等。

6. 知识缺乏　缺乏诊疗、护理、手术、康复训练及预防并发症等相关知识。

【护理措施】

1. 饮食护理　养成规律的生活习惯，定时进餐，并根据患者的口味适当调整饮食，给予营养丰富、易于消化的饮食。对制动患者适当增加膳食纤维的摄入，多饮水，防止便秘及泌尿系统结石的发生。避免进食牛奶、糖等易产气的食物。

2. 生活护理　给予患者生活上的照顾，满足基本的生活需要，协助其生活起居、饮食、卫生等。保持室内环境卫生、清洁，以增加患者的舒适感，训练规律排大小便。

3. 病情观察　较重的患者要进行生命体征、神志的观察，做好观察记录，给予补液、输血、补充血容量等。必要时监测中心静脉压及记录 24 h 体液出入量；危重患者应及早送 ICU 监护。对于意识、呼吸障碍者，必要时施行气管切开，给予吸氧或人工呼吸。

4. 疼痛护理　操作时动作要轻柔、准确，避免粗暴剧烈，如移动患者时，应先取得患者配合，在移动过程中，对损伤部位重点扶托保护，缓慢移至舒适体位，争取一次性完成，以免引起和加重患者疼痛。受伤 24 h 内局部冷敷，24 h 后局部热敷，受伤肢体应固定，并将患肢抬高，以减轻肿胀引起的疼痛。对疼痛原因明确时，可根据医嘱使用止痛药。

5. 维持肢体循环功能，减轻水肿　局部创伤或挤压伤、静脉回流不畅、骨折内出血、固定过紧、血管损伤修复较迟或用止血带时间过长，都可导致组织灌流不足、肢体肿胀。根据患者具体情况选择合适的体位，适当抬高患肢，促进静脉回流。股骨颈骨折者，应保持肢体于外展中立位，防止因髋关节内收、外旋造成髋关节脱位。股骨干骨折者保持患肢外展、抬高位；长期固定及关节内骨折，应保持患肢于功能位。有出血者及时采取相应措施进行止血，对四肢骨折患者要严密观察肢端有无剧烈疼痛、麻木、皮温降低、苍白或青紫等现象。有无肢端甲床血液充盈时间延长、脉搏减弱或消失等动脉血供受阻征象，如有异常应及时通知医生积极对症处理。严禁局部按摩、热敷、理疗，以免加重组织缺血与损伤。

6. 预防感染　现场急救应注意保护伤口，避免二次污染及细菌进入深层组织，开放性骨折应争取时间，早期实施清创术，给予有效的引流，遵医嘱正确使用抗生素，加强全身营养支持。注意观察伤口情况，有无红、肿、热、痛及波动感，一旦发生感染，应及时报告并协助医生进行伤口处理。

7. 并发症护理

（1）脂肪栓塞：安排患者采取高坐位卧姿，给予高浓度氧以去除局部的缺氧和脂肪颗粒的表面张力，使用呼吸机以减轻和抑制肺水肿的发生，监测生命体征和动脉血气分析，保持呼吸道通畅，维持体液平衡，遵医嘱使用肾上腺皮质类固醇、抗凝血剂等药物对症治疗。

（2）血管、神经损伤及骨筋膜室综合征：对于石膏、夹板等外固定过紧引起患肢肿胀伴有血液循环障碍者，应及时松解，并观察有无血管、神经的损伤；严重肿胀者，要警惕骨筋膜室综合征的发生，及时通知医生做好相应的处理。

（3）坠积性肺炎和压疮：对长期卧床的患者定时给予翻身拍背，按摩骨隆突处，必要时给予气圈或气垫床，并鼓励患者咳嗽、咳痰。

（4）泌尿系统感染：脊椎骨折伴脊髓损伤患者因膀胱功能障碍、尿潴留、长期留置尿管，或液体摄入不足等，易发生泌尿系统感染。护理时应保持会阴部清洁，尿潴留和排尿失禁的患者，应留置尿管，插导尿管时，需严格无菌操作。注意观察尿管有无受压、扭曲、阻塞等，应及时调整，保持尿管引流通畅。损伤早期，留置尿管应持续开放，使膀胱排空，减少感染发生的机会；2~3 周后，应夹闭导尿管，每 4~6 h 开放一次，使膀胱充盈，以训练膀胱的自主节律性，避免膀胱萎缩。长期留置尿管者，一般每 5~7 d 更换导尿管一次，防止导尿管发生阻塞或引流不畅，导致逆行感染，硅胶导尿管可适当延长更换时间。长期留置导尿管的患者，应按常规进行膀胱冲洗，以冲出膀胱内积存的沉渣。根据情况，某些患者可采取手法按摩，刺激膀胱排尿。指导患者每 2 h 在腹部由外向内均匀按摩膀胱，压出尿液。鼓励患者多饮水，每日争取饮水 3 000 mL，使排尿每日在 1 500 mL 以上，以利于尿液的稀释，避免结石的形成。

8. 指导功能锻炼　向患者宣传锻炼的意义和方法，解释骨折固定后引起肌萎缩的原因，使患者充分认识功能锻炼的重要性，消除思想顾虑，主动运动锻炼。认真制订锻炼计划，并在治疗的过程中，根据患者的全身状况、骨折愈合的进度、功能锻炼后的反应等各项指标不断修订锻炼计划。一切功能活动均须在医护人员指导下进行。活动范围由小到大，次数由少渐多，时间由短至长，强度由弱增强。

9. 心理护理　鼓励患者及家属表达其所担心的问题，稳定患者情绪，多与患者沟通，耐心解释病情和治疗方式，倾听患者的主诉，关心安慰患者，使患者对治疗增强信心和勇气，以最佳心理状态接受治疗、配合治疗。

10. 牵引患者的护理

（1）维持有效牵引：每日检查牵引装置及效果、包扎的松紧度、有无滑脱或松动；应保持牵引锤悬空、滑车灵活；嘱咐患者及其家属不要擅自改变体位，不能随便增减牵引重量；颅骨牵引者应每日将颅骨牵引弓的靠拢压紧螺母拧紧 0.5~1 圈，防止颅骨牵引弓松脱；肢体牵引时，应每日测量两侧肢体的长度，避免发生过度牵引（图 19-9）。

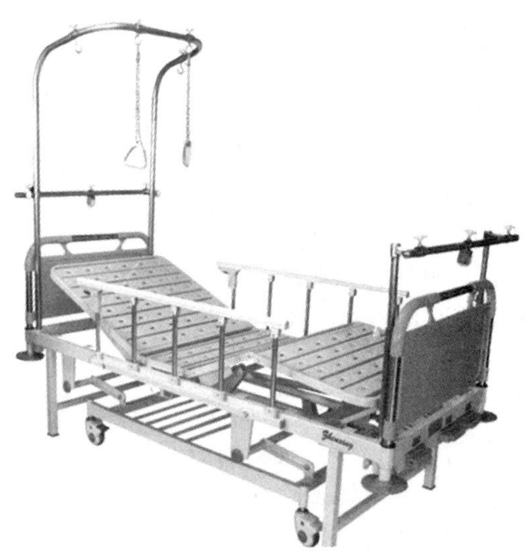

图 19-9　骨科牵引床

（2）维持有效血液循环：观察患肢肢端的血液循环有无肿胀、麻木、皮温降低、色泽改变及运动障碍，如发现异常及时通知医生并做相应的处理。

11. 石膏固定患者的护理

（1）对刚刚完成石膏固定的患者应进行床头交接班。

（2）石膏绷带包扎后，应待其自然硬化。在石膏未干前，尽量少搬动患者，不要用手指按压，以免石膏向内凸起，压迫局部组织。必须搬动时，应用手掌平托，为使石膏尽快干燥，以免变形。

（3）抬高患肢使患处高于心脏水平 20 cm，以利淋巴和静脉回流，减轻肢体肿胀。

（4）保持石膏整洁，勿使尿、便、饮料及食物等污染。如有污染可用毛巾蘸肥皂及清水擦洗干净，擦洗时水不可过多，以免石膏软化变形，严重污染时应及时更换。

（5）观察石膏创面有无出血，是否渗到石膏表面，必要时开窗或拆除检查。拆除石膏绷带后，用温水清洗患肢，并用凡士林涂擦皮肤（图 19-10）。

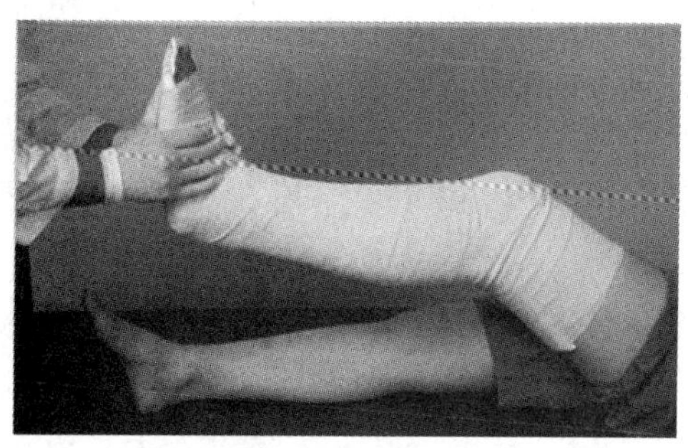

图 19-10　石膏固定

12. 健康指导

（1）讲解有关骨折的知识，尤其是骨折的原因。教育患者在工作、运动中应注意安全，加强锻炼。保持健康良好的心态，以利于骨折的愈合。

（2）调整膳食结构，对患者进行饮食指导，保证营养要素的供给。

（3）嘱咐患者出院后有关注意事项，遵医嘱定期复诊，评估功能恢复状况。

扫码看 PPT

第二节　常见关节脱位患者的护理

一、概述

关节面失去正常的对合关系称为关节脱位，俗称脱臼，多发生于儿童、青壮年。部分失去正常对合关系称为半脱位。

（一）病因

1. 暴力作用　外来暴力作用于正常关节引起脱位。

2. 先天性　外界因素或内在原因影响胚胎期发育而导致关节先天发育不良，出生后即出现脱位，而且逐渐加重。如髋关节脱位，是由于髋臼或股骨头先天发育不良引起。

3. 关节病变　关节结构发生病变，骨端遭受病变破坏，而引起脱位。如关节结核、类风湿性关节炎等引起的病理性脱位。

4. 创伤　创伤性关节脱位后造成关节囊、韧带松弛或在骨附着处被撕脱，使关节存在不稳定因素，轻微外力可导致再脱位，反复发生，称为习惯性脱位。多见于肩关节脱位。

（二） 分类

1. 按脱位后时间分类　①新鲜脱位：脱位时间低于3周者。②陈旧性脱位：脱位时间超过3周者，一般闭合复位困难，而常需切开复位。

2. 按脱位后皮肤是否破损分类　①闭合性脱位：关节软骨面与外界空气不相通。②开放性脱位：关节软骨面与外界空气相通。

（三） 临床表现

1. 一般症状　关节疼痛、肿胀、瘀血斑、局部压痛及关节功能障碍。

2. 特有体征

（1）畸形：脱位的关节处有明显的畸形，如关节变粗大、患肢变短或变长等。

（2）弹性固定：脱位关节周围肌痉挛，关节囊与韧带牵拉，使患肢固定在异常位置，被动运动时感到有弹性阻力。

（3）关节盂空虚：脱位后可在体表摸到关节所在的部位有空虚感。

（四） 辅助检查

X线检查可确定脱位的方向、程度、有无合并骨折等。

（五） 治疗原则

1. 复位　包括手法复位和切开复位，以手法复位为主。切开复位指征：有关节内骨折，经手法复位失败者；有软组织嵌入，手法难以复位者；陈旧性脱位手法复位失败者。

2. 固定　复位后将关节固定于稳定位置2~3周，使损伤的关节囊、韧带、肌肉等软组织得以修复。

3. 功能锻炼　在固定期间要经常进行关节周围肌肉的伸缩活动和患肢其他关节的主动活动。固定解除后，逐步进行患侧关节的主动功能锻炼，并辅以理疗、中药熏洗等，促进关节功能早日恢复。

二、肩关节脱位

多由间接暴力引起，当身体侧位倒地时，手掌着地，肩关节外展、外旋，使肩关节前方关节囊破裂，肱骨头滑出肩胛盂而出现脱位。也可以发生于患者向后跌倒时，肱骨后方撞击于硬物上肱骨头受到肩峰的阻挡，成为杠杆的支点，迫使肱骨头向前下方脱出。肩关节脱位分为前脱位、后脱位、下脱位、盂上脱位等。由于肩关节前下方组织薄弱，所以前脱位最多见（图19-11）。

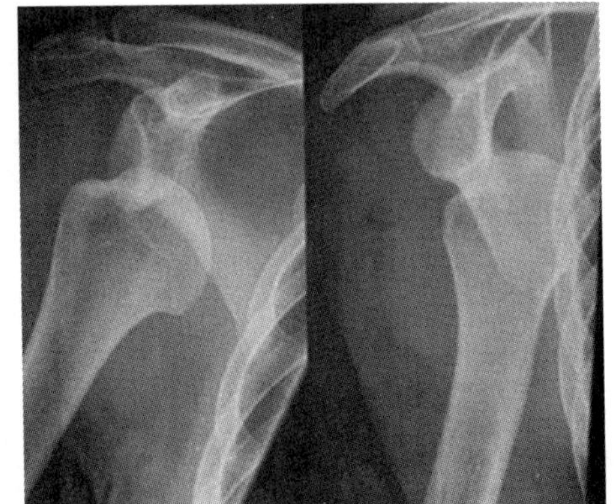

图 19-1　肩关节脱位

（一） 临床表现

三角肌塌陷，肩部失去正常轮廓成方肩畸形，关节盂空虚。关节盂外可触及肱骨头。搭肩试验（Dugas征）阳性：表现为患侧手掌搭于健侧肩部时，肘部不能紧贴胸壁。正常时肘部可贴近胸壁。

（二） 辅助检查

X 线检查可明确脱位的情况及有无合并骨折。

（三） 治疗原则

1. 复位 以手法复位为主，常用的复位方式有两种：Hippocrates 法（图 19-12），或称手牵足蹬法；Kocher 法，或称牵引回旋复位法。

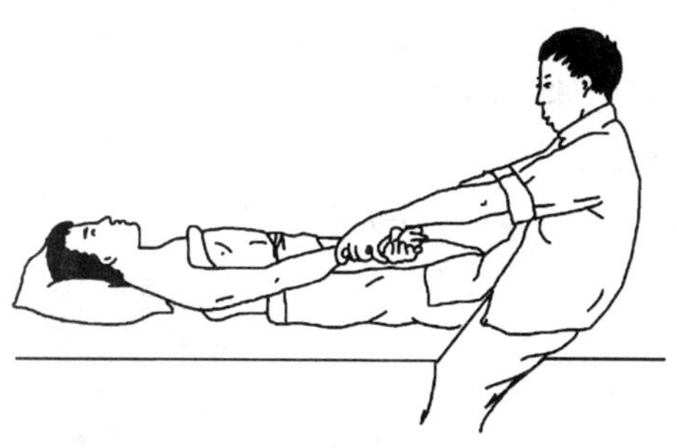

图 19-12 Hippocrates 法

2. 固定 单纯肩关节脱位复位后用三角巾悬吊上肢，肘关节屈曲 90°，固定于胸前 3 周。

3. 功能锻炼 固定后，疼痛、肿胀减轻，可指导患者健侧缓慢推动患肢外展与内收活动，活动的范围以不引起患肩疼痛为限。固定期间应活动腕部和手指，解除固定后主动锻炼肩关节的活动，应逐渐加大受伤关节的活动范围，促使关节功能的恢复。

三、肘关节脱位

大多由间接暴力引起，患者跌倒时，上臂伸直手掌着地，暴力传递至尺、桡骨上端，尺骨鹰嘴突产生杠杆作用，使其半月切迹移向后上方，肱骨髁则向前脱出，而形成肘关节后脱位。多见于青壮年，其中以后脱位为多见（图 19-13）。

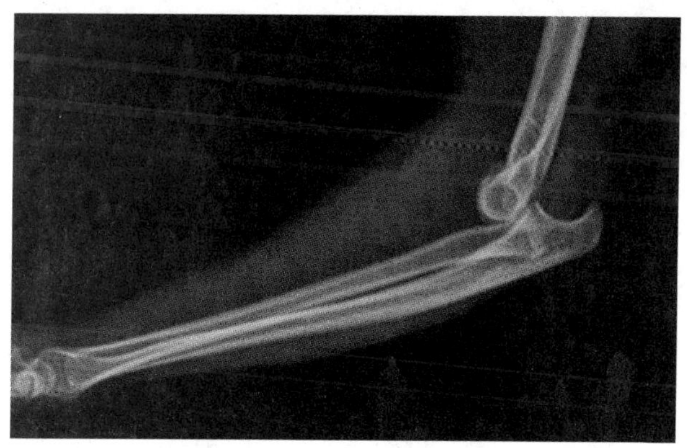

图 19-13 肘关节脱位

（一） 临床表现

肘部变粗，上肢变短，鹰嘴后突。肘关节弹性固定于半伸直位。肘后三角失去正常关系。

（二）辅助检查

X 线检查可明确脱位的情况及有无合并骨折。

（三）治疗原则

1. 复位　大多数采用手法复位，对于手法复位失败的可采用切开复位。

2. 固定　复位后用长臂石膏托固定肘关节于屈曲 90°位，再用三角巾悬吊胸前 2~3 周。

3. 功能锻炼　固定期间可做伸指握拳等练习，同时在外固定保护下做肩、腕关节的活动。外固定去除后，锻炼肘关节的屈伸活动及肘关节周围肌力。应注意以主动锻炼为主，被动活动时动作要轻柔，以不引起剧烈疼痛为度，切忌粗暴。

四、髋关节脱位

髋关节后脱位多由间接暴力引起，当髋关节屈曲、或屈曲内收时，暴力从膝部向髋部冲击，使股骨头穿出后关节囊。或弯腰工作时，重物砸于腰骶部，也可使股骨头向后冲破关节囊而形成脱位。据脱位后股骨头的位置分为后脱位、前脱位和中心脱位，其中后脱位最常见（图 19-14）。

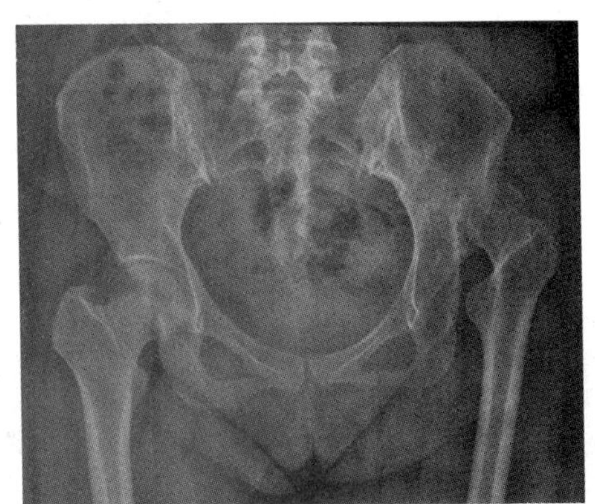
图 19-14　髋关节脱位

（一）临床表现

患髋关节疼痛，被动活动时疼痛加剧。患侧下肢呈屈曲、内收、内旋和短缩畸形。臀部隆起脱出的股骨头，大转子上移。

（二）辅助检查

X 线检查明确脱位的情况及有无合并骨折。

（三）治疗原则

1. 复位　常用的复位手法为提拉法（Allis 法）（图 19-15）。

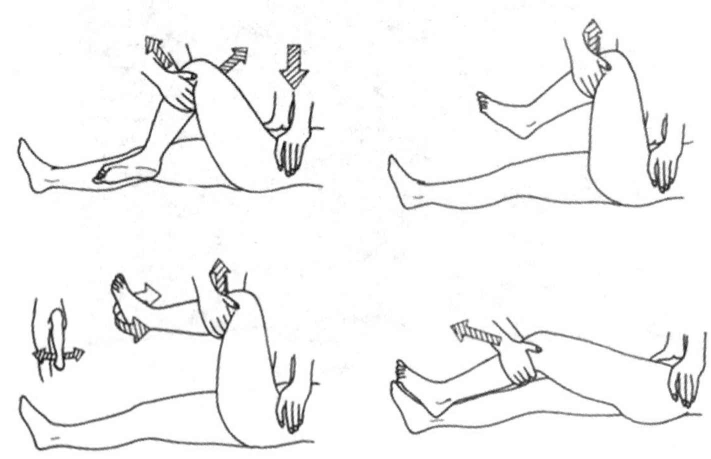
图 19-15　Allis 法

2. 固定　髋关节脱位患者复位后用皮牵引将患肢固定于外展中立位 3~4 周，或穿丁字鞋固定 3~4 周，在此期间不能做盘腿、并腿等动作，以防髋关节再次脱位。3 个月内患肢不能负重，以免缺血的股骨头受压变形，影响正常的行走功能。

3. 功能锻炼　复位固定后行双上肢及患肢踝关节的活动。3 d 后进行抬臀练习。去除牵引后指导患者用双拐练习步行。

五、护理

【护理评估】

1. 健康史　了解患者的受伤经过，有无关节和骨端的肿瘤及炎症等病变，有无反复脱位的病史等。

2. 身体状况　进行体格检查，全面了解患者临床表现，有无脱位后局部体征及全身并发症。并通过检查了解脱位的类型及有无并发症。

3. 心理社会状况　评估患者对疾病的心理反应，有无焦虑、害怕等；评估患者的生活模式、社会角色等是否受到疾病的影响；了解患者对疾病治疗的态度。

【护理问题】

1. 疼痛　与关节脱位有关。

2. 焦虑　与疼痛有关。

3. 皮肤完整性受损　与使用石膏、夹板有关。

4. 有废用综合征的可能　与患肢制动有关。

5. 知识缺乏　缺乏本病的治疗与康复知识。

【护理措施】

1. 疼痛护理　查明原因，给予及时处理。必要时可遵医嘱给予止痛剂。执行护理操作时动作要轻柔，避免引起不必要的痛苦。脱位后 24 h 内局部冷敷，之后局部热敷，减轻肌痉挛引起的疼痛。

2. 协助医生尽早复位　做好复位前的身体及心理准备，向患者说明复位的目的和方法，以取得患者的合作；复位前给予适当的麻醉，以减轻疼痛，同时使肌肉松弛，利于复位。

3. 保持有效的固定　复位后将患肢固定于功能位置 2~3 周，陈旧性脱位手法复位后，固定时间应适当延长。向患者及其家属说明复位后固定的目的、方法、重要性及注意事项，防止发生习惯性脱位。固定期间应观察患肢的血液循环，定期检查患肢的感觉和运动，以了解神经、血管损伤的程度和恢复情况。固定时间太长易发生关节僵硬，太短则关节囊达不到修复，容易形成习惯性脱位。

4. 常见并发症的护理

（1）关节脱位伴骨折的患者在治疗和护理时要注意骨折的治疗和愈合。

（2）关节脱位伴神经的牵拉或压迫损伤者，应定期检查患肢的感觉和运动功能，了解神经修复的程度。

（3）在治疗、护理的过程中，应注意改善关节部位及周围组织的血液供应，可采用超声波、电疗、热疗及功能锻炼等措施，防止关节面缺血坏死、创伤性关节炎等潜在并发症的发生。

（4）髋关节后脱位后有发生股骨头坏死的可能性，因此患肢不能过早地负重，3 个月内要定期复查，证实股骨头血液循环良好后方可弃拐步行。

5. 指导功能锻炼　向患者及其家属说明功能锻炼的重要性和必要性，科学地指导患者功能锻炼，使患者能自觉地按计划进行功能锻炼，防止锻炼不当或过早锻炼引起习惯性脱位。固定期间，应进行关节周围肌肉的舒缩运动和除患肢外其他未固定关节的主动活动。解除固定后，逐渐加大关节的活动范围，同时配合热敷、理疗、中药烫洗，这样有利于增强血液循环，消除肿胀，防止关节僵直和废用性萎缩。

6. 心理护理

（1）对患者表示理解和同情，给予安慰和鼓励，耐心做好解释工作，以减轻紧张心理；同时耐心引导患者了解关节脱臼的相关知识，增加患者对疾病的认识，以便积极配合治疗。

（2）合理安排患者周围环境，将日常生活用物放置于患者能自行取用之处，以利于减少由于活动受限带来的心理问题。

（3）鼓励患者尽可能像从前一样参与家庭及其他社会活动。

7. 健康指导

（1）向患者及其家属宣教有关疾病治疗和康复的知识，尤其是注意保持有效固定和坚持功能锻炼，预防习惯性关节脱位发生。

（2）教会患者有关外固定护理及功能锻炼的方法。

（3）让患者了解可能发生的并发症及其预防措施。

（4）教育患者平时如何注意安全，以减少或避免事故发生。

第三节　骨与关节感染患者的护理

骨髓炎是指骨膜、骨密质、骨松质及骨髓受到化脓性细菌感染而引起的炎症。好发于儿童。

一、急性骨髓炎

急性骨髓炎最多见的是急性血源性骨髓炎。发病前大多有身体其他部位的原发性化脓性感染病灶，如疖、痈、扁桃体炎等。最常见的致病菌是金黄色葡萄球菌，其次为乙型溶血性链球菌。早期以骨质破坏和坏死为主，晚期以关节囊新生骨形成为主。大量菌栓进入长管状骨的干骺端，阻塞小血管，迅速发生骨坏死，并形成局限性骨脓肿。脓液沿哈佛管蔓延进入骨膜下间隙将骨膜掀起成为骨膜下脓肿，致骨密质外层缺血坏死。脓液穿破骨膜流向软组织筋膜间隙而成为深部脓肿。脓肿亦可穿破皮肤排出体外，形成窦道。脓液进入骨髓腔，破坏骨髓组织、骨松质及内层骨密质的血液供应，形成大片死骨。儿童骨骺板具有屏障作用，脓液一般不进入邻近关节。

（一）临床表现

1. 症状　起病急骤，全身不适，有寒战、高热，体温可达 39 ℃以上。患肢有持续、进行性加重的疼痛。儿童可表现为烦躁不安、呕吐与惊厥，重者可发生昏迷及感染性休克。

2. 体征　局部皮肤温度增高，发红，肿胀，干骺处有局限性深压痛。3～4 d 后若肿胀、疼痛加剧，提示该处形成骨膜下脓肿。当脓肿穿破骨膜、形成软组织深部脓肿时，疼痛反而减轻，但局部红、肿、热、压痛更为明显。当脓肿穿破皮肤时，体温可逐渐下降，但局部可经久不愈而形成窦道。1～2 周后，有发生病理性骨折的可能。

（二）　辅助检查

1. 实验室检查　血白细胞计数和中性粒细胞比例增高；红细胞沉降率加快；血细菌培养可为阳性。

2. 局部分层穿刺　做细菌培养及药物敏感试验，有助于早期明确诊断和选择用药。

3. 影像学检查　早期 X 线摄片无特殊表现，发病 2 周后可见干骺区散在性虫蛀样骨破坏，并向髓腔扩散，骨密质变薄，可有死骨形成。CT 检查可较早发现骨膜下脓肿。发病 48 h 后，核素骨显像可有病理改变。

（三）　治疗原则

1. 非手术治疗

（1）抗生素：早期联合、大剂量应用有效抗生素。体温下降后再连续应用至少 3 周，以巩固疗效。

（2）支持疗法：高热时降温、补液、补充维生素；纠正水、电解质和酸碱平衡紊乱；必要时给予少量多次输新鲜血液。

（3）局部制动：患肢做持续性皮肤牵引或石膏托固定于功能位，以减轻疼痛、防止关节挛缩畸形及病理性骨折或关节脱位。

2. 手术治疗　局部钻孔引流或开窗减压术，于骨腔内放置 2 根引流管作持续冲洗引流。

二、慢性骨髓炎

慢性骨髓炎多数是急性骨髓炎未能彻底控制或反复发作，遗留死骨、死腔、窦道演变而成。少数是由于低毒性细菌感染，在发病时即表现为慢性骨髓炎。当机体抵抗力降低或局部受伤时，炎症又再次发作，如此反复。

（一）　临床表现

慢性骨髓炎静止期可无症状。患肢局部增粗、变形。幼年期发病者，由于骨骺破坏，生长发育受影响，肢体呈现短缩或内、外翻畸形。窦道口肉芽组织增生，流出臭味脓液，窦道周围皮肤菲薄、色素沉着，或者呈湿疹样皮炎，易破溃形成慢性溃疡。长期受炎症刺激可发生癌变。有时窦道排出小的死骨，死骨排净后，窦道可暂时闭合。慢性骨髓炎急性发作时，局部有红、肿、热及明显压痛，原已闭合的窦道口开放，流出大量脓液或死骨。全身可出现衰弱、贫血等慢性感染中毒表现。

（二）　辅助检查

1. X 线检查　骨骼失去正常形态，骨膜下有新生骨形成，骨质硬化，骨髓腔不规则，有大小不等的死骨影，边缘不规则，周围有空隙。

2. CT　可显示脓腔与小块死骨。

3. 造影检查　经窦道插管注入水溶性碘溶液对比剂可显示脓腔情况。

（三） 治疗原则

清除死骨、炎性肉芽组织和消灭死腔，方法以病灶清除术为主。

三、化脓性关节炎

由身体其他部位或邻近关节部位的化脓性病灶内的细菌通过血液循环播散或直接蔓延至关节腔所致。常见的致病菌为金黄色葡萄球菌，其次为白色葡萄球菌、链球菌、肺炎球菌、大肠埃希菌等。

（一） 临床表现

起病急骤，全身不适，乏力，食欲减退，寒战、高热，体温可达 39 ℃以上。感染严重者可出现谵妄与昏迷，小儿可见惊厥。病变关节处剧烈疼痛。病变关节功能障碍，活动受限。局部有明显的红、肿、热、痛的表现；发生于膝关节可出现浮髌试验阳性。

（二） 辅助检查

1. 实验室检查

（1）血常规化验：白细胞总数升高，中性粒细胞计数比例可超过 90% 以上，红细胞沉降率增快。

（2）关节穿刺：抽出液外观呈浆液性或脓性，涂片见大量成堆的脓细胞，细菌培养几乎均为阳性。

2. X 线检查　早期关节周围软组织阴影扩大，关节间隙增宽；后期关节间隙变窄或消失，关节面毛糙，甚至发生骨质破坏或增生。

（三） 治疗原则

（1）早期应用有效抗生素。

（2）关节腔内注射抗生素。

（3）关节腔灌洗。

（4）关节切开引流术。

（5）石膏固定。

四、护理

【护理评估】

1. 健康史　了解患者的发病经过，有无骨关节炎症等相关疾病病史，全身有无感染化脓病灶等病史。

2. 身体状况　进行体格检查，全面了解患者临床表现，有无红、肿、热、痛，活动受限等局部体征及发热、畏寒等全身症状。实验室、放射性等检查结果。

3. 心理社会状况　评估患者对疾病的心理反应，有无焦虑、害怕等；评估患者的生活模式、社会角色等是否受到疾病的影响；了解患者及其家属对疾病治疗的态度。

【护理问题】

1. 疼痛　与炎症刺激有关。

2. 焦虑　与疼痛，担心预后不良等有关。

3. 皮肤完整性受损　与炎症、溃疡、窦道等有关。

4. 躯体移动障碍　与患肢疼痛及制动有关。

5. 知识缺乏　缺乏治疗与康复的知识。

【护理措施】

（一）术前护理

1. 一般护理

（1）卧床休息：抬高患肢，以利静脉血回流，减轻肿胀或疼痛。

（2）饮食指导：鼓励多饮水，给予高蛋白、高维生素、高糖饮食。

（3）皮肤护理：预防褥疮，有窦道形成时，加强局部皮肤的护理。

2. 病情观察

（1）密切观察生命体征的变化，高热时，给予物理降温，并给予补液，维持水、电解质和酸碱的平衡。

（2）注意邻近关节有无红、肿、热、痛和积液出现。

（3）观察伤口引流情况，保持引流通畅，记录引流液的量及性状。

3. 控制感染　及时做血培养和药物敏感试验，以指导选用有效的抗生素。遵医嘱应用有效抗生素，按计划滴入，以保持血液中抗生素的浓度，一般在体温、白细胞正常后还需继续用药。

4. 疼痛护理

（1）限制患肢活动，必要时用石膏托或皮牵引固定于功能位，以缓解肌痉挛，解除疼痛；防止炎症扩散；防止患肢畸形；防止发生病理性骨折。

（2）搬动患肢时动作要轻。保护好患肢，以防发生继发损伤。

5. 术前准备　做好常规及皮肤准备，窦道口周围皮肤要保持清洁，手术备皮要彻底。

（二）术后护理

1. 一般护理　①患者采取适当卧位，做好术后一般护理。②协助医生换药，及时更换敷料。③协助患肢适当活动，防止肌萎缩。

2. 病情观察

（1）生命体征观察，根据病情按时测体温、血压、脉搏。伤口行药物灌注、冲洗、负压引流，要注意观察引流液的量、颜色、性质等。

（2）恢复期仍要注意患者体温和局部症状的变化。

3. 引流管护理

（1）保持引流通畅，防止引流液逆流。多采用点滴冲洗和负压引流。术后 24 h 内，渗血渗流较多，应快速滴入冲洗液，以免血块堵塞引流管。冲洗液一般选用细菌敏感的抗生素配制而成。每日用量依病情而定（图 19-16）。

（2）伤口行药物灌注。冲洗持续的时间根据死腔的大小而异，一般为 2~4 周。当体温正常，伤口无炎症现象，引流出的液体清晰时，应考虑拔管。先拔除滴入管，引流管继续引流 1~2 d 后再拔除。

4. 心理护理　对患者及其家属表示理解和同情，给予安慰和鼓励，耐心做好解释工作，以减轻紧张心理；同时耐心引导患者及其家属了解相关知识，增加患者及其家属对疾病的认识，以便积极配合治疗。

（三）健康指导

（1）加强患肢功能锻炼，恢复患肢功能。

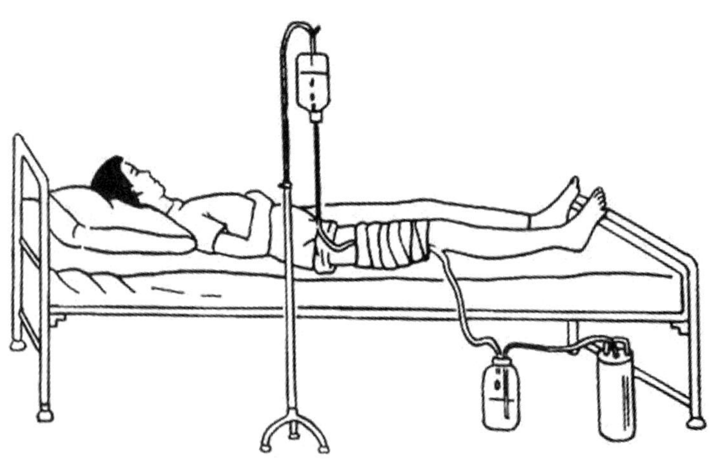

图 19-16　冲洗引流装置

（2）当局部疼痛时，及时就诊治疗。

第四节　骨肿瘤患者的护理

骨肿瘤是指骨组织（骨膜、骨和软骨）及骨附属组织（骨的血管、神经、脂肪、纤维组织等）所发生的肿瘤。骨肿瘤分为原发性和继发性两大类，原发性骨肿瘤是由骨组织及其附属组织本身所发生的肿瘤；继发性骨肿瘤是由其他器官或组织发生的恶性肿瘤通过血液循环、淋巴转移到骨组织及其附属组织所发生的肿瘤或直接浸润到骨组织及其附属组织所发生的肿瘤。按骨肿瘤的细胞来源可有骨性、软骨性、纤维性、骨髓性、脉管性、神经性等。根据肿瘤组织的形态、细胞的分化程度及细胞间质的类型，可分为良性、中间性和恶性三大类。恶性以骨肉瘤占首位。

一、骨软骨瘤

骨软骨瘤是一种常见的良性肿瘤，多发于青少年，可分为单发和多发两种，多数有家族史，可恶变，多发性骨软骨瘤发生恶变的机会要比单发性的多。

（一）　临床表现

骨软骨瘤早期无症状，多见于生长活跃的干骺端，如股骨下端、胫骨上端和肱骨上端。当肿瘤生长到一定大时，可因压迫周围组织，如肌腱、神经、血管等感到隐痛而影响功能。大多数患者是在无意中发现骨性肿块而就诊的。

（二）　辅助检查

X 线/CR/DR 显示长管骨的干骺端骨性凸起，呈杵状、蒂状、或鹿角状（图 19-17）。

（三）　治疗原则

骨软骨瘤虽属良性，因有恶变可能，应早期手术切除。

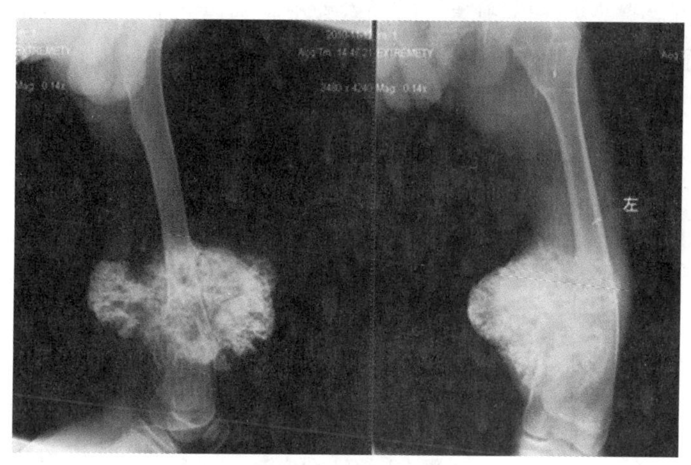

图 19-17　骨软骨瘤

二、骨巨细胞瘤

骨巨细胞瘤是起源于松质骨的溶骨性肿瘤，好发年龄 20~40 岁，女性多于男性，属潜在恶性，好发于长形管状骨的骺端。

（一）临床表现

主要症状为局部疼痛，随肿瘤的生长而疼痛加重。多见于股骨下端或胫骨上端。若侵及关节软骨，将影响关节功能。

（二）辅助检查

X 线检查示骨端病灶呈偏心性溶骨性破坏，骨端呈肥皂泡样膨胀，骨密质变薄，破溃后肿瘤可侵入软组织（图 19-18）。

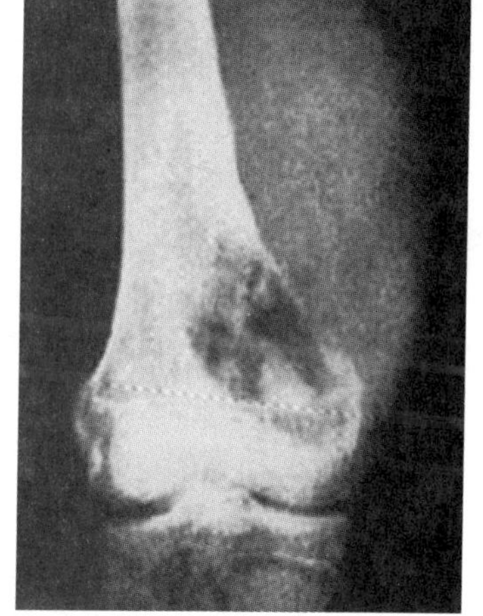
图 19-18　骨巨细胞瘤

（三）治疗原则

以手术治疗为主，化疗无效，放疗虽有效，但易发生照射后肉瘤变。

三、骨肉瘤

骨肉瘤是恶性程度很高的骨肿瘤，是原发性恶性骨肿瘤中最常见的肿瘤，多见于年轻人。常见于股骨下端、胫骨或腓骨上端、肱骨上端的干骺端。

（一）临床表现

主要症状是进行性加重的疼痛，开始时呈间歇性发作的隐痛，逐渐转为持续性剧痛。患肢关节有不同程度的功能障碍。病变局部肿胀，很快形成肿块，局部皮温增高，静脉怒张。

（二）辅助检查

X 线检查示病变部位骨质浸润性破坏，边界不清，病变区可有排列不齐、结构紊乱的肿瘤骨。可以使骨膜突起，形成骨膜下三角形新骨，形成的反应骨和肿瘤骨呈日光放射状，即影像学中的“日光射线”现象，周围有软组织肿块阴影。实验室检查可见贫血、血沉加快、碱性磷酸酶增高（图 19-19）。

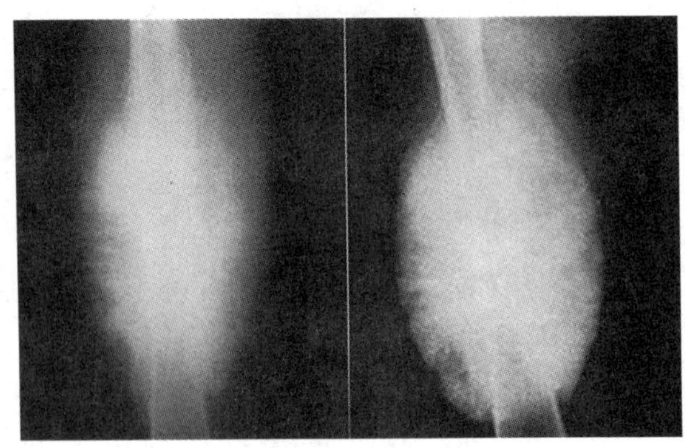

图 19-19　骨肉瘤

（三）治疗原则

治疗的措施是术前进行化疗 3~8 周，然后作瘤段切除后假体植入等保肢术或截肢术，术后再继续进行化疗的综合治疗。

四、护理

【护理评估】

1. 健康史　了解患者的年龄、性别、职业、工作环境、生活习惯、既往有无肿瘤病史或手术治疗史和家族中有无肿瘤患者。

2. 身体状况　了解患者的一般健康状况。评估患者的营养状态及对手术治疗的耐受力，重要器官的功能状态等。注意疼痛的性质和进展情况，采取缓解或减轻疼痛的措施。观察肢体肿胀情况，是否有压迫或转移症状。了解畸形的部位和活动受限的原因。

3. 心理社会状况　了解患者的心理状态，对手术治疗的并发症及生理机能改变的心理承受能力。家庭人员对本病的认识程度及家庭对患者治疗的经济承受能力。

【护理问题】

1. 焦虑/恐惧　与肢体功能丧失或担心预后有关。
2. 疼痛　与肿瘤浸润或压迫神经有关。
3. 躯体移动障碍　与疼痛或肢体功能受损有关。
4. 潜在并发症　病理性能骨折。
5. 知识缺乏　对疾病的诊疗措施、预后等缺乏应有的了解。

【护理措施】

（一）术前护理

1. 饮食护理　饮食宜清淡，易消化，合理给予高蛋白、高糖、高维生素饮食。必要时进行静脉营养支持，为手术治疗创造条件。

2. 疼痛护理　协助患者减轻疼痛，必要时使用药物控制疼痛。可按照“三级止痛”方案用药。一级止痛：疼痛一般，使用非麻醉类药物，如阿司匹林+辅佐剂（非类固醇类抗炎药，如消炎痛）。二级止痛：中度持续性疼痛，使用弱麻醉药，如可待因+阿司匹林+辅佐剂。三级止痛：强烈持续性疼痛，使用强麻醉剂，如吗啡+非麻醉剂+辅佐剂。

3. 活动和休息　应嘱咐患者下地时患肢不要负重，以防发生病理性骨折和关节脱位而发生意外损伤，指导患者作松弛活动。对于允许下床活动而不能走动的患者，可利用轮椅帮助患者每天有一定的室外活动时间。对无法休息和睡眠的患者，应注意改善环境，必要时睡前给予适量的镇静止痛药物，以保证患者休息。

4. 心理护理　观察并理解患者的心理变化，给予心理安慰和支持，消除害怕和焦虑，使患者情绪稳定，耐心向患者解释病情，根据患者的心理状态，要注意保护性医疗措施。解释治疗措施尤其是手术治疗对挽救生命、防止复发和转移的重要性。通过语言、表情、举止和态度给患者以良性刺激，使患者乐观地对待疾病和人生。同时要注意社会因素对患者心理的影响，做好患者亲属的心理指导。

5. 术前准备　下肢手术者，术前 1 d 晚肥皂水灌肠，防止术后长时间卧床而腹胀。骶尾部手术，术前 3 d 服用肠道抗菌药物，术前 1 d 晚清洁灌肠。

（二） 术后护理

1. 病情观察　密切观察残肢端创口情况，及时更换敷料，注意有无出血、水肿、水疱、皮肤坏死及感染。用石膏外固定时，注意肢端血运情况，鼓励患者适当做肌收缩活动，石膏解除后，加强锻炼，促进功能恢复。

2. 控制感染　遵医嘱及时应用抗生素，预防感染。

3. 指导患者进行残肢锻炼，以增强肌力，保持关节活动的正常功能，鼓励患者使用辅助工具，早期下床活动，为安装假肢做准备。

4. 心理护理　截肢或关节离断术后，患者往往出现某些精神失常症状，要有专人护理，防止患者发生意外。术后出现幻肢痛应解释原因，对症处理。

（三） 动脉灌注患者的护理

动脉灌注主要用于四肢骨肉瘤的治疗。术前向患者解释动脉灌注的方法及意义，取得患者的配合。术后要密切观察生命体征及切口部位，警惕大出血的发生。抬高患肢，注意患肢端血运情况。注意药物的毒性反应，如高热，可用物理或药物降温，如恶心、呕吐严重者，可给予液体疗法。

（四） 化疗患者的护理

应了解和掌握化学治疗药物的作用和毒性反应，掌握药物的浓度，定时查血常规，了解抗癌药物对骨髓功能的抑制程度。贫血重者应给予输新鲜全血；白细胞减少时，要防止感染，必要时采取隔离措施；血小板减少时注意观察出血情况，必要时给予成分输血。定期查肝、肾功能，以了解抗癌药物对其损害情况。做好化疗并发症的护理，具体见第八章肿瘤患者的护理。

（五） 健康指导

（1）向患者讲解骨肿瘤的一些情况，随着肿瘤的综合性治疗的发展，树立战胜疾病的信心，稳定情绪，促进身心健康。

（2）告诉患者合理应用镇静止痛药物，提高患者的生活质量。

（3）指导患者进行各种形式的功能锻炼，最大限度地提高患者的生活自理能力。

（4）嘱咐患者按时复查，出现异常情况如局部肿胀、疼痛等应及时就诊。

第五节　颈椎病患者的护理

颈椎病是因颈椎间盘及其继发性椎间关节退行性改变，刺激或压迫邻近组织，如脊髓、神经根、椎动脉、交感神经，并引起各种症状和体征者，称之为颈椎病。发病年龄多在中年以上，男性较多，好发部位为颈5~6椎间盘。

（一） 临床表现

根据受压或刺激的组织不同，临床上将颈椎病分为以下几种类型。

1. 神经根型　先出现颈痛及颈部僵硬，短期内加重并向肩部及上肢放射。咳嗽、打喷嚏及活动时疼痛加剧。皮肤可有麻木、过敏等感觉异常。上肢肌力和手握力减退。检查可见颈部肌痉挛，颈肩部压痛，颈部和肩关节活动有不同程度受限。神经系统检查有较明确的定位体征。

2. 脊髓型　手部麻木、活动不灵，尤其是精细活动失调，握力下降。也可有下肢症状，如麻木、行走不稳，有踩棉花样感觉。躯干有紧束感。病情加重时可发生自上而下的上运动神经元性瘫痪。

3. 椎动脉型　眩晕、头痛、视物障碍、猝倒等，当头部活动时可诱发或加重。

4. 交感神经型　主要为交感神经兴奋症状，如头痛或偏头痛、头晕、恶心、视物模糊、心跳加快、心律不齐、血压升高，以及耳鸣、听力下降等。也可表现为交感抑制症状，如头昏、眼花、流泪、鼻塞、心动过缓、血压下降，以及胃肠胀气等。

5. 上肢牵拉试验阳性　术者一手扶患侧颈部，一手握患腕，向相反方向牵拉，此法可使臂丛神经被牵张，刺激受压的神经根而出现放射痛。

6. 压头试验阳性　患者端坐，头后仰并偏向患侧，术者用手掌在其头顶加压，出现颈痛并向患手放射（图 19-20）。

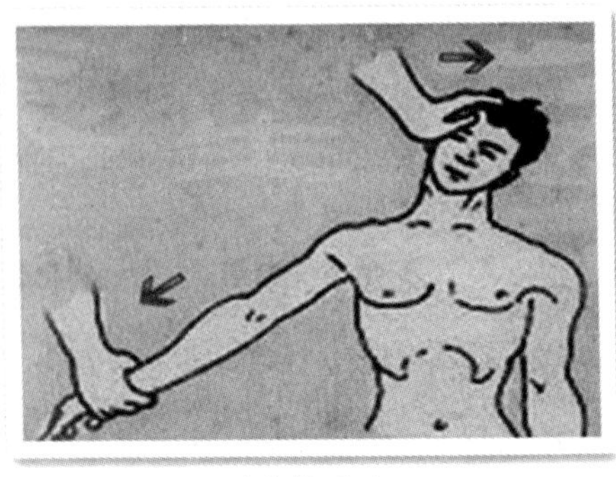
上肢牵拉试验

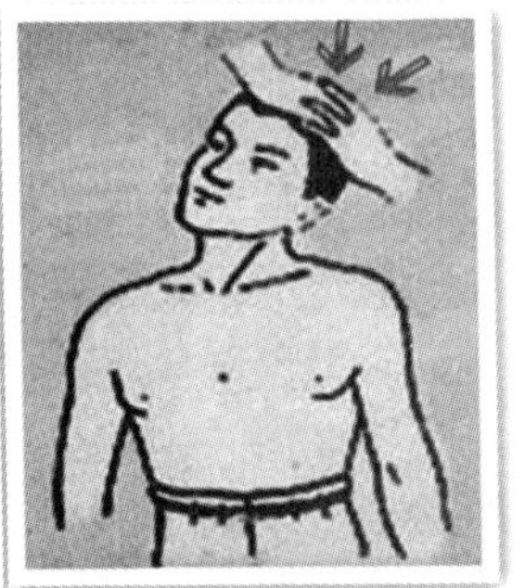
压头试验

图 19-20　上肢牵拉试验与压头试验

（二） 辅助检查

1. X 线　可见生理性前凸消失、椎间隙变窄、椎体前后缘骨质增生，钩椎关节、关节突关节增生等。

2. CT 和 MRI　可见椎间盘突出，椎管、神经根管狭窄及脊髓、脊神经受压情况。

3. 椎动脉造影　可见椎动脉受压、梗阻等现象。

（三） 治疗原则

改善受压，减轻症状，促进循环。

1. 非手术疗法　颈部牵引、颈托和围领限制颈椎活动、推拿按摩、理疗、药物治疗等。

2. 手术治疗　非手术治疗无效、反复发作或脊髓型压迫症状进行性加重者，可采用手术治疗。

（四） 护理

【护理问题】

1. 焦虑/恐惧　与担心预后及手术有关。

2. 疼痛　与炎症、神经血管受压或刺激有关。

3. 潜在并发症　术后出血、呼吸困难。

4. 知识缺乏　缺乏功能锻炼与疾病预防的有关知识。

【护理措施】

1. 术前护理

（1）术前准备：教会患者做推移气管的训练，以适应术中牵拉气管操作。术前 2~3 d 给予抗生素，做好术前常规准备。需植骨者，备皮时应包括供骨部位。准备好术中用品等。

（2）心理护理：稳定患者情绪，多与患者交流，讲解手术目的、过程、注意事项。

2. 术后护理

（1）一般护理：行植骨椎体融合者，在搬送患者回病房过程中，要特别注意颈部固定一般用围领固定，应有专人护送。回病房后取平卧位，颈部取稍前屈位置，两侧颈肩部放置沙袋限制头颈部偏斜。

（2）病情观察：密切观察生命体征的变化，病情有变化，及时报告医生。密切观察呼吸状态：前路手术因术中要反复牵拉气管，可使气管黏膜受损而发生水肿。术后要常规进行雾化吸入，鼓励患者深呼吸和有效地咳嗽。呼吸困难是前路手术后最危急的并发症，一般多发生在术后 1~3 d。当呼吸费力呈张口状、应答迟缓、发绀等，应即刻通知医生，做好手术处理准备，以及气管切开术的准备。

（3）伤口护理：观察颈部敷料有无被渗血湿透，一旦湿透应及时更换敷料；观察颈部有无肿胀及软组织的张力；观察、询问患者是否感到憋气、呼吸困难，因出血量达到一定量时，局部肿胀压力增高而气管受压；保持引流通畅，记录引流物的量、性质；患者一旦出现呼吸困难、烦躁、发绀，应在通知医生的同时，立即敞开敷料，剪开颈部切口缝线，以利于积血外溢，解除气管压迫；如果患者呼吸经清除血肿后仍无改善，应协助医生生施行气管切开术。术后患者床边要常规备置气管切开包，以备急用。

（4）并发症的预防和护理：常见并发症有切口感染、肺部感染、压疮等，按医嘱合理应用抗生素，勤翻身，保持床面整洁、干燥。

（5）心理护理：因颈椎手术后的恢复需要较长时间，一般要几个月甚至更长，所以要给患者作详细的病情解释，及时转告患者病情好转的情况，以使患者增强战胜疾病的耐心和信心。

3. 健康指导

（1）向患者讲明本病的发病原因、表现，及时诊治。

（2）教会患者牵引、推拿按摩的方法及注意事项，一旦病情发生变化及时就诊。

（3）鼓励患者增加自信心、自尊心，学会自我照顾，使心态良好。

（4）教育患者家属科学地照护患者，给予心理支持。

（5）学会自我保健。在工作中，尤其是办公室工作人员，要定时改变姿势，作颈部及上肢活动，或组织做工间操；睡眠时，宜睡硬板床，注意睡眠姿势，枕头高度适当，一般枕头与肩部高为宜；注意避免头颈部过伸或过屈。

第六节 腰腿痛患者的护理

腰腿痛是临床常见的一组症状，指下腰、腰骶、骶髂、臀部等处的疼痛，可伴有一侧或双侧下肢放射痛和马尾神经症状。腰腿痛的病因较多，腰椎间盘突出症和腰椎管狭窄症是导致腰腿痛的常见疾病。

一、腰椎间盘突出症

腰椎间盘突出症是指腰椎间盘变性、纤维环破裂，髓核组织突出，刺激或压迫马尾神经根所引起的一种综合征。以20~50岁为多发年龄，男性多于女性，椎间盘退行性变、损伤、遗传因素、妊娠等均可诱发该病。

（一）临床表现

1. 症状

（1）最常见症状为腰部疼痛。早期患者仅有腰痛，表现为急性剧痛或慢性隐痛；病程长的患者行走时疼痛难以忍受；患者在弯腰、咳嗽、排便等用力时均可使疼痛加剧。

（2）坐骨神经痛，见于腰4~5、腰5~骶1椎间盘突出者，多表现为单侧疼痛。疼痛从下腰部向臀部再向下肢、足背或足外侧放射，可伴有麻木感。中央型椎间盘突出症可有双侧坐骨神经痛，表现为双侧大腿及小腿后侧疼痛。咳嗽、打喷嚏等导致腹内压增高的活动均可使疼痛加剧。

（3）马尾神经受压，中央型突出的髓核或脱垂游离的椎间盘组织压迫马尾神经，表现为双侧大小腿、足跟后侧及会阴部感觉迟钝，大、小便功能障碍。

2. 体征

（1）腰椎侧突，腰椎为减轻神经根受压所引起疼痛的姿势性代偿畸形。

（2）腰部活动受限，腰部各方向的活动均受到不同程度的影响，以前屈受限最明显。

（3）压痛、叩痛，在病变椎间隙的棘突间，棘突旁侧1 cm处有深压痛、叩痛，并伴有向下肢的放射痛。

（4）直腿抬高试验及加强试验阳性，患者平卧，患肢膝关节伸直，被动直腿抬高下肢，至60°以内即出现放射痛，称为直腿抬高试验阳性。主要系神经根受压或粘连使移动范围减少或消失、坐骨神经受牵拉所致。在直腿抬高试验阳性的基础上，缓慢降低患肢高度，至放射痛消失，再被动背屈踝关节以牵拉坐骨神经，若引起疼痛，则称为加强试验阳性。

（5）神经系统表现，主要为感觉减退、肌力下降及腱反射改变。腰神经根受累时，患侧小腿前外侧和足背内侧的痛、触觉减退，踇趾背伸力降低。骶1神经根受累时，外踝附近及足外侧的痛、触觉减退，足跖屈无力，踝反射减弱或消失。

（二）辅助检查

1. X线　可提示脊柱侧凸，椎体边缘增生及椎间隙变窄等退行性变。

2. CT　可显示椎管形态、椎间盘突出的程度和方向等。

3. MRI　可显示脊髓、髓核、马尾神经、脊神经根的情况。

4. 脊髓造影　可间接显示有无腰椎间盘突出及突出的程度。

5. 电生理检查　如肌电图等可明确神经受损的范围及程度（图19-21）。

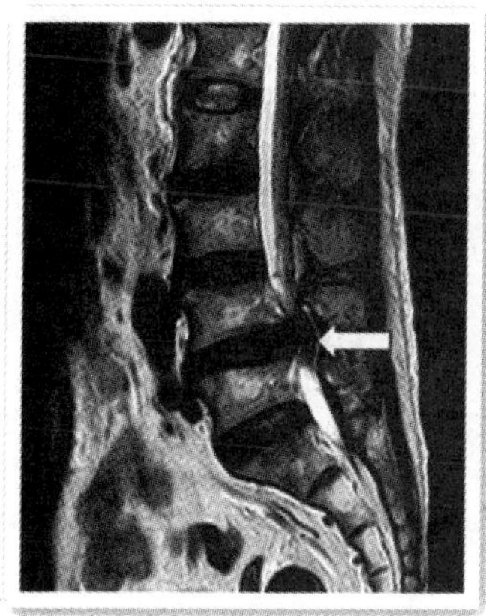

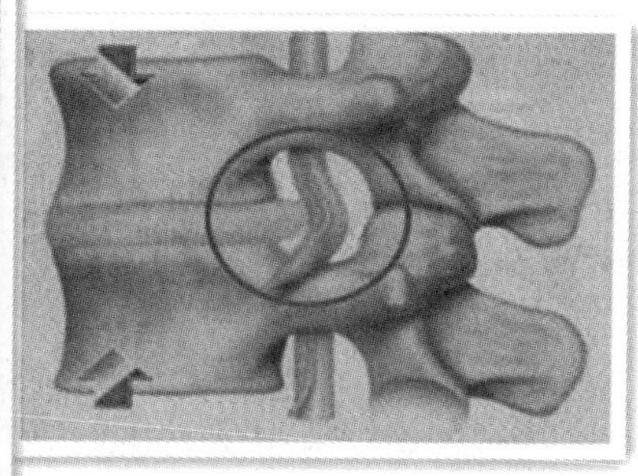

图19-21　腰椎间盘突出

（三）治疗原则

1. 非手术治疗　目的是减轻椎间盘对受压神经根的刺激或压迫，消除神经根的炎性水肿。包括绝对卧床休息；持续牵引；硬膜外注射皮质激素；理疗、推拿和按摩等。

2. 手术治疗　非手术治疗无效或巨大、骨化椎间盘、中央型椎间盘压迫马尾神经者，可采取腰椎间盘突出物摘除术或经皮穿刺髓核摘除术。

二、腰椎管狭窄症

腰椎管狭窄症指腰椎管因某种因素产生骨性或纤维性结构异常，导致一处或多处管腔狭窄，致马尾神经或神经根受压所引起的一种综合征。

（一）临床表现

1. 症状

（1）间歇性跛行，患者在行走数百米或更短的距离后，出现下肢疼痛、麻木、无力，需蹲下休息数分钟后，方可继续行走，但继续行走后又复现上述症状。

（2）腰腿痛，可有腰背痛、腰骶部痛或下肢痛。下肢痛为单侧或双侧，站立位、过伸位或行走过久时疼痛加重，前屈位、蹲位及骑自行车时疼痛减轻或消失。疼痛程度一般较腰椎间盘突出症轻，但逐渐加重。

（3）马尾神经受压，表现为双侧大小腿、足跟后侧及会阴部感觉迟钝，大、小便功能障碍。

2. 体征

(1) 腰部后伸受限及压痛，患者常取腰部前屈位。腰椎生理前凸减少或消失，腰椎棘突旁有压痛。

(2) 感觉、运动、反射改变。

(二) 辅助检查

1. X 线　可显示椎体、关节突关节和椎弓板的退行性变，测量腰椎管的矢径与横径。

2. CT 和 MRI　可显示脊髓、脊神经根、马尾神经受压情况。

3. 椎管造影　可间接显示椎管情况，有较高的诊断价值。

(三) 治疗原则

1. 非手术治疗　多数患者经非手术治疗症状都能缓解。

2. 手术治疗　主要目的是解除对硬脊膜及神经根的压迫。适用于症状严重、非手术治疗无效、神经功能障碍明显、特别是马尾神经功能障碍者。

三、护理

【护理问题】

1. 疼痛　与椎间盘突出、肌痉挛、不舒适的体位有关。

2. 躯体移动障碍　与疼痛、肌痉挛有关。

3. 焦虑/恐惧　与担心预后及手术有关。

4. 潜在并发症　肌萎缩、神经根粘连。

【护理措施】

(一) 术前护理

1. 疼痛的护理

(1) 绝对卧硬板床休息，卧床 3~4 周后，可考虑戴腰围下床活动。

(2) 抬高床头 20°，膝关节屈曲，放松背部肌，增加舒适感。

(3) 牵引期间注意观察患者体位、牵引力线及重量是否正确，维持反牵引。经常检查牵引带压迫部位的皮肤有无疼痛、发红、破损、压疮等。加强基础护理，如做好清洁卫生工作，协助患者床上使用便盆等。

(4) 遵医嘱适当给予镇痛剂等药物，缓解疼痛，以保证睡眠充足。

2. 活动与功能锻炼

(1) 指导患者采用正确的方法下床，具体做法：将身体先移向床的一侧，用胳膊将身体撑起，移坐在床的一侧，将脚放在地上，利用腿部肌收缩使身体由坐位改为站立位。躺下时按相反的顺序依次进行。

(2) 指导患者进行未固定关节的全范围关节活动以及腰背肌的功能锻炼，若患者不能主动进行练习，在病情许可的情况下，可由医护人员或家属帮助患者活动各关节、按摩肌肉，以促进血液循环，防止肌萎缩和关节僵直。

(3) 协助能下床的患者逐渐加大活动量及范围。

(4) 嘱患者避免做弯腰、长期站立或上举重物等动作，以防腰部肌痉挛，加重疼痛。

3. 心理护理　向患者解释疾病的发生、发展情况及影响因素。讲明减少或预防疼痛发作的措施，减轻患者的心理负担。鼓励患者与家属的交流，使家属能够积极帮助患者克服困难及心理压力。同时鼓励患者与病友进行交流，以增加患者的自尊和自信。

4. 术前准备 向患者解释手术方式及术后暂时出现的问题，如疼痛、麻木等。训练正确翻身、床上使用便盆及术后功能锻炼的方法，以适应术后医疗护理的需要。做好术前常规准备。

（二） 术后护理

1. 体位 为了压迫止血，术后 24 h 平卧。根据手术和患者的恢复情况决定卧床时间，一般持续卧床 1~3 周。术后 24 h 后应给予患者翻身。

2. 病情观察 遵医嘱及时监测生命体征，并做好记录。

3. 切口护理 观察切口敷料有无渗湿，注意渗出液的量、性质。敷料渗湿后要及时更换。

4. 引流的护理 观察、记录引流液的量、颜色、性质，根据引流情况，一般引流管于术后 24~48 h 拔除。

5. 并发症的预防 常见并发症为神经根粘连和肌萎缩。术后 1 周就要指导患者进行腰肌、臀肌的等长收缩活动，以防肌萎缩。根据病情，协助患者作直腿抬高锻炼，以防神经根粘连。

（三） 健康指导

（1）告知患者及其家属有关腰腿痛的防治知识。

（2）脊髓受压的患者，应戴围腰 3~6 个月，直至神经压迫症状解除。

1）卧硬板床侧卧位时屈髋屈膝，两腿分开，大腿下垫枕，避免脊柱弯曲的“蜷缩”姿势；仰卧位时可在膝、腿下垫枕，避免头前倾、胸部凹陷的不良姿势；俯卧位时可在腹部及踝部垫薄枕，以使脊柱肌放松。

2）保持正确姿势，行走时抬头、挺胸、收腹，腹肌有助于支持腰部；坐时最好选择高度合适、有扶手的靠背椅，注意身体与桌子的距离适当，使膝与髋保持在同一水平，身体靠向椅背并在腰部衬一靠垫；站立时应尽量使腰部平坦伸直，收腹、提臀。

3）避免长时间用同一姿势站立或坐位。站立一段时间后，将一只脚放在脚踏上，双手放在身前，身体稍前倾。长时间伏案工作者，应积极参加工间操活动，以避免慢性肌劳损。勿长时间穿高跟鞋站立或行走。

4）正确应用人体力学原理劳动，避免损伤。如：站立举起重物时，应高于肘部；避免膝、髋关节过伸；蹲位举重物时，背部应伸直勿弯；搬运重物时，宁推勿拉；搬抬重物时，应将髋膝弯曲下蹲，腰背伸直，主要应用股四头肌力量，用力抬起重物再行走，避免采取不舒适的或紧张的体位或姿势。

5）腰部劳动强度大时应配戴有保护作用的宽腰带。参加剧烈运动时，应注意运动前的准备活动和运动中的保护措施。

扫码做练习

积极参加适当的体育锻炼，尤其是注意腰背肌功能锻炼，以增加脊柱的稳定性。同时加强营养，减缓机体组织和器官的退行性病变。

（熊炜）

第二十章 外科护理实训

实训一 洗手护士的无菌准备

【实训目的】

（1）学会外科手术前手臂的正确洗刷与消毒方法。

（2）能正确穿无菌手术衣、戴无菌手套，树立严格的无菌观念。

（3）说出手臂消毒法、穿无菌手术衣、戴手套法的注意事项。

【实训准备】 拖鞋、洗手衣裤、一次性口罩、帽子、指甲剪、无菌手套、卵圆钳、消毒毛刷、消毒肥皂液、无菌小毛巾、0.5%碘伏、时钟、无菌手术衣、污物袋。

【实训步骤】

（一） 准备工作

更换洗手衣裤、换手术室拖鞋、戴一次性口罩、帽子，修剪指甲。

（二） 洗手法

1. 碘伏手臂消毒法 ①清洁：用洗手液或肥皂水洗手，去除手上脏物及油垢，流水冲净。②刷洗：用无菌小毛刷沾消毒肥皂液刷洗双手及手臂，从指尖到肘上 10 cm。每只手臂分成三个区域，依次是从指尖到手腕，手腕至肘及肘上 10 cm。交替依次刷洗三个区域，特别注意甲缘、甲沟、指蹼、手掌侧等部位。每刷洗一遍后，用水将肥皂沫冲洗干净，水从肘部流走。刷洗 2~3 遍。③擦干：用一条或两条无菌小毛巾分别擦干手及手臂，擦过肘部的毛巾不可再擦手部。④消毒：用浸透 0.5%碘伏的纱布，同上法涂擦手、前臂和上臂，从指尖至肘上 10 cm，换纱布再涂，共 2~3 遍。注意涂满，不留空隙，不可来回擦。尽量保持肘关节最低位。⑤待干：保持拱手姿势，待消毒液风干后，进手术间穿手术衣、戴手套。

2. 灭菌王刷手法 ①用流水将双手、前臂及肘上 10 cm 处清洗干净。②用无菌毛刷蘸取灭菌王溶液 3~5 mL 或吸足灭菌王溶液的无菌纱布，刷洗双手、前臂至肘上 10 cm，时间为 3 min。然后用流水冲净，取无菌小毛巾擦干。③取吸足灭菌王溶液的纱布涂擦手和前臂至肘上 6 cm 处，待手臂自然干燥。

3. 急诊手术洗手法　用2.5%碘酊涂擦双手至肘上10 cm，再用70%乙醇脱碘两次，先戴第一副手套后穿无菌手术衣，再戴第二副手套。

扫码看微课

（三）穿无菌手术衣法

1. 穿对开式手术衣法

（1）从无菌包内取出折叠好的无菌手术衣，选择较宽敞处站立，辨别手术衣的上下和正反，使无菌区朝前。

（2）慢慢打开衣领，双手提起衣领两角抖开，使反面朝向自己。

（3）将手术衣轻轻抛起，双手顺势插入袖筒。两臂前伸，不可高过肩，亦不可向左右两侧撒开，以避免污染。

（4）巡回护士在穿衣者背后抓住衣服的内侧，协助将衣服后拉，并系住衣领后带。

（5）穿衣者双手交叉，身体略向前倾，提起腰带递向身体两侧。

（6）由巡回护士接住并在背后系好腰带。穿好手术衣后，双手应保持在胸前（肩以下、腰以上、两侧不超过腋中线）。

2. 穿遮盖式手术衣法

（1）取手术衣，双手插入衣袖，将手术衣展开，双手向前伸直，伸出袖口外，由巡回护士协助系好领口的系带及衣服左页背部与右页内侧腋下的一对系带。

（2）按常规戴无菌手套后，穿衣者解开腰间活结。

（3）穿衣者递右手腰带的一端给巡回护士或洗手护士。由手术护士直接或巡回护士用持物钳夹取右页上的腰带，从穿衣者的后面绕到前面，使手术衣的右页遮盖左页，将带子交于穿衣者与左腰带一起打结系于左腰前，穿衣完毕（图20-1）。

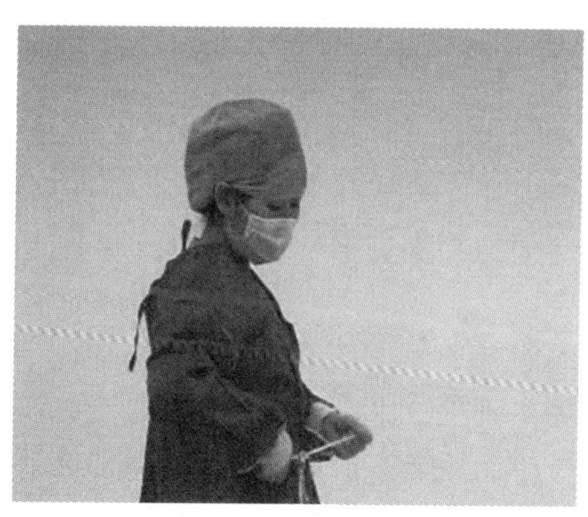

图20-1　解开腰间活结

（四）戴无菌手套常用方法

扫码看微课

1. 开放式戴手套法

（1）选择合适尺寸的手套，双手捏住手套的向外翻折部分，取出手套，并分清楚左右手。

（2）左手捏住右侧手套折叠处（手套内面），将右手插入手套内，戴好手套，注意未戴手套的手不可触及手套的外面（手腕部仍维持折叠）。

（3）戴好手套的右手插入左手手套腕部折叠处（手套外面），注意右手不能接触左手手套的反折面，帮助左手插入并戴好手套（手腕部仍维持折叠）。

（3）将戴好手套的手，以拇指外的四指伸入手套折叠处（手套外面），将手套腕部折叠处翻上，套住手术衣袖口，双手合拢，举在胸前无菌区域内，开始手术前，用无菌盐水冲去手套上的滑石粉（图 20-2）。

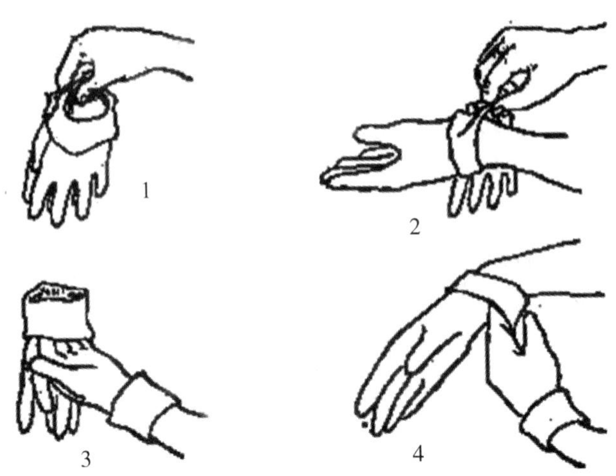

图 20-2　开放式戴手套法

2. 闭合式戴手套法

（1）穿手术衣时，手不伸出袖口。右手隔衣袖取左手手套，并放在左手袖口上，手套指端朝向手臂，各手指相互对应。

（2）两手隔衣袖分别抓住手套上、下两侧的反折部，将手套翻套于袖口，手伸出袖口顺势插入手套。右手手套戴法同上。

3. 无菌手套两人戴法

（1）已戴好手套者握住第一只手套，将双手四指伸入手套的翻折边内，使手套撑开（撑开的手套拇指朝向自己）。

（2）戴手套者，将同侧手伸入对准五指后稍用力向下伸入，同时协助者向上提，并将手套边翻上套住袖口。

（3）同法戴另一只手套。

（五）　连台手术更换手术衣及手套

一台手术结束，如需进行另一台手术，必须更换手术衣及手套。先由巡回护士解开领口系带、系腰带，再由他人帮助或自行脱下手术衣，最后脱去手套。

1. 脱手术衣法：

（1）他人帮助脱手术衣：自己双手抱肘，由巡回护士将手术衣肩部向肘部翻转，然后再向手的方向拉扯，手套的腕部随之翻转。

（2）自行脱手术衣：左手抓住手术衣右肩，右手抓住手术衣左肩，自上拉下，使衣袖翻向外。脱下全部手术衣，使衣里外翻，以免手臂及洗手衣服被手术衣外面污染。脱下的手术衣放入污染桶内统一清洗。

2. 脱手套法

（1）首先脱去手术衣，将戴手套的右手抓左手手套外而脱去手套，注意手套不可触及左手皮肤。

（2）左手拇指伸入右手鱼际肌之间，向下脱去右手手套，此时注意右手不可触及手套外面，以确保手不被污染。

【注意事项】

（1）手术衣潮湿、破损必须更换。

（2）紧急洗手时先戴好手套后穿手术衣，袖口压住手套，再戴一副手套。

（3）手术衣穿好后肩以上、背部、腰以下均视为污染区不可接触。

（4）未戴手套的手不可触及手套外面，戴好手套的手不可触及手套的反折面及皮肤。已戴手套的手不能接触未戴手套的手和非无菌物品。

（5）戴手套时应注意检查手套有无破损，如有破损必须立即更换。

外科无菌技术的基本原则是什么？

穿无菌手术衣后的无菌区域包括哪些部位？

实训二　手术基本技能

一、外科常用器械辨认

手术用物包括布类、敷料类、缝针、缝线、特殊物品以及手术器械。器械护士直接参与手术，主要任务是准备手术器械，按手术程序向手术者直接传递器械，密切配合术者共同完成手术。

扫码看微课

【实训目的】

（1）正确辨认和熟练使用常用手术器械。

（2）说出器械清洁的注意事项和器械保管方法。

【实训准备】　手术刀、手术剪、手术镊、止血钳、持针钳、巾钳、组织钳、卵圆钳、拉钩、缝针和缝线、拉钩、探针、吸引器头、常用引流物。

【实训内容及步骤】

（一）　手术刀

由刀柄和可拆卸的刀片组成，可根据手术部位和性质不同而更换不同大小和和形状的刀片。安、取刀片法：刀片安装宜采用持针钳夹持，避免割伤手指，安装时，用持针钳夹持刀片前端 1/3 背侧，将刀片与刀柄槽对合，向下嵌入；取下时，再以持针钳夹持刀片尾端背侧，稍稍提起刀片，稍用力向前顺势推下。

传递方法：拇指与四指夹持刀背，刀刃向下，手术刀尖端朝向自己，以刀柄轻拍手术者的手掌，以示有器械传递。

正确的执刀方式有四种：

1. 持弓式　为最常用的一种持刀方式，较大的手术切口、皮肤筋膜、腹直肌前鞘等坚韧组织的切割，其动作涉及整个上肢，而力量主要在腕部。

2. 执笔式　用于精细的手术切口，用力轻柔而操作精细，如解剖血管、神经、腹膜等，其动作和力量主要在手指。

3. 握持式　用于切开范围较大、组织坚厚的切开，如截肢、切开较长皮肤切口等。

4. 反挑式　用于血管，神经的游离及脓肿的切开引流。以免损伤深部组织（图 20-3）。

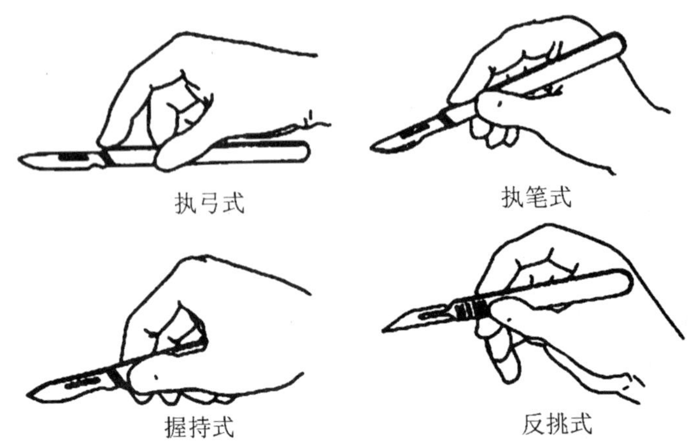

图 20-3　正确的执刀方式

（二）　手术剪

根据手术要求的不同可有不同的形状和型号，其有弯直长短之分，根据剪刀头部结构的不同分组织剪和线剪两种（图 20-4）。

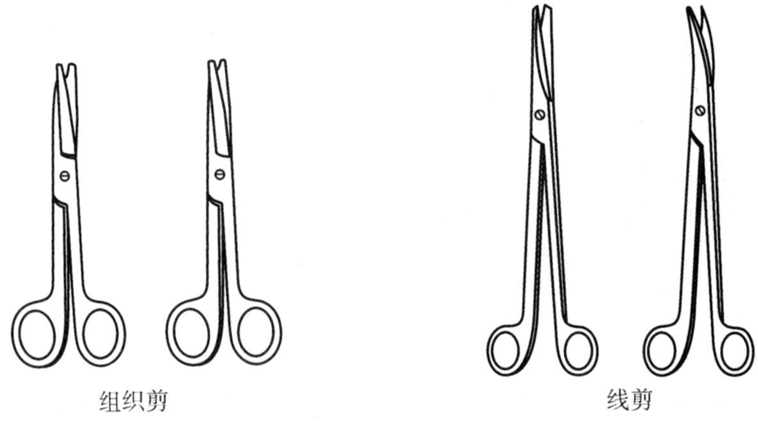

图 20-4　手术剪

1. 组织剪　头端较薄而尖，有一定弯度，锐利而精细。用以分离、解剖和剪开组织。

2. 线剪　头钝而直，较厚，用于剪线、敷料和引流物等。

3. 传递方法　握住剪刀的锐利部，利用手腕部运动，将柄环部轻拍在术者掌心上；弯剪刀应将弯侧向上传递。

（三）　手术镊

用于夹持或提起组织，以便于剥离、剪开或缝合。分有齿镊和无齿镊两种。前者夹持组织牢固，但损伤大，用于皮肤、皮下、筋膜等；后者夹持组织时损伤小，用于黏膜、肠壁、血管和神经等。注意正确的执镊姿势。传递方法：闭合镊子的前端传递（图 20-5）。

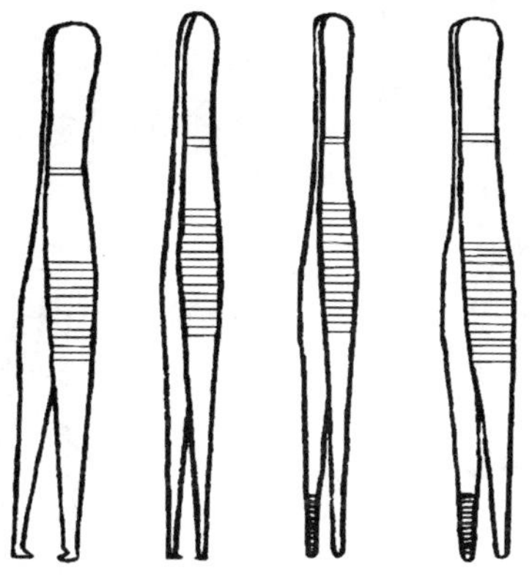

图 20-5　手术镊

（四）止血钳

止血钳又称血管钳，主要用于钳夹血管或出血点，以达到止血的目的；也用于分离组织、牵引缝线、夹住或拔出缝针等。按手术需要有直血管钳、弯血管钳、有齿血管钳、无损伤血管钳及蚊式血管钳之分（图 20-6）。

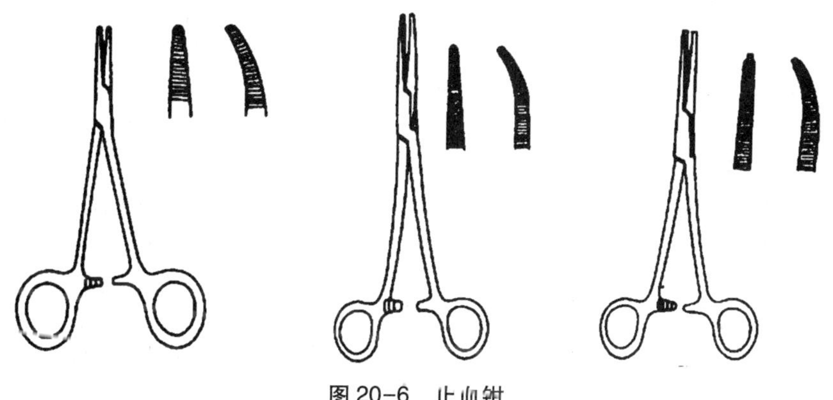

图 20-6　止血钳

（五）持针钳

用于夹持缝针以缝合各种组织，还可用于安、取手术刀片。夹持缝针的部位应在针身的中后 1/3 交界处。执持针钳与执剪、钳姿势相同（图 20-7）。

（六）巾钳

前端弯而尖，似蟹的大爪，能交叉咬合，主要用于固定手术野的布巾，也用于组织（如肋骨）的牵引（图 20-8）。

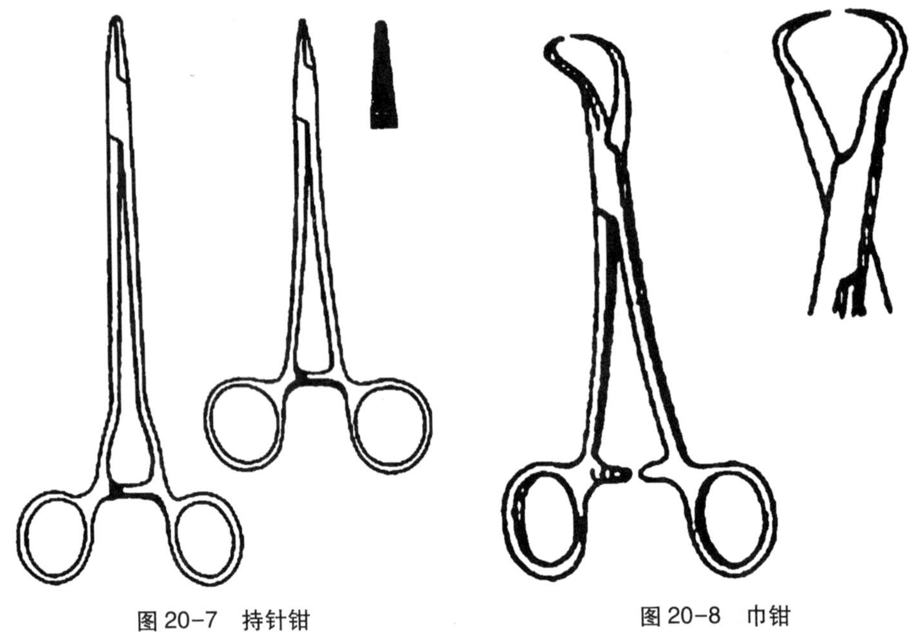

图 20-7　持针钳　　图 20-8　巾钳

（七）　组织钳

又称鼠齿钳、爱力司钳，前端稍宽，有一排细齿似小耙，闭合时相互嵌合，对组织的压榨较血管钳轻，用以夹持纱巾垫与切口边缘的皮下组织，也用于夹持组织或皮瓣作为牵引。（图 20-9）

（八）　卵圆钳

也叫持物钳、海绵钳、圈钳。分为有齿纹、无齿纹两种，有齿纹的主要用以夹持、传递已消毒的器械、缝线、缝针、敷料、引流管等。无齿纹的用于夹持脏器，协助暴露（图 20-10）。

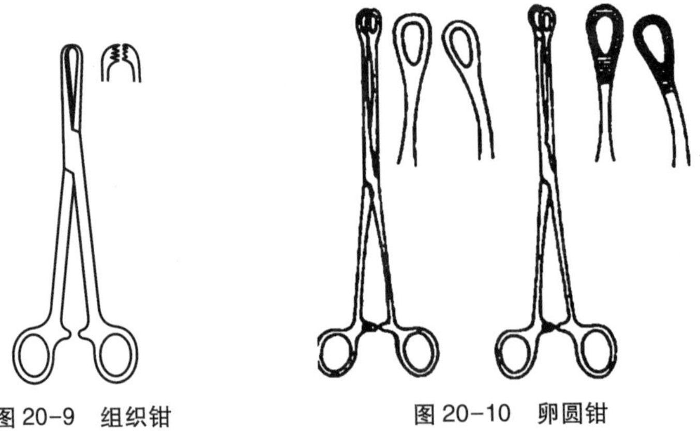

图 20-9　组织钳　　图 20-10　卵圆钳

（九）　拉钩（牵开器）

用于牵开组织而暴露手术野，拉钩的大小、形状不一，如有齿拉钩、甲状腺拉钩、腹腔拉钩、S 型拉钩和自动拉钩等，按手术性质及部位而选用（图 20-11）。

传递方法：传递拉钩时应握住拉钩的前端，将柄端水平传递，并将拉钩用生理盐水浸湿或用湿纱布包裹，以保护被牵开的组织。

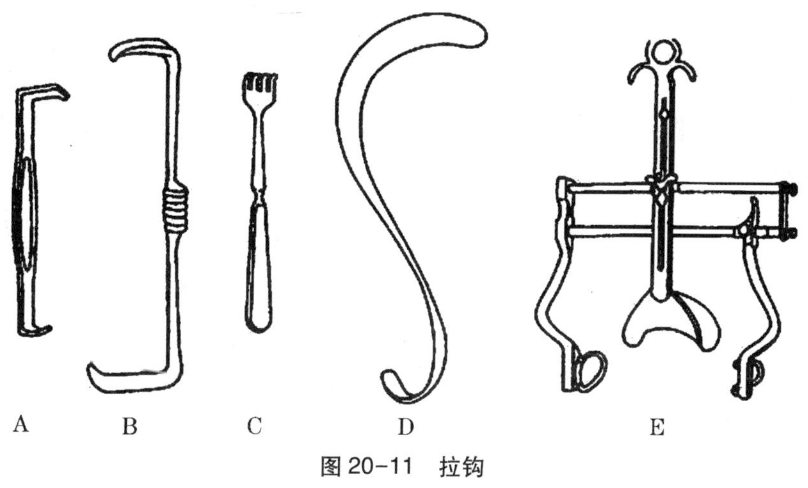

图 20-11　拉钩

（十）缝针

用于缝合组织或贯穿结扎。缝针种类繁多，以外形分为直针与弯针两种；以针尖形状分为圆针与 三角针两类。三角针用于缝合较坚韧的组织如皮肤、韧带；圆针用于缝合一般软组织，如血管、神经、脏器等。弯针使用持针钳，直针用手持用。每种类型又有大小、粗细不同规格，可根据手术需要来选用（图 20-12）。

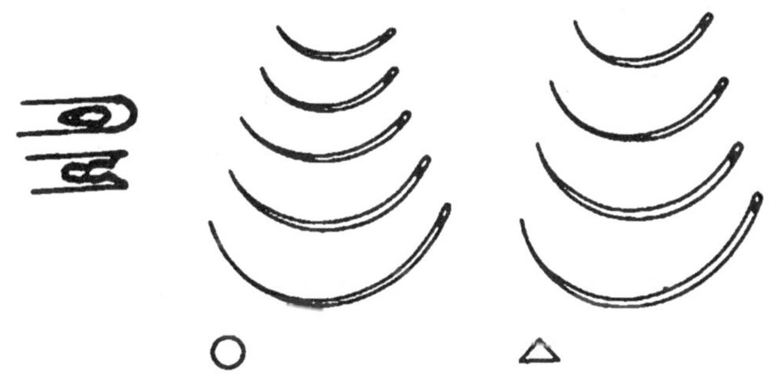

图 20-12　缝针

（十一）常用引流物

根据手术需要，手术室应备好各种引流物，在手术结束时选择使用，临床上常用的引流物有：纱布引流条、乳胶引流片、烟卷式引流管、橡胶引流管（空心引流管）、套管式引流管（图 20-13）。

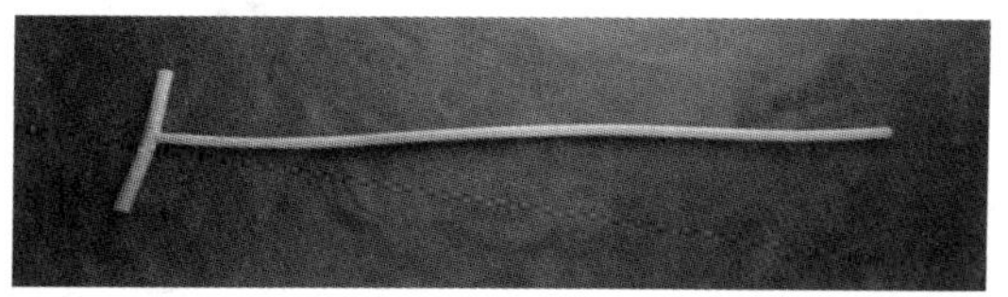

图 20-13　T 管

（十二） 器械传递

在一般情况下，器械应用右手传递至术者的右手，传递任何器械时都应将有柄端递给术者，递有轴关节器械时，手通常捏在相当于轴关节处，肘关节略弯曲，保持不动，靠腕关节的动作以器械的柄部轻轻“拍打”在术者手掌大小鱼际之间。传递手术刀时，刀锋向上，握住刀柄与刀片连接处的背部，将刀柄尾部送至术者手中，轻轻按压，待术者拿稳后才松手归位。不可将刀刃指向术者，以免造成伤害。弯钳、弯剪之类的器械应将弯曲面朝上。传递针线时，应将线头拉出 6~9 cm，防止线滑出。

扫码看微课

器械护士在手术台上传递术者所需器械物品时，除靠术者的语音外，还可根据手术的进程来预测及根据手术暗语来判断，从而提高工作效率，节约手术时间。

血管钳的传递手势：术者右手掌心向上，拇指外展，其余四指自然展开，一般暗示需要血管钳的传递。

手术刀的传递手势：掌心向下，拇指与示指末节对捏，其它三指自然弯曲呈空拳状，手腕由前向后做“切”的动作，暗示手术刀的传递。

镊的传递手势：示指、拇指平行伸直，中指、环指及小指屈曲呈空拳状，做夹的动作，暗示镊的传递。

持针器的传递手势：五指呈空拳状，前臂及手腕做旋前动作，暗示持针器的传递。

手术剪的传递手势：拇指、环指及小指屈曲对握，示指、中指伸直做内收、外展的“剪”动作，暗示手术剪的传递（图 20–14）。

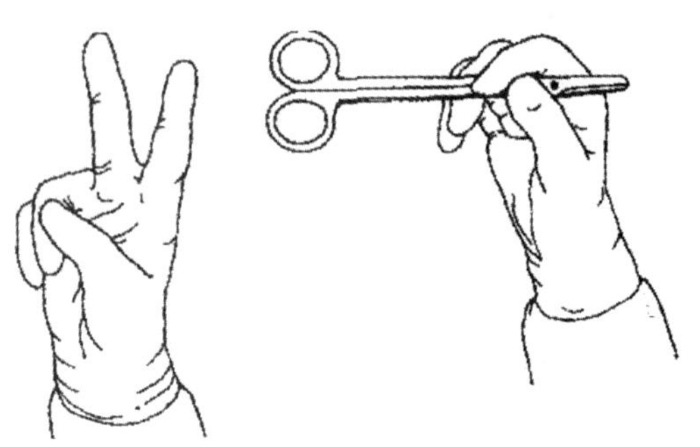

图 20–14　手术剪的传递

【注意事项】

（1）各种手术器械均应严格按照正确的姿势执持。

（2）夹持缝针的部位应在针身的中后 1/3 交界处。

（3）传递器械应注意：

1）传递器械应做到稳、准、轻、快，用力适度。

2）传递器械的方式应准确，以术者接过后无需调整方向即可使用为宜。

3）传递锐利器械时，刃口应向下，防止自伤或伤及他人。

4）向对侧或跨越式传递器械时，禁止从医生肩后或背后传递。

5）随时收回手术野周围不用的器械，避免堆积，并防止掉落。

二、外科缝线与打结

【实训目的】

（1）能列出线的种类、用途，正确选择缝线。

（2）能列出结的种类，识别假结、滑结。

（3）正确熟练地操作单手打结和持针钳打结。

【实训准备】 打结训练绳、各型号丝线、各型号可吸收线、器械盒、缝针、持针钳、血管钳、手术镊。

【实训步骤】

1. 缝线 缝线用于缝合组织和结扎血管。可分为不可吸收缝线和可吸收缝线两种。

（1）不可吸收缝线：有丝线、尼龙线、不锈钢线等，以丝线最为常用。可分为 10 号、7 号、4 号、1 号、0 号、00 号、000 号等，号数越大线越粗，反之越细，其中 4 号、1 号、0 号线最常用。

（2）可吸收线：在体内能被吸收，用于缝合膀胱、子宫、胆管、胃肠等，型号从粗至细依次为 3 号、2 号、1 号、0 号、00 号、000 号。

2. 打结

（1）正确的结：①方结：由两个方向相反的单结组成，适用于各种结扎和缝扎的打结，最为常用；②三重结：为连续打三个方向不同的单结，用于中小血管、可吸收缝线、尼龙线的结扎；③外科结：第一个单结绕两次，再打一个反方向单结，用于结扎大血管（图 20-15、图 20-16）。

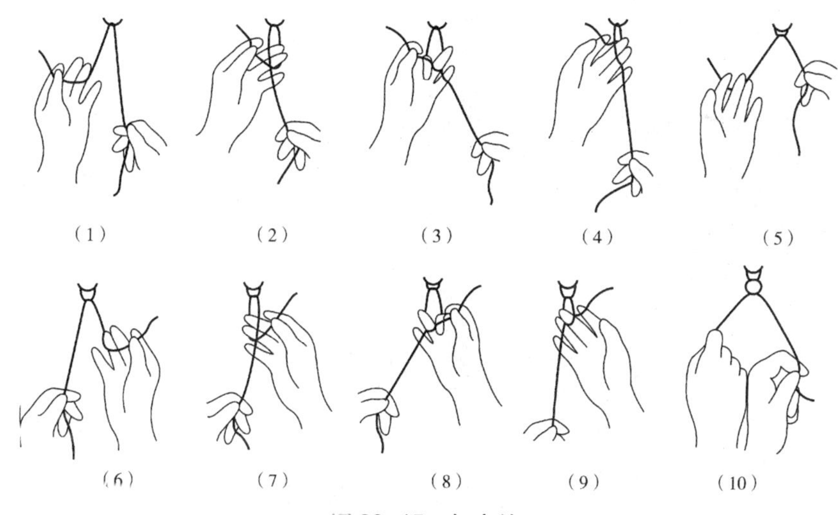

图 20-15 打方结

（2）错误的结：①假结：第一个单结和第二个单结方向一致；②滑结：打结时线结和两手用力点不在一直线上，易滑脱。这两种错误结在手术中应避免出现。

（3）打结方法：①单手打结法：最为常用，方法简便、迅速，但操作不当易成滑结；②持钳打结法：适用于深部小手术野的结扎或结扎线过短时采用。

【注意事项】

（1）两个单结的方向必须相反，否则即成假结。

（2）线结拉紧时，两手用力点和线结要呈直线，双手用力均匀。

（3）结扎时不可上提结扎组织，以免松脱或撕裂。

（4）打第二个单结时，可由助手用止血钳夹住第一结扣以防松脱。

（5）打结必须做到准确、牢靠、轻巧、迅速。

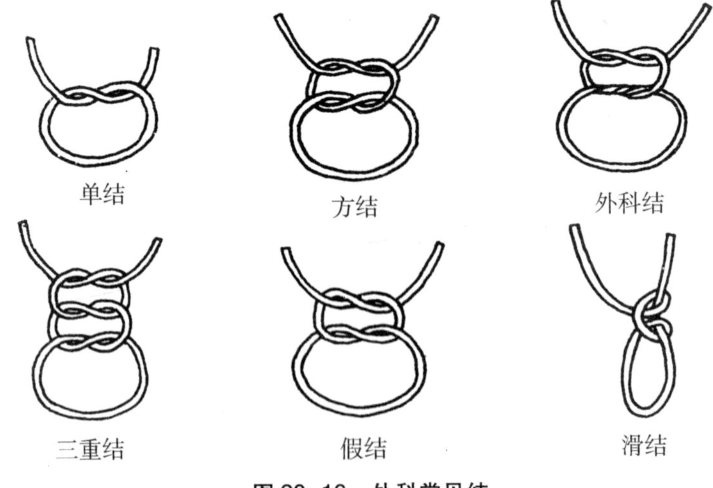

图 20-16　外科常见结

思考题

1. 四种不同的执刀方式在实际应用中应如何选择？
2. 传递器械的注意事项有哪些？
3. 简述假结、滑结出现的原因？

实训三　手术体位的安置

【实训目的】

（1）根据不同的手术部位、不同的手术方式安置不同的体位。

（2）掌握每种手术体位的具体安放。

【实训准备】 患者术前准备已完善，麻醉已完成。

【实训内容及步骤】 手术体位的安放目的主要是：①充分显露术野，便于医生操作；②固定牢靠、不易移动；③不影响呼吸循环功能；④使患者舒适、安全、无并发症。

作为一名手术室的护士，必须熟练掌握各种手术体位的摆放。麻醉后，患者全身或局部失去自主能力，一般由巡回护士根据手术的部位安置合适的手术体位，利用多功能手术床的转动或附件的支持，还可以借助枕垫、沙袋及固定带等保持患者的体位，一些特殊的体位，必要时由手术者配合共同完成。常见的手术体位如下。

（一） 仰卧位

包括水平仰卧位、颈部手术仰卧位、乳房手术仰卧位，为最常见的手术体位。

1. 水平仰卧位　常用于胸部、腹部、下肢等手术（图 20-17）。

（1）患者仰卧于手术床上；头部置软枕。

（2）双上肢自然放于身体两侧，中单固定，或用约束带固定于托手架上。

（3）双下肢伸直，双膝下放一软垫，防止双下肢伸直时间过长引起神经损伤。

（4）约束带轻轻固定膝部，注意口鼻要外露。

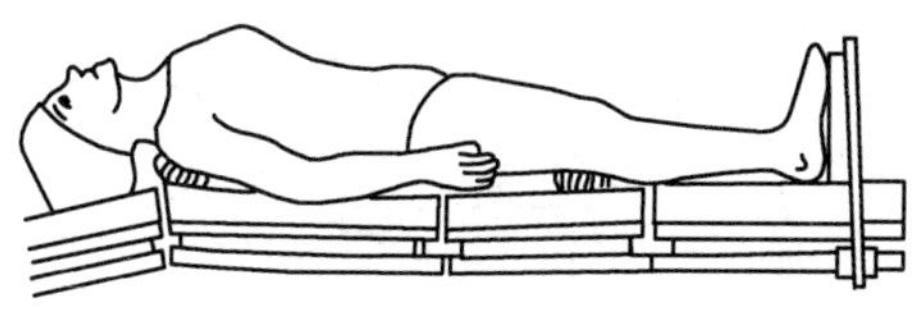

图 20-17　水平仰卧位

2. 颈部手术仰卧位　常用于甲状腺、颈前路、气管异物等手术（图 20-18）。

（1）患者仰卧位，双肩下垫一肩垫，抬高肩部 20°，头后仰，头板适当下落。

（2）颈下垫一圆枕，防止颈部悬空。

（3）两侧用沙袋固定颈部。

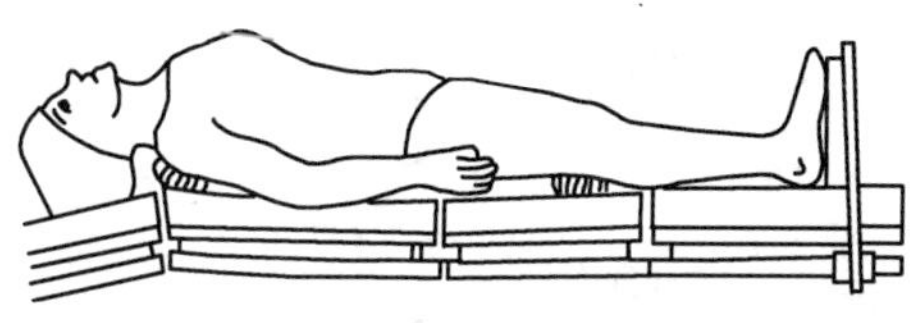

图 20-18　颈仰卧位

3. 上肢外展仰卧位　适用于乳房和腋部手术（图 20-19）。

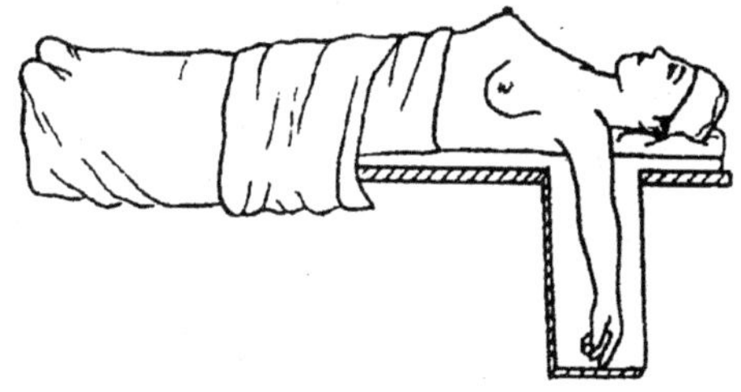

图 20-19　乳房手术上肢外展仰卧位

（1）将患侧上肢外展于托手架上，外展不得超过 90°，以免损伤臂丛神经；

（2）对侧上肢用中单固定于体侧，其余同水平仰卧位。

（二）侧卧位

1. 胸部侧卧位　适用于肺、食管、侧胸壁、侧腰部等手术（图 20-20）。

（1）患者健侧卧 90°，双手臂向前伸展于双层托手架上。

（2）腋下垫一腋垫，距腋窝约 10 cm，防止上臂受压损伤腋神经，约束带固定双上肢，头下枕一约 20 cm 高的枕垫，使上臂三角肌群留有空隙，防止三角肌受压。

（3）胸背部两侧各垫一个大沙袋于中单下固定。

（4）下侧下肢伸直，上侧下肢屈曲 90°，有利于固定和放松腿部，两腿之间放一大软垫，保护膝及骨突处。

（5）约束带固定髋部。

2. 肾脏侧卧位　适用于肾及输尿管中上段手术（图 20-21）。

（1）患者肾区要对准腰桥。

（2）上侧下肢伸直；下面下肢屈曲 90°。

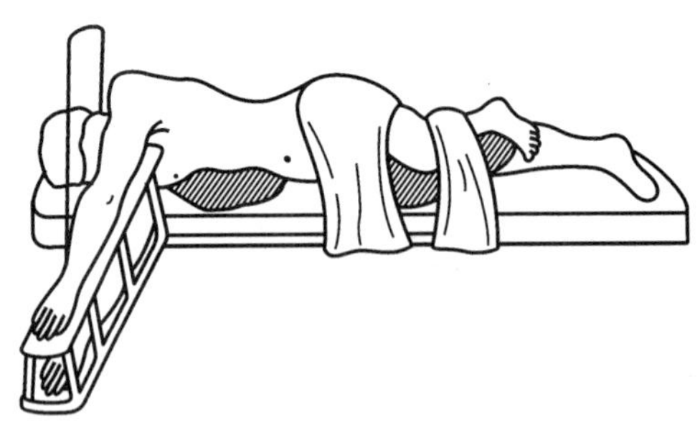

图 20–20　胸部手术侧卧位

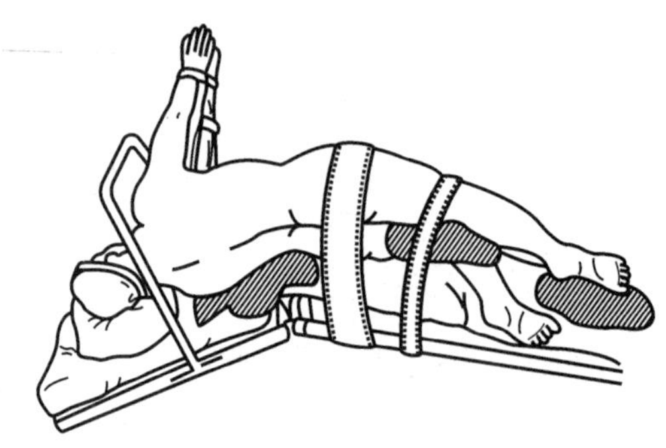

图 20–21　肾手术侧卧位

（三）　俯卧位

适用于后颅窝、颈椎后路、脊椎后路等手术（图 20–22）。

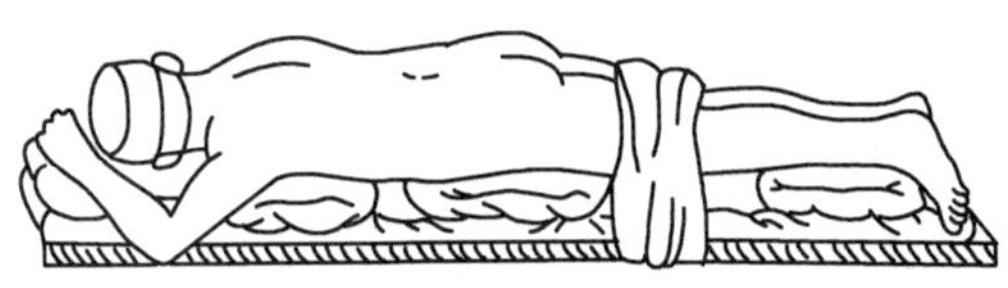

图 20–22　俯卧位

（1）将弓形体位架调整到手术需要的角度。

（2）待患者麻醉后将患者俯卧至弓形架上，头置于头托上，患者的胸腹部呈悬空状，保持胸腹部呼吸不受限制，同时避免因压迫下腔静脉回流不畅而引起的低血压。

（3）双上肢自然弯曲置于头侧，并用约束带固定。

（4）双足部垫一大软枕，使踝关节自然弯曲下垂，防止足背过伸引起的足背神经损伤。

（四）　膀胱截石位

适用于肛门、尿道、会阴部、经腹会阴联合切口、阴道手术，经阴道子宫切除术，直肠手术等（图 20–23）。

（1）患者仰卧。

（2）两腿屈髋，膝放于腿架上，腿与腿架之间垫一棉垫，并用约束带固定。

（3）两腿高度以患者腘窝的自然弯曲下垂为准，过高压迫腘窝，两腿跨度为 60°～

90°。

（4）将膝关节摆正，防止腓总神经损伤。

（5）将床尾摇下。

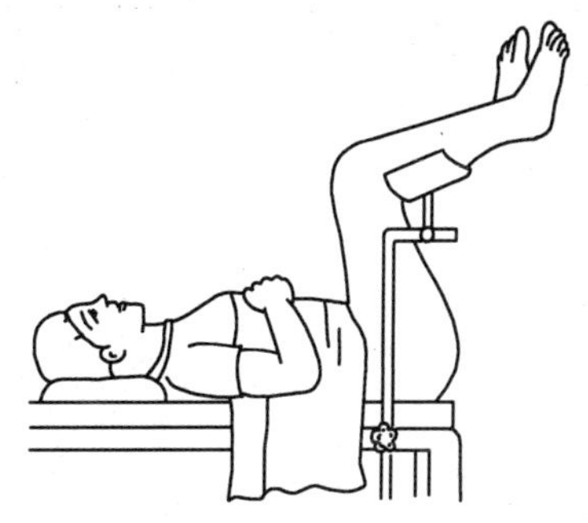

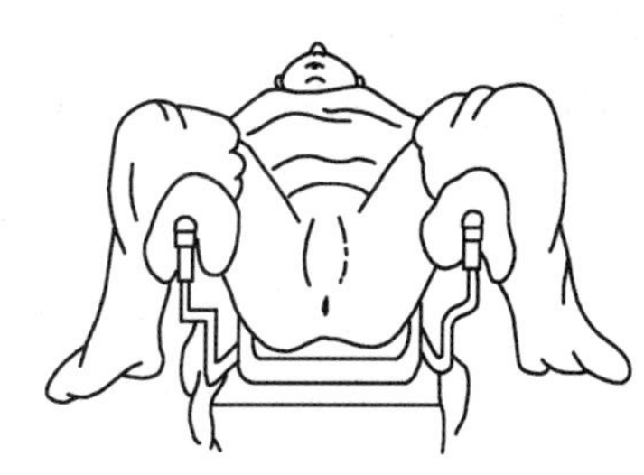

图 20-23　截石位

（五）半坐卧位

适用于局麻下扁桃体摘除、鼻息肉摘除术、鼻中隔矫正术等。

（1）双上肢自然放于身体两侧。

（2）患者坐起与床体成 90°。

【注意事项】

（1）保证患者安全舒适，骨隆突处要垫好软枕及海绵垫，以防受压。

（2）要充分暴露手术野。

（3）保持呼吸道通畅，特别是俯卧位时，更应注意呼吸运动不能受限。在胸部下面放置垫枕时，枕部之间要留一点空隙。婴幼儿特别注意。

（4）不使大血管、神经受压，静脉回流要良好，固定肢体时要衬垫，松紧适度。

（5）上肢外展不得超过 90°，以免损伤臂丛神经；下肢要保护腓总神经，不可受压。俯卧时小腿要垫高，使脚尖自然下垂。

（6）四肢不可过分牵引，以防关节脱位。

（7）保持静脉输血输液的通畅，保证术中补液及给药的方便。

（8）小儿皮肤柔嫩，固定体位及束缚压脉等操作时宜轻柔，勿造成损伤，四肢要用棉垫包裹，以防受压。

（9）安置体位时要注意患者的皮肤不能接触手术床的金属部分，防止电灼伤。

实训四　手术区域准备

一、手术区皮肤准备

【实训目的】

（1）能了解备皮的目的和意义。

（2）说出不同手术部位备皮的范围及注意要点。

（3）说出备皮的方法、步骤和准备事项。

【实训准备】 托盘内盛放弯盘、消毒刀架、一次性刀片、镊子、血管钳 、纱布数块（一般2~3块）、治疗巾、橡胶单、松节油或汽油、棉签、手电筒，治疗碗内放肥皂、软毛刷、纱（棉）球、毛巾，脸盆内盛热水。

【实训步骤】

（1）向患者解释备皮的目的、范围及患者要做的准备。

（2）关闭门窗，围屏风，注意保暖、照明。

（3）暴露手术部位，铺橡胶单和治疗巾，保护床单位，洗手准备备皮。

（4）用棉球（或软毛刷）蘸肥皂水涂局部皮肤，一手持纱布绷紧皮肤，另一手持安全刀剃毛，刀架与皮肤成45°剃净毛发，顺序从左到右、从上向下。

（5）用温水擦净皮肤及肥皂液。

（6）腹部手术用汽油棉签清洗肚脐，再用清水棉签洗净，最后用干棉签擦干皮肤。

（7）用手电筒仔细检查毛发是否剃净及有无损伤皮肤。

（8）抽出治疗巾，整理患者床单位及衣裤。

（9）整理用物，物归原处，刀架洗净擦干后消毒浸泡，一次性刀片毁形后集中处理，洗手。

（10）记录患者的备皮及局部情况。

（11）特殊部位备皮方法：

1）颅脑手术：术前3 d剪短头发，每天洗头，术前2 h剃净头发、戴无菌帽。

2）肛门、会阴区手术：术前3 d用0.2%高锰酸钾溶液坐浴，1 d 2次。术前1 d剃除阴毛，坐浴。手术日晨再次坐浴。

3）骨与关节、肌腱手术：术前3 d用肥皂清洗，乙醇消毒，无菌巾包裹。术前1 d肥皂清洗，剃除汗毛，乙醇消毒，无菌巾包裹。术日晨再次乙醇消毒，无菌巾包裹。

【注意事项】

（1）剃毛刀片应锐利，应顺着毛发生长方向剃，以免损伤毛囊。

（2）剃毛时，应绷紧皮肤，剃毛刀架与皮肤成45°，避免刮破皮肤。

（3）剃毛后检查皮肤有无割痕、感染等异常状况，一旦发现应详细记录并通知医生。

（4）操作过程中应动作轻柔、熟练，注意患者保暖。

二、手术区域消毒与铺巾

【实训目的】

（1）能正确进行手术区皮肤消毒、铺巾的操作。

（2）说出手术区消毒的范围、步骤。

（3）树立严格的无菌观念。

【实训准备】 0.5%碘伏、2.5%碘酊、75%乙醇、消毒棉球、纱布、消毒碗、无菌卵圆钳、无菌巾。

【实训内容及步骤】

1. 准备工作

（1）按手术前无菌要求更换鞋、穿好洗手衣裤、戴口罩、帽子。

（2）将模型人放置于手术床上，安置体位，并将上衣卷至双侧乳头连线以上，裤子脱至大腿中上 1/3 处（以阑尾切除术为例），显露消毒部位皮肤。

（3）将消毒布单包放置于器械车上并打开。

（4）消毒者作常规洗手。

2. 皮肤消毒法　用卵圆钳钳夹蘸有 0.5% 碘伏的棉球，先滴数滴于脐孔处，然后以拟做切口处为中心向四周涂擦，按从内到外，从上到下的顺序涂擦皮肤 3 遍，后一遍消毒范围不超过前一遍。上腹部手术消毒范围上至双乳头连线，下达耻骨联合下，两侧至腋中线，最后再次涂压脐孔处。也可用蘸有 2.5% 碘酊的棉球消毒一遍，75%乙醇棉球脱碘两次。

3. 铺巾原则

（1）铺无菌巾由器械护士和手术医生共同完成。

（2）铺巾前，器械护士应穿戴手术衣、戴好手套，手术医生操作分两步：未穿手术衣、未戴手套，直接铺第一层切口单；双手臂重新消毒 1 次，穿戴好手术衣、手套，方可铺其他层单。

（3）铺无菌单时距切口小于 3 cm，悬垂至床缘至少 30 cm 以下，至少 4 层。

（4）无菌巾一旦放下，不可移动；必须移动时，只能由内向外移动，不得由外向内移动。

（5）严格遵循铺巾顺序，方法视切口而定，原则上第一层无菌巾是从相对干净到较干净、先对侧后近侧的方向进行遮盖。如腹部治疗巾的铺巾顺序为：先下后上，先对侧后近侧；或先下后对侧，再上后近侧。

（6）术中布巾浸湿而失去隔离作用，应重新加盖无菌巾。

4. 铺巾方法（以腹部手术为例）

（1）第 1、2、3 块治疗巾，折边向着助手（图 20-24），依次铺盖切口的下方、对方、上方。

（2）第 4 块治疗巾折边向着自己，铺盖切口的同侧，4 把布巾钳固定重叠四角（图 20-25）。

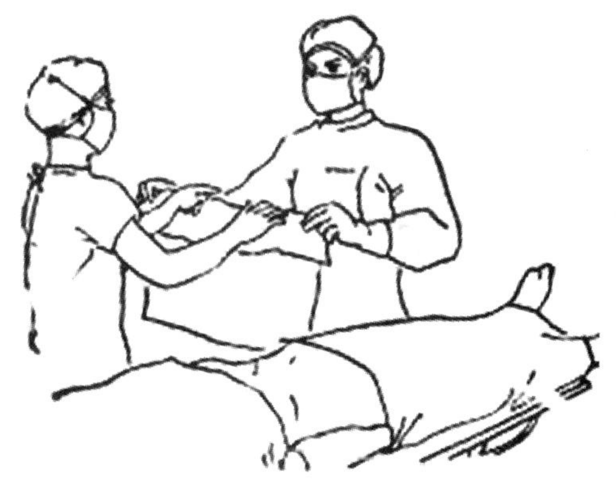

图 20-24　治疗巾传递方法

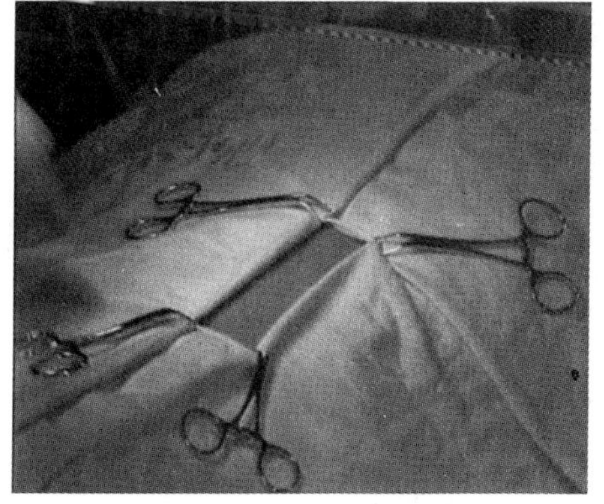

图 20-25　治疗巾铺法

（3）铺中单 2~3 块，于切口处向上外翻，遮盖上身及头架，向下外翻遮盖躯干下部、足部及托盘，保护双手不被污染（图 20-26）。

（4）铺腹单 1 块，切口处的箭头朝上，遮盖全身、头架及托盘（图 20-27）。

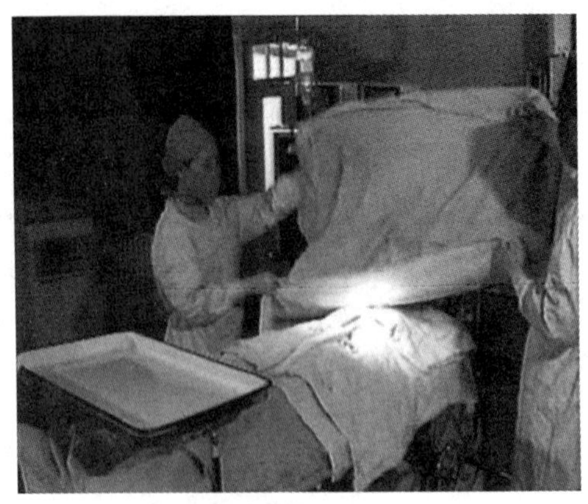

图 20-26　铺中单

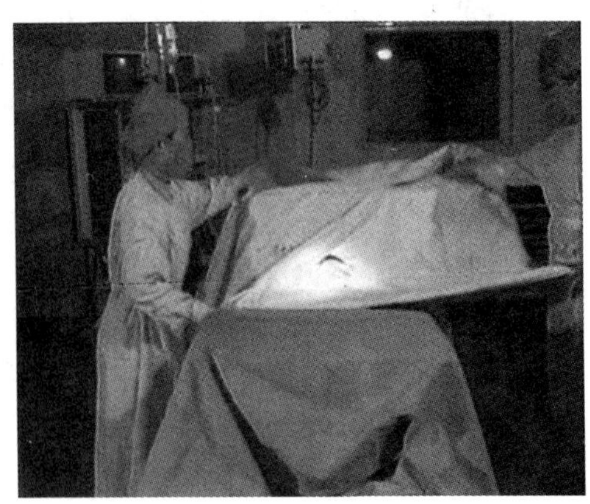

图 20-27　铺腹单

（5）对折中单 1 块或棉垫 1 块，铺于托盘面上。

【注意事项】

（1）无菌切口手术从切口向四周涂擦，感染伤口或肛门会阴部手术从四周向切口涂擦。

（2）消毒范围应超过切口周围 15~20 cm 的区域。

（3）对面部、小儿皮肤、口腔黏膜、肛门、外生殖器、供皮区皮肤不使用碘酊消毒，而用 75%乙醇或 1∶20 络合碘。

（4）脱碘要求彻底，防止皮肤灼伤。

思考题

1. 手术前必做皮肤准备的意义是什么？
2. 试述皮肤消毒的范围与原则。
3. 试述铺巾的注意事项。

实训五　无菌器械台管理

【实训目的】

（1）掌握手术中的无菌操作原则。

（2）掌握无菌器械台的铺设。

（3）加强手术器械管理，防止手术器械及敷料遗落。

【实训准备】

1. 用物准备　清洁器械台、无菌手术器械包、无菌持物钳、执物钳筒、一次性无菌缝线、无菌生理盐水一瓶、无菌单包、皮肤消毒瓶、无菌棉签。

2. 人员准备

（1）巡回护士换鞋，戴口罩帽子，穿隔离衣。

（2）器械护士换鞋，戴口罩帽子，穿手术衣，戴无菌手套。

（3）核对无菌物品品名，外包装有无破损、潮湿及有效期，核对无菌包外指示胶带的灭菌时间及是否变色。

（4）将器械台放在手术间合适位置（离墙最少 30 cm 以上）。

【实训内容及步骤】

（1）巡回护士将无菌器械包、手术衣包、敷料包放在器械台中央。

（2）巡回护士按无菌原则打开无菌器械包：打开一角系带，卷好，然后用手打开其他三角。器械护士首先检查器械包灭菌卡是否变黑；符合要求后，将无菌包放在器械台适当位置，打开无菌包的内层，使包布布满台面。

（3）洗手护士打开无菌缝线，查看缝线规格，双手捏住外包装反折处打开，稍用力，将缝线弹到无菌器械台上。

（4）器械护士将器械按使用先后分类，摆放好手术器械，顺序从左向右摆于器械台上，一般顺序为血管钳、刀、剪、镊、拉钩、深度钳和备用器械；按装好两把手术刀；穿好缝针；在器械台面外与巡回护士一起倒好 75% 乙醇消毒液棉球；与巡回护士一起清点、核对器械数目，特别是纱布、缝针、刀片等细小物件，并认真做好记录。

（5）巡回护士检查无菌溶液的名称、浓度、有效期，瓶口有无松动、裂缝，液体有无混浊、沉淀、变质等。打开液体瓶的铝盖，翻起瓶盖，消毒瓶口，拉出瓶塞，瓶签向手心，倒出少量溶液冲洗瓶口，再倒出适量液体于无菌盆中。

（6）手术进行前，器械护士将常用的器械放于托盘上，并准备好缝线。

（7）手术进行中器械护士应遵循“快递快收，整齐清洁，分门归类”的原则，准确、正确传递手术器械，快速收取用过的器械，防止滑落；器械上的血迹及时擦净、归位，使无菌器械台保持清洁、整齐、有序；污染物品应脱离托盘，用盆分装。

（8）关闭缝合伤口前，器械护士、巡回护士必须清点器械、敷料、缝针等，并记录签名。

（9）手术后未用过的器械应及时打包；用过的器械在污染区及时清洗干净（图 20-28）。

【注意事项】

（1）无菌包应在手术体位安置后打开。

（2）当打开无菌包时，巡回护士的手与未消毒的物品不能接触包布内面，操作时不能跨越无菌区。

（3）手术器械台缘平面以下视为有菌区，器械台布单要求平整，四层各边下缘平均下垂 30 cm 以上。器械护士戴无菌手套的双手不得扶持无菌台边缘，凡垂落台缘平面以下物品，必须重新更换。

（4）术中接触胃肠道的器械、用物不能直接放回器械台，应放于器械台上固定的弯盘内，避免污染其他无菌物品。

（5）巡回护士应保证及时供应手术人员所需的物品及器械。

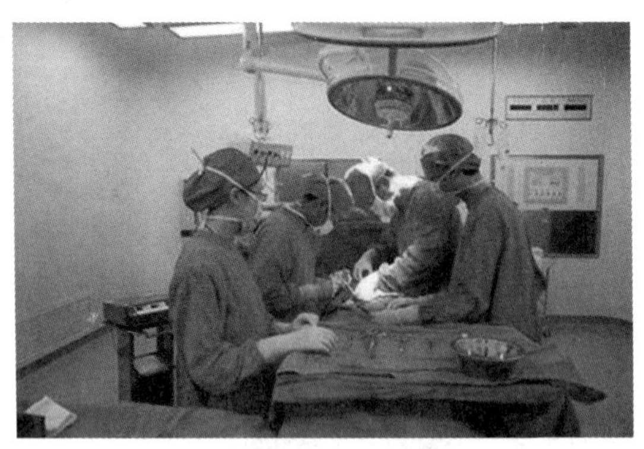

图 20-28　手术

（6）整个手术过程，巡回护士、器械护士共同监督无菌原则的执行情况。

实训六　手术巾的折叠及打包

【实训目的】

（1）能正确进行手术室常用布类折叠及打包。

（2）说出手术室常用布类折叠及打包的注意事项。

【实训准备】 手术衣、剖腹单、中单、治疗巾、袖套、器械包。

【实训内容及步骤】

1. 手术室常用布类的折叠

（1）手术衣折叠法：①双手持两侧衣肩的内面，将衣下垂抖顺，使衣的外表面、双袖、腰带折叠在内，然后铺于操作台上；②将衣身的左右侧向内折叠（两者可略为重叠）；③最后将衣上下对折，再对折，使衣领在上（亦可将衣身上下向中线对折，再对折，衣领在内）。

（2）剖腹单（颈部手术单、剖腹单、会阴手术单、中孔单，甚至小孔巾，凡是有孔手术单，折法相同）：①将有孔单铺在操作台上；②以单孔为中心，先做上下两端扇形折叠；③继做左右向中孔扇形折叠；④最后左右对折。

（3）中单、治疗巾折叠法：先纵向扇形折叠再横向扇形折叠。

（4）袖套（脚套、器械托盘套、电极板套等，凡属套式无菌保护布类套折法相同）：将远段套入近段，使近段的内面翻转在外。

2. 手术室布类的打包（以剖腹包为例）

（1）铺布包：在操作台上，先斜铺外包布（有带角在对侧），后横铺内包布。

（2）放入有关布类：按使用的倒序放入。最下层为大孔单，其次为中单、治疗巾，上层为托盘。

（3）置灭菌效果在布类上方。

（4）包捆：①将内包布先前后，继左右折叠包好；②将外包布的近身角包上并反折少许，再把左右角包上，均反折少许，最后将最后一角包好后用扎带固定。

（5）在灭菌指示胶带上填好包名、日期和打包人的姓名。

3. 器械的打包法（以剖腹包为例）

（1）铺布包：同布类打包法。

（2）放入有关器械物品：①置一中方盘于包布中央；②将血管钳用海绵钳插入环内整套好，将巾钳夹入海绵钳的圈内，将钳连环扣好，连同其他器械整齐放入方盘内；③放入一定数量的纱布和纱布垫；④最后将药杯、治疗碗、碗盘等覆盖其上。

（3）置一指示卡于包内。

（4）包团：同布类打包法。

（5）在灭菌指示胶带上填好包名、日期和打包人的姓名。

【注意事项】

（1）折叠手术衣时一定要将衣服的正面折在里面。

（2）布类打包一定要以先用的包布放上层，后用的包布放下层的原则摆放；最下层为大孔单，其次为中单、治疗巾，上层为托盘。

（3）器械包打包要注意不同手术放入的器械不同，钳类器械一定要用海绵钳圈好。

思考题

简述手术衣折叠的操作要点及注意事项。

实训七 更换敷料

【实训目的】

（1）能了解换药的目的和原则。

（2）熟悉换药的步骤、方法及各类伤口的换药原则。

（3）熟悉常用换药用品名称、用途。

（4）学会一般换药的操作技术与注意事项。

扫码看微课

【实训准备】 托盘内盛物：①无菌物品：药碗 2 只、无菌镊子 2 把、纱布、碘伏棉球、盐水棉球，根据伤口情况增加剪刀、血管钳、探针、引流物等；②一般用品：各种伤口用药、剪刀、棉签、胶布、松节油、弯盘、绷带等。

【实训步骤】

1. 揭除创面敷料 外层绷带和敷料用手取下，内层敷料用镊子揭去。揭除敷料的方向与伤口纵轴方向平行，如敷料与伤口粘连，用生理盐水棉球湿润后再揭除，忌强行揭除。

2. 正确处理创面 用双手执镊法进行换药。换药时用左手无菌镊将换药碗内的碘伏棉球（对碘过敏者可用酒精棉球）传递给右手的操作镊进行消毒，一般伤口由创缘向外消毒，化脓伤口由外向创缘消毒。换药过程中始终坚持两把镊子不相互污染。处理伤口时，用生理盐水棉球清洗伤口分泌物，忌用干棉球擦拭伤口，以免损伤肉芽组织。去除过度生长的肉芽组织、腐败组织或异物等。如渗液较多需置引流时应将引流物放置创面底部。

3. 覆盖无菌敷料并固定 用碘伏棉球清除沾染于皮肤上的分泌物后，覆盖无菌纱布敷料，用胶布固定。如创面大、渗液多或儿童不配合者可加用棉垫或绷带包扎固定。

4. 换药后用物整理　非一次性的换药碗、镊子等要先浸泡消毒，再洗涤，最后打包高压灭菌，一次性器具和敷料集中倒入污物桶内。

【注意事项】

（1）环境应保持清洁，换药前 30 min 内不可打扫卫生，光线要充足，温度要适宜，一般保持在 20 ℃以上，尽量不要在患者饥饿时换药。

（2）每人一套换药用具，两个弯盘或换药碗，一个放无菌物品，一个放换下的污染物品。两把换药镊子，一把持无菌物品，一把与创面接触，两者不能互相碰触，所用棉球药液较多时需挤去多余水分，手持无菌镊子的高度应高于有菌镊子。

（3）准备用品时，后用的物品应放在弯盘的下面，先用的放在上面，从敷料桶中取敷料要有计划，换药所剩敷料不得放回敷料桶内，也不得用于另一患者。

（4）换药时，生理盐水棉球只能在创面轻沾，不得用力擦拭。取敷料、碘伏、盐水、药物棉球及引流物时，应注意无菌操作技术。

（5）污染敷料最后统一放入污物桶，不得任意丢弃。

（6）如有几人同时换药，应按先换无菌伤口，再换污染伤口，然后感染伤口的顺序进行。

1. 外科换药的基本原则是什么？
2. 什么是双手持镊法？

实训八　引流管的护理

外科护理中常用到的引流有“T”形管引流、胸腔闭式引流、脑室引流、胃肠引流、腹腔引流等。以“T”形引流管及胸腔闭式引流管的护理为例。

一、“T”管引流护理

【实训目的】

（1）能熟悉“T”管引流的操作步骤和方法。

（2）学会“T”管引流的观察要点和注意事项。

（3）培养严谨的工作态度和严格的无菌观念。

【实训准备】　一次性换药包、无菌引流袋、无菌止血钳 2 把、纱布棉球、乙醇棉球、碘伏棉球、垫巾、胶布、弯盘、无菌注射器、生理盐水、凡士林纱布等。

【实训步骤】

1. 体位　协助患者摆好体位，暴露“T”管及右腹部，注意保护患者，避免受凉。

2. 铺巾　把垫单铺在引流管出口处的下方。

3. 夹管消毒　用止血钳夹住引流管的近端，将新的引流袋挂于床边，出口拧紧，再用碘伏棉球消毒引流管连接处。

4. 更换　取下旧的引流袋，将新的引流袋与引流管连接牢固，引流袋低于出口平面，防止逆流。

5. 固定　应用缝线或胶布将其妥善固定于腹壁，避免将管道固定在床上，以防患者在翻身或活动时牵拉而脱出。

6. 保持有效引流　避免管道扭曲、折叠及受压，定期从引流管的近端向远端挤捏，以保持引流通畅。平卧时引流管的远端不可高于腋中线，坐位、站立或行走时不可高于腹部手术切口，以防止胆汁逆流引起感染。

7. 病情观察　正常胆汁呈黄绿色、清亮、无沉渣、有一定黏性。术后 24 h 内引流量为 300~500 mL，恢复饮食后，每日可有 600~700 mL，应适当减少引流高度差，以免引流过度，影响脂肪吸收（200 mL/d 左右）。还要观察伤口有无渗出、皮肤有无黄染，注意有无腹痛、呕吐、发热等。

8. 预防感染　定期更换引流袋，并严格执行无菌技术操作；若疑梗阻，应用无菌盐水冲洗；引流管口周围皮肤易受胆汁刺激引发皮炎，应消毒后涂氧化锌软膏。

9. 拔管　在术后 14 d 左右，可试行夹管 1~2 d，若无发热、腹痛、黄疸等症状，再经“T”管造影，如无异常，再引流 24 h，待造影剂引流干净后，即可拔管。拔管后用凡士林纱布填塞，1~2 d 可自行闭合。

10. 整理　按规定整理用物，洗手，记录（图 20-29）。

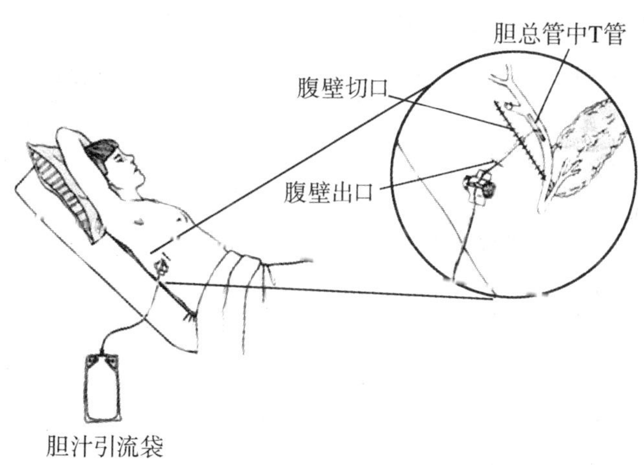

图 20-29　“T”管引流

【注意事项】

（1）根据患者具体情况，每日或隔日更换引流袋。

（2）观察引流袋连接是否严密。

（3）更换引流袋时应注意无菌操作。

（4）发现引流管滑脱时应立即报告医生处理。

思考题

1. 试述“T”管引流的目的、护理措施。
2. 若引流量增多或减少，可能的原因有哪些？

二、胸腔闭式引流

【实训目的】

（1）能熟悉胸腔闭式引流操作的步骤和方法。

（2）学会胸腔闭式引流观察要点及注意事项。

（3）培养严谨的工作态度和严格的无菌观念。

【实训准备】 托盘内盛物：无菌广口引流瓶一只，瓶塞分别插入长、短玻璃管各一根，无菌玻璃接管及引流管一根（100 cm），广口瓶内盛水，水位高 5 cm（500 mL），大血管钳 2 把、药杯内放酒精棉球数个、治疗巾、胶布、弯盘、无菌注射器、生理盐水、凡士林纱布等。

【实训步骤】

（1）携用物至床边，核对解释，消除恐惧，取得配合。患者胸前铺治疗巾。

（2）打开无菌包，取出水封瓶，向水封瓶内倒生理盐水，将消毒好的瓶塞和无菌玻璃管、水封瓶连接在一起，使长玻璃管没入水面下 3~4 cm，固定好并记录水量和日期。

（3）将消毒好的引流胶管和长玻璃管的外露部分连接，将连接好的全套引流装置移到床边，水封瓶放在低于胸腔引流口 60~100 cm 处。

（4）用两把血管钳夹住患者的胸腔引流管，将其与引流瓶长玻管上的胶管连接。

（5）检查引流管各连接处是否漏气，松开胸腔引流管上的血管钳。

（6）教会患者自上而下挤压引流管，避免引流管扭曲、折叠与受压。

（7）观察长玻璃管内的负压水柱是否随呼吸上下波动，观察水封瓶内有无内容物流出及引流物的性质量和颜色，并记录（图 20-30）。

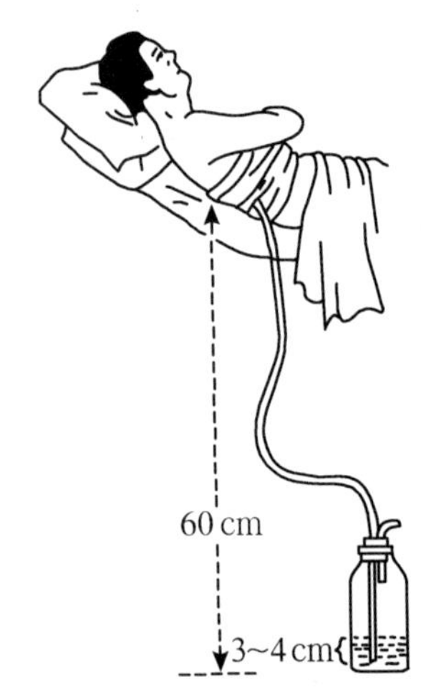

图 20-30 胸腔闭式引流

【注意事项】

（1）装置衔接必须完善且密封通畅，防漏气与滑脱。

（2）引流高度差为 60~100 cm，定时捏挤引流管。

（3）一旦胸腔导管脱落，须立即捏紧引流口皮肤，继而用凡士林纱布、厚纱布及胶布封闭引流口；若不慎将引流管接头分离，立即用两把止血钳夹闭引流管近端。

（4）每日定时更换水封瓶，两把止血钳钳闭引流管近端，检查无误后开放。

（5）严格拔管指征，拔完立即用凡士林纱布和无菌纱布封闭伤口。

1. 闭式胸膜腔引流管的置管位置有何规定？
2. 胸膜腔闭式引流与其他引流管有什么区别？

（邓雪冰）

第二十一章 外科护理见习

外科护理学是一门实践性很强的临床护理学科，临床见习是外科护理学习的重要组成部分。在见习过程中，需要将书本理论知识与临床实践密切结合，融会贯通，使知识不再停留在基层水平，使知识吸收、提高、升华。

外科护理学包括总论、普通外科、肝胆外科、颅脑外科、颈胸外科、泌尿外科、骨科疾病患者的护理。学生在临床见习中，结合课本理论知识，综合运用护理程序，正确评估患者，提出护理诊断，制定护理措施，掌握专科疾病常用的临床操作技能。

见习要求：同学们着装整齐，穿工作服，戴工作帽，老师清点人数，分好组，准时赶到见习医院指定地点。嘱同学们遵守医院规章制度，服从医院管理，尊重患者隐私。医院带教老师带往各科病房参观学习，进行护理查房。

见习一　骨科常见疾病与损伤见习

（一）目标与要求

掌握骨折、关节脱位的定义，掌握常见骨折和关节脱位的诊断、处理原则和急救措施。

掌握腰椎间盘突出症、颈椎病和骨肿瘤的临床表现、诊断要点和治疗原则，并能对患者进行正确的护理评估，提出护理诊断，针对护理诊断采取相应的护理措施。

掌握功能锻炼的目的和原则，并能正确指导患者进行功能锻炼。

熟悉牵引术及护理。

熟悉石膏绷带术及小夹板固定的操作及并发症和护理。

熟悉四肢骨折及脊柱骨折的病因、临床表现和处理原则及护理。

（二） 见习内容

1. 地点 骨科病房、骨科石膏室。

2. 具体内容

（1）在老师指导下阅读骨折、关节脱位及常见骨肿瘤 X 片。

（2）示范牵引术及护理，讲解注意事项。

（3）示范四肢骨骨折小夹板固定护理及注意事项。

（4）示范腰椎间盘突出症术后患者的康复训练。

（5）讲解并示范脊柱骨折患者的搬运及翻身。

（6）选择临床病例，在老师指导下对患者进行护理评估，提出护理诊断，制定护理措施。

3. 形式及方法 理论讲授、示范操作、病案分析。

（1）选择一个典型的骨折患者，通过床边询问病史及床边查体，对骨折患者进行护理评估。

（2）学生提出相关主要护理诊断，制定相应护理措施。

（3）教师示范有关护理的操作及护理措施。

（4）学生集中讨论。

（5）教师答疑。

4. 典型病例 患者男性，40 岁。因右足部肿痛、活动受限 2 h 入院。患者家属诉于 2015 年 12 月 30 日在上班途中下楼梯不慎摔伤，感右足部肿痛、活动受限，遂被送往我院就诊，未做特殊处理，陪人扶送收住我科。伤后患者无昏迷呕吐史，无抽搐，无麻木。既往体健。体格检查：体温：36.6 ℃，心率 84 次/min，呼吸 20 次/min，血压 132/20 mmHg。心肺无异常，专科检查：右下肢未见畸形，右足部稍肿胀，右足部中段外侧压痛明显，可触及骨擦感，右足部负重及活动受限，余部未见明显异常，末梢血运、感觉、运动可。门诊摄片检查，诊断为“右足第 5 跖骨基底部骨折”。目前主要诊断：右足第 5 跖骨基底部骨折。

主要护理问题：①疼痛；②活动受限；③知识缺乏；④焦虑。

护理措施：①心理护理，安慰和体贴患者。

②饮食予高蛋白、高维生素、高钙及粗纤维饮食。

③患肢制动，避免活动后引起骨折移位。

④予以石膏托固定，注意石膏固定的松紧度要适宜，根据情况随时调整。并嘱患者抬高患侧下肢，以利于水肿消退。

⑤指导患者进行正确的功能锻炼。

⑥定期复查：一般术后 2 周、1 月、3 月复查 X 片。

（三） 时间安排

2 学时

（四） 成绩考核

课间提问：

（1）简述牵引的方法、种类、护理。

（2）简述石膏绷带术及小夹板固定术的护理、注意事项。

(3) 简述骨折处理原则及急救护理。

(4) 参观学习完后，同学们书写见习报告。

见习二　泌尿外科见习

(一) 目标与要求

(1) 掌握泌尿系损伤的临床表现、处理原则、护理评估与措施。

(2) 掌握肾、输尿管、膀胱结石、前列腺增生症的临床表现及处理原则。

(3) 掌握泌尿系结石术后的护理评估、护理问题及措施。

(4) 掌握前列腺增生症的护理措施及健康指导。

(5) 熟悉肾、膀胱、尿道损伤的病因、病理及泌尿系结石的诊断方法。

(6) 了解泌尿系损伤 X 线表现。

(二) 见习内容

1. 地点　泌尿外科病房。

2. 具体内容

(1) 在带教老师指导下阅读腹部平片，了解泌尿系损伤的程度。

(2) 在带教老师指导下阅读腹部平片，熟悉结石部位阴影及了解结石大小的测定。

(3) 在带教老师指导下进行腹部体格检查，了解泌尿系血肿与尿渗出的严重程度。

(4) 老师示范肾损伤患者的正确体位、翻身及尿道损伤患者导管的护理。

(5) 老师示范腰部切口患者的正确翻身、输尿管外支架管的引流护理、肾盂冲洗患者的护理要点及注意事项。

(6) 讲解结石碎石后的主要护理及注意事项。

(7) 讲解膀胱冲洗的护理要点及注意事项。

3. 形式及方法　理论讲授、示范操作、病案分析。

(1) 选择一个典型的泌尿系疾病患者，通过床边询问病史及床边查体，对泌尿系损伤患者进行护理评估。

(2) 学生提出相关主要护理诊断，制定相应护理措施。

(3) 教师示范有关护理的操作及护理措施。

(4) 学生集中讨论。

(5) 教师答疑。

4. 典型病例　患者男性，32 岁。于入院前凌晨出现左下腹绞痛，放射到同侧会阴部，伴有呕吐，呕吐物为胃内容物，不伴肉眼血尿及尿频、尿急、尿痛。既往体健。体格检查：生命体征平稳，急性痛苦面容，心肺检查无异常。左肾区叩击痛。到附近医院就诊，查 B 超示：左肾盂输尿管移行处见一 9 mm×6 mm 强光团伴声影。尿常规：RBC 5 个/HP。目前诊断：左肾输尿管上段结石，左肾积水。

主要护理问题：①疼痛；②焦虑和恐惧；③有感染的风险；④潜在并发症。

护理措施：①大量饮水。成人 24 h 尿量 2 000 mL 以上。②调整饮食。上尿路结石多为草酸钙结石，因此少吃菠菜、浓茶、竹笋和番茄等食物。③药物治疗。予阿托品和盐酸哌替啶解痉止痛，同时配合维生素 B_6 治疗。④活动。鼓励患者多运动，有利于结石的排出。⑤必要时行体外震波碎石。

（三） 时间安排

1 学时。

（四） 成绩考核

课间提问：

（1）肾结石患者饮食方面的注意事项。

（2）体外冲击波碎石的术前及术后护理。

（3）膀胱冲洗的护理要点及注意事项。

（4）参观学习完后，同学们书写见习报告。

见习三　颈胸外科见习

（一）目标与要求

（1）掌握甲状腺功能亢进的临床表现、术前准备的内容、主要并发症的预防和处理。

（2）掌握甲状腺功能亢进的护理评估、诊断及措施。

（3）掌握急性乳腺炎、乳腺癌的临床表现、诊断要点、处理原则。

（4）掌握急性乳腺炎、乳腺癌的护理评估、诊断及措施。

（5）掌握乳腺癌患者术后功能锻炼方法。

（6）熟悉甲状腺功能亢进的病因、病理、辅助检查及基础代谢率的计算。

（7）学会乳腺及甲状腺正确的自查方法。

（二） 见习内容

1. 地点　颈胸外科病房。

2. 具体内容

（1）示范甲亢和乳腺癌疾病患者的自我体检方法。

（2）示范乳腺癌的备皮范围及功能锻炼方法。

（3）示范乳腺癌术后上肢功能锻炼操。

3. 形式与方法　理论讲授、示范操作、病案分析。

（1）选择一个典型的甲亢患者，通过床边询问病史及床边查体，对甲亢患者进行护理评估。

（2）学生提出相关主要护理诊断，制定相应护理措施。

（3）教师示范有关护理的操作及护理措施。

（4）学生集中讨论。

（5）教师答疑。

4. 典型病例　患者女性，28 岁。因多食易饥、怕热多汗伴颈粗 1 月余而入院。既往体健，无药物过敏史。体格检查：心率 90 次/min，血压 124/59 mmHg，双眼无明显突出，颈软，气管居中，甲状腺呈对称、弥漫性Ⅱ度肿大，质地稍韧，未闻及明显血管杂音，未扪及区域明显肿大淋巴结，指颤实验阳性，余无特殊。辅助检查：甲功五项示 TSH<0.01 μIU/mL，FT_3 33.35 pmol/L，FT_4>100.00 pmol/L，An-TPO 243.00 IU/mL，An-TG115.90 μIU/mL；甲状腺核素扫描示甲状腺位置正常，双侧甲状腺弥漫性肿大，放射性分布浓聚，提示原发性甲亢；甲状腺彩超示甲状腺肿大并实质弥漫性病变，血彩异常丰富；双侧颈部多发实性结节，考虑淋巴结。入院诊断：原发性甲亢。拟行甲状腺大部分切除术。

主要护理问题：①营养失调（低于机体需要量）；②焦虑和恐惧；③吞咽困难；④潜在并发症。

护理措施：

（1）术前护理：①心理护理。手术前后保持良好的心理状态是保证手术成功的前提之一。对于精神过度紧张或失眠者可予镇静剂或安眠药物。②完善相关检查。心电图、喉镜检查，测定血钙、血磷浓度。③药物准备。指导患者正确服用碘剂。④饮食护理。因患者基础代谢率高，能量消耗大，予高蛋白、高热量、高维生素饮食。患者出汗多，多饮水。⑤体位训练。练习头低肩高体位，使颈部适应手术体位的改变。

（2）术后护理：①体位：术后平卧位，生命体征平稳后取半卧位。保持头颈部固定，以免伤口出血。②病情观察：监测生命体征，警惕甲状腺危象，注意伤口渗血情况，切口常规放置引流管。观察有无声音嘶哑和音调降低，了解患者饮水后有无呛咳和误咽。③饮食护理。术后 6 h 可进少量温凉流质饮食，术后 3~4 d 恢复平时的进食习惯，避免刺激性及粗糙食物。④药物应用。继续服用碘剂，从 16 滴开始，每日减少 1 滴，直到每次 3 滴。

（3）术后并发症的护理。

（三） 时间安排

1 学时。

（四） 成绩考核

课间提问：

1. 简述甲状腺功能亢进患者术前服用碘剂的方法及目的。
2. 简述乳腺癌术后的主要护理措施。
3. 参观学习完后，同学们书写见习报告。

见习四 胃肠外科见习

（一）目标与要求

（1）掌握腹股沟疝的发病机制、临床表现、治疗原则及护理。

（2）掌握急性化脓性腹膜炎及腹部损伤的临床表现、处理原则及护理。

（3）掌握胃癌、肠道肿瘤的临床表现、诊断方法和治疗原则。

（4）掌握胃、肠疾病手术患者的术前准备，重点掌握肠道准备的内容。

（5）掌握胃、肠疾病手术后并发症的护理及观察。

（6）掌握急性阑尾炎的临床表现、治疗原则及护理措施。

（7）熟悉胃肠道疾病的病理和分类。

（二）见习内容

1. 地点　胃肠外科或普通外科病房。

2. 内容

（1）示范胃肠减压的护理。

（2）示范人工肛门的护理及人工肛门袋的使用。

（3）讲解肠道准备及清洁灌肠的护理要点及注意事项。

3. 形式与方法　理论讲授、示范操作、病案分析。

（1）选择一个典型的急性阑尾炎患者，通过床边询问病史及床边查体，对阑尾炎患者进行护理评估。

（2）学生提出相关主要护理诊断，制定相应护理措施。

（3）教师示范有关护理的操作及护理措施。

（4）学生集中讨论。

（5）教师答疑。

4. 典型病例　患者男性，33 岁。因右下腹疼痛 1 d 入院。患者诉 1 d 前无明显诱因出现上腹部疼痛，随后出现右下腹疼痛，无放射痛，伴畏寒，无发热，不伴恶心、呕吐，疼痛稍可自行缓解，缓解时间约 20 min 左右，症状反复，未予处理，为求诊治，来我院就诊，血常规：WBC 13.79×10^9/L，拟“急性阑尾炎”收入我科住院治疗。既往体健。入院体格检查：体温 36.5 ℃，心率 68 次/min，呼吸 20 次/min，血压 128/64 mmHg。心肺无异常。专科检查：腹部平坦，未见肠型及胃肠蠕动波，腹肌无紧张，右下腹可触及压痛反跳痛，肠鸣音可闻及。入院诊断：急性阑尾炎。拟行急诊手术。

主要护理问题：①疼痛；②体温升高；③潜在并发症。

护理措施：

（1）术前护理：①病情观察：密切观察生命体征和腹部体征。②对症护理：镇静、解痉止痛、抗生素、补液。③术前准备：禁食、备皮。④心理护理。

（2）术后护理：①一般护理。体位：生命体征平稳后取半坐卧位。饮食：肛门排气后开始进流质。活动：主张早日下床活动。②病情观察：生命体征、并发症及注意引流管。③切口、引流管护理：肛门排气后拔除胃肠减压管，腹腔引流管一般术后 24～48 h 拔出。术后 3 d 给伤口换药。④并发症的观察和护理。⑤用药护理：术后继续抗感染治疗。

（三）时间安排

1 学时。

（四）成绩考核

课间提问：

（1）简述胃肠减压的护理。

（2）简述结肠癌术后人工肛门的护理。

（3）参观学习完后，同学们书写见习报告。

见习五　肝胆外科见习

（一）目标与要求

（1）掌握胆囊炎、胆囊结石的临床表现、治疗原则及护理措施。

（2）掌握继续梗阻性化脓性胆管炎的临床表现、处理原则及护理措施。

（3）掌握肝癌的诊断方法、临床表现及护理措施。

（4）掌握“T”管引流的护理要点及注意事项。

（5）掌握腹腔镜胆囊切除术前及术后的护理措施。

（6）掌握急性胰腺炎的临床表现及护理措施。

（7）熟悉胆道疾病辅助检查的护理要点。

（8）了解肝胆系统生理解剖。

（二）见习内容

1. 地点　肝胆外科病房。

2. 内容

（1）示范置“T”管期间的观察和护理，引流袋的更换。

（2）示范腹腔镜胆囊切除术前准备护理要点。

3. 形式与方法　理论讲授、示范操作、病案分析。

（1）选一胆囊炎、胆囊结石典型病例，通过床边询问病史及床边查体，对患者进行护理评估。

（2）学生提出相关主要护理诊断，制定相应护理措施。

（3）教师示范有关护理的操作及护理措施。

（4）学生集中讨论。

（5）教师答疑。

4. 典型病例　患者男性，44 岁，皮肤黄染，恶心呕吐半月。体格检查：体温36. 5 ℃，心率 120 次/min，呼吸 30 次/min，血压 110/70 mmHg。神志模糊，精神差，体查不合作，全身湿冷，皮肤及巩膜重度黄染，腹膨隆，腹肌稍紧，上腹部明显压痛，肝肋可扪及约三横指，墨菲氏阳性。无反跳痛。急查血结果示：白细胞 WBC 15. 0×10^9/L，淀粉酶 465 U/L，总胆红素 163. 7 μmol/L，PT4 异常。B 超结果显示：①胆总管多发结石伴肝内胆管扩张；②胆囊多发结石胆囊炎；③脂肪肝。医嘱予一级护理，禁食，禁饮，持续低流量吸氧，留置胃管，消炎，补液等对症治疗。医嘱拟于急诊手术，积极完成术前准备在全麻下行胆囊切除+胆总管探查取石术+ T 管引流术。

主要护理问题：①腹痛；②体液不足；③黄疸；④体温升高；⑤营养失调；⑥潜在并发症。

护理措施：

（1）腹痛与手术有关，遵医嘱酌情用解痉镇痛剂，于半卧位减轻腹壁张力。

（2）恶心呕吐予禁食、禁饮、胃肠减压。

（3）精神异常予 24 h 留陪护、三防，予保护性约束。

（4）黄疸保持皮肤干燥，避免长期受压。

（5）发热予物理降温，抗生素治疗。

（6）营养失调予胃肠外补充营养，适当予白蛋白输注等治疗。

（7）引流管护理：观察量、颜色及性质，妥善固定引流管，保持引流管通畅，预防感染，予每日两次尿道口、口腔护理。

（三） 时间安排

1 学时。

（四） 成绩考核

课间提问：

（1）简述 Charcot 夏柯氏三联征。

（2）简述 Reynolds（雷诺兹）五联征。

（3）试述门脉高压症患者护理要点。

（4）参观学习完后，同学们书写见习报告。

附见习报告的内容与要求。

外科护理临床见习报告

见习日期：______ 临床科室：______ 带教老师：______

见习内容：______

见习方法：______

临床病例：

姓名：______ 性别：______ 床号：______ 住院号：______

护理评估：

1. 主观资料

2. 客观资料

3. 护理诊断：

4. 护理目标：

5. 护理措施：

6. 见习小结及心得：

签名：

（尹跃兵）

参考文献

[1] 曹伟新，李乐之 . 外科护理学 . 4 版 . 北京：人民卫生出版社，2006.
[2] 侯桂英 . 外科常见疾病护理流程与图解 . 北京：军事医学科学出版社，2007.
[3] 严鹏霄，王玉升 . 外科护理学 . 2 版 . 北京：人民卫生出版社，2008.
[4] 张淑爱 . 健康评估 . 2 版 . 北京：人民卫生出版社，2008.
[5] 李惠萍，章泾萍 . 外科护理学 . 合肥：安徽大学出版社，2011.
[6] 党世民 . 外科护理学 . 2 版 . 北京：人民卫生出版社，2011.
[7] 李乐之，路潜 . 外科护理学 . 5 版 . 北京：人民卫生出版社，2012.
[8] 韩丽沙 . 护理学导论 . 9 版 . 北京：中国中医药出版社，2012.
[9] 陈孝平，汪建平 . 外科学 . 8 版 . 北京：人民卫生出版社，2013.
[10] 罗先武，王冉 . 2014 护士执业资格考试轻松过 . 北京：人民卫生出版社，2013.
[11] 熊云新，叶国英 . 外科护理学 . 3 版 . 北京：人民卫生出版社，2014.
[12] 魏革，刘苏君 . 手术室护理学 . 3 版 . 北京：人民军医出版社，2014.
[13] 张美琴，邢爱红 . 护理综合实训 . 北京：人民卫生出版社，2014.